IT-Projektverträge: Rechtliche Grundlagen

RA Dr. Christoph Zahrnt war nach dem Studium sowohl des Rechts als auch der Volkswirtschaft mehrere Jahre als Softwareentwickler und Einkaufsjurist in der hessischen Landesverwaltung tätig. Seit Ende 1977 arbeitet er als Rechtsanwalt in den Bereichen IT-Vertragsrecht und öffentliches Beschaffungsrecht für IT-Leistungen. Sein Schwerpunkt liegt in der Organisation des Vertragswesens von IT-Anbietern und von Auftraggebern im IT-Bereich sowie in Seminaren dazu. Da es anfangs keine Bücher über IT-Vertragsrecht gab, hat Zahrnt erst einmal selbst Fachbücher für diesen Bereich geschrieben. In den letzten Jahren hat er sich noch stärker der Praxis von Projekten zugewendet und schreibt zu Projekten im IT-Bereich, die auf der Basis von Verträgen durchgeführt werden.

Vorwort

Wer viel mit dem Abschluss oder der Durchführung von IT-Projektverträgen zu tun hat, sollte einigermaßen Bescheid wissen, auf welchem Boden er sich bewegt. Dieses Buch soll IT-Fachleuten das von ihnen benötigte Vertragsrecht aufbereiten. Auf Vollständigkeit wurde verzichtet; denn der Leser soll kein Mini-Jurist werden, sondern soll in komplizierten und in strittigen Fällen den Rat eines Juristen einholen. Aber er soll – und kann! – lernen, diejenigen Schritte auf dem manchmal glatten Boden des Rechts zu beherrschen, die er im Alltag alleine gehen muss.

Das Buch ist gegenüber seinem Vorgänger »IT-Vertragsrecht für IT-Fachleute« stärker auf IT-Projektverträge ausgerichtet. Damit konnte ich es zu einem Partner meines Buchs »Richtiges Vorgehen bei Verträgen über IT-Leistungen« (nächste Auflage: »IT-Projektverträge: Erfolgreiches Management«) machen. Damit nutzt es dem mehr, der mit IT-Projektverträgen befasst ist.

Ich gehe beim Management von IT-Projektverträgen von einem Schichtmodell mit vier Ebenen aus. Dieses Buch handelt die zweite Ebene dieses Schichtenmodells ab:

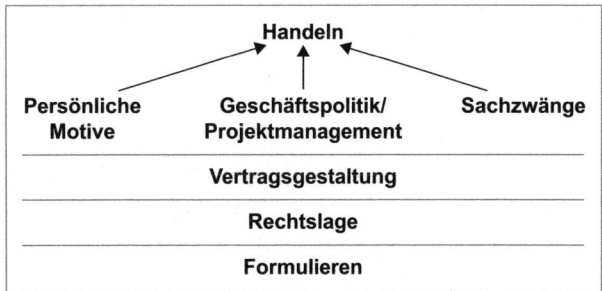

Abb. 1   *Vier Ebenen müssen bei Auftragsprojekten berücksichtigt werden*

Wegen der Konzentration auf Projektverträge habe ich einige Themen zum IT-Vertragsrecht, die spezieller Natur sind (beispielsweise Einzelheiten zum Urheberrecht an Programmen, zum Patentrecht oder zum Markenrecht), auf meine Webseite verschoben. Den freigewordenen Raum habe ich teilweise dazu genutzt, mehr Beispiele und mehr Abbildungen einzufügen.

Ich danke Frau Prof. Dr. Heilmann für ihren großen Einsatz, das Buch eines Juristen für IT-Fachleute verständlicher zu machen.

Christoph Zahrnt
Neckargemünd, Februar 2008

Benutzerhinweise

Am besten lesen Sie die ersten drei Kapitel über die Grundlagen des Vertragsrechts – etwa 20 % des Buchs – durch.[1] Wenn Sie diese Grundlagen gut verstehen wollen, sollten Sie auch den *Anhang A* durchlesen.

Die weiteren Kapitel, die den Schutz von Software und die einzelnen praxisrelevanten Vertragstypen behandeln, sind mehr als Nachschlagewerk gedacht.

In Ihrem Interesse, der/die Sie einen Leitfaden suchen, habe ich auf Verweise auf Rechtsprechung und Literatur weitestgehend verzichtet.

Im Interesse der Kürze werden einige Detailfragen hier nur angesprochen und ergänzend im Internet abgehandelt. Diese Texte finden Sie auf *www.zahrnt.de* unter »Ergänzende Texte zu den Büchern/IT-Projektverträge: Rechtliche Grundlagen« und dort mit dem hier angegebenen Kapitelverweis.

In diesem Buch wird die Rechtslage für den Fall dargestellt, dass im Einzelfall nichts geregelt worden ist und sich die Rechtslage dementsprechend nach den Rechtsvorschriften richtet. Manchmal wird auch dargestellt, wie solche Vereinbarungen, die in der Praxis häufig getroffen werden, im Detail zu verstehen sind. Wenn Sie sagen, dass dieses oder jenes bei Ihnen anders sei, haben Sie verinnerlicht, wie Verträge in Ihrem Bereich gestaltet werden.

Recht gilt für beide Vertragspartner gleichermaßen. Dementsprechend ist das Buch neutral abgefasst. Zur Gestaltung und zur Durchführung von IT-Verträgen wird auf das Buch »Richtiges Vorgehen bei Verträgen über IT-Leistungen« (IT-PM) verwiesen (nächste Auflage »IT-Projektverträge: Erfolgreiches Management«).

---

1. Reihenfolge: Kapitel 1.1 und 1.3, Kapitel 2, Kapitel 3.1, Kapitel 1.2, Kapitel 3.2 bis 3.4, 3.10, Kapitel 1.4. Der Rest von Kapitel 3 braucht erst einmal nur zur Kenntnis genommen zu werden (wenn ein Problem auftaucht, den darauf bezogenen Abschnitt lesen).

Inhaltsübersicht

Inhaltsverzeichnis

Teil I

Grundlagen für den Abschluss und die Durchführung von Verträgen

1 Einführung in das Vertragsrecht

1.1 Rechtsvorschriften nach Zustandekommen, Funktion, Gegenstand, Adressaten und Inhalt

Dieses Buch befasst sich im Wesentlichen mit IT-Projektverträgen, also mit einem besonderen Gebiet des Vertragsrechts. Die Juristen bezeichnen das diesbezügliche Recht als Schuldrecht (weil die Vertragspartner sich gegenseitig etwas schulden). Wie ist das Schuldrecht/Vertragsrecht in unsere Rechtsordnung einzuordnen? Vor Beantwortung dieser Frage in *Kapitel 1.1.1* soll der allgemeine Rahmen geklärt werden, welche Arten von Rechtsvorschriften es gibt.

(1) Rechtsvorschriften dem Zustandekommen nach

(1.1) Geschriebenes Recht

Die Unterscheidung danach, wie Rechtsvorschriften zustande gekommen sind, bezieht sich auf die Institution, die das Recht geschaffen hat. Danach werden drei Arten unterschieden:

- *Gesetze* werden durch die Parlamente erlassen, z.B. das BGB und das HGB, die wesentliche Teile des Vertragsrechts regeln.
- *Verordnungen* werden auf der Grundlage gesetzlicher Ermächtigungen durch die Regierungen erlassen (in Deutschland oft mit Zustimmung des Bundesrats), z.B. die Durchführungsverordnung zum Einkommensteuergesetz, die Straßenverkehrsordnung usw. Im Bereich des Vertragsrechts gibt es nur wenige, beispielsweise die Verordnung über Informationspflichten im Bürgerlichen Recht, die Vorschriften zum elektronischen Geschäftsverkehr enthält.
- *Dienstvorschriften* der öffentlichen Hand sind also keine Rechtsvorschriften.

Beispiel

Das ist im Beschaffungsrecht der öffentlichen Hand äußerst wichtig: Oberhalb der sog. Schwellenwerte (bezüglich des Auftragsvolumens) ist das öffentliche Vergaberecht durch Gesetze und Verordnungen geregelt. Jeder Bieter hat einen eigenen Anspruch darauf, dass die Vorschriften eingehalten werden. Im Falle der Verletzung der Vorschriften kann er zu speziellen Gerichten gehen. Unterhalb der Schwellenwerte geht es nur um Dienstvorschriften. Der Bieter hat nur in einem sehr engen Rahmen Ansprüche, und zwar fast nur auf Schadensersatz *[siehe Kapitel 7.1 zur Anspruchsgrundlage]*.

(1.2)   Ungeschriebenes Recht und Verkehrssitten (Handelsbrauch)

Ungeschriebenes Recht entwickelt sich im Laufe der Zeit insbesondere aus der dauernden Anwendung von Generalklauseln (= sehr vage formulierten Rechtsvorschriften) oder von den hinter diesen stehenden Rechtsgrundsätzen, sei es durch die Rechtsgenossen als Gewohnheitsrecht oder sei es durch Richter als Richterrecht *[vgl. Kapitel 1.1.3 (2)]*. Formal gesehen ergänzt es die vertragsrechtlichen Vorschriften, inhaltlich konkretisiert es das Vertragsrecht. Es ist mit dem geschriebenen Recht gleichrangig. Wenn die Juristen vom »positiven« (= gesetztem) Recht oder vom Gesetz sprechen, meinen sie damit auch Gewohnheitsrecht und Richterrecht.

- *Gewohnheitsrecht* kann unabhängig von der Rechtsprechung entstehen. Meistens wird seine Entstehung aber durch kontinuierliche Rechtsprechung unterstützt.
- *Ungeschriebenes Recht* kann auch durch die Rechtsprechung alleine entstehen, insbesondere z.B. indem der Bundesgerichtshof als oberstes Zivilgericht erklärt, dass er eine Frage so und so »in ständiger Rechtsprechung« entscheide. Für Richter und Rechtsberater hat das faktisch Gesetzeskraft. Denn der Richter wird dem folgen, und der Rechtsberater geht von diesem Verhalten aus. Deswegen wird vielfach von »Richterrecht« gesprochen *[zu Beispielen siehe Kapitel 1.1.3 (3)]*.[2]

Verkehrssitten entstehen entsprechend, wenn die beteiligten Wirtschaftskreise während längerer Dauer etwas einheitlich tun oder eine Vereinbarung einheitlich auslegen und dem als rechtlich richtig zustimmen (»branchenüblich«/»Das ist doch selbstverständlich«). Das geschriebene Recht nimmt auf Verkehrssitten ausdrücklich Bezug *[Kapitel 1.1.3 (2) bei den Beispielen zu Generalklauseln]*: Verkehrssitte ist mit anderen Worten das, was als Detaillierung der Rechtslage nach Treu und Glauben bereits von den beteiligten Kreisen anerkannt ist.

---

2.   Für Richter ist es bequem, sich auf die ständige Rechtsprechung höherer Instanzen zu berufen, und zeitsparend. Das liegt meist auch im Interesse der dadurch benachteiligten Partei, weil ein für sie günstiges abweichendes Urteil mit hoher Wahrscheinlichkeit in einer höheren Instanz aufgehoben werden würde. Rechtsanwälte müssen ihre Mandanten darauf hinweisen.

Beispiel

Sahen Verträge über die Überlassung von Softwareprodukten die Lieferung einer Benutzerdokumentation nicht vor, fragten die Richter anfangs, ob sich die Pflicht zu deren Lieferung aus Treu und Glauben ergeben würde. Heute stellen sie darauf ab, dass deren Lieferung eine Verkehrssitte sei, und fragen nicht mehr, ob die Benutzerdokumentation wegen ihrer Wichtigkeit zu liefern ist. In den letzten Jahren fragen sie, ob die Lieferung einer Online-Bedienerhilfe nach Treu und Glauben geschuldet werde oder sogar schon eine Verkehrssitte sei.

Spezielle Verkehrssitten im kaufmännischen Verkehr werden als Handelsbräuche bezeichnet *[Kapitel 1.1.3 (2) in den Beispielen für Generalklauseln]*.

Technische Normen (z. B. DIN 66230 für Programmdokumentation): Sie gelten nicht wie Rechtsvorschriften. Wenn sie sich in der Praxis durchgesetzt haben, darf der Vertragspartner aber davon ausgehen, dass der andere sie einhält (Verkehrssitte). Besteht keine Verkehrssitte, *kann* sich aus den Umständen des Einzelfalls dennoch ergeben, dass die Leistung eine bestimmte Norm einhalten muss. Das liegt nahe, wenn die Norm dem Schutz vor Verletzungen dient *[zur Frage, ob in Normen beschriebene Eigenschaften garantiert sind, siehe Kapitel 6.3.2.3 (1)]*.

(2)   Rechtsvorschriften der Funktion nach

Der Funktion nach werden zwei Bereiche unterschieden:

- *Das materielle Recht* regelt, wer welche Rechte/Ansprüche hat.
- *Das Prozessrecht* regelt, wie jemand sein Recht bei Gericht durchsetzen kann, insbesondere die Beweislast also, wer was beweisen muss.

Die Juristen verwenden den Begriff »materielles Recht« statt nur »Recht«, wenn es darauf ankommt, einen Gegensatz zum Prozessrecht zu bilden.

Jede praktische Rechtsfrage hat zwei Seiten – ebenso untrennbar wie die beiden Seiten einer Münze: Hat jemand den Anspruch, den er geltend macht, und kann er den Sachverhalt, der dem Anspruch zugrunde liegt, auch beweisen? Die Beweislast ist auch wichtig, wenn die Vertragspartner nicht zu Gericht gehen, ihre Chancen bei Gericht aber vor einer vorgerichtlichen Einigung abschätzen wollen oder sogar von vornherein sich für den Fall eines Streits absichern wollen. Deswegen wird das Thema in diesem Buch abgehandelt *[Kapitel 1.2]. Im Übrigen verweise ich auf das Arbeitspapier »Wenn es zu Gericht geht« [www.zahrnt.de unter Arbeitspapiere]*.

(3)   Rechtsvorschriften dem Gegenstand nach

Dem Gegenstand nach, den das Recht regelt, werden zwei Bereiche unterschieden:

- *Das öffentliche Recht* regelt, wie sich der Staat und der ihm unterworfene (!) Bürger sich gegenseitig zu verhalten haben. Die Grundlage dieses staatlichen

Handelns bilden Gesetze; die Behörden handeln vielfach nicht durch Vertrag, sondern einseitig (durch sog. Verwaltungsakte).

Beispiele

▪ Die Baurechtsgesetze regeln, wie der Bürger bauen darf. Dieser stellt einen Bauantrag; die zuständige Behörde erlässt die Baugenehmigung (einseitig) durch Verwaltungsakt.
▪ Das Einkommensteuergesetz regelt die Steuerpflicht. Der Einkommensteuerpflichtige stellt einen Antrag auf Lohnsteuerjahresausgleich oder gibt eine Steuererklärung ab.
▪ Das Strafrecht schreibt dem Bürger am stärksten vor, wie er sich zu verhalten hat (dem Staat oder seinen Mitbürgern gegenüber).

▪ *Das Privatrecht* (etwas enger definiert: das Zivilrecht/Bürgerliches Recht einschließlich Handelsrecht und Arbeitsrecht) regelt, wie Rechtsgenossen auf gleicher Ebene miteinander rechtlich umgehen können (manchmal auch: müssen). Im Gegensatz zum öffentlichen Recht geht es vom Gleichrang der Parteien aus. Dazu gehört das Vertragsrecht für IT-Projektverträge. Die wichtigsten Gesetze werden in *Kapitel 1.1.1* vorgestellt.

(4)   Adressaten im Privatrecht

Die Juristen verwenden den Begriff Rechtsgenossen als Oberbegriff für alle natürlichen oder juristischen Personen. Sie sind die Adressaten des Vertragsrechts. Das Privatrecht geht von normalen Vertragspartnern aus. Es kennt darüber hinaus zum einen solche Vertragspartner, die besonders geschützt werden müssen. Das sind Personen dann, wenn sie als Arbeitnehmer oder als Verbraucher angesprochen werden.

Das Privatrecht kennt zum anderen Vertragspartner, die weniger Schutz als der normale Vertragspartner benötigen. Das sind traditionell die Kaufleute. Inzwischen hat es auch die große Gruppe derjenigen zur Kenntnis genommen, die zwar kein Gewerbe betreiben, also keine Kaufleute sind, aber zumindest entsprechend rechtsgewandt sind, beispielsweise Steuerberater, Rechtsanwälte, Architekten oder IT-Berater, umgangssprachlich als »Freiberufler« bezeichnet. So hat die Rechtsprechung schon lange entschieden, dass die Verkehrssitte zu dem sogenannten kaufmännischen Bestätigungsschreiben *[Kapitel 2.2]* auch für Freiberufler gilt, weil diese rechtsgewandt sind.

Das Privatrecht sieht zunehmend Vorschriften vor, in denen es Kaufleute und Freiberufler zusammenfasst und diese dann als »Unternehmer« bezeichnet.[3]

---

3.   Österreich hat zum 1.1.07 das HGB in das »Unternehmensgesetzbuch« umgewandelt. Freiberufler fallen allerdings nicht automatisch darunter, können sich diesem aber durch Eintragung ins Unternehmensregister unterstellen.

> **Beispiele**
>
> Bei Verträgen zwischen Unternehmern sind höhere Verzugszinsen zu zahlen.
>   Wer AGB verwendet, muss diese nicht nur als Vertragsbestandteil aufführen, sondern muss sie einem Verbraucher auch zur Kenntnis geben. Gegenüber einem Unternehmer ist das nicht erforderlich *[Kapitel 1.1.4 (2)]*.

Es bleiben aber Unterschiede dadurch, dass das Handelsrecht nur für Kaufleute gilt. Wer als Kunde IT-Projektverträge mit Freiberuflern schließt, muss also auf die Unterschiede achten.

(5)   Was die Gesetze beinhalten: Rechte und Pflichten

Schuldrechtliche Verträge begründen Rechte und Pflichten *von einem gegenüber einem anderen*. Das Schuldrecht nennt den, der einen Anspruch hat, den Gläubiger, den anderen den Schuldner.

Verträge sind dazu da, Ansprüche zu schaffen, d.h. als Grundlage für Ansprüche zu dienen. Die »Anspruchsgrundlage« ist der zentrale Begriff des Schuldrechts/Vertragsrechts.

Rechte aus Verträgen werden »relative Rechte« im Gegensatz zu »absoluten Rechten« genannt. »Relative Rechte« bestehen gegenüber einer bestimmten Person (oder gegenüber mehreren) und beinhalten, dass von dieser (oder diesen) etwas verlangt werden kann. »Absolute Rechte« sind Herrschaftsrechte an etwas, die von jedermann zu respektieren sind. Das wichtigste Herrschaftsrecht ist das Eigentum an Sachen. Das Sachenrecht des BGB befasst sich weitgehend mit Herrschaftsrechten an beweglichen Sachen und an Grundstücken. Es gibt auch Herrschaftsrechte an nichtkörperlichen Gegenständen, z.B. am Namen, an der Ehre oder an Gesellschaftsanteilen. Für den IT-Fachmann geht es vor allem um das urheberrechtliche Herrschaftsrecht an Programmen *[Kapitel 4.3]*.

Wer ein Herrschaftsrecht hat, hat Ansprüche gegen Dritte, sein Herrschaftsrecht zu respektieren, beispielsweise sich keine Raubkopien zu verschaffen (Unterlassungsanspruch, Vernichtungsanspruch) und im Verletzungsfall Schadensersatz zu zahlen.

Der Gegensatz zwischen Herrschaftsrechten und schuldrechtlichen Rechten sei an einem Beispiel verdeutlicht: Der Eigentümer eines Hauses hat das Recht, alle anderen von der Benutzung seines Hauses abzuhalten. Er kann es vermieten. Der Mieter erlangt kein Herrschaftsrecht am Haus; er hat aber gegenüber dem Eigentümer den Anspruch auf Benutzung, d.h., dass der Eigentümer dessen Herrschaftsrecht ihm gegenüber nicht ausübt. – Außerdem hat er als Besitzer (= als Repräsentant des Eigentümers) das herrschaftsrechtliche Recht, Dritte von der Benutzung auszuschließen. Das zeigt einen gewissen Übergang zwischen Herrschaftsrecht und schuldrechtlicher Position an, den es auch anderswo gibt.

1.1.1   Die wichtigsten Gesetze für IT-Projektverträge

Die wichtigsten Gesetze für die IT-Projektverträge sind

- das BGB,
- das HGB,
- das Urheberrechtsgesetz *[Kapitel 4.3]*.

(1)   BGB

Das BGB (Bürgerliches Gesetzbuch) ist am 1. Januar 1900 in Kraft getreten. Das Schuldrecht/Vertragsrecht ist in den für IT-Verträge relevanten Teilen ein Jahrhundert lang durch den Gesetzgeber kaum geändert worden (wohl aber massiv durch die Rechtsprechung). Zum 1.1.2002 hat der Gesetzgeber das Schuldrecht/Vertragsrecht modernisiert: Er hat es inhaltlich vereinfacht und einige implausible und inkonsistente Vorschriften beseitigt sowie vieles, was die Rechtsprechung an Richterrecht geschaffen hat, in Paragraphen gefasst. Außerdem hat er den Verbraucherschutz gestärkt.

Die Teile des BGB: Das BGB besteht aus fünf Büchern (siehe Abb. 1–1):

1. Allgemeiner Teil
2. Recht der Schuldverhältnisse
3. Sachenrecht
4. Familienrecht
5. Erbrecht

Für die IT-Vertragspraxis sind die beiden ersten Bücher, z.T. auch das dritte (Übereignung von Sachen) wichtig.

Der *Allgemeine Teil* regelt insbesondere, wie Verträge geschlossen werden *[Kapitel 2]* und wie sie ausgelegt werden *[Kapitel 1.3]*.

Das *Schuldrecht/Vertragsrecht* regelt Verträge im geschäftlichen wie auch im privaten Verkehr. Diese Verträge begründen Rechte und Pflichten zwischen den Vertragspartnern *[Kapitel 1.1 (5)]*. Die Juristen sprechen von »Austauschverträgen«, die darauf abzielen, gegenseitig Leistungen zu erbringen, im Gegensatz zu gesellschaftsartigen Verträgen, die der Zusammenarbeit für gemeinsame Ziele dienen.

Im Gegensatz zu solchen Verträgen stehen sachenrechtliche Verträge (Bestellung einer Hypothek, Übereignung von Hardware), die in Erfüllung einer schuldrechtlichen Pflicht geschlossen werden. Der Käufer erwirbt durch den Abschluss des Kaufvertrags noch nicht das Eigentum an der Kaufsache (die noch gar nicht zu existieren braucht). Die Erfüllung einer solchen Pflicht, etwa des Verkäufers zur Verschaffung des Eigentums, erfolgt nach der deutschen Rechtsordnung durch einen gesonderten sachenrechtlichen (»dinglichen«) Vertrag, z.B. Einigung über den Eigentumsübergang zusammen mit der Übergabe der Sache.

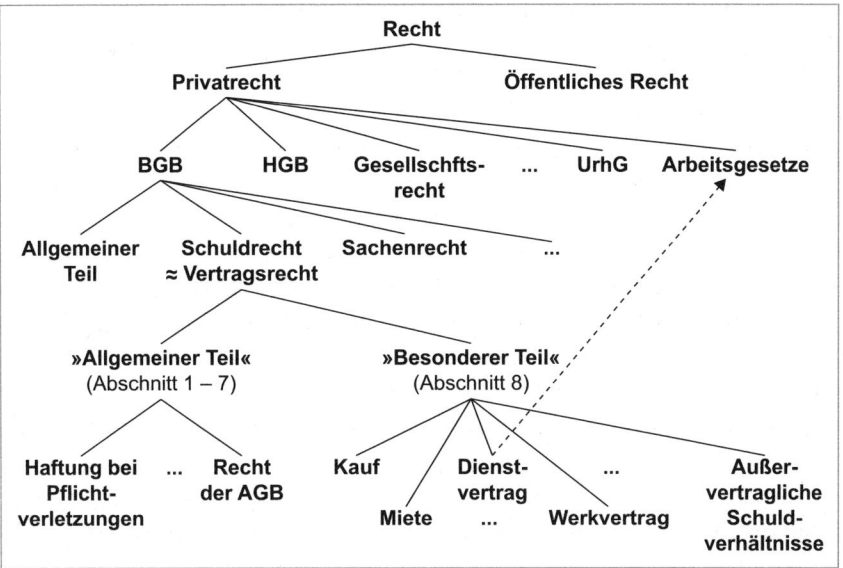

Abb. 1–1   *Inhaltliche Gliederung des deutschen Rechts*

Beispiel

Ein Vertrag über den Ersatz einer Platteneinheit in einer IT-Anlage beinhaltet u.a. die schuldrechtliche/vertragliche Pflicht, die Ersatzteile anzuliefern, einzubauen und das Eigentum daran an den Kunden zu übertragen.

Bei einem Kauf in einem Supermarkt fallen der Kaufvertrag und der Übereignungsvertrag praktisch zusammen.

Insbesondere das Schuldrecht/Vertragsrecht: Dieses besteht der Sache nach, wenn auch nicht formal, aus einem Allgemeinen Teil (2. Buch, Abschnitte 1 bis 7):

- Was ist Leistungsinhalt bei Pflichten?
- Welche Grenzen bestehen für den, der Allgemeine Geschäftsbedingungen aufstellt und zum Vertragsbestandteil machen will?
- Wie werden Verträge über Leistungen abgewickelt?
- Was geschieht bei der Verletzung von Vertragspflichten?

und aus einem Besonderen Teil (2. Buch, Abschnitt 8: Einzelne Schuldverhältnisse), in dem einzelne Vertragstypen geregelt sind. Dazu gehören insbesondere:

- der Kaufvertrag einschließlich der Variante Werklieferungsvertrag,
- der Mietvertrag,
- der Werkvertrag,
- der Dienstvertrag und
- rudimentär der Arbeitsvertrag, der im Laufe der Jahre immer umfangreicher in zusätzlichen Gesetzen geregelt wurde.

Soweit die Vertragspartner (dank der Vertragsfreiheit *[Kapitel 1.1.2]*) nichts anderes regeln, greifen die Vorschriften zu dem Vertragstyp ergänzend ein, unter den der Vertrag fällt. Da die Einordnung streitig sein kann, ist die Vertragstypologie für den Juristen ein wichtiges Thema.

Die Regelungsdichte des geschriebenen Rechts ist sehr unterschiedlich. Der Gesetzgeber von 1900 hat das konkret geregelt, was ihm zu regeln wichtig erschien. So gibt es über den Fund 20 Paragraphen und über den Bienenschwarm vier Paragraphen. Hundert Jahre lang ist – außer hinsichtlich des Verbraucherschutzes und des Arbeitsrechts – nicht viel hinzugekommen. Das neue Schuldrecht von 2002 hat Vertragstypen, in denen die Rechtsprechung Verbraucher geschützt hat, ins BGB aufgenommen.

Treten neue Vertragsformen in der Praxis auf (z. B. Leasing, Wartung/Pflege), bemüht sich die Rechtsprechung (zusammen mit der Rechtswissenschaft), diese bereits gesetzlich geregelten Vertragstypen zuzuordnen. Dies geschieht manchmal mehr formalistisch (»In welche Schublade passt der Vertragstyp?«), manchmal mehr in der Weise, dass bisher geregelte Typen als Musterregelungen verstanden werden und daraus abgeleitet wird, wie der Gesetzgeber diesen neuen Typ wohl geregelt hätte *[zur Analogie siehe Anhang A.7 (1)]*. Darüber gibt es unter Juristen Meinungsverschiedenheiten, aktuell besonders beim Thema IT-Projektvertrag *[Kapitel 6.1 (1)]*.

Die Vertragstypen im Besonderen Teil können spezielle Vorschriften im Verhältnis zu denjenigen im Allgemeinen Teil enthalten; diese gehen dann denjenigen im Allgemeinen Teil vor (z. B. die Ansprüche wegen Sachmängeln den allgemeinen Vorschriften über Pflichtverletzungen).

Außervertragliche Schuldverhältnisse: Neben den durch einen Vertrag begründeten Pflichten können auch Pflichten außerhalb vertraglicher Beziehungen aufgrund von Gesetzen bestehen; es liegen dann sogenannte gesetzliche oder außervertragliche Schuldverhältnisse vor. Diese sind z.T. im Besonderen Teil des Schuldrechts, im Übrigen in speziellen Gesetzen (z. B. im Straßenverkehrsgesetz, im Produkthaftungsgesetz und im UrhG) geregelt. Werden diese Pflichten verletzt, haftet der Verletzer *[Kapitel 3.7]*.

(2)   HGB

Das HGB (Handelsgesetzbuch) ist in seinen Wurzeln sogar noch älter als das BGB. Seine wichtigen Bücher sind:

1. Handelsstand, insbesondere wer Kaufmann ist
2. Handelsgesellschaften und stille Gesellschaften (Die AG und die GmbH, beides Handelsgesellschaften, sind inzwischen in Gesetzen geregelt, die das HGB ergänzen.)
3. Handelsbücher
4. Handelsgeschäfte

Das HGB ergänzt und modifiziert das Vertragsrecht des BGB für Kaufleute. Aus Geschäften (Verträgen) werden Handelsgeschäfte. Bei ihnen ist »in Ansehung der Bedeutung und Wirkung von Handlungen und Unterlassungen auf die im Handelsverkehr geltenden Gewohnheiten und Gebräuche Rücksicht zu nehmen« *[siehe als Beispiel dafür Kapitel 2.2 zum »kaufmännischen Bestätigungsschreiben«].*

Das HGB soll u.a. den Geschäftsverkehr erleichtern und beschleunigen; es erwartet, dass die Beteiligten kaufmännisch – und somit auch einigermaßen rechtlich – gebildet sind, damit Risiken besser erkennen können und auch bereit sind, mehr Risiken zu übernehmen. Das HGB mutet ihnen deswegen mehr Risiken zu.

Beispiele

Eine Bürgschaft kann von einem Kaufmann auch mündlich übernommen werden (§ 350 HGB), während § 766 BGB sonst Schriftform vorsieht, damit der Erklärende durch diesen formalen Akt noch einmal auf die Bedeutung seiner Erklärung hingewiesen wird. – Die Vollmacht eines Geschäftsführers oder eines Prokuristen kann nicht eingeschränkt werden. Jeder Verhandlungspartner weiß also, woran er ist, und darf sich darauf verlassen, dass sein Gegenüber die geäußerte rechtsgeschäftliche Erklärung wirksam abgeben kann *[Kapitel 2.4]*. – Dem Kaufmann wird unterstellt, dass er grundlegende Begriffe des Vertragsrechts kennt.

Kaufmann ist,

- gemäß § 1 HGB, wer ein Gewerbe betreibt, es sei denn, dass sein Unternehmen nach Art und Umfang einen in kaufmännischer Weise eingerichteten Geschäftsbetrieb nicht erfordert (kleine Gewerbetreibende können sich nach § 2 HGB ins Handelsregister eintragen lassen und dadurch Kaufleute werden).
- wer als Handelsgesellschaft organisiert ist, unabhängig davon, was er für eine Tätigkeit betreibt, also insbesondere jede GmbH: Formkaufleute (§ 6 HGB).

Wird der Mitarbeiter eines Kaufmanns (z.B. einer GmbH) nach außen hin als Vertreter *[Kapitel 2.4]* oder als Erfüllungsgehilfe *[Kapitel 3.2 (1)]* tätig, wird dieses Tun nach Handelsrecht bewertet, auch wenn der Mitarbeiter sich gar nicht als Kaufmann fühlt! Zum Beispiel gilt das Schweigen eines Kaufmanns eher als Zustimmung als das Schweigen einer Privatperson *[Kapitel 2.1.5]*.

1.1.2   Vertragsfreiheit, Bedeutung und allgemeine Schranken

(1)   Der Grundsatz der Vertragsfreiheit

Die Vertragsfreiheit beinhaltet das Recht,

- Verträge abzuschließen (das überhaupt tun zu dürfen, und zwar in der gewünschten Weise und mit dem gewünschten Partner, oder das auch ablehnen zu dürfen),

■ andere Vertragstypen als die gesetzlich geregelten zu bilden: z.B. die Pflege von Softwareprodukten; Outsourcing,
■ von den geregelten Typen abzuweichen (soweit nicht zwingendes Recht vorliegt): z.B. Leasing als modifizierte Miete zu vereinbaren, nämlich ohne die Pflicht des Vermieters, Mängel zu beseitigen; die Haftung auf Schadensersatz einzuschränken,
■ geschlossene Verträge einverständlich zu ändern oder aufzuheben.

Beispiel

Selbst wenn in einem individuell formulierten Rahmenvertrag steht, dass die Vertragspartner von diesem in Einzelverträgen *nicht* abweichen können (oder dass der Rahmenvertrag stets Vorrang habe), können die Vertragspartner davon abweichen.

Das bedeutet, dass die Vorschriften des Schuldrechts weitgehend überlagert/ersetzt werden können (dass sie sog. nachgiebiges/dispositives Recht enthalten). Der Grundsatz der Vertragsfreiheit beantwortet also die Frage von IT-Fachleuten, ob sie dieses oder jenes vertraglich tun könnten: Sie können es, soweit nicht ausnahmsweise Schranken vorliegen.

Beispiele

Sie sind letztlich zahllos. Beispiele zum Abschluss von Verträgen: Der Anbieter kann die ziemlich kurze Frist, für die sein Vertragsantrag nach dem Gesetz wirksam ist *[Kapitel 2.1.2 (2)]*, verlängern (Bindefrist); er kann Schriftform für den Vertrag verlangen.
    Die Verjährungsfrist für Mängelansprüche beträgt zwei Jahre (§ 438 BGB). Sie kann in AGB gegenüber Unternehmern auf ein Jahr abgekürzt werden (§ 309 BGB). Sie kann in einer individuellen Vereinbarung gegenüber einem Unternehmer überhaupt ausgeschlossen werden; denn das ist nicht sittenwidrig.

---

(2)   Allgemeine Schranken

Die Vertragsfreiheit findet drei Schranken:

■ *Zwingende Rechtsvorschriften* sind solche, von denen nicht abgewichen werden kann. Sie regeln den Inhalt von Verträgen. Der Gesetzgeber sieht sie dort vor, wo er einen Vertragspartner schützen will *[Kapitel 1.1 (4)]*. Dass eine Vorschrift zwingend ist, kann so selbstverständlich sein, dass diese Eigenschaft im Gesetz nicht erwähnt wird. Normalerweise findet sich ein Satz wie im Mietrecht: »Von den vorstehenden Vorschriften kann zulasten eines Mieters von Wohnraum nicht abgewichen werden.« Ähnlich wie das Mietrecht enthalten das Recht des Verbrauchsgüterkaufs *[Kapitel 6.3.13]* und das Arbeitsrecht zahlreiche zwingende Rechtsvorschriften. Im Bereich von IT-Projektverträgen gibt es fast keine praxisrelevanten zwingenden Vorschriften.

Beispiele

Nach § 314 BGB ist die Kündigung eines Dauerschuldverhältnisses aus wichtigem Grund stets zulässig – ohne dass der zwingende Charakter der Vorschrift erklärt wäre. Die Vorschriften des AGB-Rechts, die die Vertragsfreiheit einschränken [*Kapitel 1.1.4*], sind zwingend.

Die Pflichten eines Anbieters im elektronischen Geschäftsverkehr gemäß § 312e BGB sind gemäß § 312f zwingend.

Nach § 69d Abs. 2 UrhG darf der Anwender sich eine Sicherungskopie machen [*Kapitel 8.2.2.1*]. Nach § 69g Abs. 2 UrhG kann dieses Recht nicht eingeschränkt werden.

Allgemeine Grenzen

Was kann das Recht nicht zulassen?

- Sittenwidrige Verträge (§ 138 BGB), z.B. wucherische Zinsen bei Darlehen. Das Wort Wucher erinnert an Mietwucher, der strafbar ist, oder an gewerbsmäßigen Wucher, ebenfalls strafbar. Sittenwidrigkeit beinhaltet einen schweren Vorwurf.
- Verstöße gegen gesetzliche Verbote (§ 134 BGB), z.B. gegen das Arbeitnehmerüberlassungsgesetz *[Kapitel 5.6]* oder gegen gesetzliche Gebote, z.B. das Bundesdatenschutzgesetz. § 134 BGB erklärt solche Verträge für unwirksam. Hier wird nach juristischer Dogmatik in Abgrenzung zu zwingenden Rechtsvorschriften auf das Handeln abgestellt.

Beispiel zum Unterschied

Ein Vertrag über ein Glas Bier in einer Gastwirtschaft vor der Sperrstunde ist (im Normalfall) wirksam, einer nach Beginn der Sperrstunde ist unwirksam. – Ein Vertrag über Arbeitnehmerüberlassung mit staatlicher Erlaubnis ist wirksam, ohne Erlaubnis unwirksam.

Besondere Grenzen wegen der Marktmacht eines Vertragspartners

Beispielsweise stellt sich die Frage, ob und ggf. in welcher Höhe die Telekom Gebühren verlangen kann, wenn ein Kunde mit seiner Telefonnummer zu einem anderen Anbieter wechseln will. Gegebenenfalls besteht wegen der Marktmacht auch die Pflicht, Verträge abzuschließen, beispielsweise aufgrund des Gesetzes gegen Wettbewerbsbeschränkungen *[siehe Kapitel 12.2 (1) zur Pflicht des Lieferanten, Pflegeverträge anzubieten]*.

(3)   Vertragsfreiheit ermöglicht US-Vertragsrecht

Das deutsche Vertragsrecht ist in der Praxis, insbesondere im IT-Bereich, derzeit einem starken Wandel unterworfen: Sowohl Geschäftsleute als auch Juristen übernehmen immer mehr Formulierungen aus US-amerikanischen Verträgen. Diese sind in den USA notgedrungen ausführlich *[Kapitel 1.4 (3)]*. Das führt zu immer längeren Vertragstexten in Kontinentaleuropa. Der Nichtjurist geht so vor, weil es anscheinend für seine Absicherung erforderlich ist. Meistens macht es keinen Sinn, weil die deutsche Vertragsrechtsordnung ein vollständiges und weitgehend sachgerechtes System an Vorschriften enthält. Für Juristen ist diese Vorgehensweise praktisch, weil sie dann weltweit nur eine Fassung für jedes Musterdokument benötigen (ihre Kollegen im Ausland gehen ähnlich vor).

1.1.3   Die Konkretheit von Rechtsvorschriften: Von Definitionen bis zu Rechtsgrundsätzen, insbesondere dem von Treu und Glauben

Bei Projektverträgen wie auch bei Verträgen überhaupt können Sie oft nur schwer ermitteln, welche Rechte und Pflichten Sie haben. Das hängt von der Regelungstechnik im Vertrag *[Kapitel 1.3]* und von der des Gesetzgebers ab *[dieser Abschnitt wird in Anhang A teilweise ausführlicher dargestellt]*.

(1)   Gesetzgeberische Regelungstechnik

Rechtsvorschriften sind oft nicht einfach zu handhaben. Nicht nur, dass sie Fachausdrücke verwenden; sie verwenden auch Ausdrücke aus der Alltagssprache mit einer juristischen Bedeutung, die dem Nichtjuristen manchmal unbekannt ist *[Anhang B.1 (2.2)]*.

Beispiel

Zwischen Eigentum und Besitz besteht rechtlich ein erheblicher Unterschied *[Kapitel 1.1 (5)]*.

Weiterhin streben Gesetze nach sprachlicher Kürze. Zu diesem Zwecke fassen sie Fallgruppen zusammen oder verwenden Verweise.

Beispiel: Kurzer Code ist nicht guter Code

Wann endet eine Frist von einem Monat? Sie kann mit dem 30. November beginnen (dann am 30. Dezember); sie kann am 31. Oktober beginnen (dann am 30. November); sie kann am 31. Januar beginnen (dann am 28. Februar); sie kann am 28. Februar beginnen (dann am 28. März). Der Gesetzgeber regelt das in § 188 BGB in *einem* Paragraphen, und zwar zusammen mit der Berechnung von Fristen für ein Jahr, ein halbes Jahr und ein Vierteljahr, weil die Fragestellungen gleich sind, und auch noch für die beiden Fälle des § 187 BGB, dass der erste Tag der Frist mitgezählt bzw. dass er nicht mitgezählt wird. § 188 zum Fristende lautet: →

> »(1) Eine nach Tagen bestimmte Frist endigt mit dem Ablauf des letzten Tages der Frist.
>
> (2) Eine Frist, die nach Wochen, nach Monaten oder nach einem mehrere Monate umfassenden Zeitraum – Jahr, halbes Jahr, Vierteljahr – bestimmt ist, endigt im Falle des § 187 Abs. 1 mit dem Ablaufe desjenigen Tages der letzten Woche oder des letzten Monats, welcher durch seine Benennung oder seine Zahl dem Tage entspricht, in den das Ereignis oder der Zeitpunkt fällt, im Falle des § 187 Abs. 2 mit dem Ablaufe desjenigen Tages der letzten Woche oder des letzten Monats, welcher dem Tage vorhergeht, der durch seine Benennung oder seine Zahl dem Anfangstage der Frist entspricht.
>
> (3) Fehlt bei einer nach Monaten bestimmten Frist in dem letzten Monat der für ihren Ablauf maßgebende Tag, so endigt die Frist mit dem Ablaufe des letzten Tages dieses Monats.«

Am gewichtigsten ist, dass viele Vorschriften einen ziemlich großen bis sehr großen Anwendungsbereich haben (viele bis sehr viele Sachverhalte regeln sollen). Beispielsweise gilt das Kaufrecht für Flugzeuge ebenso wie für Bleistifte. Dafür müssen sie entsprechend abstrakt und generell, also vage, formuliert werden. Das führt zu einem entsprechend großen Interpretationsspielraum.

Nach der Konkretheit (und damit ihrem Interpretationsspielraum) lassen sich vier Stufen von Vorschriften kennzeichnen, wobei es letztlich um ein Kontinuum mit Häufungen geht:

▪ Wenige Rechtsvorschriften sind sehr präzis *[siehe die Definition von Fristen im vorgenannten Beispiel]*.

Beispiel

Selbst Definitionen können einen Interpretationsspielraum haben. Beispielsweise fragt sich, ob ein Arbeitnehmer stets ein Verbraucher im Sinne von § 13 BGB ist, wo der Verbraucher als Nicht-Unternehmer definiert wird. Steht ihm bei einem Vertrag über die Aufhebung seines Arbeitsverhältnisses, den er an seinem Arbeitsplatz schließt, das Widerrufsrecht nach § 312 BGB zu, das bei Verträgen am Arbeitsplatz vorgesehen ist? Die Rechtsprechung hat das gegen den Wortlaut abgelehnt.

▪ Viele Vorschriften regeln bestimmte Lebenssachverhalte einigermaßen konkret. Schon solche Vorschriften können unscharfe Begriffe zu Tatsachen (z.B. »ergonomisch«) enthalten.
▪ Viele Vorschriften verwenden unbestimmte Rechtsbegriffe *[Anhang A.6]*, wie z.B. »angemessen« oder »(un)zumutbar«. Diese Vorschriften sind also einigermaßen vage.
▪ Einige Vorschriften sind insgesamt vage; diese sogenannten Generalklauseln beinhalten nahezu Rechtsgrundsätze *[siehe (2)]*.

Die Eindeutigkeit, mit der die Rechtslage für die konkrete Fallgestaltung ermittelt werden kann, nimmt von Stufe zu Stufe ab. Das bedeutet, dass sich die Vertragspartner von Stufe zu Stufe mehr darüber streiten können, welche Antwort das Gesetz gibt.

Wenn ein Jurist Ihnen eine Antwort gibt, sollten Sie sich darüber im Klaren sein, dass das Ergebnis desto weniger belastbar ist, je vager die angewendete Rechtsvorschrift ist. Mit »belastbar« ist dabei gemeint, mit welcher Wahrscheinlichkeit ein Richter zu demselben Ergebnis kommen würde.

Unbestimmte Rechtsbegriffe innerhalb von Rechtsvorschriften werden benötigt, um die Umstände des Einzelfalles gebührend zu berücksichtigen. Das heißt andersherum, dass bei der Ermittlung der Rechtslage alle Umstände des Einzelfalls zu berücksichtigen sind. Beispielsweise spricht § 313 Abs. 1 BGB davon, dass die Frage, ob die Geschäftsgrundlage eines Vertrags gestört ist, »unter Berücksichtigung aller Umstände des Einzelfalls« entschieden werden muss. Das verlangt Umsicht und Neutralität. Wenn Sie diese anwenden, können Sie alltägliche Rechtsfragen meist selbst beantworten. Das heißt für Sie, dass Sie, wenn eine Rechtsfrage auftaucht, die im Vertrag (und auch im Gesetz) nicht konkret geregelt ist, alle Umstände Ihres Falls ermitteln und bewerten müssen. Sie werden in diesem Buch immer wieder darauf hingewiesen werden, dass es auf alle Umstände ankommt. Beim Ermitteln dieser Umstände sind Sie als IT-Fachmann dem Juristen sogar voraus.

> **Beispiel**
>
> Die Verteilung der Rechte an den Ergebnissen bei Programmerstellung richtet sich nach der Zweckübertragungstheorie und hängt damit von einer Reihe von Umständen ab *[Kapitel 9.3.4]*. Dieses Argumentationsgeflecht wird wesentlich zugunsten des Auftragnehmers verschoben, wenn er eine Erweiterung zu einem seiner Softwareprodukte erstellen soll *[Kapitel 8.3 (5)]*.

Dabei kann ein Umstand so gewichtig sein, dass sich das Ergebnis ändert. Dabei braucht »Anspruch gegeben« nicht zu »Anspruch nicht gegeben« zu werden, sondern es kann auch zu einem modifizierten Anspruch kommen (= modifizierten Rechtsfolge) *[Kapitel 1.2 am Anfang]*.

> **Beispiel**
>
> Der Auftragnehmer darf die Pflege einer veralteten Version nach einiger Zeit einstellen *[Kapitel 12.2.2]*. Er darf das aber bei einem Programm für Finanzbuchhaltung nicht zum 31.12. eines Jahres tun (sondern erst zu einem Termin im nächsten Jahr, zu dem ordentliche Anwender ihren Jahresabschluss fertig haben).

Wenn eine bisher nicht behandelte Konstellation in der Praxis auftaucht, besteht erst einmal ein erheblicher Graubereich. Das heißt, dass für einen erheblichen Teil der Einzelfälle, die unter diese Konstellation fallen, nicht überzeugend gesagt werden kann, welcher Vertragspartner Recht hat. Wird eine neue Rechtsvorschrift erlassen, kann der Graubereich noch größer sein. Im Laufe der Zeit wird die Rechtslage von der Rechtsprechung aber meist konkretisiert und nimmt der Graubereich ab.

Beispiele

Es gibt (sehr) klare Aussagen der Rechtsprechung dazu, was beim Kauf eines Softwareprodukts an Benutzerdokumentation geschuldet wird *[Kapitel 6.2.1 (2)]*, während noch unklar ist, was bei der Erstellung eines Individualprogramms an systemtechnischer Dokumentation geschuldet wird.

Eine AGB-Klausel über höhere Gewalt kann in den USA wie folgt lauten: »Contractor shall not be liable for any failure to deliver, or delay in the delivery of, any Products or services due to any cause beyond its control, including but not limited to acts of God, acts of civil or military authority, fires, epidemics, floods, riots, wars, sabotage, labor disputes, yield problems, governmental actions, or inability to obtain materials, components, energy, manufacturing facilities, or transportation.« Neuerdings wird formuliert: »war (wether declared or undeclared)«, weil ein Gericht einen Bürgerkrieg nicht als »war« anerkannt hat, weil er nicht gemäß Haager Landkriegsordnung »declared« war.

Jedes Fachgebiet hat ebenso seine unbestimmten Sachbegriffe. Die IT-Fachleute sprechen z.B. von »erforderlichen Antwortzeiten« oder vom »rechtzeitigen Zurverfügungstellen«. Die »Benutzerfreundlichkeit« ist ein Fachbegriff, dem sogar eine DIN-Norm gewidmet ist. Er wird auch in einer Rechtsvorschrift verwendet *[Kapitel 6.3.3]*. Bei solchen Begriffen der IT-Leute leiden die Juristen. Es gibt viele Beispiele für unklare Begriffe im IT-Bereich: Was unterscheidet z.B. ein Upgrade von einem Update? Antwort: Etwas mehr an Weiterentwicklung. Was ist »etwas mehr«? Außerdem kann »Upgrade« auch die Erweiterung des Benutzungsrechts an einem Softwareprodukt bedeuten.

Differenzierter Sprachgebrauch ist in Rechtsvorschriften geboten. Sie verwenden verschiedene Begriffe, um das Gewicht eines Faktors auszudrücken. Es gibt mindestens folgende Stufen der Erheblichkeit von Störungen:

- unerheblich
  § 323 Abs. 5, § 536 Abs. 1 Satz 3 BGB
- normal/erheblich
  § 323 Abs. 1, § 536 Abs. 1 Satz 1 BGB (im Umkehrschluss zu »unerheblich«)
- wesentlich
  § 313 Abs. 2 BGB

- triftiger Grund
  Formulierung in Verträgen (nachhaltige Störung) ähnlich »begründeter Anlass für eine Kündigung« gemäß § 89b Abs. 3 Nr. 1 HGB

- weit überwiegend
  § 325 Abs. 6 BGB

- besondere Umstände
  § 323 Abs. 2 Nr. 3 BGB

- schwerwiegend
  § 313 Abs. 1, § 1600d Abs. 2 BGB

- wichtiger Grund
  § 314, § 626 BGB; § 89b Abs. 3 Nr. 2 HGB (endgültige Zerstörung des Vertrauensverhältnisses)

Ähnliche Abstufungen gibt es hinsichtlich der Geschwindigkeit für eine Handlung:

- sofort
  § 271 BGB

- unverzüglich
  § 121 BGB: ohne schuldhaftes Zögern

- zügig
  § 19 Nr. 2 Verdingungsordnung für Leistungen / Teil A

- in angemessener Frist
  § 321 Abs. 1 BGB

Solche Differenzierungen sind nichts spezifisch Juristisches. Beispielsweise definieren IT-Fachleute Fehlerklassen, die manchmal noch stärker abgestuft sind.

Vorsicht beim Umgang mit Rechtsbegriffen in der Praxis: Jedes Fachgebiet bildet und benutzt seine Begriffe unter seinen speziellen Zielsetzungen. Es geht also in der Praxis darum, Obacht zu geben, ob der Gesprächspartner, der aus einem anderen Fachbereich kommt, die von beiden gebrauchten Begriffe gleichermaßen versteht. Zu Beispielen siehe *Anhang B.1 (2.2)*.

(2)   Generalklauseln, Rechtsgrundsätze und die Vollständigkeit der Vertragsrechtsordnung

Generalklauseln sind Rechtsvorschriften, die insgesamt vage gehalten sind. Sie sind Anhäufungen unbestimmter Rechtsbegriffe. Sie sollen ermöglichen, Antworten auf Sachverhalte zu geben, für die das Gesetz nicht einmal einigermaßen vage Vorschriften enthält. Oder sie sollen es ermöglichen, die Umstände des Einzelfalls von vornherein oder korrigierend gegenüber einer zu streng gefassten Rechtsvorschrift zu berücksichtigen (siehe Beispiele für Generalklauseln) *[siehe (3); siehe auch Anhang A.6]*.

Der Gesetzgeber stützt sich zunehmend auf sie (= baut seine Regelungen auf ihnen auf), weil er die Menge der Fälle und Lösungen im Einzelnen kaum voraussehen kann, vor allem aber, weil er sich nicht im Einzelnen mit ihnen beschäftigen will. Die Generalklauseln stützen sich insbesondere auf Treu und Glauben. Der Gesetzgeber behandelt diesen Rechtsgrundsatz immer stärker als eine allgemein geltende Vorschrift. (Insbesondere schreibt er in der Begründung zu Gesetzen, dass er diesen oder jenen Fall nicht regele, sondern es der Rechtsprechung überlasse, diesen auf der Grundlage von Treu und Glauben zu regeln; so entsteht zunehmend Richterrecht.) Treu und Glauben werden damit als Rechtsgrundsatz zum elementaren Bestandteil des Vertragsrechts *[siehe (3)]*.

Beispiele für Generalklauseln

▪ **§ 157 BGB**
Auslegung von Verträgen
Verträge sind so auszulegen, wie Treu und Glauben mit Rücksicht auf die Verkehrssitte es erfordern.

▪ **§ 242 BGB**
Leistung nach Treu und Glauben
Der Schuldner ist verpflichtet, die Leistung so zu bewirken, wie Treu und Glauben mit Rücksicht auf die Verkehrssitte es erfordern.

▪ **§ 307 Abs. 1 BGB**
Treu und Glauben als Maßstab für AGB
Bestimmungen in Allgemeinen Geschäftsbedingungen sind unwirksam, wenn sie den Vertragspartner des Verwenders entgegen den Geboten von Treu und Glauben unangemessen benachteiligen.

▪ **§ 346 HGB**
Handelsbräuche
Unter Kaufleuten ist in Ansehung der Bedeutung und Wirkung von Handlungen und Unterlassungen auf die im Handelsverkehr geltenden Gewohnheiten und Gebräuche Rücksicht zu nehmen.

Dieses Konzept ermöglicht es, dass es für jeden Fall eine Lösung gibt und dass dementsprechend unsere Vertragsrechtsordnung vollständig ist: Der Richter muss auf jede Rechtsfrage eine Antwort geben. Für jede Frage existiert eine Antwort, wenn diese auch oft noch nicht bekannt ist oder in Rechtsprechung und Lehre verschieden gegeben wird. Es gibt also innerhalb des Rechts (= innerhalb der Fragestellung, was rechtens ist) keinen rechtsfreien Raum. Wenn ein Jurist von rechtsfreiem Raum spricht, meint er, dass es um Bewertungsmaßstäbe geht, die außerhalb des Rechts liegen, also vor allem um moralische *[vgl. Anhang A.7 (1)]*.

Die Vollständigkeit der Vertragsrechtsordnung wird von IT-Fachleuten verkannt, wenn sie der Meinung sind, dass Punkte, zu denen keine Regelung in den Vertrag aufgenommen wird und die auch nicht ausdrücklich in einem Gesetz geregelt sind, im rechtsfreien Raum seien und dass dementsprechend insoweit nichts geschuldet werde. Das ist falsch!

Beispiel

Es wird die Lieferung eines Softwareprodukts zu 20.000 Euro samt einer wichtigen Ergänzung zu 5.000 Euro vereinbart. Zum Liefertermin ist nichts bestimmt, ebenso wenig zum Thema Benutzerdokumentation und Einweisung. Der Lieferant liefert erst einmal nur das Softwareprodukt, und das ohne Benutzerdokumentation. Der Anwender verlangt deren Lieferung; er weigert sich, die Rechnung zu bezahlen, mahnt nach drei Wochen die Lieferung der Ergänzung an (mit Benutzerdokumentation!) und macht etwas später Verzugsschaden geltend. Wahrscheinlich hat er in allen Punkten Recht.

(3)   Treu und Glauben

Begriff: »Nach Treu und Glauben« kann in etwa mit »fair« gleichgesetzt werden. Ursprünglich beinhalteten Treu und Glauben, dass eine Entscheidung getroffen werden soll, die am Einzelfall und damit an den speziellen Interessen der Vertragspartner orientiert ist, dass also Einzelfallgerechtigkeit verwirklicht werden soll. Durch die starke Anwendung von Treu und Glauben in der Rechtsprechung und durch die zunehmende Bezugnahme auf »die Gebote von Treu und Glauben« durch den Gesetzgeber ist der Inhalt heute wesentlich weiter gefasst: Es geht auch um Vertrauensschutz und die Rücksichtnahme auf die schutzwürdigen Interessen des Vertragspartners, wenn die spezielle Vorschrift diesen Gesichtspunkten nicht bzw. nicht hinreichend Rechnung trägt. Zum Vertrauensschutz des anderen Vertragspartners gehört auch die Rechtssicherheit.[4]

Treu und Glauben können sich zu Verkehrssitten verdichten *[Kapitel 1.1 (1.2)]*.

Anwendung von Treu und Glauben: Jede *vertragliche Regelung*, die eine Leistung zum Gegenstand hat, ist gemäß § 157 BGB nach Treu und Glauben auszulegen und gemäß § 242 BGB entsprechend durchzuführen. Die Auslegung kann ergeben, dass die Regelung zu ergänzen ist. Ebenso kann sich bei der Anwendung von *gesetzlichen Vorschriften* ergeben, dass eine Lücke besteht, die nach den Geboten von Treu und Glauben gefüllt werden muss.

Konkretisierungen von Treu und Glauben sind beispielsweise:

▪ Das Gewohnheitsrecht, dass Schweigen zu einem kaufmännischen (geschäftlichen) Bestätigungsschreiben vom Absender weitgehend als Bestätigung ver-

---

4.   Dieses Gewicht von Treu und Glauben ist nicht von den Juristen als Existenzsicherung ihres Berufsstandes erfunden worden, sondern ist ein Entgegenkommen an den Willen der Rechtsgenossen. Die Juristen haben typischerweise strenges Recht vorgezogen; die Rechtsgenossen haben dessen Aufweichung verlangt. Bei strengem Recht hätte der Rechtsberater auch in schwierigen Fällen eine gute Chance, auf der Grundlage des vom Mandanten behaupteten Sachverhalts richtig vorherzusagen, wie das Gericht den Rechtsstreit entscheiden dürfte. Dabei müsste der Rechtsberater trotzdem nicht befürchten, dass der Mandant die Lösung selbst suchen und als Kunde wegbleiben würde; denn die Rechtsordnung wäre für den Laien immer noch zu kompliziert. Der einzelne Rechtsberater könnte auch in weiteren Bereichen, als es ihm heute möglich ist, sachgerecht tätig werden.

standen werden darf, dass (bereits getroffene) Vereinbarungen richtig doku-
mentiert/protokolliert worden sind *[Kapitel 2.2]*.

* Verwirkung, d.h. der Verlust eines Anspruchs, kann früher als die gesetzlich
geregelte Verjährung eintreten und die Durchsetzung von Ansprüchen ausschließen *[Kapitel 3.10 (4)]*.

* Der Auftragnehmer, der beim Verkauf eines teuren Softwareprodukts die
Pflicht zur Mängelbeseitigung nicht ausdrücklich ausgeschlossen hat, ist
wahrscheinlich nach Ablauf der Verjährungsfrist für Ansprüche wegen Mängeln zur (vergütungspflichtigen) Pflege verpflichtet, zumindest wenn er nur
das Objektprogramm ausgeliefert hat *[Kapitel 12.2 (1)]*.

Die Auslegung einer *vertraglichen Regelung* kann in einzelnen Fällen auch ergeben, dass sie – gemessen an Treu und Glauben – korrekturbedürftig ist.

Beispiel

Ein Festpreis hat bei einem Vertrag über die Erstellung von Software wie auch bei
anderen Verträgen gemäß der Rechtsprechung eine Grenze, wenn der sachgerechte
Aufwand den Festpreis um ein Mehrfaches übersteigt: Der Auftragnehmer kann einen
Anspruch auf Korrektur haben *[Kapitel 9.3.3]*.

Auch jede *gesetzliche Vorschrift* ist sachgerecht, d.h. insbesondere unter Berücksichtigung von Treu und Glauben, auszulegen und anzuwenden. Das bedeutet
insbesondere, dass die Vorschrift in Ausnahmefällen (!) nicht anzuwenden ist.

Beispiele

§ 266 BGB verbietet Teilleistungen. Die Rechtsprechung lässt sie aber insoweit zu,
wie Treu und Glauben das gebieten. Das liegt insbesondere bei Teilzahlungen nahe.
    Darlehensverträge mit wucherischen Zinsen sind nichtig. Trotzdem muss der Dar-
lehensnehmer das Geld nicht sofort zurückzahlen (das er so dringend benötigt hat,
dass er einen solchen Zinssatz akzeptiert hat).

1.1.4   Besondere Schranken für Allgemeine Geschäftsbedingungen

Der Zweite Abschnitt des Schuldrechts regelt das Recht der Allgemeinen
Geschäftsbedingungen. Er hat vor allem die Aufgabe, die Vertragsfreiheit desjenigen, der Standardtexte zu Verträgen erstellt (»Verwender«), einzuschränken.
Daneben enthält der Zweite Abschnitt einige Vorschriften, die eine gewisse Ordnung schaffen sollen, damit standardmäßige Bestimmungen tatsächlich dazu dienen, die Vertragsverhandlungen zu vereinfachen und Klarheit zu schaffen.

(1)   Der Begriff der Allgemeinen Geschäftsbedingungen

Wesentliches Merkmal für AGB ist, dass ein Vertragspartner einseitig vorformulierte Bedingungen einführt (das Gesetz spricht abwechselnd von »Bedingungen«, »Bestimmungen« und »Klauseln«). Auf Kürze oder Länge, auf Schriftart und Form dieser Bedingungen kommt es nicht an, ebenso wenig auf deren Bezeichnung. Es kommt alleine darauf an, ob die Bedingungen für den mehrfachen Gebrauch vorformuliert sind. Also unterliegen Bedingungen, die ein Lieferant in seinen Angeboten standardmäßig verwendet, dem AGB-Recht.

Es kommt auch nicht auf den Inhalt an. Auch Preislisten oder Produktbeschreibungen sind solche Bedingungen und damit AGB. Der Gesetzgeber hat einen weiten Begriff der AGB gewählt, um alle Standardtexte den Vorschriften mit Ordnungsfunktion und bei Bedarf der Inhaltskontrolle unterwerfen zu können.

Den Gegensatz zu AGB bilden die »Individualabreden«, die zwischen den Vertragspartnern im Einzelnen ausgehandelt worden sind. Der Verwender von AGB kann sich also darauf berufen, dass eine ursprünglich als AGB gestellte Bedingung im Rahmen der Vertragsverhandlungen ausgehandelt worden sei (selbst wenn sie nicht geändert worden ist) und also das AGB-Recht nicht mehr eingreife. Er ist dafür beweispflichtig *[siehe (6)]*.

Beispiel

Ein Auftragnehmer bietet zu seinen AGB an. Diese werden z.T. besprochen. Der (große) Kunde übernimmt das Angebot komplett auf eigenes Papier (wie es dem Stil des Hauses entspricht) und gibt dem Auftragnehmer das Dokument (als Vertragsantrag oder als Aufforderung zur Angebotsabgabe). Der Kunde macht damit alle Regelungen zu Individualabreden.

---

(2)   Einbeziehung von AGB in den Vertrag, insbesondere die Kollision von AGB beider Vertragspartner

Sollen AGB des Verwenders Vertragsbestandteil werden, muss ihre Geltung im Vertrag vereinbart werden.

Beispiele

Ein Hinweis erst auf einer Rechnung auf die Geltung von AGB ändert nichts daran, dass der Vertrag bereits ohne Einbeziehung der AGB geschlossen worden ist.

Darüber hinaus muss der Verwender seine AGB einem Verbraucher als Vertragspartner so mitteilen, dass jener diese einfach zur Kenntnis nehmen kann, im Normalfall also zusenden. Der Verwender braucht sie Unternehmern nicht mitzuteilen; diese müssen aber die Möglichkeit haben, von diesen AGB einfach Kenntnis

zu erhalten. – Ob der andere Vertragspartner die AGB liest, ist seine Sache und ist
für die Einbeziehung rechtlich unerheblich.

Verweist jeder der Vertragspartner auf seine AGB (wobei beide damit nicht
alles meinen, was AGB im Rechtssinne sind, also nicht Standardformulierungen
in Angeboten bzw. Aufträgen, sondern jeweils ein bestimmtes Dokument), so
kommt der Vertrag gemäß § 154 BGB im Zweifel erst einmal nicht zustande;
denn die Partner sind sich noch nicht in allen Punkten einig. Der Zweifel ist aber
widerlegt (und der Vertrag damit geschlossen), sobald beide Vertragspartner den
Vertrag definitiv wollen *[vgl. Anhang B.1 (2) zur dogmatischen Seite]*. Sie
demonstrieren das insbesondere dadurch, dass beide den Vertrag durchführen.
Die Rechtsprechung lässt dann nur diejenigen Bedingungen entfallen, die sich in
beiden AGB der Sache nach widersprechen. An deren Stelle tritt das BGB.

Beispiele

Der Kunde schreibt in seinen Einkaufs-AGB: »Die Haftung des Auftragnehmers richtet
sich nach den allgemeinen Rechtsvorschriften.« Damit entfällt alles in den AGB des
Auftragnehmers, das seine Haftung einschränken soll.

Bedingungen in den AGB eines jeden Vertragspartners, die sich nicht widersprechen, bleiben gültig. Das gilt beispielsweise in der Regel für Bedingungen zur Pflege
von Softwareprodukten in den AGB des Auftragnehmers.

Grundsätzlich sind weitere Schreiben, dass die eigenen AGB gelten würden,
unbeachtlich.

(3) Vorschriften mit Ordnungsfunktion

(3.1) Überraschende Bedingungen

Objektiv überraschende Bedingungen werden nicht Vertragsbestandteil. Ob der
andere Vertragspartner die AGB gelesen hat, spielt keine Rolle.

Beispiel

Koppelungsgeschäfte beim Kauf von Hardware dahingehend, dass der Käufer verpflichtet wird, künftig Verbrauchsmaterial und Formulare beim Verkäufer zu beschaffen.

(3.2) Mehrdeutige Bedingungen

AGB sind aus der Sicht eines durchschnittlich verständigen Empfängers auszulegen. Bestehen Zweifel, wie eine AGB-Klausel auszulegen ist, so gehen diese
zulasten des Verwenders (dem anderen Vertragspartner soll es möglich sein, die
AGB im normalen Geschäftsleben eindeutig zu verstehen): Wenn zwei vernünftige Auslegungen einer Klausel möglich sind, gilt die für den anderen Vertragspartner günstigere.

> **Beispiel**
>
> Bei der Klausel »Ändern sich die Listenpreise, kann der Auftragnehmer die Preise entsprechend ändern« muss der Auftragnehmer auch eine Preissenkung weitergeben.

(3.3)   Vorrang von Individualabreden

Die Vertragspartner können ohne Weiteres im Vertrag Regelungen treffen, die von den AGB abweichen. Die Vorstellung, dass AGB zwingender Natur seien, ist falsch.

Die Vorstellung wird teilweise dadurch genährt, dass AGB manchmal den Eindruck erwecken, als ob sie zwingend seien. So heißt es beispielsweise in Ziffer 4.3 der EVB-IT Instandhaltung: »Davon abweichend können die Parteien gesonderte Vereinbarungen treffen.« Es bedarf einer solchen »Erlaubnis« nicht!

Was die Vertragspartner individuell vereinbaren, kann also durch AGB nicht eingeschränkt werden. Das gilt nicht nur in dem Fall, dass eindeutig von einer Klausel abgewichen wird,

> **Beispiele**
>
> Laut AGB des Verwenders sind Liefertermine unverbindlich; es wird aber ein »fester Liefertermin« vereinbart. – Laut AGB des Verwenders sollen AGB des anderen Vertragspartners nicht Vertragsbestandteil werden. Das werden sie aber, wenn im beiderseits unterschriebenen Vertrag auf sie verwiesen wird.

sondern auch dann, wenn eine Klausel das Erreichen des Ziels einer Individualabrede einschränken würde. Insofern wirkt die Klausel nicht.

> **Beispiele**
>
> Wird vereinbart: »Garantierter Liefertermin _____«, verliert eine Klausel, die die Haftung des Lieferanten auf Schadensersatz einschränkt, ihre Wirkung bei Verzug des Lieferanten.
>
> In den AGB steht, dass die Softwareprodukte deutsche Rechtsvorschriften einhalten. Wenn die Softwareprodukte laut Vertrag in Polen eingesetzt werden sollen, müssen sie (auch) die polnischen Rechtsvorschriften einhalten.

(4)   Die Inhaltskontrolle von AGB durch das AGB-Recht

Die Grenze der Vertragsfreiheit wird *in individuellen Verträgen* im Wesentlichen dadurch bestimmt, dass Verträge nicht sittenwidrig sein dürfen *[Kapitel 1.1.2 (2)]*. Wenn jemand aber die Vertragsfreiheit nutzt, um *AGB* zu formulieren, wird die Grenze enger gezogen. Bedingungen mit rechtlichem Inhalt in AGB dürfen zwar etwas von den gesetzlichen Vorschriften abweichen (würde das nicht zugelassen werden, wäre von der Vertragsfreiheit nichts mehr übrig). Sie dürfen aber nicht *grob* abweichen, d.h. den anderen Vertragspartner nicht »entgegen den Geboten von Treu und Glauben unangemessen benachteiligen«. Tun sie das, sind sie unwirksam.

Insbesondere sind solche Klauseln im Zweifel unwirksam, die die Erreichung des Vertragszwecks gefährden.

> **Beispiel**
>
> Unwirksam ist die Klausel bei Vollpflege von Softwareprodukten *[Kapitel 12]*, dass auch der Auftragnehmer den Vertrag nach einem Jahr kündigen darf.

Das ist die sogenannte Inhaltskontrolle von AGB.[5] Das AGB-Recht regelt also nicht, was der Inhalt von AGB-Klauseln sein soll, sondern erklärt solche Klauseln für unwirksam, die seinen Vorgaben widersprechen.[6] Die Tendenz der Rechtsprechung geht dahin, die Vertragsfreiheit immer weiter einzuschränken, und zwar auch im unternehmerischen Geschäftsverkehr.

Die Inhaltskontrolle ist zugunsten der (schutzbedürftigen) Verbraucher strenger als zugunsten von Unternehmern. Darüber hinaus differenziert das Gesetz aber nicht (der kleine Unternehmer kann also einem Großunternehmen keine für sich günstigeren AGB stellen, als das Großunternehmen dem kleinen Unternehmer stellen kann).

Die allgemeine Inhaltskontrolle bezieht sich nicht auf vorformulierte Texte, die die beiderseitigen Leistungen beschreiben.[7] Was zu den Leistungen gehört, ist schwer abzugrenzen.

Das AGB-Recht greift auch dann korrigierend ein, wenn sich der andere Vertragspartner mit der Geltung der AGB des Verwenders einverstanden erklärt hat, d.h. sie als Vertragsbestandteil akzeptiert oder sogar gesondert unterzeichnet hat. Anders ist es, wenn die Vertragspartner über die AGB so viel verhandelt haben, dass sie zu Individualabreden geworden sind *[siehe (2)]*.

Insbesondere das Transparenzgebot: Dieses bezieht sich auf alle vorformulierten Texte und also auch auf Vereinbarungen zu den Leistungen. Vereinbarungen/Bedingungen, die nicht »klar und verständlich« sind und deswegen den anderen Vertragspartner unangemessen benachteiligen, sind unwirksam (§ 307 Abs. 1 Satz 2 BGB). Sie sind es nicht, wenn das zu regelnde Thema kompliziert ist, beispielsweise die Pflegepflichten bei Vollpflege *[Kapitel 12.2]*.

---

5.   Die Inhaltskontrolle wird hier nur kurz behandelt. Sie ist zwar äußerst wichtig; aber nur derjenige, der AGB aufstellt, muss sie genauer kennen.

6.   §§ 308 und 309 BGB enthalten zwei umfangreiche Kataloge von Klauseln. Diese sagen nicht, was wirksam ist, sondern was bestimmt oder ziemlich wahrscheinlich unwirksam ist.

7.   Das ergibt sich daraus, dass die Gebote von Treu und Glauben im Recht sich nicht unmittelbar auf die Leistungen, insbesondere die Preise, beziehen (abgesehen davon, dass über diese weitgehend verhandelt wird, sodass diese Regelungen zu Individualabreden außerhalb der Inhaltskontrolle werden).

Beispiele für mangelnde Transparenz

In der Fachpresse wird wiederholt darüber geklagt, dass die »Lizenzmodelle« großer Anbieter unverständlich seien.

Der Text von AGB ist manchmal so klein gedruckt, dass er nur mit einer Lupe gelesen werden kann.

(5)   Rechtsfolgen bei Nichteinbeziehung und Unwirksamkeit

Ist eine Klausel nicht Vertragsbestandteil geworden oder ist sie unwirksam, bleibt der Vertrag dennoch grundsätzlich wirksam. Das braucht also nicht mehr in AGB geregelt zu werden. Die unwirksame Klausel wird durch das Bürgerliche Recht ersetzt. Wenn viele Verwender in ihren AGB dennoch regeln, dass der Vertrag im Übrigen wirksam bleibe, erfolgt das entweder aus Tradition oder dient der Vorbereitung der sogenannten salvatorischen Klausel (»Die Vertragspartner verpflichten sich, die unwirksamen Klauseln durch wirksame, die wirtschaftlich so weit wie zulässig gleichwertig sind, zu ersetzen.«). Eine solche Klausel ist unwirksam, weil meist unklar ist, was denn ersatzweise gelten soll.

Allerdings ist zu berücksichtigen, dass auch die ergänzende Vertragsauslegung zum ersatzweise geltenden Bürgerlichen Recht gehört *[Kapitel 1.3 (2)]*. Sie hat Vorrang vor den anderen Vorschriften des BGB. Sie kann dazu führen, dass die unwirksame Klausel in der Weise abgeändert wird, dass sie für den anderen Vertragspartner angemessen ist, und somit eingeschränkt wirksam bleibt.[8]

Beispiel

Eine AGB-Klausel, die das Einsatzrecht an einem Softwareprodukt an die anfangs eingesetzte Zentraleinheit fest bindet (sodass das Softwareprodukt im Zeitablauf auf keiner anderen Zentraleinheit eingesetzt werden darf), ist unwirksam. Aufgrund der ergänzenden Vertragsauslegung darf der Anwender das Softwareprodukt zwar auf einer Nachfolgeeinheit, aber nicht auf zwei (oder mehr) Zentraleinheiten parallel einsetzen.

(6)   Beweislast

Wenn sich der andere Vertragspartner auf den Schutz des AGB-Rechts beruft, muss er beweisen, dass es sich bei der von ihm angegriffenen Klausel um eine Allgemeine Geschäftsbedingung handelt. Der Beweis ist schwer zu führen, wenn Standardformulierungen in den im Übrigen individuellen Vertragstext eingebettet werden. – Der Verwender muss den Entlastungsbeweis führen, dass über die Klausel verhandelt worden ist und diese damit ihren Charakter als AGB verloren hat.

---

8.   BGH vom 3.11.1999, Neue Juristische Wochenschrift 2000, 1110, 1114: Es ist auf den typisierten Willen *des anderen Vertragspartners* abzustellen. Fehlt es daran, kommt die ergänzende Vertragsauslegung nicht in Betracht.

1.2 Anspruchsgrundlage, Abwehrgrundlage und Beweislast

Wer etwas von einem anderen haben will, braucht eine Anspruchsgrundlage, die den gewünschten Anspruch beinhaltet (d.h. diesen bei Erfüllung der Anspruchsvoraussetzungen zur Folge hat) *[Kapitel 1.1 (5)]*. Die erste Frage lautet also, ob es für das, was jemand verlangt, überhaupt eine Anspruchsgrundlage gibt *[Kapitel 3.1]*.

Jede Anspruchsgrundlage besteht aus einer Menge von Anspruchsvoraussetzungen für eine Rechtsfolge *[Kapitel 3.1]*. Dass diese gegeben (= erfüllt) sind, muss der Anspruchsteller im Streitfall vor Gericht durch Tatsachen beweisen.

Weniger weitreichende Anspruchsgrundlage: Wenn es eine Anspruchsgrundlage auf die gewünschte Rechtsfolge nicht gibt (oder ihre Voraussetzungen nicht bewiesen werden können), heißt das nicht automatisch, dass man nichts bekommt. Es kann auch eine andere Anspruchsgrundlage mit einem weniger weitreichenden Anspruch geben.

Beispiele

Enthält ein Softwareprodukt eine nur von diesem Kunden dringend benötigte Funktion nicht, hat er zwar keinen Anspruch auf Haftung wegen Mängeln *[Kapitel 6.3]*, kann aber einen Anspruch aus Beratungsverschulden haben *[Kapitel 7.1]*.

Überzieht der Lieferant einen Kostenanschlag weit, kann der Kunde sich zwar (meist) nicht darauf berufen, dass eine Obergrenze, bestehend aus einem Kostenanschlag +X%, vereinbart worden sei. Er kann aber einen Anspruch auf Schadensersatz wegen unsauberer Schätzung haben *[Kapitel 7.1]*.

Abwehrgrundlage: Entsprechendes gilt für Verteidigungsmittel. Wenn der Anspruch besteht (oder nicht bestritten wird), kann der Schuldner möglicherweise eine »Abwehrgrundlage« dagegenhalten, dass er trotzdem nicht oder nur eingeschränkt zu leisten braucht. Beispielsweise kann der Schuldner entgegenhalten, dass der Anspruch erfüllt oder verjährt sei *[Kapitel 3.10 bzw. 6.3.12]*. Bei Schadensersatzansprüchen kann der Schuldner beispielsweise Mitverschulden des Geschädigten einwenden *[Kapitel 3.1 (4)]*.

(1) Darlegungslast/Schlüssigkeitsprüfung

In der Praxis wird der Anspruchsteller gefragt, ob er eine überzeugende Begründung für seine Forderung (oder seine Verteidigung) habe; darauf, ob die Tatsachen, auf die der andere seine Begründung stützt, wahr sind, kommt es erst einmal noch nicht an. Übertragen auf die rechtliche Ebene: Wer sich auf eine Anspruchsgrundlage stützt, muss nachvollziehbar darlegen, dass deren Anspruchsvoraussetzungen erfüllt sind. Der Anspruchsteller (Gläubiger) muss den Anspruch »substanziieren«; er hat die »Darlegungslast«.[9] Entsprechend muss der Schuldner seine Abwehrgrundlage darlegen. Ob die Darlegung ausreicht, wird in der »Schlüssigkeitsprüfung« überprüft. Die Juristen nennen diesen Vorgang auch »Subsumtion« *[Anhang A.3]*.

Beispiele

Das Produkthaftungsrecht gewährt keine Ansprüche auf Ersatz des Vermögensschadens *[Kapitel 3.7 (2)]*. – Ein Mieter einer IT-Anlage verlangt, als diese das dritte Mal in kurzer Zeit ausfällt, dass der Vermieter sie ins Labor zur Reparatur mitnehmen soll, und verweigert dem Wartungstechniker den Zutritt zur Anlage zum Zwecke der Reparatur. Da der Mieter die IT-Anlage nicht mehr nutzen konnte, zahlte er den Mietzins nicht mehr. Der Vermieter klagte vor Gericht den Mietzins ein. Der Mieter trug vor, dass er aufgrund dieses Sachverhalts nicht zur Zahlung verpflichtet sei – unschlüssig, wie das Gericht meinte:[10] Es sei Sache des Vermieters gewesen, wie/wo er den Mangel beseitige.

Die Einführung von Softwareprodukten sei gegen Vergütung nach Aufwand vereinbart worden; der Auftragnehmer hat eine (grobe) Aufwandsschätzung abgegeben. Der Auftraggeber verweigert die Zahlung überhaupt, weil der geschätzte Aufwand überschritten worden sei. Unschlüssig!

---

(2)   Die Beweislast im engeren Sinne

Wenn der Anspruchsteller es geschafft hat, die Anspruchsvoraussetzungen schlüssig darzulegen, kommt es darauf an, ob die behaupteten Tatsachen wahr sind. Das ist die Beweislast im engeren Sinne. Werden die Tatsachen vom Gegner bestritten, müssen sie bewiesen werden. Bei Gericht kommt es dabei darauf an, ob sie vom Gegner zulässigerweise bestritten werden. Der Gegner kann nicht einfach Tatsachen bestreiten, die in seinem Bereich bestanden haben oder noch bestehen.

Für den Beweis reicht vor Gericht ein »so hoher Grad an Wahrscheinlichkeit, dass ein vernünftiger, die Lebensverhältnisse klar überschauender Mensch nicht mehr an der Wahrheit zweifelt. Es kommt demnach darauf an, dass das Gericht zu einem für das praktische Leben brauchbaren Grad von Gewissheit gelangt, der dem Zweifel Schweigen gebietet, ohne ihn völlig auszuschließen.«[11]

---

9. Formal braucht der Kläger die Anspruchsgrundlage nicht zu nennen, auch nicht die einzelnen Anspruchsvoraussetzungen. Er muss einen Sachverhalt vortragen, aus dem das Gericht die gewünschte Rechtsfolge ableiten kann (kann es das, wird es über die strittigen Tatsachen Beweis erheben). Implizit behauptet der Kläger eine bestimmte Anspruchsgrundlage und trägt vor, dass die einzelnen Anspruchsvoraussetzungen erfüllt sind.

10. LG Karlsruhe 0 4/79 KfH I vom 27.2.1980, *Zahrnt* DV-Rechtsprechung Band 1, K/M-7.

11. BGH vom 18.4.1977, Versicherungsrecht 77, 721 unter Verweis auf das Urteil vom 21.12.1960 (Neue Juristische Wochenschrift 61, 779).

(3) Verteilung der Beweislast

Wer die Beweislast trägt, ist im Normalfall aus dem Wortlaut der gesetzlichen Vorschrift bzw. der vertraglichen Regelung der Anspruchsgrundlage abzuleiten: Der Anspruchsteller muss diejenigen Voraussetzungen beweisen, die diese beinhaltet.

Beispiele für Beweislastverteilung durch Gesetz

Nach § 280 Abs. 1 Satz 1 BGB haftet der Auftragnehmer bei einer Pflichtverletzung auf Schadensersatz; nach Satz 2 »gilt [dies] nicht, wenn [er] die Pflichtverletzung nicht zu vertreten hat«. Vertretenmüssen ist also nicht Anspruchsvoraussetzung; vielmehr stützt der Auftragnehmer als Schuldner sich auf eine Abwehrgrundlage. Er muss also beweisen, dass er die Pflichtverletzung nicht zu vertreten hat (= muss sich entlasten). Ein Verkäufer kann sich plausiblerweise damit verteidigen, dass er für den Mangel in dem von ihm verkauften Programm eines Vorlieferanten nichts könne. Also haftet er nicht auf Schadensersatz. – Gegen den Anspruch des Kunden auf Mangelbeseitigung hat der Verkäufer die Abwehrgrundlage, dass sie für ihn unzumutbar sei. Dann kann der Kunde aber den Kaufpreis herabsetzen oder vom Vertrag zurücktreten.

Nach § 286 Abs. 1 BGB ist Voraussetzung für den Verzug des Auftragnehmers u.a., dass er nicht rechtzeitig geliefert hat. Nach Abs. 4 entfällt der Verzug, wenn der Auftragnehmer den Verzug nicht zu vertreten hat. Aus dem Wortlaut von Abs. 4 ergibt sich, dass er die Beweislast dafür trägt. Aber Vorsicht: Er trägt auch die Beweislast für seine Entlastung, dass er rechtzeitig geliefert hat, obwohl die nicht rechtzeitige Lieferung rein nach dem Wortlaut von § 286 Abs. 1 Voraussetzung für den Verzug ist. Es gibt also übergeordnete Gesichtspunkte für die Beweislastverteilung.

Die gesetzlichen Vorschriften verteilen die Beweislast auf Anspruchsgrundlage und Abwehrgrundlage weitgehend so, dass derjenige etwas beweisen muss, in dessen Herrschafts- oder Einflussbereich etwas geschehen ist. Diesen Gedanken hat die Rechtsprechung etwas verallgemeinert. Sie legt manchmal demjenigen die Beweislast auf, der »näher am Beweis« ist.

Beispiel

Wenn der Kunde einen Werkvertrag kündigt, ohne dass der Auftragnehmer dazu Anlass gegeben hätte, muss er den Werklohn zahlen, kann aber abziehen, was der Auftragnehmer durch den Einsatz seiner freigewordenen Kapazität anderweitig einnimmt *[Kapitel 9.2.5]*. Der Kunde trägt die Beweislast, kennt aber die Situation des Auftragnehmers meist nicht. Deswegen verlangt die Rechtsprechung vom Auftragnehmer, dass er seine Situation ausführlich darlegt.

Wer einen Vertrag abfasst, sollte stets bedenken, dass er die Beweislast durch seine Formulierungen mitverteilt!

Beispiel für individuelle Formulierung

Ein Lieferant schließt mit einem Kunden einen Rahmenvertrag über die Lieferung von 10 IT-Anlagen. Darin haben die Vertragspartner u.a. formuliert: »Der Kunde erhält je Anlage 15% Rabatt. Sollte der Vertrag aus Gründen nicht erfüllt werden, die der Lieferant nicht zu vertreten hat, so kann der Lieferant den gewährten Nachlass zurückfordern.« Die Parteien beendeten die Zusammenarbeit nach der Lieferung von zwei Systemen wegen Schwierigkeiten, die der Lieferant im Intelligenzgrad des Kunden und der Kunde in der Leistungsfähigkeit des Lieferanten sah. Der Lieferant klagte auf Zahlung des als Rabatt abgezogenen Betrags. Wer trägt die Beweislast? Dem Wortlaut nach der Lieferant.

Beispiel für AGB-Klauseln zur Haftung für Mängel

Ausgangspunkt ist der Satz: »Treten bei ordnungsgemäßem Einsatz Mängel auf, hat der Auftragnehmer sie unverzüglich zu beseitigen.« Das entspricht der gesetzlichen Beweislastverteilung: Der Kunde hat zu beweisen, dass ein Mangel vorhanden ist, d.h., dass er Nacherfüllungsansprüche hat. In Verträgen folgt dann oft eine Formulierung zum Problem der ungerechtfertigten Mängelmeldung *[Kapitel 6.2.4]*:

»Der Auftragnehmer kann die Vergütung seines Aufwands verlangen, wenn ein Mangel des Programms nicht vorgelegen hat« (Beweislast beim Auftragnehmer) oder »Der Auftragnehmer kann die Vergütung seines Aufwands verlangen, soweit er aufgrund einer Mängelmeldung tätig geworden ist, ohne dass der Kunde einen Mangel des Programms nachgewiesen hat« (Beweislast beim Kunden).

Die Beweislast kann im Zeitablauf wechseln, z.B. bei der Frage, ob ein Mangel bereits bei Lieferung vorgelegen hat *[Kapitel 6.3.6 (1)]*.

(4)   Beweis des ersten Anscheins

Der Beweispflichtige kann in der Beweisführung durch den Beweis des ersten Anscheins entlastet werden: Wenn es nach der Lebenserfahrung einen typischen Geschehensablauf gibt, der zu dem zu beweisenden Ergebnis führt oder sich aus der zu beweisenden Ursache ergibt, braucht der Beweispflichtige nur den Tatbestand zu beweisen, der zum typischen Geschehensablauf führt, nicht aber das Ergebnis bzw. die Ursache selbst. Beweist der andere aber, dass auch – wegen besonderer Umstände – ein anderes Ergebnis/eine andere Ursache ernsthaft in Betracht gezogen werden kann, ist der Beweis des ersten Anscheins entkräftet. Der Beweispflichtige muss dann den normalen (= vollen) Beweis erbringen.

Beispiele

Bei Ausfällen von Hardware in der allerersten Zeit nach der Installation ist davon auszugehen, dass die Mängelursache bereits vor Gefahrübergang gesetzt war *[Kapitel 6.3.6 (3)]*.

Tritt eine Störung in einem Anwendungsprogramm auf, kann nicht von einer typischen Ursache gesprochen werden; es kommen neben anderen Ursachen insbesondere auch Bedienungsfehler in Betracht *[Kapitel 6.3.6 (3)]*.

(5) Stellenwert der Beweislast

Die Beweislast ist von allergrößter Bedeutung vor Gericht. Im Volksmund heißt es: »Recht haben und Recht bekommen sind zweierlei.«

Beispiel

Der Kunde wünscht bei einem Programmerstellungsvertrag zu einem Festpreis von 50.000 Euro eine erhebliche Änderung seiner Anforderungen zu Beginn der Realisierung und akzeptiert mündlich eine zusätzliche Vergütung von 3.000 Euro. Der Auftragnehmer verlangt später Zahlung. Der Kunde erklärt, dass die Änderung nach seiner Erinnerung unentgeltlich vereinbart worden sei; es habe sich um eine aufwandsneutrale Änderung gehandelt. Es dürfte für den Auftragnehmer sinnlos sein, auf zusätzliche Vergütung zu klagen.

Anders wäre es wahrscheinlich, wenn der Geschäftsführer der Kunden-GmbH die Vereinbarung mit einem Mitarbeiter des Auftragnehmers getroffen hat; denn der Rechtsanwalt der Kunden GmbH kann kaum durchsetzen, dass er als Zeuge vernommen wird. Der Auftragnehmer würde den Gerichtsprozess wahrscheinlich dank der Aussage seines Mitarbeiters gewinnen, der bezeugen würde, die Änderung gegen Vergütung vereinbart zu haben. Wenn der Geschäftsführer seine Position aufgeben würde, stünde wiederum ein Zeuge für den Kunden zur Verfügung – und der Auftragnehmer würde den Prozess verlieren.

Beispiel

Der Kunde meldet telefonisch Mängel. Der Auftragnehmer tut nichts. Der Kunde erklärt wegen der Vielzahl der Mängel den Rücktritt vom Vertrag. Im Gerichtsprozess beruft der Auftragnehmer sich darauf, dass der Kunde immer nur nach der richtigen Bedienung des Softwareprodukts gefragt habe. Der Kunde dürfte in Beweisschwierigkeiten kommen.

Die Beweislast ist, insbesondere für den Auftragnehmer noch bedeutender, wenn ein Streit ohne Hilfe der Gerichte beigelegt werden soll: Man muss dann nicht nur einen neutralen Richter (und einen Sachverständigen) überzeugen, sondern auch den (früheren Partner und derzeitigen) Gegner! Also heißt es, Beweismittel zu schaffen *[IT-PM, Kapitel 3.4.3]*.

Das materielle Recht verteilt die Beweislast so, dass es einigermaßen wahrscheinlich ist, dass derjenige, der einen Anspruch geltend macht, dessen Voraussetzungen auch beweisen kann *[siehe (3)]*. Im Einzelfall kann es zu dem – bedauerlichen – Ergebnis kommen, dass man zwar Recht hat, aber im Einzelfall mangels Beweismitteln nicht Recht bekommt. Daran ist für den konkreten Fall nichts mehr zu ändern (falls nicht auch der andere Vertragspartner Schwierigkeiten hat, die von diesem eingenommene Position zu beweisen). Das kann nur zu dem Vorsatz führen, beim nächsten Mal vorsichtiger zu sein und Beweismittel zu schaffen.

1.3   Die Ermittlung des Inhalts von Verträgen

Verträge können mündlich oder schriftlich geschlossen werden. Allerdings kann bei mündlichen Verträgen in der Praxis kaum festgestellt werden, welchen Wortlaut die Parteien vereinbart haben. Dann gibt es ggf. nichts, was ausgelegt werden könnte.

(1)   Auslegung von Dokumenten

Bei der Auslegung von Verträgen soll der gemeinsame Wille der Vertragspartner ermittelt werden: Was wollten die Vertragspartner mit bestimmten Formulierungen oder Begriffen ausdrücken? Haben sie das Gewollte ausgedrückt? Dabei sind die Erklärungen der Vertragspartner vor deren Hintergrund zu sehen.

> **Beispiel**
>
> Wenn der IT-Laie sagt, dass die Dateien auf dem PC gelöscht sind, meint er, dass sie wirklich weg sind. Für den Fachmann kann das bedeuten, dass sie erst einmal nur im Dateiverzeichnis gelöscht sind und im Übrigen erst im Laufe der Zeit überschrieben werden.

Häufig passen in Verträgen Formulierungen nicht recht zusammen. Die Juristen vermeiden dann möglichst, von Widersprüchen zu sprechen. Sie versuchen, die Regelungen in ein Verhältnis zu bringen, in dem diese nicht mehr als Widerspruch erscheinen. Beispielsweise kann die eine Formulierung den Regelfall ausdrücken und die andere den Sonderfall.

Manchmal funktioniert diese Methode nicht, weil die Formulierungen sich wirklich widersprechen, beispielsweise wenn ein Vertrag als »Werkvertrag« bezeichnet wird, bei dem die Leistung darin besteht, dass »der Auftragnehmer den Kunden bei … unterstützen soll«. Dann wird der wirkliche Wille der Vertragspartner aus der Gesamtheit der Regelungen ermittelt, im Beispielsfall daraus, dass die Parteien Unterstützung, also einen Dienstvertrag, vereinbaren wollen.

Oft lässt sich ein spezifischer Wille der Vertragspartner nicht feststellen. Dann sind die Regelungen nach Treu und Glauben unter Berücksichtigung der Verkehrssitten auszulegen.

> **Beispiel für die Konkretisierung aus Treu und Glauben**
>
> Eine kurze Formulierung lautet: »Der Auftragnehmer ist zur Geheimhaltung vertraulicher Informationen verpflichtet.« Das ist gleichbedeutend mit der Formulierung: »Der Auftragnehmer ist – auch nach Beendigung des Vertrags – zur Geheimhaltung vertraulicher Informationen verpflichtet. Dies gilt nicht für Informationen, die dem Auftragnehmer bereits bekannt waren oder die ihm außerhalb des Vertrags auf rechtmäßige Weise bekannt werden oder die Allgemeingut werden« *[siehe zu diesem Beispiel auch dessen Vertiefung in Anhang A.6]*.

> Weitere Beispiele finden sich vor allem in dem Zusammenhang, dass eine AGB-Klausel unwirksam ist. Wenn z.B. die Klausel des Lieferanten über den Umfang des Einsatzrechts des Anwenders aufgrund der Formulierung unwirksam ist, erhält der Anwender kein unbeschränktes Einsatzrecht, sondern ein begrenztes, dessen Umfang im Wege der ergänzenden Vertragsauslegung zu ermitteln ist.

Die Rangfolge der dritten und vierten Stufe der Auslegung ergibt sich wiederum durch die Beweislast. Im Zweifel ist die gesetzliche Regelung gewollt. Wer sich also darauf beruft, dass das (abweichende) Ergebnis der ergänzenden Vertragsauslegung gewollt ist, muss das Gericht davon überzeugen – oder, wenn man einen Streit ohne Gericht beilegen will, den anderen Vertragspartner.

1.4 Europäisches Recht, UN-Recht und US-Recht

(1) EU-Recht

IT-Fachleute fragen immer wieder, was das europäische Recht (= das Recht der Europäischen Union) alles bringt. Sie erwarten direkt für sie geltende Gesetze.

Es gibt aber nur wenig EU-Recht, das für die Bürger und juristischen Personen der Mitgliedsstaaten direkt gilt. Dazu gehört das Kartellrecht, das in einigen Grundsätzen im EU-Vertrag geregelt ist.

Der Schwerpunkt der Arbeit auf der Ebene der EU liegt darin, Richtlinien zu erlassen, wie die Mitgliedsstaaten ihr Recht in bestimmten Bereichen zu regeln haben. Der einheitliche Wirtschaftsraum wird also im Wesentlichen durch die Harmonisierung des Rechts der Mitgliedsstaaten erreicht (neben den verbindlichen Richtlinien gibt es auch bloße Empfehlungen für die Gestaltung des nationalen Rechts).

Beispiele

Bezüglich Marken (Warenzeichen) gibt es beides: die Gemeinschaftsmarke nach EU-Recht und die EU-Richtlinie zur Gestaltung des nationalen Markenrechts *[www.zahrnt.de, Kapitel 4.8]*. – Ein Teil der Großen Schuldrechtsreform von 2002 diente der Umsetzung von Richtlinien zum Schutz von Verbrauchern.

(2) UN-Recht

Für Kaufverträge zwischen Vertragspartnern, die von verschiedenen Staaten aus tätig werden, hat die UN ein einheitliches Kaufrecht geschaffen, die »Convention on Contracts for the International Sale of Goods« (CISG) vom 11.04.1980, auch »UN-Kaufrecht« genannt. Diese wurde durch das Ratifizierungsgesetz vom 05.07.1989 zum deutschen Gesetz.

Jeder Staat kann diesem Abkommen beitreten, also Mitglied des Abkommens werden. Seine Bedeutung liegt darin, dass sowohl die USA und Japan als auch die

EU-Staaten beigetreten sind. Wenn die Vertragspartner von zwei Mitgliedsstaaten aus einen Vertrag schließen, unterliegt dieser automatisch dem UN-Kaufrecht. Denn dann hat jeder der zwei Staaten es zum Teil seines Rechts gemacht: Es ist also als nationales Recht eines jeden Vertragspartners anzuwenden.

Das UN-Kaufrecht erfreut sich bei deutschen Lieferanten bisher keiner Beliebtheit, weil es bis zur Schuldrechtsreform kundenfreundlicher als das rein deutsche Kaufrecht war. In AGB deutscher Lieferanten wurde dessen Geltung bisher meist – als nachgiebiges Recht zulässigerweise – ausgeschlossen. Auch jetzt ist es zumindest in der IT-Branche noch nicht beliebt.

(3) US-Recht

Das US-Vertragsrecht hat sich aus dem englischen Common Law entwickelt. Damit ist es ein Fallrecht (Case Law). Das bedeutet, dass sich das Vertragsrecht aus den Entscheidungen der Gerichte zu den einzelnen Fällen gebildet hat und fortbildet. Diese Entscheidungen gewinnen dadurch an Gewicht, dass ein Gericht bei derselben Sachlage nicht von einer eigenen Entscheidung abweichen darf ebenso wenig wie von einer Entscheidung eines höheren Gerichts. Das Vertragsrecht wird dadurch zu einem Mosaik aus den Einzelentscheidungen, erhält also keine Systematik und keine verlässliche Begrifflichkeit. Es ist aber konkret-praktisch.

Klarzustellen ist, dass jeder US-Bundesstaat sowie der Gesamtstaat sein eigenes Vertragsrecht hat.

In den letzten Jahrzehnten wurden verstärkt Gesetze erlassen, die das Vertragsrecht zwischen Unternehmern betreffen. Auch diese Gesetze streben normalerweise keine konsistente vollständige Regelung des betroffenen Rechtsgebiets an, sondern sind mehr als Lösung von Einzelproblemen konzipiert. Sie sollen das Case Law ergänzen oder korrigieren. Sie stehen also in der Tradition des fallorientierten Denkens des Case Law.

Wer einen Vertrag aus den USA liest, wundert sich über dessen Umfang. Das hat im Wesentlichen vier Ursachen:

- Verträge werden enger ausgelegt, Nebenpflichten zurückhaltender konstruiert. Deswegen müssen Rechte und Pflichten umfangreicher und genauer festgelegt werden.
- Das Vertragsrecht der einzelnen Staaten unterscheidet sich, sodass es bei grenzüberschreitenden Vertragsbeziehungen für einen Vertragspartner Unklarheit schafft, einfach auf das Recht des Bundesstaats des anderen abzustellen.
- Der amerikanische Zivilprozess ist umständlicher, meist langwieriger und teurer als der in einem europäischen Land. Deswegen ist es gut, möglichst alles Wichtige eindeutig zu regeln, um Gerichtsprozesse zu vermeiden.
- Da man sich auf allgemeine Grundsätze des Vertragsrechts wenig verlassen kann, hat sich die Einstellung entwickelt, lieber viele Punkte detailliert zu regeln.

2 Der Vertragsabschluss in der Praxis

Dieses Kapitel soll das rechtliche Handwerkszeug vermitteln,

- wie Sie Verträge schließen können,
- wie Sie mit besonderen Situationen umgehen können, z.B. bei Schweigen des anderen Vertragspartners,
- wie Sie feststellen können, was Vertragsbestandteil geworden ist, z.B. wenn Entwürfe abgeändert und/oder mündliche Erklärungen abgegeben worden sind oder mehrere Teildokumente vorliegen,
- was ein kaufmännisches Bestätigungsschreiben ist und
- was Vollmacht bedeutet.

2.1 Vertragsvorbereitung und -abschluss

2.1.1 Angebot, Antrag, Annahme

Ein Vertrag kommt durch Antrag und Annahme zustande. Die beiden Erklärungen müssen verbindlich sein (= Willenserklärungen sein) und in der Regel inhaltlich vollständig übereinstimmen. – Der Vertrag ist ein zweiseitiges Rechtsgeschäft (oder ein mehrseitiges, z.B. die Gründung einer Gesellschaft durch mehrere Gesellschafter). Es gibt auch einseitige Rechtsgeschäfte, z.B. die Kündigung oder den Rücktritt vom Vertrag.

Der Begriff Angebot ist ein kaufmännischer bzw. operativer Begriff: Er wird in der Praxis meist für die (verbindliche oder unverbindliche) Erklärung des *Auftragnehmers* verwendet, dass dieser etwas liefern und dafür bezahlt werden will. Umgangssprachlich bezeichnen allerdings auch Juristen häufig einen Antrag als »Angebot« (»Ist das ein Vergleichsangebot?«).

Erklärungen können ausdrücklich (schriftlich oder mündlich) abgegeben werden. Sie können auch statt durch Worte durch schlüssige Handlung (»konkludent«) erfolgen, also durch eine Handlung, die die Erklärung und den Erklärungswillen ausdrückt *[zur Erklärung durch Schweigen siehe Kapitel 2.1.5]*.[12]

Beispiele

In einem Selbstbedienungsgeschäft legt der Käufer die Waren auf den Kassentisch. Der Verkäufer liest deren Nummern mit einem Lesestift in die Kasse ein.

Als der Stammgast sich an die Theke setzt und freundlich nickt (Vertragsantrag), stellt der Wirt ihm ein Glas Bier hin (Annahme; die Annahme kann schon vorher vorliegen, nämlich darin, dass der Wirt ein Glas greift, um Bier hineinlaufen zu lassen, *wenn* der Stammgast das sieht und daraus ableiten kann, dass das Bier für ihn ist).

2.1.2 Der Vertragsantrag

(1) Anforderungen an den Vertragsantrag

Ein Vertragsantrag liegt dann vor, wenn die Erklärung erkennen lässt, dass der Antragsteller sich binden will, und sie inhaltlich so vollständig und bestimmt ist, dass ein Vertrag durch eine einfache Zustimmungserklärung (»Einverstanden«) ohne Zusätze zustande kommen kann. Die Erklärung muss also alle für den infrage stehenden Vertragsabschluss wesentlichen Punkte enthalten. Da das geltende Recht ergänzend eingreift, braucht oft nicht viel erklärt zu werden.

Beispiel

Schließen die Vertragspartner einen Kaufvertrag über eine Gattungssache, z.B. über einen PC, kann als Preis der beim Verkäufer übliche gewollt sein. Für den Liefertermin gilt: »Ist eine Zeit für die Leistung weder bestimmt noch aus den Umständen zu entnehmen, so kann der Gläubiger die Leistung sofort verlangen, der Schuldner sie sofort bewirken« (§ 271 BGB). Also brauchen die Vertragspartner nur die Kaufsache zu bezeichnen.

Enthält ein Angebot Alternativen, kann das ein Bündel an Vertragsanträgen sein, von denen der Empfänger einen annehmen kann. Ein solches Angebot kann aber auch so offen sein, dass es nur ein Vorschlag für Verhandlungen ist. Ein Vorschlag liegt eindeutig vor, wenn ein Angebot als »Informationsangebot« oder als »freibleibend« bezeichnet wird.

Von einem Antrag zu unterscheiden ist auch die Aufforderung an den anderen, dass dieser einen Antrag abgeben soll. Meist geht ein Vorschlag vom Kunden aus (»Ich brauche ...«). Aber auch der Auftragnehmer kann einen Vorschlag machen. Das führt in der Praxis zu Schwierigkeiten, wenn der Auftragnehmer in seinem Dokument, das er als bloße Aufforderung ansieht, die Leistungen schon so genau beschreibt, dass der Kunde es als Vertragsantrag verstehen darf. Das Dokument unterscheidet sich in diesem Fall von einem Antrag nur dadurch, dass

---

12. Solche Handlungen können so typisiert sein, dass sie wie Worte behandelt werden, z.B. das Heben der Hand bei einer Versteigerung. § 863 österreichisches Recht spricht von »allgemein angenommenen Zeichen«.

der Auftragnehmer sich noch nicht binden will. Diese Einschränkung muss
erkennbar sein, um die objektiv gegebene Bindungswirkung zu beseitigen. Wenn
ein solches Angebot unverbindlich sein soll, muss es also entsprechend gekennzeichnet werden.

> **Beispiel**
>
> Manche Auftragnehmer legen ihren Kunden einen ausgehandelten Projektvertrag zur
> ersten Unterschrift vor. Die Tatsache, dass zwei Unterschriftsfelder vorgesehen sind,
> aber der Auftragnehmer noch keine Unterschrift geleistet hat, zeigt, dass noch kein
> verbindlicher Vertragsantrag vorliegt.

(2)   Zeitliche Wirksamkeit des Vertragsantrags

Ein Antrag wird mit seinem Zugang beim Antragsempfänger wirksam und bleibt
eine angemessene Zeit lang verbindlich; danach erlischt er. Ein Widerruf ist also
nicht nötig (er ist auch nicht möglich, außer wenn der Antragsteller sich diesen
vorbehalten hat).

Die Dauer der Verbindlichkeit eines Antrags (= dessen Geltungsdauer)
bestimmt sich nach dem Zeitbedarf für dessen Annahme: Ein unter Anwesenden
abgegebener Antrag kann nur sofort angenommen werden, ebenso ein Antrag
per Telefon. Unter Abwesenden kann ein (schriftlicher) Antrag bis zu demjenigen
Zeitpunkt angenommen werden, bis zu dem der Antragsteller den Eingang einer
zügig gegebenen Antwort erwarten durfte. Die Geltungsdauer hängt von der normalen Laufzeit des Antrags bis zum Empfänger und der normalen Rücklaufzeit
der Antwort ab, vor allem aber von der erforderlichen (!) Überlegungsfrist für
den Empfänger: Dieser soll zügig entscheiden. Die Überlegungsfrist hängt – wie
üblich *[Kapitel 1.1.3 (1)]* – von allen Umständen ab, insbesondere davon, wie weit
der Projektvertrag schon ausgehandelt ist, des Weiteren von der Praxis der jeweiligen Branche und von der Art des Geschäfts.

Unabhängig von diesen gesetzlichen Regelungen kann der Antragsteller sich
dank der Vertragsfreiheit *[Kapitel 1.1.2]* in seinem Antrag den Widerruf innerhalb der Lebensdauer des Antrags vorbehalten. Ebenso kann er – wegen der Unsicherheit, wie lange der Antrag wirksam ist – angeben, wie lange dieser verbindlich sein soll. In der Praxis dient die Angabe einer Bindefrist meist dazu, die Frist,
die nach dem Gesetz relativ kurz ist, zu verlängern. Ein Anbieter kann die Frist
auch teilweise einschränken, beispielsweise für die Preise von Hardware, die er
von Vorlieferanten bezieht.

Ein Antrag erlischt weiterhin, sobald der Empfänger ihn abgelehnt hat. Dieser kann es sich also nicht mehr anders überlegen *[zu Ausnahmen siehe Kapitel
2.1.3 (1)]*. Er kann nur selbst einen Antrag abgeben oder um einen erneuten
Antrag bitten.

(3)   Vergütung für die Erstellung von Vertragsanträgen

Wegen Vorarbeiten, die im Rahmen einer Aufforderung zur Abgabe eines Vertragsantrags (wie auch eines unverbindlichen Angebots) anfallen, kann der Anbieter keine Vergütung für das Angebot verlangen. Das gilt auch, wenn diese Arbeiten viel Aufwand verursacht haben. Ist etwas anderes gewollt, bedarf es einer ausdrücklichen Vereinbarung *[Kapitel 2.1.8]*. § 632 Abs. 3 BGB regelt (für den Werkvertrag, aber zumindest analog auch auf Projektverträge anwendbar), dass ein Kostenanschlag im Zweifel nicht zu vergüten ist. – Es kann empfehlenswert sein, eine Vergütung zu vereinbaren, die im Falle des Vertragsabschlusses auf die vertragliche Vergütung (ganz oder teilweise) angerechnet wird.

2.1.3   Die Annahme

Ein Vertrag kommt durch die rechtzeitige und uneingeschränkte Annahme des Antrags zustande.

(1)   Annahme verspätet oder unter Änderungen

Nimmt der Empfänger einen Antrag verspätet an, kann das den Vertrag nicht mehr zustande bringen, weil der Antrag bereits erloschen und deshalb nicht mehr annahmefähig ist. Allerdings will der Empfänger etwas verbindlich erklären. Deswegen gilt die Annahmeerklärung als ein neuer Antrag. Der Vertrag kann dann dadurch zustande kommen, dass der ursprüngliche Antragsteller (= der nunmehrige Antragsempfänger) schweigt *[Kapitel 2.1.5]*.

Ein Vertrag kommt auch nicht zustande, wenn der Antrag unter einem Vorbehalt »angenommen« wird, d.h. mit einer Einschränkung, Erweiterung oder einer sonstigen Abänderung. Auch diese »Annahme« gilt als ein neuer Antrag.

> **Beispiel**
>
> Auftragnehmer: »Ich biete das Softwareprodukt einschließlich Installation zu 5.000 Euro an.« Kunde: »Ich bestelle zu 5.000 Euro einschließlich eines Schulungstages.« – Das ist eine wesentliche Abänderung, also ein neuer Antrag.
>
> Auftragnehmer nach wenigen Tagen: »Wann soll ich zum Installieren kommen?« – Das ist seine Annahmeerklärung, und zwar, wie sich durch Auslegung ergibt, einschließlich eines Schulungstages. Wenn der Auftragnehmer nicht anruft, sondern gleich zum Installieren kommt, erklärt er die Annahme (mit demselben Inhalt) durch schlüssiges (= konkludentes) Handeln.

Auch wenn der Empfänger sich mit dem Antrag grundsätzlich einverstanden erklärt und nur eine kleinere Änderung wünscht, gilt das als Ablehnung (und als neuer Antrag). Schweigt der ursprüngliche Antragsteller auf einen solchermaßen neuen Antrag, kann das aber dessen Annahme beinhalten *[Kapitel 2.1.5]*. – Lehnt der andere die kleine Änderung (und damit den neuen Antrag) ab, kann der Empfänger ausnahmsweise aufgrund von Treu und Glauben *[Kapitel 1.1.3 (3)]* berechtigt sein, seine Abänderung zurückzunehmen; damit bringt er den Vertrag gemäß dem ursprünglichen Antrag des anderen zustande.

Ein Antrag wird auch dann – erst einmal – abgelehnt, wenn der Antragsteller auf seine AGB hingewiesen hat und der Empfänger den Antrag zwar annimmt, die Anerkennung der AGB aber verweigert oder auf seine eigenen AGB verweist *[siehe allerdings Kapitel 1.1.4 (2) zu der Frage, was gilt, wenn die Vertragspartner die vorgesehenen Leistungen erbringen]*.

(2)   Auftragsbestätigung

»Auftragsbestätigung« ist kein rechtlicher Begriff, sondern ein Wort, das im kaufmännischen bzw. operativen Sprachgebrauch in verschiedener Weise verwendet wird. Häufig wird die schriftliche Annahme eines Antrags als Auftragsbestätigung bezeichnet. Dabei ist es gleichgültig, welcher Vertragspartner die Annahme erklärt. Ändert der Absender dabei den Vertragsantrag allerdings ab, macht er rechtlich gesehen einen neuen Vertragsantrag, also keine Bestätigung, auch wenn er sie beabsichtigen mag.

»Auftragsbestätigung« kann aber auch beinhalten:

- den Vertrags*antrag* seitens des Kunden (so in der Großindustrie teilweise gebräuchlich),
- ein Dokument, das nach Vertragsabschluss seitens des Kunden oder seitens des Auftragnehmers erstellt wird, sei es als
  - Wiederholung schriftlicher Vereinbarungen, das dient dem Schreibenden nur zur Abwicklung (hat nur rein abwicklungsmäßige Bedeutung),[13] oder als
  - Wiederholung mündlicher Vereinbarungen zwecks Beurkundung und damit von erheblicher Bedeutung als kaufmännisches Bestätigungsschreiben *[Kapitel 2.2]*.

Im juristischen Zusammenhang geht es um zwei Fragen:

- Wann und dementsprechend mit welchem Inhalt ist ein Vertrag dadurch zustande gekommen, dass zwei sich inhaltlich deckende Willenserklärungen abgegeben worden sind?
- Liegt ein kaufmännisches Bestätigungsschreiben vor, das bereits *mündlich* getroffene Vereinbarungen bestätigt?

Damit Ihre juristische Analyse nicht durch eine Vorstellung über den »Begriff« Auftragsbestätigung belastet wird, sollten Sie das Wort »Auftragsbestätigung« gedanklich durch »Erklärung« ersetzen.

---

13. Das kann zu dem Vorteil führen, dass der Kunde das Dokument liest und Meinungsverschiedenheiten bzw. Irrtümer früh anspricht.

(3)   Zugangsbedürftigkeit von Erklärungen

Grundsätzlich muss die Annahmeerklärung dem Antragsteller zugehen. Wer einen Antrag abgibt, kann aber auf den *Zugang* der Annahmeerklärung verzichten. Der Vertrag kommt dann nicht durch Schweigen, sondern durch bloße *interne Willensbestätigung* des anderen ohne ausdrückliche Erklärung gegenüber dem Anbietenden zustande (§ 151 BGB).

Beispiel

Nachdem ein verbindliches Angebot (= Antrag) des Auftragnehmers mündlich mit dem Kunden durchgesprochen worden ist, schickt der Kunde einen Mitarbeiter zu einer im Angebot vorgeschlagenen Besprechung über die Vorgehensweise bei der Realisierung. Das Angebot wird bereits in dem Augenblick angenommen, in dem die zuständigen Mitarbeiter des Kunden die Annahme des Angebots beschließen. Der Auftragnehmer erfährt davon durch den Anruf des – u.U. vollmachtlosen – Mitarbeiters, der sich nach einem Gesprächstermin erkundigt.

2.1.4   Vertragsabschluss mit »Telekommunikationsmitteln«

§ 312b BGB spricht von Fernkommunikationsmitteln als Hilfsmittel für die Abgabe von rechtsgeschäftlichen Erklärungen zwischen Abwesenden einschließlich Telefonanrufe, § 127 BGB von Telekommunikationsmitteln als Hilfsmittel für deren Übersendung. Hier sind zwei Ebenen zu unterscheiden. Auf der unteren Ebene geht es um Anforderungen daran, dass Willenserklärungen vorliegen. Das ist eine Variante zum Thema Schriftform und wird für IT-Projektverträge in *Kapitel 2.1.6* abgehandelt. Auf der oberen Ebene geht es um Verträge im elektronischen Geschäftsverkehr, bei denen der Anbieter den Abschluss von Verträgen, möglicherweise auch deren Durchführung, über Fernkommunikationsmittel organisiert, also nicht um Projektverträge.

Der Gesamtzusammenhang des elektronischen Geschäftsverkehrs wird unter www.zahrnt.de, Kapitel 2.1.4 erläutert.

2.1.5   Schweigen, insbesondere Schweigen des Antragsempfängers

Zur praktischen Seite siehe IT-PM, Kapitel 3.3.4.2 unter »Unterschrift des Kunden ...« und Kapitel 3.3.5.

(1)   Grundsatz

Schweigen kann im rechtsgeschäftlichen Verkehr eher nicht als Zustimmung, z.B. als Annahme eines Antrags, gewertet werden. Wenn unter Nichtjuristen dennoch die Vorstellung vorherrscht, dass Schweigen normalerweise als Zustimmung zu verstehen sei, dürfte das insbesondere auf drei Ursachen zurückzuführen sein:

░ Viele Verträge kommen »stillschweigend« zustande. Die Verwendung dieses Wortungetüms legt nahe, dass nicht Schweigen gemeint ist, sondern schlüssiges Handeln durch Ausführen des Vertrags *[Kapitel 2.1.1]*;[14] das wird mit Schweigen verwechselt.

░ Es gibt im Geschäftsleben einige Ausnahmefälle, in denen Schweigen Zustimmung bedeutet *[siehe unter (2)]*.

░ Die Vertragspartner vereinbaren ausdrücklich, dass Schweigen in bestimmten Situationen Zustimmung bedeutet (was nahe legt, dass die Beteiligten dem Schweigen eigentlich die richtige Bedeutung zumessen).

Außerdem spielt hier herein, dass der Nichtjurist, wenn es um den *Inhalt* von Verträgen geht, den Begriff Schweigen vielfach damit in Verbindung bringt, dass Pflichten auch unausgesprochen (»implizit«) übernommen werden *[Kapitel 1.3]*.

Schweigen gilt dann als Zustimmung/Annahme, wenn es im geschäftlichen Verkehr als Zustimmung/Annahme verstanden werden *muss*. Das ist dann der Fall, wenn nach der Lebenserfahrung in der gegebenen Situation davon auszugehen ist, dass der Betroffene mit dem Vorschlag einverstanden ist, und also erwartet werden darf, dass dieser ausdrücklich widersprechen würde, wenn er ausnahmsweise nicht einverstanden sein sollte. Das kann anhand des Falls, dass der Betroffene eine Antwort per Brief schicken müsste, der nur ein »Ja« enthalten würde, verdeutlicht werden: Wenn der Antragsteller (!) davon ausgehen darf, dass der Betroffene sich diesen überflüssigen Aufwand ersparen will, darf er dessen Schweigen als Zustimmung/Annahme verstehen.

Beispiele für Schweigen als Zustimmung

Drei Männer spielen Skat in einer Gastwirtschaft und haben schon drei Runden Bier (kleine Gläser) konsumiert. Der Wirt fragt, ob er noch ein Bier bringen soll. Der erste sagt Ja; der zweite schiebt sein Glas in Richtung des Wirtes; der dritte spielt triumphierend eine Karte aus. – Der zweite schweigt nicht, sondern erklärt seine Zustimmung durch schlüssiges Handeln. Nur der dritte schweigt. Sein Schweigen ist unter Berücksichtigung der genannten Umstände als Zustimmung aufzufassen.

Der Kunde hat ein Angebot ganz kurz nach Ablauf von dessen Bindefrist angenommen. – In diesem Fall ist Schweigen typischerweise als Zustimmung einzuordnen, weil anzunehmen ist, dass der Auftragnehmer das Geschäft noch tätigen will. Wenn ausnahmsweise ein Produkt nicht mehr lieferbar sein sollte oder wenn der Auftragnehmer keine freie Mitarbeiterkapazität haben sollte, kann er widersprechen und soll das tun.

Ähnlich, aber nicht so eindeutig ist der Fall, dass der Kunde auf ein unverbindliches Angebot hin eine Bestellung abgibt *[siehe auch (2)]*. →

---

14. § 863 Abs. 1 österreichisches ABGB bestätigt das: »Man kann seinen Willen nicht nur ausdrücklich durch Worte und allgemein angenommene Zeichen; sondern auch stillschweigend durch solche Handlungen erklären, welche mit Überlegung aller Umstände keinen vernünftigen Grund, daran zu zweifeln, übrig lassen.« § 864 bezieht sich auf wirkliches Schweigen. Das wird »stille Annahme« genannt. – §§ 611 und 632 BGB gehen davon aus, dass eine Vergütung »stillschweigend« vereinbart werden kann.

In einem Angebot über die Lieferung von Geräten heißt es, dass der Liefertermin noch festgelegt werden wird. Der Kunde nimmt das Angebot an. Der Auftragnehmer schickt eine Auftragsbestätigung (die für das Zustandekommen des Vertrags nicht mehr erforderlich ist). In dieser nennt er einen Liefertermin. – Schweigen dürfte hier als Zustimmung zu dieser Spezifizierung gelten, und zwar desto stärker, je mehr es sich um eine routinemäßige Bestellung handelt.

(2)   Schweigen eines Kaufmanns

Schweigt ein Kaufmann, dessen *Gewerbebetrieb die Besorgung von Geschäften für andere* mit sich bringt, zu Vertragsanträgen von Kunden innerhalb seines Geschäftsgebiets, gilt das gemäß § 362 HGB als Annahme, wenn der Kaufmann mit dem Antragsteller tatsächlich in Geschäftsbeziehungen steht oder sich gegenüber dem anderen zur Besorgung solcher Geschäfte erboten hat.

Beispiel für die Besorgung fremder Geschäfte

Spedition, Lagerhaltung, also nicht Verträge über Lieferungen.

Es liegt nahe, § 362 HGB auch auf Vertragsanträge anzuwenden, aufgrund dessen ein Kaufmann etwas liefern soll *[siehe auch Kapitel 2.1.3 (3)]*. Insbesondere, wenn die Beteiligten – wie bei einem Projektvertrag – in einer Geschäftsbeziehung stehen.

Beispiel

Der Kunde sendet dem Auftragnehmer den x-ten Ergänzungswunsch zu einem Programm, der gegen Vergütung nach Aufwand realisiert werden soll. Das liegt besonders nahe, wenn die Vertragspartner den Ergänzungswunsch vorher besprochen haben.

2.1.6   Schriftform

Zur praktischen Seite siehe IT-PM, Kapitel 2.1.1, 2.1.2.2 unter »Verlassen Sie sich nicht auf Vereinbarungen«, 3.3.3.2 unter »Alles (zusätzlich) schriftlich machen«, 5.1.2.2 unter »Absicherung bei der Endauswahl«, 6.3.3.2 unter »Alles schriftlich machen«.

(1)   Grundsatz

Im kaufmännischen Verkehr sieht das Gesetz grundsätzlich keine Schriftform vor (Grundstücksgeschäfte gehören nicht zum kaufmännischen Verkehr). Sie wird allerdings häufig vereinbart, insbesondere um die Beweislage zu verbessern, aber

auch im Interesse des Projektmanagements *[siehe IT-PM, Kapitel 3.3.4.2 unter*
»Dokumentieren«].

Nach § 127 BGB gelten bei gewillkürter (= vereinbarter) Schriftform zwar im
Zweifel dieselben Anforderungen wie bei der gesetzlichen Schriftform nach § 126
BGB bzw. ersatzweise bei der elektronischen Form nach § 126a BGB.

Beispiele

▦ **§ 126 BGB**
Die Vertragsurkunde muss von beiden Vertragspartnern unterzeichnet werden (bei
mehreren Exemplaren genügt es, wenn jeder die für den anderen Vertragspartner
bestimmte Urkunde unterzeichnet).

▦ **§ 126a BGB**
Es bedarf der Namensangabe und der qualifizierten elektronischen Signatur.

Zur Wahrung der Form genügt jedoch auch, soweit nicht ein anderer Wille anzunehmen ist, die »telekommunikative« Übermittlung oder der Briefwechsel. In der
Praxis ist regelmäßig anzunehmen, dass Telefaxe und Briefe ausreichen sollen.
Auch bei E-Mails hat sich das in der IT-Branche durchgesetzt (die Vertragspartner
können das durch die wiederholte Verwendung von E-Mails zeigen).

Die Vorschriften zum Vertrag im elektronischen Geschäftsverkehr greifen bei
IT-Projektverträgen nicht ein *[Kapitel 2.1.4]*.

Es kann empfehlenswert sein zu vereinbaren, dass Protokolle die Schriftform
wahren, sei es die normale Schriftform, dass die Protokolle also von beiden Vertragspartnern unterschrieben werden sollen, sei es die besondere Schriftform,
dass nur der Absender unterschreiben soll *[Kapitel 2.2 (4)]*.

Beispiel für Ausnahmen

In AGB findet sich häufig der Satz, dass der Vertrag und seine Änderungen einer
gesonderten Urkunde bedürfen. Das verhindert letztlich nicht mündliche oder schriftliche Vereinbarungen, die die vereinbarte Form nicht wahren *[siehe unter (2)]*.

Jeder, der Vertragsverhandlungen beginnt, kann die Schriftform zur Voraussetzung dafür machen, dass Erklärungen verbindlich sind. Das kann durch den Satz
in den übergebenen AGB geschehen, dass der Vertrag der Schriftform bedürfe.

(2) Textform

Manche (große) Beteiligte in der IT-Branche sehen ausdrücklich die Verwendung
der Textform vor.

Diese Schriftform gemäß § 126b BGB ist für Erklärungen geschaffen worden,
die nicht unterschrieben zu werden brauchen (weil sie Massenerklärungen wie
Garantieurkunden sind oder weil sie elektronisch übermittelt werden).

Wenn nicht Papier verwendet wird, muss der Text auf einer »zur dauerhaften Wiedergabe in Schriftzeichen geeigneten Weise« gespeichert sein. In letzterem Fall darf der Unternehmer nicht die Möglichkeit haben, den Text nachträglich zu ändern (er bewirkt dies am besten, indem er die Erklärung in Textform dem Kunden zur Verfügung stellt). Der Text muss für eine solche Dauer wiedergegeben werden können, wie er benötigt wird. Beispielsweise ist das bei einem Verbrauchsgüterkauf mit einer Verjährungsfrist für Mängelansprüche von 2 Jahren dieser Zeitraum. Es kann davon ausgegangen werden, dass der Empfänger eines elektronischen Textes, z.B. einer E-Mail, den Text problemlos 2 Jahre vorrätig halten (oder ausdrucken!) kann. – Der Text muss entweder durch die Nachbildung einer Unterschrift oder sonst wie erkennbar abgeschlossen werden.

(3)   Mündliche Aufhebung der Schriftform

Die Vertragspartner können einen Vertrag trotz vereinbarter Schriftform durch eine mündliche Vereinbarung ändern, indem sie auf die vereinbarte Schriftform verzichten (die jeweiligen Verhandlungspartner müssen bevollmächtigt sein). Es gibt im Recht nicht die im technischen Bereich verbreitete Konstellation, dass etwas nur von der Instanz abgeändert werden kann, die es geschaffen hat *[Kapitel 2.4 (2)]*. Ebenso können die Vertragspartner bereits bei Abschluss des Vertrags, für den Schriftform vereinbart ist, mündliche Nebenabreden treffen. Auch ein zweiter Satz dahingehend, dass die Aufhebung der Schriftformklausel der Schriftform bedarf, verhindert mündliche Vereinbarungen nicht. Also ist auch der Versuch sinnlos, noch einen dritten Satz anzuhängen, dass die Vertragspartner unwiderruflich darauf verzichten, den zweiten Satz mündlich aufzuheben. – Es hilft nur Disziplin oder der Verzicht, die Mitarbeiter zur Abgabe von rechtsgeschäftlichen Erklärungen zu bevollmächtigen!

Beispiele

Der Geschäftsführer des Kunden nimmt am Ende der Verhandlung das Angebot des Auftragnehmers, das Schriftform vorsieht, mit einem Händedruck auf gute Zusammenarbeit (also mündlich!) an. Dabei können Änderungen des Angebots (mündlich!) vereinbart worden sein.

Die Geschäftsführer der beiden Vertragspartner haben die Erstellung eines Programmsystems in Visual Basic vereinbart. Wegen Laufzeitproblemen legen die beiderseitigen Projektleiter fest, dass einige Routinen in C++ geschrieben werden sollen. Später besteht der Kunde insgesamt auf Visual Basic, weil C++ ihm in Hinblick auf die Pflege der Routinen ungünstig erscheint. – Unberechtigt!

Wer sich auf eine mündliche Vereinbarung beruft, trägt allerdings die Beweislast dafür, dass sie getroffen worden ist und entgegen der vereinbarten Schriftform gelten soll *[Kapitel 1.2]*.

Bei mündlichen Nebenabreden *im Zusammenhang mit dem Vertragsabschluss* stellt die Rechtsprechung hohe Anforderungen an die Beweislast auf der Grundlage, dass die Vertragsurkunde ohnehin die Vermutung der Vollständigkeit und Richtigkeit für sich hat *[Kapitel 1.3 (1)]*.

Bei mündlichen Änderungen *während der Vertragsdurchführung* liegt es näher, dass die Vertragspartner – im Eifer des Gefechts – unausgesprochen auf die Schriftform verzichten.

2.1.7   Noch einige Hinweise zum Begriff Vertrag

(1)   Die Verbindlichkeit von Verträgen

Ist ein Vertrag geschlossen, gilt er und kann nur einverständlich geändert oder aufgehoben werden. Es gibt kein allgemeines Widerrufsrecht (nur ein beschränktes zugunsten von Verbrauchern).

In Betracht kommt, dass der eine Vertragspartner den Vertrag wegen einer Pflichtverletzung des anderen bei der Vertragsdurchführung einseitig aufheben kann *[zur Haftung siehe Kapitel 3]*.

Verträge sind auch grundsätzlich einzuhalten. Treu und Glauben können einen Vertragspartner nur ausnahmsweise dazu berechtigen, eine (neutrale) Abänderung des Vertrags zu verlangen *[Kapitel 9.2.2 (1) dazu, dass der Kunde bei einem Vertrag über die Erstellung von Programmen Änderungen verlangen kann, bzw. Kapitel 9.2.5 (1), dass er einen Vertrag kündigen kann]*. Nur ganz ausnahmsweise kann verlangt werden, dass der Vertrag zulasten des anderen Vertragspartners abgeändert wird *[siehe Kapitel 9.3.3 zu einem überhaupt nicht kostendeckenden Festpreis und allgemeiner Kapitel 3.6 zur Störung der Geschäftsgrundlage]*.

(2)   Was ist ein Vertrag, was ein Programm?

Manche IT-Leute haben die Vorstellung, dass ein Vertrag erst etwas sei, was eine angemessene Größe/einen angemessenen Umfang habe. Ein Vertrag im Rechtssinne ist jede Vereinbarung, die die Vertragspartner treffen. Sie mag umfangreich oder ganz eng sein. Es gilt dasselbe wie für den Begriff des Programms. Dort hilft man sich manchmal mit Begriffen wie »Programmpaket« oder »Modul«, um den Umfang anzuzeigen.

Eine Vereinbarung, und damit ein Vertrag, liegt auch dann vor, wenn ein bestehender Vertrag geändert wird. Eine Vereinbarung kann sogar dazu dienen, die Pflichten aus einem bestehenden Vertrag zu konkretisieren.

(3)   Vereinbarungen durch ständiges Verhalten der Vertragspartner

Wenn die Vertragspartner sich in einem Punkt ständig gleichförmig verhalten, entsteht leicht etwas, was als Gewohnheitsrecht auf geschäftlicher Ebene begriffen werden kann, etwa wenn der Auftragnehmer Forderungen des Kunden ständig nachgibt *[siehe IT-PM, Kapitel 3.3.5]*. Ein solches Verhalten kann aber auch auf der Ebene des Vertrags zu einer Vereinbarung führen, die den bestehenden Vertrag ergänzt, konkretisiert oder abändert. Wenn die Parteien dreimal etwas in gleicher Weise durchgeführt haben, liegt es nahe, dass sie das so auch verbindlich wollen. Die Parteien können dadurch, dass sie ständig Vereinbarungen über das Internet treffen, für sich regeln, dass diese Kommunikationsform der vereinbarten Schriftform genügt.

Die Rechtsprechung hat aus diesem Grundsatz die Duldungsvollmacht abgeleitet *[Kapitel 2.4 (2)]*.

2.1.8   Vorverträge, Verträge mit offenen Punkten, Letter of Intent

Zur praktischen Seite siehe IT-PM, Kapitel 2.3.6.

(1)   Vorverträge

Vorverträge sind Verträge, in denen sich beide Vertragspartner (ausnahmsweise auch nur einer) verpflichten, einen anderen Vertrag, nämlich den Hauptvertrag, abzuschließen, der im Detail erst noch endgültig fixiert werden muss. Es handelt sich um normale Verträge. Die Vertragspartner müssen sich also, wie auch sonst, über alle wesentlichen Punkte geeinigt haben. Der Unterschied zum endgültigen Vertrag ist also in der Sache gering.

Beispiel

Im Rahmen einer Ausschreibung eines Endkunden schließt ein Generalunternehmer mit einem Softwarehaus einen Vertrag, in dem dieses sich verpflichtet, bestimmte Leistungen zu bestimmten Bedingungen für den Fall zu erbringen, dass der Generalunternehmer den Zuschlag bekommt. Einzelheiten sollen festgelegt werden, wenn der Vertrag mit dem Endkunden geschlossen worden ist.

Häufig ist es zweckmäßig, gleich den Hauptvertrag abzuschließen und bestimmte Punkte erst einmal ausdrücklich offenzulassen.

(2)   Verträge mit offenen Punkten

Zu dem vorgenannten Fall, dass sich die Vertragspartner über bestimmte Punkte noch nicht geeinigt haben, enthält § 154 BGB eine Auslegungsregel dahingehend, dass der Vertrag im Zweifel noch nicht geschlossen ist. Dieser Zweifel wird aber ausgeräumt, wenn die Umstände eindeutig ergeben, dass beide Seiten sich bereits binden wollen. Das kann sich insbesondere daraus ergeben, dass sie mit der Durchführung des Vertrags beginnen.

Beispiel

Ein Auftragnehmer gibt einen Vertragsantrag über Programmerstellung (mit 12 Monaten Verjährungsfrist für Mängelansprüche) ab. Der Kunde wünscht 24 Monate. Der Auftragnehmer lehnt das ab. Der Kunde erklärt: »Das klären wir noch.« Der Auftragnehmer antwortet: »In Ordnung.« Beide Seiten beginnen mit der Arbeit.

Die offenen Punkte werden in diesem Fall durch das BGB unter Berücksichtigung der ergänzenden Vertragsauslegung geregelt, falls die Vertragspartner sich über diese Punkte nicht noch einigen *[Kapitel 1.3]*.

Beispiele

Häufig wird im kaufmännischen Verkehr der Punkt offengelassen, welche AGB (inwieweit) gelten sollen *[Kapitel 1.1.4 (2)]*. – Bei Erstellung von Software ist der Fall verbreitet, dass die Aufgabenstellung nur im Groben festliegt und der Auftragnehmer sie noch präzisieren soll *[Kapitel 9.1.2]*.

---

(3)   Letter of Intent und Vorfeldverträge

Ein Letter of Intent ist grundsätzlich nur eine Absichtserklärung und noch kein Vertragsantrag. Der Empfänger soll auf eigenes Risiko hin etwas tun. Diese Absichtserklärung bezweckt beispielsweise bei Kaufverträgen, dass der Auftragnehmer dem Kunden einen günstigen Rang bezüglich der Lieferfristen reservieren soll, entsprechend bei Projektverträgen, dass der Auftragnehmer schon den Auftrag einplanen soll. Der Erklärende haftet nur beschränkt, wenn er den Vertragsabschluss scheitern lässt *[siehe (3.2)]*.

Die Erklärung kann aber auch bereits einen Vertragsantrag enthalten. Maßgeblich ist nicht die Bezeichnung, sondern der erkennbare Wille des Erklärenden *[Kapitel 1.4 (1)]*. Man denke an die Aufforderung des Kunden bei Projektverträgen, »dass der Auftragnehmer schon mal anfangen soll«. Eine solche Erklärung kann zu einem sogenannten Vorfeldvertrag führen.

(3.1)   Vorfeldverträge

Soll der Auftragnehmer schon etwas tun, so sollen die gegenseitigen Rechte und Pflichten in der Regel später im Hauptvertrag aufgehen. Hier sind zwei Fälle zu unterscheiden, nämlich ob die Pflicht des Kunden, diese Leistungen zu vergüten, ausdrücklich vereinbart ist oder nicht. Im ersten Fall besteht die Zahlungspflicht eindeutig. Im zweiten Fall stellt sich die Frage, inwieweit die Aufforderung seitens des Kunden, mit der Durchführung schon einmal anzufangen, implizit die Bereitschaft enthält, die Leistungen in dem Fall zu vergüten, dass der endgültige Vertragsabschluss scheitert. Hier können drei Fälle unterschieden werden:

- Der Auftragnehmer trifft Vorbereitungsmaßnahmen für die spätere Leistungserbringung im eigenen Bereich (z.B. plant er die Erstellung umfangreich ein): Hier ist eine Vergütung für die vorbereitenden Leistungen in der Regel nicht gewollt. (Würde man von Geschäftsführung ohne Auftrag ausgehen, würde es sich in der Regel um ein eigenes Geschäft des Auftragnehmers handeln, sodass ein Anspruch auf Ersatz der Aufwendungen entfallen würde).
- Der Auftragnehmer erbringt eine selbstständig verwertbare Leistung, insbesondere eine solche, die Entscheidungsgrundlage für den Abschluss des Hauptvertrags ist. Hier liegt es relativ nahe, dass die Parteien unausgesprochen eine Vergütung vereinbaren. (Hier liegt es auch hinsichtlich der Geschäftsführung ohne Auftrag nahe, dass der Auftragnehmer ein fremdes Geschäft führt, das der Kunde auch als seines will.)
- Der Auftragnehmer erbringt bereits einen unselbstständigen Teil der Hauptleistung (beispielsweise er fängt schon mal mit der Programmierung an). Dann ist es ziemlich unsicher, ob der Kunde sich unausgesprochen zur Vergütung verpflichten will (bzw. dass er hinsichtlich Geschäftsführung ohne Auftrag die Tätigkeit des Auftragnehmers als Geschäft für sich wünscht).

(3.2) Verletzung von Pflichten bei Vertragsverhandlungen

Zur Anspruchsgrundlage siehe Kapitel 7.1.

Die Erteilung eines Letter of Intent berechtigt den Auftragnehmer in der Regel zu einem gesteigerten Vertrauen, aufgrund dessen er es als sinnvoll ansehen darf, Aufwendungen zu erbringen. Der Kunde haftet auf Ersatz der Aufwendungen (Schadensersatz hinsichtlich der Nichterfüllung von Vertrauen, aber nicht Schadensersatz auf Erfüllung, d.h., als ob der Vertrag bereits abgeschlossen wäre), wenn

a) der Kunde das Vertrauen ohne sachliche Grundlage gesteigert hat, insbesondere in Wirklichkeit gar keinen Vertrag abschließen wollte, oder

> **Beispiel**
>
> Der Projektleiter des Kunden fordert ein Softwarehaus zur Abgabe eines Angebots über Individualprogrammierung auf, weil der Einkauf mindestens zwei Angebote verlangt. Dabei ist bereits mit einem anderen Auftragnehmer abgesprochen, dass dieser den Auftrag erhält.

b) der Kunde nachträglich von dem geschaffenen Vertrauen ohne sachlichen Grund abrückt. Der Kunde ist zwar insoweit nicht zum Abschluss des Vertrags verpflichtet, aber er hat sich hinsichtlich seines Verhaltens selbst gebunden. Die entscheidende Frage ist dann, inwieweit er im Einzelfall Vertrauen geschaffen hat.

(4) Memorandum of Understanding (MoU)

Diese Bezeichnung wird für ganz unterschiedliche Dokumente verwendet. Es darf ihr also kein bestimmter Inhalt zugesprochen werden.

In der Praxis kann es im Verhältnis von Kunde zu Auftragnehmer um einen Letter of Intent gehen *[siehe (3)]*, um einen Vorvertrag *[siehe (1)]*, manchmal auch um einen vorläufigen Vertrag *[siehe (3.1)]*. Häufig wird ein MoU geschlossen, um die Zusammenarbeit von zwei Anbietern oder mehreren einzuleiten: Zum einen verwenden US-basierte Firmen gerne MoUs, um die Parteien vor dem Austausch von geheimhaltungsbedürftigen Informationen zur Geheimhaltung zu verpflichten (auf der Basis von deutschem Recht kann man darüber streiten, ob MoUs überhaupt erforderlich sind). Zum anderen regeln die Anbieter in einem MoU mehr oder weniger die Grundlage für ihre Zusammenarbeit, beispielsweise für die Abgabe eines Angebots bei einer Ausschreibung.

2.1.9 Bedingungen

Verträge über IT-Leistungen können grundsätzlich unter Bedingungen geschlossen werden (bei einseitigen Rechtsgeschäften geht das nur ausnahmsweise, weil die Erklärung Klarheit schaffen soll, nicht bei einer Kündigung, wohl aber bei der Abnahmeerklärung).

Beispiele

Ein Kunde schließt mit einem Softwarehaus einen Vertrag über die Überlassung von Standardsoftware unter der Bedingung, dass ein parallel zu schließender Vertrag über den Erwerb der für deren Einsatz erforderlichen IT-Anlage zustande kommt.

Jemand kauft ein Grundstück unter der Bedingung, dass die besprochene Baugenehmigung erteilt wird.

Bedingungen können sein

- aufschiebend
  Der Vertrag wird erst mit Eintritt der Bedingung wirksam.

Beispiel

Die Übereignung einer Sache wird unter Eigentumsvorbehalt erklärt: Das Eigentum geht erst mit Bezahlung des Kaufpreises über.

■ auflösend
Der Vertrag ist gleich wirksam, verliert aber bei Eintritt der Bedingung rückwirkend seine Wirksamkeit.

Beispiele

Ein Vertrag über den Vertrieb von Softwareprodukten kann unter die auflösende
Bedingung für den Fall gestellt werden, dass der Vertriebspartner konkurrierende Produkte vertreibt.
Die Abnahme wird unter der Bedingung erteilt, dass die Mängel bis zu einem
bestimmten Datum beseitigt werden.

Was jeweils vorliegt, ist oft schwer zu beurteilen, weil die Bedingung selbst so
definiert werden kann, dass etwas bis zu/an einem bestimmten Zeitpunkt nicht
geschieht. Deswegen empfiehlt es sich, umgangssprachlich möglichst genau zu
schreiben, was man will.
Wird der Eintritt einer Bedingung wider Treu und Glauben verhindert, gilt
die Bedingung als eingetreten (§ 162 BGB).

Beispiele

Ein Liefervertrag wird unter der Bedingung »Finanzierung durch Leasing« geschlossen. Der Käufer bemüht sich nicht, einen Leasingvertrag zu schließen, dabei ist er
ausreichend kreditwürdig.
Der Kunde weigert sich, bei einem Projektvertrag die erforderliche Mitwirkung zu
erbringen.

Die Bedingung kann auch vom Willen eines Dritten, sogar vom Willen eines Vertragspartners, abhängig sein.

Beispiele

Der Wartungsvertrag mit dem Kunden über eine Leasingsache wird für die Dauer des
Leasingvertrags geschlossen – Kauf auf Probe *[vgl. Kapitel 6.1 (2)]*.

Option: Sie ist das Recht eines Vertragspartners, einen – bereits ausreichend definierten – Vertrag in Kraft zu setzen. Sie lässt sich als aufschiebende, vom Willen
des Optionsberechtigten abhängige Bedingung erklären. Sie wird allerdings – einfacher – als ein Gestaltungsrecht behandelt.

2.2 Geschäftliches (»kaufmännisches«) Bestätigungsschreiben

Die Grundsätze zu einem solchen Bestätigungsschreiben wurden von der Rechtsprechung für den kaufmännischen Geschäftsverkehr entwickelt. Diese hat deswegen von einem »kaufmännischen« Bestätigungsschreiben gesprochen. Sie hat die Grundsätze aus § 346 HGB abgeleitet, dass im Handelsverkehr auf die dort geltenden Gewohnheiten und Gebräuche Rücksicht zu nehmen ist *[§ 346 BGB ist in Kapitel 1.1.3 (2) unter »Beispiele für Generalklauseln« abgedruckt]*.

Die Rechtsprechung hat diese Grundsätze zunehmend in allen Fällen angewendet, in denen beide Vertragspartner geschäftsgewandt sind. Da das neue Schuldrecht den Begriff des Unternehmers verwendet *[Kapitel 1.1.1 (3)]*, spreche ich von »geschäftlichen/unternehmerischen Bestätigungsschreiben«.

Der operative Begriff der Auftragsbestätigung *[Kapitel 2.1.3 (2)]* wird leicht mit dem Rechtsbegriff des geschäftlichen Bestätigungsschreibens verwechselt. Letzteres liegt aber nur dann vor, wenn bereits mündlich geschlossene Vereinbarungen bestätigt werden sollen (ausnahmsweise kommt es auch bei Klarstellungen zu schriftlichen Vereinbarungen in Betracht). Ein als »Auftragsbestätigung« bezeichnetes Schreiben *[Kapitel 2.3.1 (2)] kann* rechtlich gesehen ein geschäftliches Bestätigungsschreiben beinhalten.

Darauf, wie der Absender das Schreiben bezeichnet, kommt es nicht an. Es empfiehlt sich, deutlich zum Ausdruck zu bringen, dass »bestätigt« werden soll, was bereits »vereinbart« und nicht nur besprochen worden ist. Denn wenn jemand bestätigt, dass etwas »besprochen« worden ist, kann er schwerlich später behaupten, dass etwas »vereinbart« worden sei.

(1) Übliche Wirkung

Das geschäftliche Bestätigungsschreiben soll den Abschluss des Vertrags und dessen Inhalt bestätigen und damit die Beweislage sichern. Wer ein solches Schreiben macht, beugt späteren Auseinandersetzungen vor. Deswegen wird er für diese Mühe »belohnt«:

Wenn der Empfänger auf ein solches Bestätigungsschreiben schweigt oder diesem nicht unverzüglich widerspricht, gilt es grundsätzlich als korrekte Dokumentation der getroffenen Vereinbarung. Das Ergebnis entspricht der Situation, dass beide Vertragspartner einen mündlich geschlossenen Vertrag nachträglich beurkundet hätten. – Widerspricht der Empfänger, gilt nicht die Dokumentation, sondern das, was vorher mündlich vereinbart worden ist. Für den, der das nunmehr wirkungslose Bestätigungsschreiben geschickt hat, kann es dann schwierig sein, die mündliche Vereinbarung zu beweisen, wenn er sich auf diese beruft.

Der Empfänger kann seinen Widerspruch auch beschränken. Der restliche Teil des Schreibens bleibt in dem Fall wirksam, dass die übrigen Vereinbarungen von den bestrittenen unabhängig sind. Der Empfänger kann auch erwidern, wie die Vereinbarung nach seiner Erinnerung getroffen worden sei (und damit implizit widersprechen). Wenn er sich auf diese beruft, d.h. sie seinerseits geltend macht, trägt er die Beweislast für die von ihm behauptete mündliche Vereinbarung.

Das geschäftliche Bestätigungsschreiben »wahrt« die vereinbarte Schriftform (= hält sie ein).

Ein Bestätigungsschreiben, dem nicht unverzüglich widersprochen wird, ist auch dann wirksam, wenn es von den tatsächlich getroffenen Vereinbarungen abweicht; es sei denn

- dass der Bestätigende arglistig abgewichen ist; das ist für den Empfänger oft nicht zu beweisen;
- dass die Abweichungen so groß sind, dass der Bestätigende vernünftigerweise mit der Billigung der anderen Seite nicht rechnen konnte; auch das ist nur schwer zu beweisen.

Das geschäftliche Bestätigungsschreiben wirkt auch, wenn noch nicht einmal ein Vertrag geschlossen worden ist, der Bestätigende dies aber annimmt und seinen Irrtum durch die Bestätigung zum Ausdruck bringt. Das Bestätigungsschreiben bringt den Vertrag hier erst zustande. Das gilt dann nicht, wenn die Parteien von einem Vertragsabschluss noch weit entfernt waren.

Die Grundsätze zum geschäftlichen Bestätigungsschreiben gelten auch während der Vertragsdurchführung für Änderungen/Ergänzungen des Vertrags oder für vorgesehene Konkretisierungen, z.B. die Aufgabenstellung zum Zeitpunkt des Abschlusses des Vertrags in der Spezifikation.

(2) Beweislast

Wer sich auf ein Bestätigungsschreiben beruft, muss beweisen, dass Verhandlungen stattgefunden haben (und – wie üblich – dass sein Schreiben der anderen Seite zugegangen ist).

Der Empfänger, der der Bindungswirkung des Bestätigungsschreibens entgehen will, muss beweisen, dass er unverzüglich widersprochen hat bzw. einer derjenigen Fälle vorliegt, bei denen ein Widerspruch nicht erforderlich war.

(3) Gegenbestätigung

In der Praxis wird manchmal um *Gegenbestätigung* gebeten, also um Bestätigung, dass die Vereinbarungen wie formuliert bereits getroffen worden sind. Dies geschieht insbesondere, wenn es unsicher erscheint, ob sich der andere auf geschäftlicher Ebene an einem geschäftlichen Bestätigungsschreiben festhalten lassen wird.

Formulierung

Der Auftragnehmer kann höflich schreiben: »Bitte bestätigen Sie, dass ich die Vereinbarungen richtig dokumentiert habe.«

Die Bitte um Gegenbestätigung ändert nichts am Charakter des geschäftlichen Bestätigungsschreibens, soweit es getroffene Vereinbarungen dokumentiert. Es gilt also mangels Widerspruchs auch dann, wenn die Gegenbestätigung nicht erfolgt. Es ist allerdings eine Frage der Klugheit, ob sich jemand mit dem Schweigen des anderen zufrieden gibt, wenn er erst dessen Gegenbestätigung für erforderlich gehalten hat. Konsequenterweise sollte er den anderen nach den Gründen dafür fragen, warum dieser die Gegenbestätigung nicht abgibt.

Etwas anderes ist die Bitte um *Zustimmung*. Wenn das Schreiben über die Bestätigung der getroffenen Vereinbarungen hinaus wesentliche Zusätze enthält, macht die Bitte für diesen Teil Sinn. Dann soll auseinandergehalten werden, was Bestätigung ist und was Zusätze sind, und nur für Zusätze um Zustimmung gebeten werden (Änderungsvorschläge sind in diesem Sinne Zusätze). Anderenfalls liegt es nahe anzunehmen, dass für alles erst um Zustimmung gebeten wird (auch wenn am Anfang des Schreibens von »Bestätigung« die Rede ist). Denn die Formulierung würde ausdrücken, dass noch gar keine Vereinbarung getroffen worden sei.

(4)   Protokolle

Protokolle sind geschäftliche Bestätigungsschreiben. Wird ihre Führung vereinbart, kann das Besonderheiten beinhalten, z.B. dass eine Widerspruchsfrist festgelegt wird.

Ist vereinbart worden, dass Protokolle von beiden Seiten unterzeichnet werden sollen, kann auch gewollt sein, dass die in Protokollen festgehaltenen Vereinbarungen erst mit der Unterzeichnung wirksam werden (Willenserklärung). Das ist insbesondere anzunehmen, wenn die Protokolle unverzüglich nach der Sitzung unterzeichnet werden sollen *[zur praktischen Seite siehe IT-PM, Kapitel 3.3.2 unter »Protokolle«]*.

(5)   Ergänzungen zu den Vereinbarungen

Ein geschäftliches Bestätigungsschreiben kann auch den Vertrag in Nebenpunkten im Rahmen des Üblichen konkretisieren und/oder ergänzen. Soweit es das tut, gilt der Verzicht auf unverzüglichen Widerspruch als Zustimmung; insofern enthält das Schweigen eine rechtsgeschäftliche Erklärung (bei Konkretisierungen der getroffenen Vereinbarungen gilt dasselbe; sie lassen sich aber in der Praxis kaum von der Dokumentation der Vereinbarungen unterscheiden).

Ein geschäftliches Bestätigungsschreiben ist also insoweit unwirksam, wie es in den *Konkretisierungen* und *Ergänzungen* von dem Üblichen so erheblich abweicht, dass der Bestätigende vernünftigerweise mit der Billigung der anderen Seite nicht mehr rechnen durfte. Eine so erhebliche Abweichung ist nur schwer zu beweisen (wenn sie nicht ausdrücklich als Ergänzung bezeichnet worden ist). Zulässig ist die Ergänzung, dass die Leistungen zu den eigenen AGB erfolgen sollen, außer wenn die Vertragsverhandlungen das Gegenteil ergeben haben.

2.3 Vertragsdokument

2.3.1 Vertragsbestandteile aus rechtlicher Sicht

(1) Vertragsbestandteile

In der *Praxis* werden Verträge häufig in zwei Dokumente aufgeteilt (siehe Abb. 2–1):

- Vertragsbedingungen im Sinne von standardisierten Vertragsbedingungen (AGB) sind formal meist durch ihre Zusammenfassung in einem gesonderten Dokument und durch ihre Benennung gekennzeichnet. Wenn mit standardisierten Vertragsbedingungen gearbeitet wird, werden häufig Leistungen, die grundsätzlich in gleicher Weise vereinbart werden, in die standardisierten Vertragsbedingungen aufgenommen.
- Der individuelle Teil ist das Dokument, das der Auftragnehmer im Einzelfall im Hinblick auf einen Kunden (»Angebot/Vertrag«) bzw. der Kunde (»Bestellung«) erstellt. Dieser Teil kann Einzelheiten in Anlagen regeln.

Rechtlich relevant ist, dass alles, was standardmäßig vorformuliert ist, dem AGB-Recht unterliegt *[Kapitel 1.1.4]*.

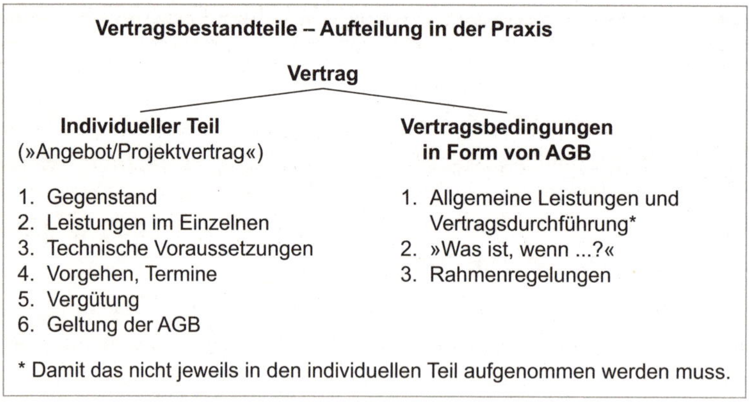

```
             Vertragsbestandteile – Aufteilung in der Praxis

                               Vertrag

      Individueller Teil              Vertragsbedingungen
   (»Angebot/Projektvertrag«)             in Form von AGB

   1. Gegenstand                     1. Allgemeine Leistungen und
   2. Leistungen im Einzelnen           Vertragsdurchführung*
   3. Technische Voraussetzungen     2. »Was ist, wenn ...?«
   4. Vorgehen, Termine              3. Rahmenregelungen
   5. Vergütung
   6. Geltung der AGB

   * Damit das nicht jeweils in den individuellen Teil aufgenommen werden muss.
```

Abb. 2–1 *Vertragsbestandteile – Aufteilung in der Praxis*

(2) Begriffe

Konditionen: Das ist ein unklarer kaufmännischer Begriff. Er bezeichnet wohl die beiderseitigen Leistungen mit Ausnahme dessen, was der Auftragnehmer als Hauptleistung zu erbringen hat.

Anstelle des Begriffs **Leistungsbeschreibung** (LB) *[Kapitel 1.1.3 (1)]* wird oft gesprochen von

 Leistungsverzeichnis
 wenn die Leistungen bereits technisch konkret beschrieben sind (beispielsweise bei Ausschreibungen zur Beschaffung von PCs);

 Pflichtenheft/Lastenheft
 wenn die Leistungen funktional beschrieben sind (DIN 69901). Der Begriff Pflichtenheft wird im Bereich der Prozessdatenverarbeitung oft im Sinne einer abschließenden funktionalen Beschreibung verwendet.

Hilfreich kann die folgende Differenzierung sein:

 Ausschreibungs-LB
 Vertrags-LB
 Ausführungs-LB (nach Überarbeitung seitens des Auftragnehmers und Genehmigung seitens des Kunden *[vgl. die Spezifikation in Kapitel 9.1]*)

Rahmenvertrag: Dieser Begriff hat keinen klaren Inhalt. Es kann sowohl darum gehen, dass (umfangreiche) Leistungen erbracht werden sollen, als auch darum, dass nur ein Rahmen für Bestellungen geschaffen werden soll; dieser kann die Pflicht zum Bestellen enthalten, braucht das aber nicht zu tun.

2.3.2 Physische Vertragsbestandteile und die Reihenfolge von deren Geltung

Vertragsbestandteile sind alle Vereinbarungen, gleich wo und wie sie getroffen wurden. Die Unterzeichnung eines Dokuments bringt allerdings eine starke Einschränkung und Ordnung (Vermutung der Vollständigkeit der Urkunde *[Kapitel 1.3 (1)]*); diese kann durch die vereinbarte Schriftform *[Kapitel 2.1.6]* noch verstärkt werden.

Gibt es mehrere physische Vertragsbestandteile (Dokumente) aus der Zeit des Vertragsabschlusses, kann unklar sein, welche überhaupt Vertragsbestandteil sein sollen und welche im Falle von Widersprüchen Vorrang haben sollen. Es empfiehlt sich deswegen, die Vertragsbestandteile aufzuführen und ausdrücklich festzulegen, in welcher Reihenfolge sie gelten sollen.

Beispiel aus der Praxis, bei dem die Reihenfolge nicht eindeutig bestimmt werden kann

»Software ist zu erstellen gemäß beiliegender Beschreibung vom 14.5.xx und Schreiben des Endkunden vom 8.5.xx (im Zweifelsfall unsere Beschreibung). Unter Bezugnahme auf unsere Anfrage ... vom 10.4.xx., Ihr Angebot vom 24.4.xx, die am 30.4.xx zwischen Ihren sehr geehrten Herren ..., ... und unseren Herren ..., ... geführte Unterredung sowie die am 10.5.xx zwischen Ihren Herren ..., ... und unseren Herren ..., ... erfolgte Schnittstellen-Abstimmung sowie beiliegende Vereinbarung.«

Nicht aufgeführte Dokumente: Es gibt sowohl den Fall, dass solche Dokumente selbstverständlich Vertragsbestandteil sein sollen, wie auch den, dass das nicht gewollt ist. Kritisch ist das insbesondere hinsichtlich solcher Dokumente, in denen der Kunde seine Anforderungen niedergelegt hat. Wer sich auf die Einbeziehung beruft, muss diese beweisen, d.h. typischerweise den Richter bzw. – noch schwieriger – den anderen Vertragspartner überzeugen, dass das gewollt war.

Beispiel

Ein solches Dokument soll Vertragsbestandteil werden, wenn der Auftragnehmer dazu Stellung genommen hat, insbesondere in dem Dokument selbst. Das ist auch der Fall, wenn die Parteien Anpassungsprogrammierung im Vertrag aufgeführt haben, die sich aus dem Dokument ableitet.

Wenn der Kunde das Dokument lange Zeit vor Vertragsabschluss vorgelegt hat und die Vertragspartner danach ohne Bezugnahme auf das Dokument lange die Anforderungen des Kunden besprochen haben, soll das Dokument eher nicht mehr Vertragsbestandteil sein.

Reihenfolge: Ergibt sich aus dem Vertrag nicht ausdrücklich, in welcher Reihenfolge die Dokumente der beiden Seiten gelten sollen, sind mehrere Fallgruppen zu unterscheiden; dabei kann das Argument, dass die Dokumente in einer zeitlichen Abfolge entstanden seien und das jeweils spätere maßgeblich sein sollte, nur eingeschränkt helfen: Erst einmal ist mit dem Vertragsabschluss zeitlicher Gleichrang geschaffen. Man kann nur begrenzt damit argumentieren, dass das jeweils vor Vertragsabschluss später geschaffene Dokument das jeweils erreichte Einverständnis ausdrücken sollte.

Bei Projektverträgen sind folgende Situationen zu unterscheiden:

- Der Kunde hat seine Aufgabenstellung nur umrissen; ein ausführliches Angebot des Auftragnehmers war also erforderlich. Letzteres ist dann maßgeblich; die Aufgabenstellung des Kunden dient nur der Interpretation, ist aber von größerem Gewicht, als wenn sie gar nicht zum Vertragsbestandteil gemacht worden wäre. Es wäre in solchen Fällen widersinnig anzunehmen, dass die Aufgabenstellung des Kunden Vorrang haben soll.

- Der Kunde hat eine ausführliche Vorgabe gemacht und bekommt ein ausführliches Angebot des Auftragnehmers. Widersprüche sind nur schwer zu lösen. Weitgehend liegt die Lösung darin, dass Besprechungen Klarheit und Entscheidungen schaffen sollen. Nur lässt sich oft nicht beweisen, was das Ergebnis solcher Besprechungen war. Dasjenige Papier, das im Rahmen von Besprechungen geändert worden ist, soll wohl Vorrang haben. Sind kleine Änderungen vorgenommen worden, ist m.E. zu vermuten, dass der Kunde dem Auftragnehmer seine Anforderungen erklärt und dieser sie so akzeptiert hat.

- Der Kunde hat eine umfassende Vorgabe gemacht, die der Auftragnehmer nur ergänzen soll: Hier hat die Vorgabe des Kunden Vorrang; der Auftragnehmer muss

  - ausdrücklich ausgrenzen, was er nicht liefern will;
  - ausdrücklich das, was er liefern will, interpretieren, wenn er Ansatzpunkte für Meinungsverschiedenheiten sieht. Damit schafft er partiell Vorrang für sich.

Bei der Lieferung von Standardkomponenten gewinnen die Produktbeschreibungen für diese an Gewicht.

2.4 Vollmacht

Es geht um die Macht, rechtsgeschäftliche Erklärungen für einen anderen, im Normalfall für den Arbeitgeber, abzugeben. Diese Rechtsfigur ist schwierig: Zum einen ist sie von der Zuständigkeit für Aufgaben abzugrenzen. Zum anderen gibt es ein Spannungsverhältnis zwischen dem, was der Bevollmächtigte tun *kann*, und dem, ob und wie er das tun *soll* (nach welchen internen Richtlinien).

(1) Begriffe

Ausgangspunkt ist, dass der Geschäftsherr einem anderen Aufgaben überträgt, die dieser erledigen soll. Geschäftsherr ist typischerweise eine Firma gegenüber ihren Mitarbeitern. Diese Zuständigkeit für Aufgaben (= Arbeitsplatzbeschreibung) heißt bei Geschäftsführern oder Vorstandsmitgliedern rechtlich Geschäftsführungsbefugnis. – Die Zuständigkeit für Aufgaben wird im Arbeitsvertrag umrissen; sie kann im Rahmen des Direktionsrechts des Arbeitgebers konkretisiert werden.

Die Erledigung dieser Aufgaben kann es weniger oder mehr nahelegen oder sogar erfordern, dass der dafür Zuständige rechtsgeschäftliche Erklärungen abgibt. Dazu braucht er eine spezielle Befugnis, Vollmacht genannt. Vollmacht (= Vertretungsmacht) ist die Befugnis, rechtsgeschäftliche Erklärungen im Namen des Vertretenen abzugeben und damit unmittelbar mit rechtlicher Wirkung für diesen zu handeln.

> **Beispiel**
>
> Der Vertriebsbeauftragte hat die Aufgabe, Aufträge zu akquirieren. Man kann aber verschiedener Meinung darüber sein, ob er auch Vollmacht haben soll, Aufträge gegenzuzeichnen.

Die Einräumung der Zuständigkeit für Aufgaben kann mit der Einräumung der Vollmacht verbunden sein; so ist es beim Geschäftsführer der GmbH. Das deutsche Recht stellt aber in den Vordergrund, dass der Vollmachtgeber (= der Geschäftsherr) eine gesonderte Erklärung abgibt. Ursache dafür ist,

- dass die Vollmacht im Interesse des Geschäftsverkehrs typisiert sein soll, während es die Vertragspartner in diesem Zusammenhang weniger interessiert, für welche Aufgaben jemand bei einer Firma zuständig ist;
- dass dem Geschäftsherrn die Möglichkeit offen bleiben soll zu entscheiden, ob er einem Mitarbeiter Vollmacht einräumt. Zum Beispiel kann die Aufgabe eines Vertriebsbeauftragten dahingehend festgelegt werden, Aufträge zu akquirieren, nicht aber auch deren Annahme zu erklären;
- dass die Vollmacht manchmal gegenüber der Zuständigkeit für bestimmte Aufgaben weit in den Vordergrund tritt, z.B. wenn Prokura erteilt worden ist oder wenn der Bevollmächtigte eine ganz bestimmte rechtsgeschäftliche Erklärung auf einer Versammlung abgeben soll (und aus Rechtsgründen nicht nur als Bote auftreten kann).

Die Vollmacht kann also von der Zuständigkeit für Aufgaben abweichend gestaltet werden. So hat der Prokurist eine nahezu unbegrenzte Vollmacht, die über seinen Aufgabenbereich hinausreicht. Diese Vollmacht ist so typisiert, dass sie ins Handelsregister eingetragen werden kann.

Im Übrigen liegt es nahe, dass demjenigen, dem solche Aufgaben übertragen werden, die rechtsgeschäftliche Erklärungen verlangen, auch die dafür erforderliche Vollmacht erteilt wird. Das Gesetz kann das unwiderlegbar oder widerlegbar vermuten. Es tut das aber nur selten. Die Rechtsprechung hilft da nach *[siehe (2)]*.

> **Beispiel für gesetzliche Vollmacht**
>
> Wer in einem Ladengeschäft als Verkäufer tätig ist, gilt für die »Verkäufe und Empfangnahmen, die in einem derartigen Laden gewöhnlich geschehen« nach § 56 HGB (unwiderlegbar) als bevollmächtigt.
>
> Der Geschäftsführer einer BGB-Gesellschaft gilt nach § 714 BGB im Zweifel auch als bevollmächtigt, soweit seine Zuständigkeit für Aufgaben reicht.

Weil das so naheliegt, macht es Nichtjuristen häufig Schwierigkeiten, die Zuständigkeit für Aufgaben und die Vollmacht auseinanderzuhalten.

Beispiel

Ein Abteilungsleiter X (mit Prokura) geht in Urlaub. Er teilt mit: »Hinsichtlich meiner Aufgaben werde ich durch meinen Gruppenleiter Y vertreten. Für Unterschriften ist Abteilungsleiter Z zuständig.« Mit »Unterschriften« meint er »rechtsgeschäftliche Erklärungen«.

Beispiel

Ein Abteilungsleiter (mit Prokura) des Kunden sagt dem glücklichen Geschäftsführer des Softwarehauses: »Wir sind uns einig. Der Einkauf ist für den Vertrag zuständig.« (= Wir sind uns in der Sache einig. Ich nutze meine Vollmacht nicht, weil ich nicht dafür zuständig bin, Verträge auszuarbeiten.) »Aber fangen Sie bitte sofort mit der Arbeit an.« (= Ich erteile einen vorläufigen Auftrag dank der mir zustehenden Vollmacht; möglicherweise soll ich das nicht tun; aber das ist nicht Ihr Problem, sondern meines. Möglicherweise gehört die Erteilung von solchen vorläufigen Verträgen sogar zu meinen Aufgaben.)

(2)   Einräumung der Vollmacht

Die Vollmacht kann insbesondere erteilt werden:

- durch Erklärung an den Bevollmächtigten, z.B. durch Aushändigung einer Urkunde;
- durch Erklärung an den Vertragspartner, demgegenüber die Vollmacht wirken soll, z.B. in einem Vertrag über IT-Leistungen, in dem jemand als Projektleiter benannt wird.

Die gewichtige Form der Prokura besteht ab ihrer Erteilung und soll zum Handelsregister angemeldet werden (deklaratorische Bedeutung). Die Bevollmächtigung des Geschäftsführers einer GmbH braucht (und kann) nicht angemeldet zu werden; denn er erhält automatisch Vollmacht. Seine Bestellung zum Geschäftsführer ist aber anzumelden.

Das letzte Beispiel zeigt, dass Vollmacht auch durch Gesetz entstehen kann. Gesetzliche Vollmacht haben auch Eltern für ihre minderjährigen Kinder.

Die Erteilung einer Vollmacht baut zwar auf einem Vertragsverhältnis zwischen dem Vollmachtgeber und dem Bevollmächtigten auf; sie ist aber in gewissem Umfang von diesem unabhängig (sie kann im Regelfall widerrufen werden, ohne dass das Vertragsverhältnis, z.B. der Arbeitsvertrag, deswegen geändert werden müsste; sie kann auch fortbestehen, wenn das Vertragsverhältnis erlischt).

Vollmacht kann durch eine schlüssige Handlung erteilt werden, letztlich sogar dadurch, dass ein Geschäftsführer duldet, dass ein Mitarbeiter (oder sogar ein Dritter) wie ein Bevollmächtigter/Vertreter auftritt. Etwas überspitzt ausgedrückt: Die Rechtsprechung vermutet, dass jemand, der nach außen hin tätig werden soll und mehr als ein- oder zweimal eine rechtsgeschäftliche Erklärung abgegeben hat, auch die dafür erforderliche Vollmacht bekommen hat. Es gibt dazu eine umfangreiche Dogmatik (»Duldungs-/Anscheinsvollmacht«). In der Praxis spielt diese jedoch nur eine geringe Rolle, weil es für den Vertretenen peinlich ist, sich auf mangelnde Vollmacht seines Mitarbeiters zu berufen, und zwar für den Auftragnehmer so sehr, dass er darauf möglichst verzichtet.

Beispiele

Der Kunde darf den Montageleiter bei einem Bauvorhaben als bevollmächtigt ansehen. Die Bevollmächtigung wird hier durch den im Aufgabenbereich des Auftragnehmers entstandenen Rechtsschein der Vollmacht ersetzt (BGH).[15] Man übertrage das auf den Projektleiter eines IT-Projekts!

Wenn der Projektleiter ausdrücklich Vollmacht hat, darf der andere Vertragspartner davon ausgehen, dass die dem Projektleiter für das Projekt übergeordnete Person erst recht Vollmacht hat.

Der Einkauf schickt eine Bestellung.

Ein weiterer Grund dafür, dass in der Praxis kaum Probleme entstehen, liegt darin, dass die Erklärung eines Mitarbeiters, der ohne Vollmacht handelt, als von diesem im eigenen Namen abgegeben gilt (außer wenn der Erklärungsempfänger den Mangel an Vollmacht kannte oder kennen musste): Würde der Auftragnehmer sich auf die fehlende Vollmacht seines Mitarbeiters berufen, wäre dieser Vertragspartner des Kunden und müsste den Vertrag durchführen. Man lässt einen Mitarbeiter nicht gerne im Regen stehen. Vor allem wäre das gegenüber dem Kunden peinlich.

(3)   Umfang der Vollmacht

Der Umfang kann unterschiedlich sein (siehe Tab. 2–1). Es gibt aber keine Hierarchie von Vollmachten etwa derart, dass ein Vertreter mit weniger umfangreicher Vollmacht eine Erklärung, die jemand mit einem größeren Umfang an Vollmacht abgegeben hätte, nicht abändern könnte. Ein solches Autorisierungsprinzip ist dem (deutschen) Recht fremd: Es gibt keine stärkeren oder schwächeren Vollmachten.

Zulässig ist, die Vollmacht dahingehend zu erteilen, dass mindestens zwei Bevollmächtigte die Erklärung abgeben müssen.

---

15. BGH vom 18.10.51 (III ZR 138/50), NJW 52, 217.

Arten der Vollmacht			
Position	**Umfang**	**Erteilung**	**Zeichnung**
Geschäftsführer (= Gf.)	unbeschränkt nach außen (§ 37 Abs. 2 GmbHG)	Bestellung zum Gf.	wie im Gf.-Vertrag vorgesehen
Prokurist (Prokura)	für alles, was der Betrieb eines Handelsgewerbes mit sich bringt (§ 49 HGB), nicht einschränkbar	ausdrückliche Erklärung; soll beim Handelsregister angemeldet werden (§ 53 HGB)	mit einem die Prokura andeutenden Hinweis Praxis: ppa
Handlungsbevollmächtigter (Handlungsvollmacht §§ 54 ff. HGB)	für alles, was gewöhnlich mit sich bringt* ▪ der Betrieb eines Handelsgewerbes ▪ für diese Art des Betriebes ▪ die Vornahme einer bestimmten Art von Geschäften ▪ für diese Art von Geschäften ▪ die Vornahme eines einzelnen Geschäftes ▪ für diese Art von Geschäft	gegenüber Handlungsbevollmächtigten (möglich auch gegenüber Dritten)	mit Zusatz, der auf Vollmachtsverhältnis hinweist (§ 57 HGB) Praxis: i.V. und i.A. Wenn beides verwendet wird, weist i.V. auf einen größeren Umfang als i.A. hin.
* Einschränkungen sind möglich und sind wirksam, wenn der Dritte sie kennt/kennen muss.			

Tab. 2–1   *Arten der Vollmacht*

(4)   Weisungen zur Ausübung der Vollmacht

Die Vollmacht regelt, was der Bevollmächtigte gegenüber Dritten erklären *kann*. Der Vollmachtgeber kann intern Weisungen erteilen, ob der Bevollmächtigte seine – vorhandene – Vollmacht nur eingeschränkt oder teilweise gar nicht nutzen *soll* (siehe Abb. 2–2).

»Jemand hat Vollmacht,
soll sie aber nur nach Rücksprache oder gar nicht nutzen.«

§ 77 AktienG Besteht der Vorstand aus mehreren Personen, so sind sämtliche Vorstandsmitglieder nur gemeinschaftlich zur **Geschäftsführung** befugt.

§ 78 AktienG Der Vorstand **vertritt** die Gesellschaft gerichtlich und außergerichtlich.

§ 82 AktienG Die Vertretungsbefugnis des Vorstands kann nicht beschränkt werden. Im Verhältnis der Vorstandsmitglieder zur Gesellschaft sind diese verpflichtet, die Beschränkungen einzuhalten, die ... die Satzung ... und die Geschäftsordnung ... für die Geschäftsführungsbefugnis getroffen haben.

Abb. 2–2   *»Jemand hat Vollmacht, ...«*

Beispiel

Der Geschäftsführer einer GmbH kann gehalten sein, sich vor der Aufnahme von Krediten oder von Investitionen über eine bestimmte Größenordnung hinaus die Zustimmung der Gesellschafter einzuholen.

Beispiel

Der Projektleiter (mit Vollmacht) kann die Weisung erhalten, Festpreise für Anpassungsprogrammierung durch die Abteilung für Programmierung einzuholen (nur diese ist für diese Aufgabe zuständig) und Verträge nur mit so ermittelten Preisen abzuschließen (einschränkende Weisung).

Beachtet der Bevollmächtigte seine internen Bindungen nicht, ist sein Handeln gegenüber Dritten dennoch wirksam (es sei denn, dass der Dritte die Verletzung der internen Bindungen ausnutzt). Der Bevollmächtigte macht sich allerdings einer Verletzung seiner Pflichten schuldig; das kann Schadensersatzansprüche des Vertretenen gegen den Bevollmächtigten auslösen.

(5)   Handlungsvollmacht

Die Handlungsvollmacht ist ganz allgemein die Bevollmächtigung eines Vertreters durch einen Kaufmann. Der Vollmachtgeber kann den Umfang der Vollmacht beliebig festlegen, z.B. die Vollmacht auf bestimmte Geschäfte und diese auf eine bestimmte Obergrenze beschränken. § 54 HGB schützt gutgläubige Dritte dahingehend, dass untypische Einschränkungen der Vollmacht (z.B. hinsichtlich solcher Obergrenzen) ihnen gegenüber nicht gelten. Gutgläubig ist, wer Einschränkungen nicht kennt und auch nicht kennen muss. Gemäß § 54 HGB wird der Mindestumfang gegenüber gutgläubigen Dritten dahingehend festgelegt, dass sich die Vollmacht auf alle Geschäfte erstreckt, die die Position, für die die Vollmacht erteilt ist, mit sich bringt. Es besteht also die Vermutung, dass die Vollmacht den Umfang hat, der sich aus der Aufgabe ergibt.

Die Handlungsvollmacht braucht nicht schriftlich erteilt zu werden. Sie kann nicht ins Handelsregister eingetragen werden (weil sie sich dafür mangels klarer Typenbildung nicht eignet).

Beispiel für die Erteilung einer Vollmacht

»Sehr geehrte® ..., hiermit erteilt die ... GmbH Ihnen Handlungsvollmacht für alle Geschäfte in dem Bereich ... einer Unternehmensberatung im IT-Bereich. Diese Erklärung ist nicht zur Vorlage an Dritte gedacht. Sie haben schriftliche Erklärungen mit ›i.V.‹ und Ihrem Namen zu unterzeichnen. Intern sind Sie verpflichtet, vor folgenden Erklärungen die Zustimmung des Geschäftsführers einzuholen: ... (z.B. bei Abweichungen von den AGB der GmbH).«

3 Grundfragen der Vertragserfüllung und der Haftung

3.1 Ansprüche auf Erfüllung oder wegen Pflichtverletzung

Wozu schließen Sie im Geschäftsleben Verträge: Damit Sie vom anderen etwas verlangen können. Die zentrale Frage lautet deswegen im Vertragsrecht: »Kann ich das verlangen?« bzw. »Kann der andere Vertragspartner das von mir verlangen?«. Es geht also um Ansprüche *[vgl. Kapitel 1.1 (5) und Anhang A.2]*. Wer etwas verlangt (bzw. sich gegen einen Anspruch verteidigt), muss sich auf eine Anspruchsgrundlage stützen, die diese Rechtsfolge vorsieht und muss deren einzelne Voraussetzungen beweisen *[Kapitel 1.2]*. Es ist also verständlich, dass die Juristen zentral in Anspruchsgrundlagen denken (siehe Abb. 3–1). Praktiker tun das – wie deren Fragen zeigen – auch, ohne sich dessen recht bewusst zu sein.

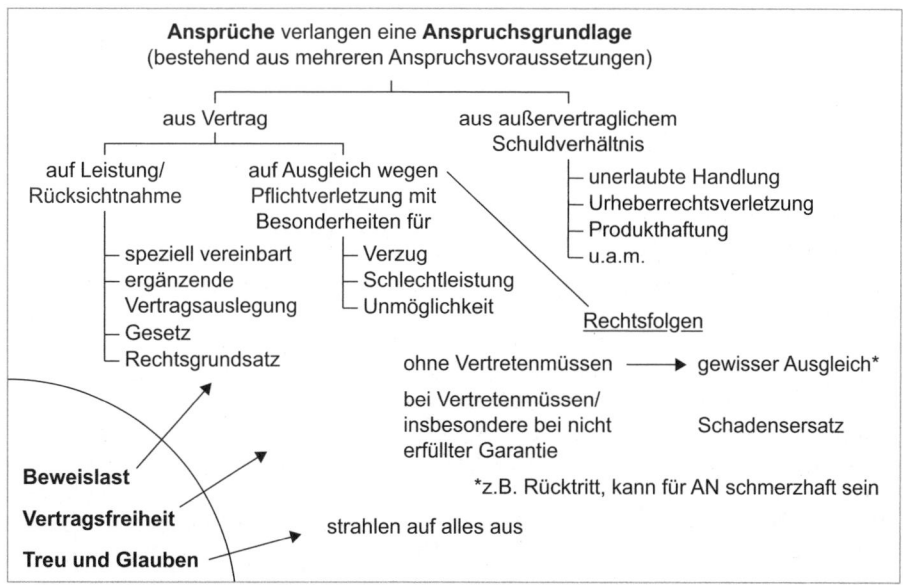

Abb. 3–1   *Ansprüche verlangen eine Anspruchsgrundlage*

Die erste Frage ist, ob es für das, was jemand verlangt, eine Anspruchsgrundlage gibt *[siehe Kapitel 1.2 ergänzend zur Beweislast]*.

Beispiele

Der Auftragnehmer sieht das Projekt scheitern, weil der Projektleiter des Kunden unfähig ist (was er nachweisen könnte). Er verlangt dessen Austausch. Dafür gibt es (wohl) keine Anspruchsgrundlage. Er hat nur die Möglichkeit, bei Verletzung von Vertragspflichten Nachfrist mit der Androhung der Kündigung zu setzen und, wenn der Kunde seine Pflichten nicht erfüllt, zu kündigen.

Der neue Mitarbeiter des Anwenders kommt mit den Softwareprodukten nicht zurecht und wendet sich ständig an die Hotline des Lieferanten. Der will das nicht hinnehmen und schlägt dem Anwender vor, dass dieser seinen Mitarbeiter schulen lassen soll. Das kann er aber nicht verlangen; er kann ankündigen, dass er triviale Fragen nur gegen gesonderte Vergütung beantworten werde.

Bedenken Sie stets, dass es zwei unterschiedliche Arten von vertraglichen Anspruchsgrundlagen gibt:

▪ Ansprüche auf Leistung (oder auf Unterlassung von Pflichtverletzungen): Hier dreht es sich meistens um die Frage, ob sich der Anspruch aus dem Vertrag ergibt. Das Schema, wie diese Ansprüche zu ermitteln sind, ist in *Kapitel 1.3* dargestellt.

▪ Ansprüche wegen der Verletzung einer Vertragspflicht *[Kapitel 1.1.1 (1) sowie 3.7 zu Haftungsansprüchen, die außerhalb von vertraglichen Beziehungen entstehen]*.

Also halten Sie die beiden Typen von Anspruchsgrundlagen auseinander, damit Sie die Rechtslage richtig analysieren und damit sachgerecht argumentieren können.

Beispiele

Bei Verzug behält der Kunde erst einmal seinen Erfüllungsanspruch und kann daneben seinen Verzugsschaden geltend machen; er kann aber auch vollständig auf Haftungsansprüche übergehen *[Kapitel 3.3]*. – Der Auftragnehmer kann seinen Aufwand, der ihm aufgrund einer unberechtigten Mängelmeldung entstanden ist, als Erfüllungsanspruch (aus einem Auftrag, die Störung zu klären) oder aus Haftung wegen unberechtigter Inanspruchnahme geltend machen *[Kapitel 6.2.4]*. Im zweiten Fall begrenzt die Rechtsprechung die Haftung des Kunden, wenn der Auftragnehmer diese in AGB regelt: Zumindest bei leichtester Fahrlässigkeit dürfe keine Haftung des Kunden vorgesehen werden. – Die Pflicht zur Mängelbeseitigung besteht während der Verjährungsfrist aus dem Kaufvertrag als Haftungsanspruch, der unentgeltlich zu erfüllen ist (Nacherfüllung); bei Pflege wird die Mängelbeseitigung als Leistung vereinbart, für die der Anwender zahlen muss *[Kapitel 12.3.1 (1)]*.

Ansprüche, die *Sie* nicht erfüllen können: Häufig höre ich den Satz: »Ich kann Fehler in Fremdsoftware nicht beseitigen, also kann ich auch nicht dazu verpflichtet sein.« So einfach ist das nicht! Wer einen Vertrag schließt, übernimmt bestimmte Pflichten, so z.B. der Verkäufer die Pflicht, Mängel zu beseitigen. Wie er das organisiert, ist seine Sache. Schafft er das nicht, kann der Käufer vom Vertrag zurücktreten. Allerdings berücksichtigt das Vertragsrecht die Situation des Verkäufers, sobald es um Schadensersatzansprüche geht. Für Mängel in Fremdsoftware »kann er nichts«. Dementsprechend haftet er auch nicht auf den Ersatz von Schaden, den diese verursachen (es sei denn, dass er Mängelfreiheit garantiert).

Anspruchskonkurrenz: Ein bestimmter Sachverhalt kann u.U. die Voraussetzungen mehrerer Anspruchsgrundlagen erfüllen, sodass eine Rechtsfolge mehrfach begründet ist und/oder verschiedene Rechtsfolgen bestehen *[vgl. Anhang A.2]*. Die Anspruchsgrundlagen haben teilweise unterschiedliche Voraussetzungen und unterschiedliche Rechtsfolgen, z.B. hinsichtlich der Verjährungsfristen. Die Rechtsfolgen können nicht mehrfach geltend gemacht werden.

Beispiel

Der Geschädigte kann gegen einen Raubkopierer aus Urheberrecht oder, wenn dieser Raubkopien vertreibt, auch aus Wettbewerbsrecht vorgehen und Unterlassung oder auch Schadensersatz verlangen *[Kapitel 4.3.4 bzw. www.zahrnt.de, Kapitel 4.4.1. Siehe Kapitel 3.7 (3) zur Produzentenhaftung bzw. Kapitel 3.7 (4) zur Produkthaftung des Herstellers]*.

---

(1)   Ansprüche aus dem Vertrag auf Erfüllung

Der Vertrag schafft als Anspruchsgrundlage Ansprüche des Gläubigers bzw. Pflichten des Schuldners auf die

- Erbringung von Hauptleistungen,
- Erbringung von Nebenleistungen,
- Beachtung von Nebenpflichten.

Zu Letzterem enthält das neue Recht eine Generalklausel in § 241 Abs. 2 BGB: »Das Schuldverhältnis kann nach seinem Inhalt jeden Teil zu besonderer Rücksicht auf die Rechte, Rechtsgüter und Interessen des anderen Teils verpflichten.«

(2)   Ansprüche wegen Verletzung einer Vertragspflicht

Ausgangspunkt ist § 280 BGB, der eine allgemeine Anspruchsgrundlage enthält: Verletzt der Schuldner eine vertragliche Pflicht, ist er dem Gläubiger zum Ersatz des daraus entstandenen Schadens verpflichtet; die Haftung entfällt allerdings, wenn der Schuldner beweisen kann, dass er die Pflichtverletzung nicht zu vertreten hat. Der Vertrag bleibt bestehen.

Auf die Art der verletzten Pflicht kommt es bei dieser allgemeinen Anspruchs-grundlage nicht an. Gewisse Differenzierungen sind aber sachgerecht, beispiels-weise dass bei Lieferungsverzug Mahnung erforderlich sein sollte oder bei Män-geln eine ordentliche Mängelmeldung. Das Gesetz geht deswegen auf drei Arten von Pflichtverletzungen speziell ein:

- Verzug mit der Leistung *[Kapitel 3.3]*,
- Schlechterfüllung der Leistung *[Kapitel 3.4]*, wobei diese beiden Arten inein-ander übergehen; deswegen regelt das Gesetz sie teilweise zusammengefasst,
- Unmöglichkeit der Leistung *[Kapitel 3.5]*.

Wenn der Schuldner vertragsbrüchig bleibt, braucht der Gläubiger auch das Recht, vom Vertrag zurückzutreten und ggf. zusätzlich Schadensersatz *statt* der Leistung zu verlangen. Es gibt also neben der allgemeinen Anspruchsgrundlage auf Schadensersatz weitere Anspruchsgrundlagen für andere Ansprüche. Dafür müssen weitere Anspruchsvoraussetzungen erfüllt sein, im konkreten Fall, dass der Schuldner trotz Abmahnung mit Fristsetzung vertragsbrüchig bleibt.

Insgesamt kommen folgende Ansprüche (= Rechtsfolgen) in Betracht:

- Rücktritt = Erklärung, die zur Rückgängigmachung des Vertrags führt und damit zu dessen Rückabwicklung
- Außerordentliche/fristlose Kündigung (auch: Kündigung aus wichtigem Grund) = Erklärung, die den Vertrag mit Wirkung für die Zukunft beendet *[siehe (5)]*
- Minderung = Anspruch auf Herabsetzung der Vergütung
- Anspruch auf Nacherfüllung durch Mängelbeseitigung oder Ersatzlieferung
- Anspruch auf Schadensersatz

  - durch Schadensbeseitigung am Objekt (insbesondere Mängelbeseitigung)
  - durch finanziellen Ausgleich

- Anspruch auf Aufwendungsersatz (wenn der Aufwand ausnahmsweise keinen ersatzfähigen Schaden darstellt)
- Anspruch auf Herausgabe des Ersatzes (z.B. einer Versicherungszahlung)
- Anspruch auf Unterlassung
- Anspruch auf Auskunft, um danach die eigentlich beabsichtigten Ansprüche geltend machen zu können.

(3)   Insbesondere Vertretenmüssen

Die in (2) dargestellte allgemeine Anspruchsgrundlage setzt voraus, dass der Schuldner die Pflichtverletzung zu vertreten hat (= für welche er verantwortlich ist). Das ist gemäß § 276 BGB im Normalfall Vorsatz und Fahrlässigkeit.

Das BGB differenziert im Vertragsrecht grundsätzlich nicht zwischen leichter und grober Fahrlässigkeit. Allerdings ist es beliebt, das in Verträgen zu tun (zur Verringerung des Risikos des Auftragnehmers). Leichte Fahrlässigkeit liegt vor,

»wenn der Schuldner die im Verkehr erforderliche Sorgfalt außer Acht lässt«. Grobe Fahrlässigkeit liegt vor, wenn er die im Verkehr erforderliche Sorgfalt in besonders schwerem Maße verletzt hat, insbesondere wenn er schon einfachste, ganz nahe liegende Überlegungen nicht angestellt hat und das nicht beachtet hat, was im gegebenen Fall jedem einleuchten musste.

Beispiel

Im Normalfall dürfte grobe Fahrlässigkeit vorliegen, wenn ein Programmierer ein Programm beim Kunden abändert, ohne die Änderung zu testen. Oder wenn ein Berater bei telefonischer Unterstützung den Laien-Benutzer einen Löschbefehl eingeben lässt, der bei falscher Eingabe zu irreparablen Schäden führt.

Nach § 276 BGB kann sich eine strengere oder eine mildere Haftung ergeben. Zum einen kann sich das aus dem sonstigen Inhalt des Schuldverhältnisses ergeben. Das Gesetz verweist hinsichtlich einer strengeren Haftung auf die Übernahme einer Garantie/Zusicherung *[Kapitel 6.3.10 (2)]* und auf die Übernahme eines Beschaffungsrisikos *[Kapitel 3.3.1 (3)]*.

Eine strengere oder mildere Haftung kann sich zum anderen »aus der Natur der Schuld« ergeben. Das ist insbesondere als Hinweis auf den Risikobereich/Verantwortungsbereich des Schuldners zu verstehen. Das Recht kennt bzw. regelt an einigen Stellen den Risikobereich, in dem der Schuldner auch ohne Verschulden haftet. Andersherum gibt es auch den Risikobereich des anderen Vertragspartners sowie die höhere Gewalt, was beides dem Schuldner zugute kommt.

Risikobereich: Das Gesetz kennt den Risikobereich, die Rechtsprechung den Verantwortungsbereich eines Vertragspartners. Für diesen haftet der Schuldner ohne Verschulden bzw. muss der andere Vertragspartner Nachteile tragen.

Beispiele

Nach § 642 BGB haftet der Kunde, wenn er seine Mitwirkung nicht ordnungsgemäß erbringt *[Kapitel 9.2.3.3]*.

§ 412 Abs. 3 HGB sieht vor, dass der Frachtführer, wenn er aus Gründen, die nicht in seinem Risikobereich liegen, zusätzlich warten muss, Anspruch auf angemessene Vergütung hat.

Höhere Gewalt (§ 203 Abs. 2 BGB): Sie ist ein außergewöhnliches Ereignis, das unter den gegebenen Umständen auch durch äußerste, nach Lage der Sache vom Betroffenen zu erwartende Sorgfalt nicht verhindert werden kann; geringstes eigenes Verschulden schließt höhere Gewalt aus. Das Ereignis muss unvorhersehbar und unabwendbar sein.

Streik oder Aussperrung sind keine »höhere Gewalt«, da sie nicht unvorhersehbar sind. Deshalb ist eine entsprechende Vereinbarung in Lieferanten-AGB üblich, etwa »dem Fall höherer Gewalt sind Streik und Aussperrung gleichzusetzen«.

(4)   Mitverschulden

Wenn sich der Schuldner schadensersatzpflichtig gemacht hat, ist stets gemäß § 254 BGB zu prüfen, ob seine Haftung wegen Mitverschuldens des Gläubigers einzuschränken ist. Mitverschulden ist hier als Verschulden gegen sich selbst zu verstehen: Der Gläubiger lässt diejenige Sorgfalt außer Acht, die ein verständiger Mensch anwendet, um sich möglichst vor Schaden zu bewahren. Mitverschulden umfasst darüber hinaus den gesamten Risikobereich. Ein Autofahrer kennt das von der Schadensverteilung bei Unfällen her: Im Normalfall trägt der Unschuldige einen Teil selbst, weil er sich am riskanten Autoverkehr beteiligt.

Beispiel

Ein Programmierer hat bei einer Änderung eines Programms für die Abwicklung eines Versandhandels dessen Routine zur Berechnung des Portos »abgeklemmt«. Er merkt das beim Test der Änderung nicht. Der Kunde setzt das geänderte Programm ohne Test ein. Nachdem einige Tausend Pakete mit Rechnung (im durchschnittlichen Wert unter 50 Euro) versendet worden sind, wird der Fehler entdeckt.

Beispiel für Mitverschulden außerhalb eines Vertrags

Der Anwender hat keine Datensicherung betrieben. Ein Besucher stößt so heftig gegen den PC, dass das Plattenlaufwerk beschädigt wird und die Daten dadurch verloren gehen.

Wer welchen Anteil am Schaden tragen muss, ergibt sich aus den Umständen, insbesondere aus dem Anteil an der Verursachung des Schadens und aus dem Anteil am Verschulden.

Beispiel

Wenn der Anwender keine Datensicherung vornimmt und Daten durch einen verschuldeten Programmfehler verloren gehen, trägt er im Normalfall den vollen Schaden selbst, es entfällt also sein Anspruch auf Schadensersatz.

---

(5)   Kündigung aus wichtigem Grund

Die Kündigung aus wichtigem Grund beinhaltet, dass ein Vertragsverhältnis, das auf Dauer ausgelegt ist, mit Wirkung für die Zukunft beendet wird. Die sonst bestehende normale Kündigungsfrist braucht nicht eingehalten zu werden; außerdem entfallen sonstige Vorschriften zum Schutz des anderen Vertragspartners, die die ordentliche Kündigung einschränken (z.B. bei Miete von Wohnraum oder beim Arbeitsvertrag aufgrund des Kündigungsschutzgesetzes). Eine solche Kündigung kommt einem Teilrücktritt, bei dem der Kunde bereits gelieferte Teile behält, nahe.

Die Kündigung aus wichtigem Grund ist im Arbeits- und Mietrecht speziell und in § 314 BGB allgemein für Dauerschuldverhältnisse vorgesehen. Sie kann nicht ausgeschlossen werden *[Kapitel 1.1.2 (2)]*.

(6)   Haftungseinschränkung im Vertrag

Es wird daran erinnert, dass das Privatrecht – außer beim Verbraucherschutz – weitgehend nachgiebiges Recht enthält; die Vertragspartner können weitgehend davon abweichen *[Kapitel 1.1.2]*. Das gilt auch für das Haftungsrecht. Nur wenige gesetzliche Vorschriften sind zwingend, d.h. können nicht (im Voraus) eingeschränkt werden, z.B. die Haftung bei vorsätzlicher Schädigung (§ 276 BGB).

Die Vertragsfreiheit geht sogar so weit, dass die Vertragspartner teilweise auch die Haftung aus Anspruchsgrundlagen außerhalb von Verträgen einschränken können.

3.2   Ausdehnung der Verantwortung: Erfüllungsgehilfe, Verrichtungsgehilfe, Generalunternehmer, Konsortium

Im Folgenden werden einige Rechtsfiguren dargestellt, durch die Verantwortung (= das Vertretenmüssen) erweitert wird, sodass die Haftung ausgedehnt wird.

Wer schuldet, wer erbringt die Leistung? Es fällt IT-Fachleuten oft schwer, diese Fragen auseinanderzuhalten. Sie können sich den Unterschied am einfachsten klarmachen, wenn Sie sich vorstellen, dass der Kunde wegen einer Vertragsverletzung Schadensersatzansprüche stellt: Wer soll zahlen? Sie können sich auch die Frage stellen: An wen soll der Kunde zahlen? *[Zu Formulierungsproblemen siehe IT-PM, Kapitel 8.4.4.]*

> **Beispiel**
>
> In einem Vertrag über ein Einführungsprojekt heißt es: »Der Unterauftragnehmer kann seine Leistungen dem Kunden direkt in Rechnung stellen.« Der Generalunternehmer schuldet in diesem Fall die Leistung und haftet bei Pflichtverletzung seitens seines Unterauftragnehmers. Hinsichtlich der Zahlung liegt ein echter Vertrag zugunsten Dritter, nämlich des Unterauftragnehmers, vor: Im konkreten Fall kann der Unterauftragnehmer den Vergütungsanspruch des Generalunternehmers im eigenen Namen geltend machen.

(1)   Der Erfüllungsgehilfe

Erfüllungsgehilfe ist nach § 278 BGB derjenige, dessen sich der Schuldner zur Erfüllung seiner Pflichten bedient. Wenn es um Haftung geht, hat der Schuldner dessen Verhalten (wie auch das seines gesetzlichen Vertreters) wie sein eigenes zu vertreten. Das heißt im Wesentlichen: Er muss sich dessen Verschulden als eigenes zurechnen lassen.

Bei der Abgrenzung von Vorlieferanten und Erfüllungsgehilfen (siehe Abb. 3–2) kommt es darauf an, ob dieser Dritte die *spezifischen Pflichten* des Auftragnehmers erfüllen soll. Wenn ein Hersteller eine IT-Anlage an ein Systemhaus verkauft, ist er nicht dessen Erfüllungsgehilfe im Verhältnis zum Endkunden. Denn die Pflicht des Systemhauses im Verhältnis zum Endkunden geht nicht auf die Herstellung der IT-Anlage, sondern auf deren Lieferung. Anders liegt es hingegen, wenn das Systemhaus sich für die Installation der IT-Anlage des Vorlieferanten bedient – dann ist dieser dessen Erfüllungsgehilfe, aber auch nur hinsichtlich der Pflicht zur Installation. Wenn ein Auftragnehmer sich bei Programmerstellung eines Unterauftragnehmers bedient, ist dieser sein Erfüllungsgehilfe.

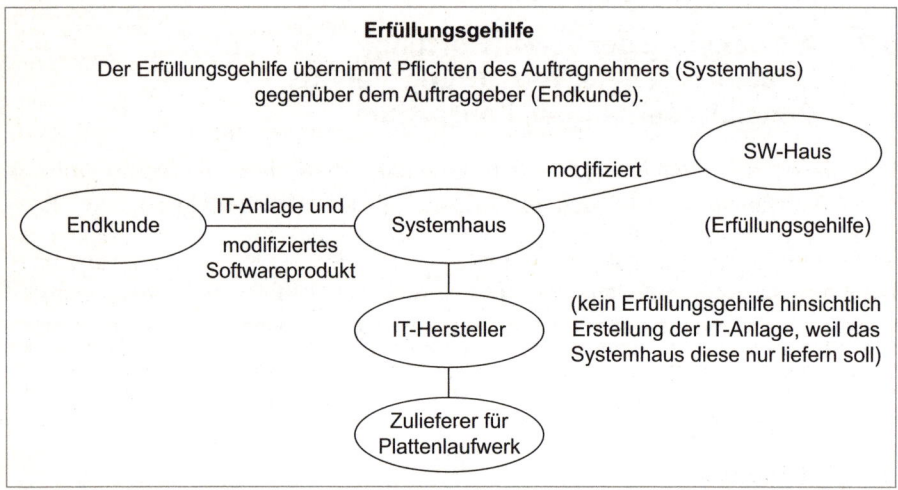

Abb. 3–2   *Erfüllungsgehilfe*

Wer eine vertretbare Sache verkauft, die er selbst einkaufen muss, übernimmt allerdings das Beschaffungsrisiko, dass der Vorlieferant rechtzeitig liefert *[Kapitel 3.3.1 (3)]*.

(2)   Der Verrichtungsgehilfe

Wer in der Produktion arbeitet, trägt zwar auch dazu bei, dass der Lieferant seine Pflichten gegenüber seinen Kunden erfüllen kann. Dennoch wird er kaum als Erfüllungsgehilfe angesehen, um die vertragliche Haftung nicht zu sehr auszuweiten.

Wenn ein Arbeitnehmer einen Fehler macht und dadurch ein schadhaftes Produkt erstellt, das einen Körper- oder Sachschaden des Endkunden verursacht, haftet er persönlich aus unerlaubter Handlung *[Kapitel 1.1.1 (1)]*, also außerhalb einer vertraglichen Beziehung. Doch ist bei ihm wahrscheinlich nicht viel zu holen. Der Endkunde kann mangels Verschulden seines Lieferanten kaum erfolgreich gegen diesen vorgehen und gegen den Hersteller schon gar nicht, weil er zu diesem keine vertraglichen Beziehung hat. Das BGB sieht deswegen vor, dass auch der Hersteller (oder der sonstige Geschäftsherr) für seine Mitarbeiter als seine »Verrichtungsgehilfen« in dem Fall haftet, dass er sie nicht sorgfältig ausgewählt hat (§ 831 BGB). Meist gelingt dem Hersteller der Nachweis, dass ihn kein Auswahlverschulden trifft. – Die Rechtsprechung hat deswegen (und wegen der Schwierigkeit, den betreffenden Arbeitnehmer zu identifizieren) die Produzentenhaftung entwickelt, um die Haftung des Herstellers zu verschärfen *[Kapitel 3.7]*.

(3)   Generalunternehmer

In der IT-Branche wird häufig von »Generalunternehmerverträgen« gesprochen, auch wenn es nur darum geht, dass ein Auftragnehmer Hardware und Software liefert. Niemand bezeichnet einen Automobilhersteller als einen Generalunternehmer, auch wenn dieser mehr als die Hälfte aller Teile von Vorlieferanten bezieht. In solchen Fällen sollte man von »Lieferung aus einer Hand« sprechen.

Den Begriff »Generalunternehmerschaft« verwenden Juristen in dem Fall, dass ein Werk zu erstellen ist und der Hauptauftragnehmer sich für die Erfüllung seiner spezifischen Vertragspflichten eines Unterauftragnehmers oder mehrerer bedient *[also als Erfüllungsgehilfen, siehe (1)]*. Zur Erfüllung dieser Pflichten ist meist viel Kontakt mit dem Endkunden nötig. Der Unterauftragnehmer kommt also meist in intensiven Kontakt mit dem Endkunden. Das muss bei der Abwicklung berücksichtigt werden *[zum Vertrag zwischen den beiden Auftragnehmern siehe Kapitel 5.1.4]*. Für diese Problematik steht der Begriff Generalunternehmerschaft.

(4)   Konsortium

Ein Konsortium ist der Zusammenschluss mehrerer Anbieter, um einen Auftrag eines Auftraggebers durchzuführen. In der Baubranche spricht man oft von einer Arge, d.h. einer Arbeitsgemeinschaft. Rechtlich liegt eine BGB-Gesellschaft vor, d.h. eine Gesellschaft, wie das BGB sie als Grundfall regelt (auch »GbR = Gesellschaft bürgerlichen Rechts« genannt).

Beim Außenkonsortium sind alle Auftragnehmer Vertragspartner des Kunden und damit Gesamtschuldner für die Erfüllung der vertraglichen Pflichten. Dementsprechend haften sie gesamtschuldnerisch. Das bedeutet, dass der Kunde jeden voll auf Erfüllung oder aus Haftung in Anspruch nehmen kann – allerdings insgesamt nur einmal. Zur Vereinfachung der Abwicklung tritt ein Konsorte als

Vertreter gegenüber dem Kunden auf und koordiniert auch die interne Abwicklung (sog. Federführer).

Eine Variante ist das sogenannte Innenkonsortium: Nach außen tritt ein einziger »Konsorte« als Auftragnehmer auf. Er ist damit automatisch Federführer. Die Konsorten vereinbaren, dass im Innenverhältnis ein Konsortium bestehen soll: Die anderen sind nicht nur Unterauftragnehmer, sondern haben im Innenverhältnis mitzuentscheiden – sind aber meist auch stärker am Risiko beteiligt.

Die Haftung zwischen den Konsorten wird bei beiden Arten von Konsortien in der Praxis unterschiedlich geregelt. Sie kann mehr in die Richtung gehen, dass derjenige, der eine Vertragspflicht verletzt hat, die finanziellen Nachteile voll tragen soll (die anderen Konsorten ggf. entschädigen soll); sie kann auch in die gegenteilige Richtung gehen, dass die Konsorten die Nachteile einigermaßen gleichmäßig tragen sollen.

3.3   Verzug des Schuldners

Der Schuldner kann mit einer vertraglichen Leistung in Verzug kommen, aber auch mit der Erfüllung eines Haftungsanspruchs, z.B. der Auftragnehmer mit der Pflicht zur Mängelbeseitigung.

3.3.1   Voraussetzungen für den Verzug des Schuldners

Jeder Vertragspartner kann gemäß § 286 BGB mit seiner Leistung in Verzug kommen.

(1)   Fälligkeit der Leistung

Erste Anspruchsvoraussetzung ist, dass die Leistung fällig ist. Das ist sie, sobald der Gläubiger sie verlangen kann, also der Schuldner zu ihr verpflichtet ist. Das Gesetz erwartet, dass das Fälligkeitsdatum im Vertrag geregelt wird.

Enthält der Vertrag keine solche Bestimmung, kann gemäß § 271 BGB der Gläubiger die Leistung sofort verlangen (der Schuldner sie sofort bewirken). »Sofort« ist schneller als »unverzüglich« und bedeutet im Hinblick auf den Schuldner so schnell, wie er nach den Umständen leisten kann *[Kapitel 9.2.4 (1) zur Situation bei der Erstellung von Software]*.

Ist der Fälligkeitstermin im Vertrag bestimmt, so ist die Leistung *vor* diesem Zeitpunkt nicht fällig. Der Schuldner darf die Leistung »im Zweifel« vor dem vereinbarten Liefertermin erbringen.

Gegenbeispiel

Eine große IT-Anlage soll installiert werden. Der Aufstellungsraum für diese ist noch nicht fertig.

Leistung ist nicht nur die endgültige Leistung, sondern auch jede Zwischenform, die zu einem im Vertrag vereinbarten Termin erbracht werden soll: Der Auftragnehmer kann auch bei Meilensteinterminen in Verzug kommen.

Geldleistungen: Leistungen sind mit dem Fälligkeitsdatum zu erbringen. Bei Geldleistungen wird aber häufig eine Zahlungsfrist vereinbart.

(2)   Mahnung

Zweite Anspruchsvoraussetzung ist Mahnung *nach* Fälligkeit. Das ist die bestimmte und eindeutige Aufforderung, die Leistung endlich zu erbringen. Sie ist von einer normalen Zahlungsaufforderung/-erinnerung zu unterscheiden *[Anhang B.1 (2.2)]*. Eine einmalige Mahnung genügt, um den Schuldner in Verzug zu setzen.

Der Mahnung bedarf es gemäß § 286 Abs. 2 BGB nicht, wenn

»1. für die Leistung die Zeit nach dem Kalender bestimmt ist,«

> **Beispiel**
>
> »Liefertermin: 25. August/32. Kalenderwoche«; ausreichend auch »spätestens am 10. April«, »noch im Laufe des April«.

»2. der Leistung ein Ereignis vorauszugehen hat und eine angemessene Zeit für die Leistung in der Weise bestimmt ist, dass sie sich von dem Ereignis an nach dem Kalender berechnen lässt,«

> **Beispiel**
>
> »zwei Monate nach Vertragsabschluss«, »zwei Wochen nach Lieferung«

»3. aus besonderen Gründen unter Abwägung der beiderseitigen Interessen der sofortige Eintritt des Verzugs gerechtfertigt ist.«

> **Beispiel**
>
> Die Erfüllung ist offensichtlich besonders eilig, z.B. die Reparatur eines Servers, der produktiven Zwecken dient.

(3)   Vertretenmüssen

Der Schuldner kommt nicht in Verzug, solange die Leistung infolge eines Umstandes unterbleibt, den er nicht zu vertreten hat. Letzteres ist der Fall bei höherer Gewalt und bei den Umständen, die im Risikobereich des Gläubigers liegen *[Kapitel 3.1 (3)]*. Im Übrigen kommt es für das, was der Schuldner zu vertreten hat *[Kapitel 3.1 (3)]*, auf die Art der Verpflichtung an. Bei Projektverträgen hat der Auftragnehmer als Schuldner im Normalfall nur Verschulden zu vertreten.

> **Beispiel**
>
> Der Auftragnehmer ist entlastet, wenn der Kunde das Entwicklungssystem nicht im vereinbarten Umfang zur Verfügung gestellt hat.

(4)   Beweislast

Der Gläubiger muss Fälligkeit und Mahnung beweisen. Der Schuldner muss sich entlasten, dass er die Leistung rechtzeitig erbracht hat oder dass er den Umstand nicht zu vertreten hat, der ihn an der rechtzeitigen Leistung gehindert hat.

3.3.2   Rechtsfolgen des Verzugs

(1)   Anspruch auf Ersatz des Verzögerungsschadens neben dem auf Erfüllung

Der Gläubiger kann auf seinem Leistungsanspruch bestehen und *daneben* verlangen, dass ihm der Verzögerungsschaden ersetzt wird. Er hat also Anspruch darauf, wirtschaftlich so gestellt zu werden, als wenn die Leistung zu dem vereinbarten Zeitpunkt erbracht worden wäre.

> **Beispiel**
>
> Infolge des Verzuges kann der Kunde die IT-Anlage erst mit dreiwöchiger Verspätung produktiv nutzen. Der Kunde hat Anspruch auf Ersatz des entgangenen Gewinns und aller übrigen Kosten – was er der Höhe nach beweisen muss. – Der Auftragnehmer kann Verzinsung verlangen.

Zahlungsverzug des Kunden: Der Kunde kommt als Schuldner einer Geldforderung automatisch in Verzug, wenn er nicht innerhalb von 30 Tagen nach Fälligkeit und Zugang einer Rechnung (oder einer gleichwertigen Zahlungsaufstellung) leistet. Der Auftragnehmer kann auch schon vor Ablauf von 30 Tagen mahnen, um den Kunden in Zahlungsverzug zu setzen. Der Verzugszins beträgt zulasten von Unternehmern 8 %, zulasten von Verbrauchern 5 % über dem Basiszinssatz. Der Basiszinssatz wird halbjährlich von der Bundesbank bekannt gegeben.

(2)   Rücktritt und/oder Schadensersatz statt der Leistung

Der Kunde kann dem Auftragnehmer aber auch eine angemessene Frist für die Leistung setzen (§ 323 BGB). Leistet der Auftragnehmer innerhalb der Nachfrist nicht, kann der Kunde danach die Leistung ablehnen. Er braucht das nicht gleich zu tun, sondern kann sich eine angemessene Frist lang Zeit lassen. Der Auftragnehmer ist also weiterhin zur Leistung verpflichtet, muss aber damit rechnen, dass der Kunde sein Rücktrittsrecht noch kurz vor der Fertigstellung ausübt.

Die **Frist** muss angemessen sein. Was das ist, bestimmt sich nach den Umständen des Einzelfalls. Die Frist muss so bemessen sein, dass der Auftragnehmer sie unter finanziellen und personellen Anstrengungen einhalten kann, wenn er das Werk bereits im Wesentlichen fertig gestellt hat (vage Formulierung – hat aber der Rechtsprechung bisher gereicht). Eine unangemessen kurze Frist verlängert sich automatisch in eine angemessen lange: Der Kunde soll nicht das Risiko tragen, eine zu kurze Frist gesetzt zu haben. Wenn er allerdings bereits vor Ablauf dieser automatisch verlängerten Frist den Rücktritt vom Vertrag erklärt, bricht das den Lauf der Frist ab. Seine Erklärung ist zu früh gekommen und ist damit unwirksam.

In *Ausnahmefällen* ist der Kunde zum Rücktritt berechtigt, ohne dass er vorher eine Nachfrist setzen muss (§ 323 Abs. 2 BGB), nämlich dann, wenn das zwecklos oder für ihn nicht zumutbar ist. Dazu gehört insbesondere der Fall, dass ein Fixgeschäft vorliegt, d.h. ein Geschäft, bei dem »das Leistungsinteresse des Gläubigers an die Rechtzeitigkeit der Lieferung gebunden ist«. In § 376 HGB ist das für Handelsgeschäfte ausdrücklich so geregelt.

Gemäß § 323 Abs. 4 BGB kann der Kunde sogar vor dem Liefertermin ohne Fristsetzung zurücktreten, wenn schon während der Projektdurchführung »offensichtlich« ist, dass der Auftragnehmer nicht in der Lage ist, etwas Vernünftiges zustande zu bringen, in der Sprache des Gesetzes: Dass die Voraussetzungen für den Rücktritt (nach Ablauf einer Nachfrist) eintreten werden.

Der Kunde kann den Rücktritt erklären. Er kann zusätzlich Schadensersatz statt der Leistung verlangen, wenn der Auftragnehmer den Rücktritt zu vertreten hat.

Rücktritt: Bei teilweiser Nichterfüllung kann der Kunde nur dann vom Vertrag insgesamt zurücktreten, wenn die teilweise Erfüllung für ihn ohne Interesse ist *[vgl. Kapitel 6.4.1 (1)]*. Hat der Kunde einen Teil bereits abgenommen, ist das ein Indiz – aber auch nicht mehr – dafür, dass er mit der Teilleistung alleine etwas anfangen kann, also an ihr Interesse hat.

Durch den Rücktritt wird das ursprüngliche Vertragsverhältnis in ein Abwicklungsverhältnis umgewandelt. Damit entfallen alle (primären) Leistungspflichten *[Kapitel 3.1 (1)]*. Bereits erbrachte Leistungen sind zurückzugewähren. Der Wegfall der (primären) Leistungspflichten führt nicht dazu, dass Schadensersatzansprüche, die auf Ersatz des Verzugsschadens, der bis zum Rücktritt entstanden ist, gerichtet sind, erlöschen. Dieser kann weiterhin verlangt werden (neben dem Schadensersatz statt der Leistung).

Schadensberechnung: Der Schaden ist primär als künftige Mehrkosten zu berechnen. Ist bereits teilweise geliefert worden, kann der Kunde die Mehrkosten für die Fertigstellung verlangen. Wenn er vom Vertrag insgesamt zurücktritt, kann er auf dieser Basis die Mehrkosten der neuen Lösung verlangen. – Verzichtet der Kunde auf die Lösung, liegt sein Schaden im bisherigen nutzlosen Aufwand.

Schwebezustand nach Ablauf der Nachfrist: Nach erfolglosem Ablauf der Nachfrist erlischt der Erfüllungsanspruch nicht, sondern erst mit der Rücktrittserklärung. Der Kunde kann mit dieser eine angemessene Zeit lang abwarten. Der Auftragnehmer ist also weiterhin zur Leistung verpflichtet, muss aber damit rechnen, dass er kurz vor Fertigstellung herausgesetzt wird. Das wird damit gerechtfertigt, dass der Auftragnehmer vertragsbrüchig sei. Er könne ja bis zur Rücktrittserklärung noch jederzeit erfüllen. Er müsse es deswegen hinnehmen, dass der Kunde »innerhalb eines gewissen Zeitraums zwischen den verschiedenen Rechtsbehelfen wählen kann« (amtliche Begründung zu § 323 Abs. 1 BGB).[16]

3.4   Schlechterfüllung

Unter Schlechterfüllung fällt alles an Haftung, was nicht speziell geregelt ist, beispielsweise die Verletzung von Nebenpflichten wie Geheimhaltungspflichten. Allgemeine Anspruchsgrundlage ist § 280 BGB, der Schadensersatz vorsieht, wenn der Schuldner die Schlechterfüllung zu vertreten hat. Für den Rücktritt und für Schadensersatz statt Erfüllung gilt dasselbe wie bei Verzug *[Kapitel 3.3.2 (2)]*.

Bei IT-Projektverträgen ist die Haftung für Mängel[17] der wichtigste Anwendungsfall der Schlechterfüllung. Dafür greifen spezielle Vorschriften ein *[Kapitel 6.3.1 bzw. 9.5.1]*.

3.5   Unmöglichkeit

(1)   Wirkliche Unmöglichkeit

Unmöglichkeit liegt vor, wenn niemand, weder der Schuldner noch sonst jemand, die Leistung, aus welchem Grund auch immer, erbringen kann. Es kommt nicht darauf an, ob die Leistung schon bei Vertragsabschluss unmöglich ist (§ 311a BGB) oder erst später unmöglich wird: Was nicht geht, geht nicht! Deswegen »ist der Anspruch auf Leistung ausgeschlossen« (§ 275 Abs. 1 BGB). Bei einem gegenseitigen Vertrag entfällt der Anspruch auf die Gegenleistung (§ 326 Abs. 1 BGB).

---

16. § 350 BGB ermöglicht zwar dem Vertragspartner, der durch ein Rücktrittsrecht des anderen betroffen ist, eine Erklärungsfrist zu setzen, ob der andere vom Vertrag zurücktreten wolle oder nicht. Das gilt aber ausdrücklich nur für das vertragliche Rücktrittsrecht.
17. Der Begriff Gewährleistung für das Einstehen für Sachmängel wird im neuen Schuldrecht nicht mehr verwendet.

> **Beispiele**
>
> Verkauf eines gebrauchten Computers, der bereits durch Brand vernichtet wurde. – Vertrag über Montage und Inbetriebnahme eines Computers, der den Vorschriften des Produktsicherheitsgesetzes nicht entspricht.

Der Schuldner haftet nach der allgemeinen Haftungsvorschrift auf Schadensersatz, es sei denn, dass er die Unmöglichkeit nicht zu vertreten hat. Ist die Leistung schon bei Vertragsabschluss unmöglich, hat er die Unmöglichkeit nicht zu vertreten, wenn er das Leistungshindernis nicht kannte und das nicht zu vertreten hat (§ 311a Abs. 2 BGB).

(2)   »Faktische« Unmöglichkeit

§ 275 Abs. 2 BGB behandelt zwei Fälle, in denen die Leistung zwar möglich, aber so erschwert ist, dass diese Fälle der echten Unmöglichkeit gleichgestellt werden.

Unverhältnismäßigkeit des Aufwands für die Leistung: »Soweit und solange [die Leistung] einen Aufwand erfordert, der unter Beachtung des Inhalts des Schuldverhältnisses und der Gebote von Treu und Glauben in einem groben Missverhältnis zu dem Leistungsinteresse des Gläubigers steht«, kann der Schuldner die Leistung verweigern. Diese Vorschrift soll nur für ganz krasse Fälle gelten, in denen das Leistungsinteresse des Gläubigers im Verhältnis zum Aufwand gering ist, z.B. in dem Fall, dass der geschuldete Ring inzwischen auf dem Boden eines Sees liegt und geborgen werden müsste. Die Vorschrift soll nicht für den Fall gelten, dass die Vergütung für die Erstellung eines Programms weit hinter dem dafür erforderlichen Aufwand zurückbleibt *[Kapitel 9.3.3]*.

Persönliche Unzumutbarkeit: Ebenso kann der Schuldner eine Leistung, die er persönlich zu erbringen hat, verweigern, soweit und solange sie ihm unter Abwägung des Leistungsinteresses des Gläubigers und der Leistungshindernisse aufseiten des Schuldners nicht zugemutet werden kann.

> **Beispiel**
>
> Der Mitarbeiter des Lieferanten, der das Projekt alleine durchgeführt hat, hat einen Trauerfall in seiner engeren Familie. Er braucht deswegen nicht zum Abschluss der Implementierung zu kommen, wenn an dem vereinbarten Tag das Begräbnis stattfindet.

3.6 Störung der Geschäftsgrundlage

§ 313 BGB regelt die Störung der Geschäftsgrundlage unter dem Gliederungspunkt »Anpassung und Aufhebung von Verträgen.« Es geht um die Abschwächung von Pflichten.

Geschäftsgrundlage sind die bei Abschluss des Vertrags zutage getretenen, dem anderen Teil erkennbar gewordenen und von ihm nicht beanstandeten Vorstellungen des einen Vertragspartners oder die gemeinsamen Vorstellungen beider Vertragspartner von dem Vorhandensein oder dem künftigen Eintritt bestimmter Umstände, sofern der Geschäftswille des einen oder beider Vertragspartner auf diesen Vorstellungen beruht.

Beispiel

Als Plattenspeicher für PCs noch knapp und teuer war, erwarb ein Importeur ein Alleinvertriebsrecht für ein Komprimierungsprogramm in Deutschland; dafür musste er sich zu einer hohen Mindestabnahme verpflichten. Als die nächste Version von MS-DOS eine solche Routine standardmäßig enthielt, war das Programm praktisch unverkäuflich. Meines Erachtens war damit die Geschäftsgrundlage entfallen.

Was im Vertrag selbst *geregelt* worden ist, ist nicht Geschäftsgrundlage im rechtlichen Sinne (sondern höchstens unvollständige Vereinbarung). Die Umstände können hingegen *erwähnt* werden, müssen es aber nicht.

Die Geschäftsgrundlage ist zu unterscheiden von dem *Motiv*, das für eine oder für beide Vertragspartner dem Vertragsabschluss zugrunde lag.

Beispiel

Der Kunde kauft ein IT-System, um Personal einzusparen. Das gelingt ihm nicht.

Wichtige Fälle der Geschäftsgrundlage bei IT-Projektverträgen sind z.B.

- die Vorstellung der Vertragspartner von der ungefähren Gleichwertigkeit von Leistung und Gegenleistung *[Kapitel 9.3.3 zu Programmerstellungsverträgen]*;
- für den Wartungs-/Pflegevertrag das Fortbestehen des Projektvertrags *[Kapitel 11.3.1]*, nicht aber, dass der Kunde die Hardware bzw. Software weiterhin einsetzt.

Die Geschäftsgrundlage ist gestört, wenn sie sich so »schwerwiegend verändert« hat, dass die Vertragspartner den Vertrag »nicht oder mit anderem Inhalt geschlossen [hätten], wenn sie diese Veränderung vorausgesehen hätten«. Die Geschäftsgrundlage ist ebenfalls gestört, wenn die Vertragspartner gemeinsam eine falsche Vorstellung von ihr hatten, sich also über sie geirrt hatten.

Ist die Geschäftsgrundlage gestört, kann der dadurch benachteiligte Vertrags-partner *dann* Anpassung des Vertrags verlangen, wenn ihm »unter Berücksich-tigung aller Umstände des Einzelfalls, insbesondere der vertraglichen oder gesetz-lichen Risikoverteilung, das Festhalten am unveränderten Vertrag nicht zugemutet werden kann«. Die Anpassung kann beispielsweise darin bestehen, dass ihm ein Ausgleichsanspruch zugestanden oder die Schuld herabgesetzt oder gestundet wird. In Ausnahmefällen kann verlangt werden, dass der Vertrag auf-gehoben wird.

3.7 Außervertragliche Haftung, insbesondere die Produzenten- und Produkthaftung

(1)   Problemstellung

Es gibt zahlreiche Gesetze, die einem Menschen bestimmte Pflichten außerhalb vertraglicher Beziehungen gegenüber einem Dritten auferlegen. Meist geht es darum, dass Handlungen zu unterlassen sind, die den Dritten schädigen. Bei-spielsweise muss es jeder unterlassen,

- Raubkopien eines fremden Softwareprodukts herzustellen (§ 97 UrhG) *[Kapitel 4.3.4]* oder
- unfairen Wettbewerb zu betreiben, z.B. durch Verwendung des Logos eines großen Herstellers den Eindruck zu erwecken, mit diesem in besonderer Weise verbunden zu sein (§ 4 Nr. 9 UWG), oder durch den Vertrieb eines Softwareprodukts, das ein bekanntes Produkt eines Konkurrenten imitiert *[www.zahrnt.de, Kapitel 4.4.3 (2)]*.

Wer eine solche Pflicht verletzt, haftet dem Dritten. Die Haftung geht erst einmal auf Unterlassen, im Geschäftsverkehr auch oft dahin, im Falle der erneuten Ver-letzung der Pflicht eine Sanktion zu leisten. Bei Verschulden ist auch Schadenser-satz zu zahlen.

Beispiel für eine Sanktion

Der verletzte Wettbewerber verlangt eine strafbewehrte Unterlassungserklärung dahingehend, dass bei jeder künftigen Verletzung ein Betrag von X Euro an ihn zu zahlen ist. Wird eine solche Erklärung unberechtigt verweigert, wird das Urteil auf Unterlassung bei Vermeidung der Zahlung eines Zwangsgelds von X Euro je Verstoß lauten.

Jede Verletzung einer gesetzlichen Pflicht ist *innerhalb* eines Vertrags zugleich eine Pflichtverletzung *[Kapitel 3.5]*; es besteht Anspruchskonkurrenz *[Kapitel 3.1 am Anfang]*.

(2)　　　Unerlaubte Handlung nach §§ 823 ff. BGB

§ 823 Abs. 1 BGB enthält einen Grundtatbestand für die Haftung wegen schuldhafter Verletzung fremder Rechtsgüter. Die Rechtsprechung sieht insbesondere Verkehrssicherungspflichten als gesetzliche Pflichten vor. Diese reichen von der Pflicht, für die Verkehrssicherheit des Bürgersteigs vor dem eigenen Haus bei Schnee und Eis zu sorgen, bis zur Pflicht, eine Fabrik als gefährliche Einrichtung so zu organisieren, zu lenken und zu kontrollieren, dass kein dort hergestelltes Produkt einen vermeidbaren Personen- oder Sachschaden verursacht.

Allerdings werden nur bestimmte Rechtsgüter geschützt, insbesondere die körperliche Unversehrtheit und das Eigentum. Das Vermögen als solches (reine Geldschäden) zählt nicht zu den in § 823 Abs. 1 geschützten Rechtsgütern. Für viele Softwarehäuser stellt die »Produkthaftung« dementsprechend kein Problem dar, auch wenn sie ständig das Risiko der Produkthaftung durch Softwarefehler sehen. Denn sie verursachen nur reine Vermögensschäden.

> **Beispiel**
>
> Ein Programm zur Steuerung einer Krebstherapie setzt einen Patienten einer zu hohen Strahlungsdosis aus.

> **Beispiel**
>
> Ein einen Produktionsprozess steuerndes Programm schaltet die Produktion ab. In der Minderproduktion liegt (nur) ein Vermögensschaden. Wenn aber eine Maschine beschädigt wird und das zu Produktionsausfall führt, liegt erst einmal eine Eigentumsverletzung vor. Der Produktionsausfall ist zwar ein Vermögensschaden, ist aber als Teil des Sachschadens (= mittelbarer Sachschaden) zu ersetzen.

Einige gesetzliche Regelungen wollen aber auch das Vermögen des Dritten schützen und sehen vor, dass auch reine Vermögensschäden zu ersetzen sind.

> **Beispiel**
>
> Wer die Imitation eines fremden Softwareprodukts vertrieben hat, muss die Umsatzeinbuße des Dritten ausgleichen.

(3)　　　Produzentenhaftung

Zu unterscheiden sind

- die Produzentenhaftung, die die Rechtsprechung aus der ganz allgemeinen Haftung für unerlaubte Handlung *[siehe (2)]* entwickelt hat, und
- die Produkthaftung aufgrund des Produkthaftungsgesetzes von 1990 *[siehe (4)]*.

Beide Anspruchsgrundlagen stehen in Anspruchskonkurrenz *[Kapitel 3.1 am Anfang]*. Die Produkthaftung schafft weniger weitreichende Schadensersatzansprüche, diese aber unter weniger strengen Anspruchsvoraussetzungen (Verschulden ist überhaupt nicht erforderlich).

Die Produzentenhaftung ist vom Ausgangpunkt her eine normale Haftung aus unerlaubter Handlung nach § 823 Abs. 1 BGB, bezieht sich also nur auf Personen- und Sachschäden und nicht auf reine Vermögensschäden. Sie setzt den Produzenten der Haftung auch gegenüber Dritten aus, mit denen er vertraglich nichts zu tun hat. Sie ist im Laufe der Zeit in der Rechtsprechung verschärft worden.

Einzelheiten sind in www.zahrnt.de, Kapitel 3.5 (3) dargestellt.

(4) Produkthaftungsgesetz

In Erfüllung der Produkthaftungsrichtlinie der Europäischen Gemeinschaft ist 1990 das Produkthaftungsgesetz in Kraft getreten. Es sieht eine Haftung nur für Personen- und Sachschäden vor. Auch hier gibt es keine Haftung für echte Vermögensschäden.

Einzelheiten sind in www.zahrnt.de, Kapitel 3.5 (4) dargestellt.

3.8 Schadensersatz

Im Folgenden werden die Rechtsfolgen dargestellt, wenn jemand schadensersatzpflichtig ist.

(1) Begriff des Schadens

Der juristische Schadensbegriff deckt sich nicht mit dem betriebswirtschaftlichen, der auf Kosten abstellt. Vielmehr muss die Vermögenseinbuße sich in Geld bewerten lassen (statt auf Kosten ist auf Zahlungen abzustellen).

Die Rechtsprechung ist zurückhaltend, nutzlos aufgewendete Arbeitszeit von Mitarbeitern als Schaden anzuerkennen, da deren Gehälter ohnehin gezahlt werden würden. Das gilt nicht, wenn Mitarbeiter eingesetzt werden, um einen entstandenen Schaden zu beseitigen.

Beispiel

Mitarbeiter des Kunden sitzen herum, nachdem das IT-System ausgefallen ist. Die Arbeit kann nachgeholt werden. Der Kunde hätte auch ohne den Ausfall nicht mehr Umsatz gemacht. Also besteht nach verbreiteter juristischer Auffassung kein Schaden.

(2)　Umfang

Die Schadensersatzpflicht kann unterschiedlich weit gehen:

- Bei Verletzung von Erfüllungsansprüchen ist der Geschädigte (finanziell) so zu stellen, wie er gestanden hätte, wenn der andere ordnungsgemäß erfüllt hätte (sog. positives Interesse).
- In anderen Fällen ist der Geschädigte so zu stellen, wie er gestanden hätte, wenn der andere ihn nicht geschädigt hätte (sog. negatives Interesse), nämlich bei
  - Verletzung von Nebenpflichten,
  - Verletzung von vorvertraglichen Pflichten *[Kapitel 7.1]*,
  - unerlaubter Handlung *[Kapitel 3.7]*.

(3)　Schadensersatz statt der Leistung

Tritt der Kunde vom Vertrag zurück und beschafft sich eine andere Lösung, geht der Schadensersatzanspruch nicht auf Erstattung der Kosten des Kunden für die gescheiterte Lösung, sondern auf Erstattung der Mehrkosten für die neue Lösung *[vgl. dazu Kapitel 3.3.2 (3)]*.

§ 284 BGB sieht vor, dass der Kunde den nutzlosen Aufwand für die Arbeiten an der ersten Lösung stets als Mindestschaden verlangen kann (der aus dogmatischen Gründen aufgrund der generellen Anspruchsgrundlagen nicht immer ersatzfähig ist). Das ist insbesondere relevant, wenn der Kunde das Projekt endgültig einstellt.

(4)　Arten von Schäden

Die Rechtsordnung unterscheidet zwei Arten von Schäden, nämlich die an »absoluten Rechten« und die, die nur das Vermögen treffen (= Schaden in Geld). Wichtige absolute Rechte sind das Recht auf körperliche Unversehrtheit (Schäden sind dann Personenschäden) und das Eigentum (Schäden sind dann Sachschäden). Für den Bereich der IT-Produkte kommen ähnliche Herrschaftsrechte wie das Eigentum *[Kapitel 1.1.1 (3)]* hinzu, insbesondere das Urheberrecht und das Patentrecht (hier gibt es keine Bezeichnung wie etwa »Urheberrechtsschäden«).

Das Vertragsrecht sieht grundsätzlich vollen Schadensausgleich vor, gleich ob er unmittelbarer Art (z.B. Reparaturkosten für beschädigte Maschinen) oder mittelbarer Art (z.B. Produktionsausfall) ist. Der mittelbare Schaden ist Vermögensschaden. Die Juristen bezeichnen ihn auch als »unechten« Vermögensschaden im Gegensatz zum »echten« oder »reinen«, der sich von vornherein auf das Vermögen bezieht (= Schaden in Geld ist).

Um ihre Haftung zu begrenzen, sind viele Anbieter darauf gekommen, ihre Haftung für mittelbare Schäden zu begrenzen. Solche Schäden sind von den unmittelbaren gut abgrenzbar, wenn es um Personen- oder Sachschäden als unmittelbare Schäden geht. Die Abgrenzung kann schwierig sein, wenn es innerhalb von Verträgen von vornherein um einen reinen Vermögensschaden geht.

Beispiele

Der Produktionsausfall wird nicht durch eine beschädigte Maschine verursacht, sondern durch einen Fehler im Produktionssteuerungsprogramm. Es liegt also ein reiner Vermögensschaden vor. Der unmittelbare Schaden liegt in den Mehrkosten, die Produktion trotzdem so gut es geht in Gang zu halten. Der mittelbare Schaden (= Folgeschaden) liegt darin, dass weniger Produkte abgesetzt werden können.
    Bei einem Fakturierungslauf wird das Porto für das Versenden der Ware ohne Mehrwertsteuer berechnet. Unmittelbarer Schaden: Kosten für die Wiederholung der Rechnungsstellung, insbesondere für das Porto der erneuten Aussendung. Mittelbarer Schaden: Von Kunden nicht nachgezahlte Beträge an Mehrwertsteuer. – Ein Fakturierungslauf bricht wegen eines Mangels ab. Unmittelbarer Schaden: Rücksetzung und erneutes Ausführen. Mittelbarer Schaden: Zinsverlust.

3.9 Vertragsstrafe

(1) Begriff

Die Vereinbarung einer Vertragsstrafe (= eines Vertragsstrafeversprechens) dient zum einen dazu, Druck auf den Schuldner (in aller Regel: auf den Auftragnehmer) auszuüben, und zum anderen dazu, im Falle der »Verwirkung« der Vertragsstrafe (= für den Fall, dass diese zu zahlen ist) den Nachweis des Schadens in deren Höhe zu ersparen. Das führt zu zwei Konsequenzen, die der Laie von sich aus typischerweise nicht sieht:

    Ist die Vertragsstrafe für den Fall des Verzuges vereinbart, muss der Kunde sie sich gemäß § 341 Abs. 3 BGB *bei* der Entgegennahme der endlich erbrachten Leistung vorbehalten, dass er seinen Anspruch behalten will, wenn er diesen später noch geltend machen will. Anderenfalls entfällt die Zahlungspflicht.

    Wird eine Vertragsstrafe vereinbart, kann der weitergehende Schaden über sie hinaus verlangt werden; es sei denn, dass das nicht durch andere Vereinbarungen ausgeschlossen ist. Die Vertragsstrafe beinhaltet also keine Pauschalierung des Schadens, sondern die Vereinbarung eines Mindestschadensersatzes. Das Vertragsstrafeversprechen ist also von der Vereinbarung einer Pauschalierung des Schadensersatzes abzugrenzen.

(2) Herabsetzung der Vertragsstrafe

Das Gesetz sieht nirgends die Zahlung einer Vertragsstrafe vor, sondern regelt nur die Rechtslage für den Fall, dass die Vertragspartner eine Vertragsstrafe vereinbaren (Vertragsstrafeversprechen). Das BGB enthält dazu hilfsweise geltende Regelungen. Verbindlich ist allerdings § 343 BGB, wonach das Gericht *zugunsten eines Privatmanns* eine überhöhte Vertragsstrafe herabsetzen kann.

3.10 Verjährung und Verwirkung

(1)   Begriff und Wirkung der Verjährung

Jeder Anspruch unterliegt gemäß § 194 BGB der Verjährung. Das bedeutet gemäß § 214 BGB, dass der Schuldner nach Ablauf der Verjährungsfrist die Leistung verweigern kann. Die Verjährungsfrist ist diejenige Frist, innerhalb derer das gerichtliche Verfahren *eingeleitet* sein muss, damit der Schuldner sich nicht auf Verjährung berufen kann.

Mit Ablauf der Verjährungsfrist erlischt der Anspruch also nicht. Der Schuldner kann ihm aber die Einrede der Verjährung entgegensetzen (Abwehrgrundlage). Beruft er sich auf diese Einrede, braucht er den Anspruch nicht mehr zu erfüllen; eine Klage wird abgewiesen. Anderenfalls nimmt der Gerichtsprozess seinen normalen Fortgang. Das Gericht beachtet den Eintritt der Verjährung nicht von Amts wegen.

Beispiele

Der Kunde verlangt nach Ablauf der Verjährungsfrist berechtigterweise Schadensersatz. Der Auftragnehmer hat eine Haftpflichtversicherung und möchte diese im Interesse der Geschäftsbeziehung in Anspruch nehmen. Da der Anspruch noch besteht, muss die Versicherungsgesellschaft zahlen (es sei denn, dass die Versicherungsbedingungen das einschränken).

Der Kunde verlangt nach Ablauf der Verjährungsfrist die Beseitigung eines Mangels. Der Auftragnehmer kann unter Berufung auf Verjährung erklären, Mängel bezüglich der Sollbeschaffenheit, insbesondere zur Ergänzung der Funktionalität, nur gegen Vergütung zu beseitigen oder Mängel bezüglich der Istbeschaffenheit nicht unverzüglich, sondern erst in der nächsten Version zu beseitigen; auch das kann er von einer gesonderten Vergütung abhängig machen. Der Auftragnehmer, der nach Ablauf der Verjährungsfrist Mängel ohne eine solche Erklärung beseitigt, kann dafür *nachträglich* keine Vergütung verlangen; er hat auf die Einrede der Verjährung verzichtet und seine immer noch bestehende Pflicht erfüllt.

Der Auftragnehmer kann bereits vor einem Rechtsstreit die Einrede der Verjährung dahingehend nutzen, dass er erklärt, künftig Fehler nur gegen Vergütung zu beseitigen. Der Auftragnehmer, der nach Ablauf der Verjährungsfrist Fehler ohne eine solche Forderung beseitigt, kann dafür *nachträglich* keine Vergütung verlangen; er hat eben auf die Einrede der Verjährung verzichtet und seine Pflicht erfüllt. – Wenn er aber deutlich nach Ende der Gewährleistungsfrist eine Reparatur vornimmt, geht die Rechtsprechung davon aus, dass der Kunde sich nicht mehr auf die Haftung wegen Mängeln stützt, sondern einen Auftrag erteilen will.

Die Verjährungsfrist bezieht sich auf einzelne Ansprüche, z.B. auf einzelne Ansprüche wegen einzelner Mängel *[Kapitel 6.3.12 (3)]*.

(2)   Beginn und Dauer

Die regelmäßige Verjährungsfrist für vertragliche Ansprüche beträgt 3 Jahre (§ 195 BGB). Sie beginnt gemäß § 199 BGB »mit dem Schluss des Jahres, in dem der Anspruch entstanden ist *und* der Gläubiger von den den Anspruch begründenden Umständen ... Kenntnis erlangt oder ohne grobe Fahrlässigkeit erlangen müsste«. Sie endet aber spätestens 10 Jahre nach Fälligkeit (von Ausnahmen abgesehen). Für Ansprüche wegen Mängeln bei Projektverträgen bestehen Sondervorschriften, die für den Auftragnehmer günstiger sind *[Kapitel 6.3.12 (1)]*.

(3)   Hemmung

Die Hemmung ist vergleichbar mit der Verlängerung einer Abnahmeprüfung entsprechend der Dauer von deren Unterbrechung wegen Mängeln (siehe Abb. 3–3) oder mit »Time out« bei Handball oder Eishockey. Die Hemmung ist also das, was umgangssprachlich als Unterbrechung bezeichnet wird. Während ihr ruht die Verjährungsfrist, läuft aber sofort nach Beendigung der Hemmung weiter.

Hemmung ist im Vertragsrecht nur selten vorgesehen, z.B., solange ein gerichtliches Verfahren anhängig ist oder solange die Vertragspartner über den Anspruch verhandeln.

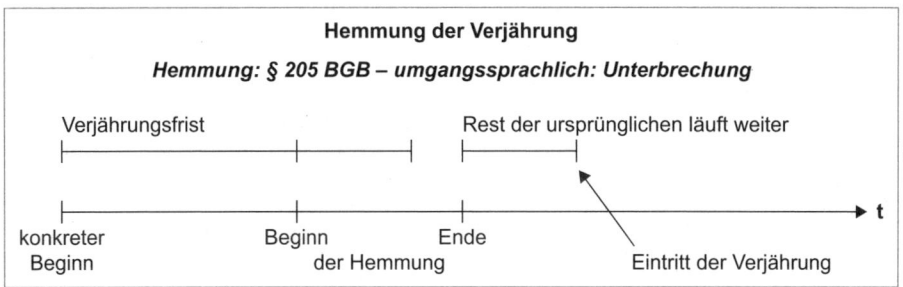

Abb. 3–3   *Hemmung der Verjährung*

(4)   Verwirkung

Bis Ende 2001 betrug die regelmäßige Verjährungsfrist nicht 3, sondern 30 Jahre. Die Rechtsprechung hat deswegen das Instrument der Verwirkung entwickelt, sodass der Schuldner die Leistung ausnahmsweise bereits vor Ablauf der Verjährungsfrist verweigern konnte. Die Verwirkung tritt ein, wenn längere Zeit seit der Entstehung des Anspruches verstrichen ist und besondere Umstände hinzutreten, die es als einen Verstoß gegen Treu und Glauben erscheinen lassen, wenn der Anspruch doch noch geltend gemacht wird. Der Anspruch *erlischt*. In Betracht kommt insbesondere, dass das Verhalten des Anspruchsberechtigten wie ein stilles Einverständnis *aussieht*, dass er es bei der Situation belassen, seinen Anspruch also nicht mehr geltend machen will.

Die Rechtsprechung hat die Verwirkung aus dem Grundsatz von Treu und Glauben abgeleitet. Dieser Grundsatz verbietet ein widersprüchliches Verhalten im Rechtsverkehr *[Kapitel 1.1.3 (3)]*. Dafür, wie lange Zeit seit der Entstehung des Anspruches verstrichen sein muss, lassen sich keine allgemeingültigen Maßstäbe aufstellen *[vgl. Kapitel 7.2 (2)]*.

In der Praxis wird wesentlich häufiger Verwirkung behauptet, als sie tatsächlich gegeben ist *[zu einem Beispiel siehe Kapitel 7.2 (2) zur Kürzung der Mietzeit]*.

3.11 Annahmeverzug des Auftraggebers

Soweit der Kunde die Vergütung nicht rechtzeitig zahlt, richten sich die Rechtsfolgen seines Verzuges nach den Vorschriften über den Schuldnerverzug *[Kapitel 3.3]*. In *Kapitel 9.2.3* ist ein besonderer Fall des Verzugs des Kunden als Schuldner dargestellt, nämlich die Nichterbringung von Mitwirkungsleistungen. Hier geht es darum, dass der Kunde als Gläubiger die Leistung nicht rechtzeitig annimmt und damit in Annahmeverzug kommt (§§ 293 ff. BGB).

(1) Voraussetzungen

Der Auftragnehmer muss die Leistung erbringen können und sie anbieten. Der Kunde muss nach Eintritt des Liefertermins erklären, dass er die Leistungen nicht entgegennehmen wolle oder könne. Keine Voraussetzung für den Annahmeverzug ist, dass der Kunde zu vertreten hat, dass er die Leistung nicht entgegennehmen kann. Der Kunde gerät allerdings nicht in Annahmeverzug, wenn er nur vorübergehend verhindert ist, es sei denn, dass der Auftragnehmer die Leistung eine angemessene Zeit vorher angekündigt hat. Außerdem gerät der Kunde nicht in Annahmeverzug, wenn höhere Gewalt *[Kapitel 3.1 (3)]* vorliegt.

(2) Rechtsfolgen

Während des Annahmeverzuges braucht der Auftragnehmer nicht für leichte Fahrlässigkeit einzustehen, z.B. wenn er die für den Kunden reservierten Komponenten beschädigt.

Der Auftragnehmer hat Anspruch auf Erstattung seiner Mehraufwendungen, z.B. auf die für die Aufbewahrung und Erhaltung des geschuldeten Gegenstandes.

Der Kunde bleibt als Schuldner zur Zahlung am vereinbarten Liefertermin verpflichtet. Der Auftragnehmer kann also die Leistung ordnungsgemäß (= wie im Vertrag vorgesehen) anbieten und dann Zahlung verlangen (auch wenn der Kunde die Leistung nicht annimmt). Wünscht der Kunde die Verschiebung des Liefertermins, braucht der Auftragnehmer nicht darauf einzugehen.

3.12 Leistung Zug um Zug, Zurückbehaltungsrecht, Aufrechnung

Leistungen Zug um Zug: Bei Austauschverträgen liegen Leistungen Zug um Zug vor, wenn beide Vertragspartner ihre jeweilige Leistung zum selben Zeitpunkt erbringen sollen. Jeder kann die Erbringung seiner Leistung verweigern, wenn der andere sie nicht gleichzeitig erbringt, so beim Kauf über den Ladentisch.

Zurückbehaltungsrecht: Das ist gemäß § 273 BGB das Recht, eine eigene Leistung zu verweigern, solange der andere Vertragspartner irgendeine fällige Leistung nicht erbringt. Beide Leistungen müssen sich aus demselben rechtlichen Verhältnis ergeben; das ist z.B. bei dem Kunden-/Lieferantenverhältnis über ein IT-System der Fall. Außerdem sind Treu und Glauben zu berücksichtigen. Das kaufmännische Zurückbehaltungsrecht nach § 369 HGB ist etwas weiter gefasst, spielt bei IT-Verträgen aber kaum eine Rolle.

Leistungsverweigerungsrecht: Das ist gemäß § 320 BGB als spezieller Fall des allgemeinen Zurückbehaltungsrechts das Recht, eine Leistung zu verweigern, weil die (direkte) Gegenleistung nicht ordnungsgemäß erbracht ist.

> **Beispiele**
>
> Bei Kauf sind die Leistungen Zug-um-Zug zu erbringen. Die Vertragspartner mögen Schulung und Fehlerbeseitigung vereinbart haben. Wenn nach der Lieferung der Kaufsache ein schwerer Fehler auftritt, kann der Käufer die Zahlung – auch nach Schulung – verweigern, bis der Fehler beseitigt ist. – Beim Werkvertrag ist der Auftragnehmer vorleistungspflichtig; der Kunde braucht erst nach Abnahme zu zahlen und kann die Zahlung (Leistung) bis zur Beseitigung aller erheblichen Fehler verweigern.

Einzelheiten werden hier nicht dargestellt, weil es zu gefährlich ist, diese Instrumente ohne juristische Beratung anzuwenden. Denn wenn man sich irrt, verletzt man vorsätzlich den Vertrag und macht sich schadensersatzpflichtig. Bei Vorsatz kann die eigene Haftung nicht eingeschränkt werden. Das Instrument sollte erst dann angewendet werden, wenn die Rechtslage »99 % sicher« ist. Bis dahin sollte man vorsichtshalber ausdrücklich auf sein Weigerungsrecht hinweisen und erklären, dass man nicht darauf verzichte, auch wenn man es nicht anwende.

Aufrechnung: Es kommt in Betracht, dass beide Vertragspartner gleichartige Leistungen schulden; im Wesentlichen geht es um Geldschulden. Zum Beispiel soll der Kunde den Werklohn zahlen, hat aber Schadensersatzansprüche. Ist die eigene Forderung fällig, kann der Gläubiger seine Forderung gegen die eigene Schuld verrechnen und letztere damit erfüllen. Das braucht nur der Vereinfachung zu dienen, kann aber auch eine Art Selbsthilfe oder ein Druckmittel sein. Selbsthilfe: Der Schuldner ist zahlungsunfähig. Druckmittel: Die Höhe der Schadensersatzansprüche ist zweifelhaft. Der Kunde erklärt erst einmal Aufrechnung in Höhe des Werklohns. Der Auftragnehmer muss dann entweder den Gerichtsweg beschreiten oder einen Kompromiss aushandeln.

3.13 Erfüllungsort/Leistungsort

(1)   Begriff

Unter dem Erfüllungsort versteht man den Ort, an dem der jeweilige Schuldner, gleich ob Auftragnehmer oder Kunde, die von ihm zu erbringende Leistungs-*handlung* zu bewirken hat. Nicht gemeint ist der Ort, an dem der Leistungs*erfolg* eintreten soll. Deswegen sprechen §§ 269, 270 BGB nicht vom Erfüllungsort, sondern vom Leistungsort. In der Praxis hat sich aber der Ausdruck Erfüllungsort eingebürgert.

Unterschieden werden:

- Holschulden
  Erfüllungsort beim Schuldner. Der Schuldner hat die Leistung bereitzuhalten, der Gläubiger hat sie abzuholen.

- Schickschulden
  Erfüllungsort beim Schuldner. Der Schuldner hat die Leistung auch abzuschicken. Der Gläubiger trägt die Transportgefahr. – Geldschulden stellen einen Sonderfall dar: Der Schuldner trägt im Zweifel Kosten und Gefahr des Transports.

- Bringschulden
  Erfüllungsort beim Gläubiger. Der Schuldner hat die Leistung am Ort des Gläubigers zu erbringen.

Wird der Erfüllungsort nicht vereinbart, soll er sich nach § 269 BGB zunächst aus den Umständen bestimmen, und zwar insbesondere aus der Art des Schuldverhältnisses.

Beispiel

Kauf eines IT-Systems, das der Kunde selbst installiert: Erfüllungsort beim Auftragnehmer.
Kauf eines IT-Systems, das der Auftragnehmer installiert: Erfüllungsort beim Kunden.

Der Erfüllungsort für Leistung und Bezahlung ist jeweils gesondert zu bestimmen. Wurde zwischen den Parteien nichts vereinbart und ergibt sich ein Erfüllungsort auch nicht aus der Art des Schuldverhältnisses, ist Erfüllungsort der Ort der gewerblichen Niederlassung des Schuldners bei Vertragsabschluss. Warenlieferungen sind also nach der gesetzlichen Regelung Holschulden.

  Beim Rücktritt wegen Mängeln *[Kapitel 6.3.8]* nimmt die Rechtsprechung einen gemeinsamen Erfüllungsort für Rückgabe der Ware und Rückzahlung des Geldes an, nämlich den Ort, an dem sich die Sache befindet, also im Allgemeinen beim Kunden. Das bedeutet, dass der Auftragnehmer Kosten und Gefahr der Rücksendung trägt.

(2)   Rechtliche Bedeutung des Erfüllungsortes

Der Erfüllungsort ist maßgeblich

- für die Rechtzeitigkeit der Leistung (bei Zahlungen!).
- für den Gefahrübergang bei Versendung der Ware (vgl. § 447 BGB): Wer trägt Schäden, die durch die Beförderung entstehen?
- für den Gerichtsstand: Nach § 29 ZPO kann auch am Erfüllungsort geklagt werden.
- für die Geltung von Verkehrssitten und Handelsbräuchen.

3.14 Ausdehnung der Haftung: Bürgschaft und Bankgarantie

Bei einer Bürgschaft geht es darum, dass ein anderer ersatzweise eine »Verbindlichkeit des Schuldners erfüllen soll« (§ 765 BGB). Das ist davon abzugrenzen, dass ein anderer die Verbindlichkeit *neben* dem Schuldner erfüllen soll. Letzteres kann als Schuldbeitritt vereinbart werden; dann sind beide Schuldner Gesamtschuldner.

Die Verbindlichkeit kann in einer beliebigen Leistung bestehen, hat aber in der Praxis meist eine Geldschuld/Zahlung zum Gegenstand. Es kann sich aber jemand auch verpflichten, anstelle des ursprünglichen Auftragnehmers den Vertrag zu erfüllen (Patronatserklärung).

Die Verbindlichkeit kann eine Leistungspflicht oder eine Haftungspflicht betreffen. Wenn jemand auf die Erbringung einer Leistung bürgt, bezieht sich die Bürgschaft in der Regel auch auf Haftungsansprüche in dem Falle, dass der erste Schuldner die Leistung nicht erbringt.

Wegen der Gefährlichkeit der Bürgschaft für den Bürgen muss sie schriftlich erklärt werden (außer seitens eines Kaufmanns).

In der Wirtschaft wird die Verbindlichkeit häufig beschränkt:

- Bei der *Anzahlungsbürgschaft* sichert sich der Kunde hinsichtlich geleisteter Anzahlungen ab: Sollte der Auftragnehmer zur Zurückzahlung der geleisteten Anzahlung verpflichtet sein, bürgt der Bürge für diese Rückzahlung. Üblicherweise ist die Anzahlungsbürgschaft mit dem Abschluss der Leistung, insbesondere der Abnahme zurückzugeben. Es kann aber auch vereinbart werden, dass das bereits bei Erreichen eines bestimmten Meilensteins der Fall sein soll.
- Bei der *Erfüllungsbürgschaft* gilt die Bürgschaft nur bis zum Ende der Leistungserbringung für alle Zahlungsansprüche des Kunden. Sie gilt also nicht mehr für Gewährleistungsansprüche.
- Bei der *Gewährleistungsbürgschaft* geht es um die Absicherung der Haftung wegen Mängeln, und zwar in der Regel nur um die ersatzweise Haftung auf Geld, nicht auch auf die Beseitigung von Mängeln.

▪ Die Gewährleistungsbürgschaft deckt meist nur einen niedrigeren Geldbetrag als die Erfüllungsbürgschaft ab: Der Schuldner soll von der Bürgschaft und der damit typischerweise verbundenen Belastung seiner Liquidität (bei der Bankbürgschaft) befreit werden.

Belastungsgrade des Bürgen: Bei der normalen Bürgschaft kann der Bürge verlangen, dass der Begünstigte erst einmal den ersten Schuldner auf Erfüllung der Verbindlichkeit verklagt, bevor er den Bürgen in Anspruch nehmen kann.

Der Bürge kann auf dieses Recht, die sogenannte Einrede der Vorausklage (§ 773 BGB), verzichten. Dann kann er sich wie der erste Schuldner gegen die Klage verteidigen. Er wird aber in einen Streit mit dem Begünstigten hineingezogen.

Deswegen ist die *Bankgarantie* beliebt: Die Bank als Bürge verpflichtet sich, auf erste Anforderung oder gegen sehr formale Nachweise den Bürgschaftsbetrag zu zahlen. Sie möchte damit vermeiden, in die Auseinandersetzung zwischen den Parteien hineingezogen zu werden. Ein Kunde als Begünstigter gewinnt dadurch eine starke Stellung: Er kann seinem Auftragnehmer drohen, die Bürgschaft zu ziehen, oder er kann das sogar tun. Im letzteren Falle verliert der Auftragnehmer erst einmal Liquidität; das kann für ihn bedrohlich werden. Das verstärkt die Position des Auftraggebers, bei für ihn mäßiger Rechtslage einen Vergleich zu erreichen: Er erklärt sich bereit, in einem Vergleich zu vereinbaren, einen Teil des Geldes sofort zurückzuzahlen.

4 Rechtsschutz an Programmen und an Programmunterlagen

4.1 Einleitung

Dieses Kapitel enthält die Grundlagen für die Behandlung von Nutzungsrechten an Programmen bei IT-Projektverträgen. Es soll das Verständnis der Kapitel erleichtern, die sich mit den konkreten Fragen befassen.

Unter Programm werden im Folgenden auch alle Vorstufen dazu sowie die Dokumentation verstanden. Als Programmentwickler wird jeder bezeichnet, der an der Erstellung beteiligt ist, gleich in welcher Funktion. Der Begriff »Programm« wird verwendet, wenn es in erster Linie um das geistige Gut geht, der Begriff »Softwareprodukt« *[Kapitel 8.1 (1)]*, wenn es in erster Linie um das Wirtschaftsgut geht.

(1)   Gesetzlicher Schutz gegenüber Dritten

Gemäß dem Grundsatz der Vertragsfreiheit *[Kapitel 1.1.2]* kann jeder Vertragspartner den anderen verpflichten, bestimmte Dinge zu tun und andere zu unterlassen (schuldrechtliche = relative Pflichten) *[Kapitel 1.1.1 (5)]*. Jeder Softwarelieferant kann sich also durch entsprechende Vereinbarungen gegenüber seinem Vertragspartner schützen, indem er im Vertrag genau beschreibt, was sein Vertragspartner tun darf und was er zu unterlassen hat. Die Frage, ob Programme urheberrechtlich geschützt sind, ist für den Softwarelieferanten insofern erst einmal zweitrangig.

Wer Software erstellt oder vom Ersteller dessen Rechte übertragen bekommen hat, möchte aber auch gegenüber Dritten geschützt sein, z.B. gegenüber einem konkurrierenden Anbieter *[vgl. auch Kapitel 9.3.4]*: Der Dritte soll das Programm oder Teile davon nicht kopieren und das im Programm enthaltene Know-how nicht nutzen dürfen.

Dieser Schutz kommt auf zwei Weisen in Betracht:

a)   Durch Erlangung eines gesetzlich geregelten Herrschaftsrechts an der Software *[Kapitel 1.1.1 (5)]*. Ein solches beinhaltet die – je nach Ausgestaltung mehr oder weniger alleinige – Herrschaftsbefugnis des Rechtsinhabers und damit das Recht, Dritte von der Nutzung auszuschließen. Das Urheberrecht räumt dem Urheber eine solche alleinige Nutzungsbefugnis ein – allerdings nur an der Darstellung *[Kapitel 4.3.1 (3)]*, nicht auch an dem dadurch verkörperten Know-how. Eigentum im Rechtssinne gibt es hingegen nach deutschem Recht nur an Sachen (§ 903 BGB), nicht an Programmen als geistigen Leistungen. Wer von »geistigem Eigentum« spricht, meint urheberrechtliche Nutzungsrechte.

»Urheberrechtlich« heißt also im Wesentlichen gegenüber »schuldrechtlich«, dass die Rechtsposition mit Wirkung gegenüber Dritten ausgestaltet ist und mit den besonderen Mitteln des Urheberrechtsgesetzes verteidigt werden kann.

b) Durch gesetzliche Verhaltenspflichten, die jeden binden, z.B. das Verbot, jemanden sittenwidrig zu schädigen (§ 826 BGB) *[zu außervertraglichen Schuldverhältnissen siehe Kapitel 1.1.1 (1)]*. Das Gesetz gegen den unlauteren Wettbewerb (UWG) enthält gewisse Pflichten zur Respektierung von fremdem Know-how.

(2)   Auswirkung gesetzlicher Regelungen auf schuldrechtliche Verträge

Die gesetzlichen Vorschriften können auch innerhalb vertraglicher Beziehungen eingreifen, wenn zwischen den Vertragspartnern eine Frage nicht geregelt ist. So enthält das Urheberrechtsgesetz in § 31 Abs. 5 die Vermutung, dass der Inhaber von Nutzungsrechten diese nur insoweit an den Vertragspartner übertragen will, wie dies für die Zweckerreichung des Vertrags erforderlich ist (Zweckübertragungstheorie). Das ist wichtig bei Verträgen über die Erstellung von Programmen *[Kapitel 9.3.4]*.

4.2   Patentrecht

Das Patentrecht räumt absolute Rechte an technischen Erfindungen ein; es kann also einen starken inhaltlichen Schutz bieten.

Siehe dazu www.zahrnt.de, Kapitel 4.2.

4.3   Urheberrecht

Der deutsche Gesetzgeber hat 1993 eine EU-Richtlinie nahezu unverändert übernommen. Die neuen Vorschriften wurden »im Interesse der Rechtsklarheit« in einem eigenen Abschnitt zusammengefasst (amtliche Begründung), also nicht systematisch in das Urheberrechtsgesetz integriert.

Diese Richtlinie – und damit das deutsche Urheberrechtsgesetz (UrhG) – beinhaltet eine Ansammlung von Einzelregelungen. Sie zeigen, worum es geht, nämlich um den Schutz von Investitionen, nicht von besonderen Leistungen eines Urhebers.

Dass der deutsche Gesetzgeber diese Einzelregelungen in einen eigenen Abschnitt aufgenommen hat, enthält die Botschaft, dass es sich eigentlich um eine eigene Art von Werk handelt; diese Art ist aber gemäß § 2 Abs. 1 UrhG als Unterform von Sprachwerken zu behandeln; damit konnte Software ins bestehende System (der internationalen Übereinkommen) gepresst werden. Leider haben sich hauptsächlich Urheberrechtler und nicht IT-Rechtler um dieses Thema gekümmert. Sie haben sich um die Sonderregelungen und um das Besondere von Software wenig Gedanken gemacht und Fragen möglichst über den Ansatz abgehandelt, dass Programme Sprachwerke seien.

4.3.1 Einleitung

(1) Zielsetzung

Das Urheberrecht schützt den Urheber eines Werks bei dessen Verbreitung; es will ihm einen angemessenen Anteil am Gewinn sowie die Wahrung seiner Urheberpersönlichkeitsrechte sichern. Das Urheberrecht will den Urheber nicht vor der Aneignung des im Werk enthaltenen Know-hows und vor dessen Verbreitung schützen. Den von IT-Fachleuten häufig erwarteten Know-how-Schutz durch das Urheberrecht gibt es nicht. Die Frage, ob es überhaupt sinnvoll ist, Programme über das Urheberrecht zu schützen, ist aufgrund der Gesetzeslage müßig. Man darf allerdings nicht erwarten, dass das Urheberrecht, das seinen Schwerpunkt im Schutz von Kunstwerken hat, für den Schutz von Investitionen passt.

(2) Schützbare Werke

Zu den schützbaren Werken gehören nach § 2 Abs. 1 UrhG »Sprachwerke, wie Schriftwerke, Reden und Computerprogramme«. Es kommt nicht darauf an,

- ob die Sprache allgemein verständlich ist,
- ob das Werk ästhetischen Charakter hat oder
- wozu das Werk dient.

Werkformen: § 69a Abs. 1 UrhG definiert Programme als »Programme in jeder Gestalt, einschließlich des Entwurfsmaterials«. Das Wort »Gestalt« dürfte nichts anderes als »Ausdrucksform« im Sinne von § 69a Abs. 2 beinhalten. Der Begriff umfasst auch das Objektprogramm.

Entwurfsmaterial: Dazu gehören:

- das Programmkonzept/der Entwurf,
- das (systemtechnische) Detailkonzept bis hin zur Programmiervorgabe 1:1.

Definition der Anforderungen/Spezifikation: Sie dürfte nicht unter das Entwurfsmaterial fallen, weil es sich dabei um die Darstellung eines anderen Themas handelt, nämlich was das Programm leisten soll. Meines Erachtens ist die Urheberrechtsfähigkeit der Spezifikation als Sprachwerk oder als technische Darstellung gesondert zu beurteilen. Mit weiterer Verbesserung der Entwicklungsmethoden und -werkzeuge ist aber damit zu rechnen, dass die Spezifikation zunehmend auch in der Darstellung zu einer frühen Stufe des Programms wird.

Systemtechnische Dokumentation: Sie muss zum Programm gerechnet werden. Für die **Benutzerdokumentation** liegt das nahe, weil der Begriff des Programms sehr weit gefasst sein soll. Die Benutzeroberfläche, insbesondere die Dialogführung, fällt auch in den Bereich schützbarer Werke *[siehe (6)]*.

(3)   (Schöpferische) Darstellung

Geschützt sind Programme nur dann, wenn sie eine persönliche geistige Schöpfung (§ 69a Abs. 3 UrhG) darstellen. Das ist im hier angesprochenen Bereich nicht der sachliche Inhalt, sondern die schöpferische *Darstellung*: Die Idee, der Algorithmus, die Methode usw. selbst sind nicht geschützt. Es liegt dem Urheberrecht fern, organisatorisches Wissen zu schützen. Das, was vielfach als eigentliche Leistung des Programmerstellers angesehen wird, ist dem Urheberrechtsschutz entzogen. Allerdings gibt es eine natürliche Verbindung von Inhalt und Form. Schon der Begriff der Darstellung zeigt, dass es um mehr als die bloße Form geht, nämlich dass Form und Inhalt in gewisser Weise zusammengehören (»innere Form«/»Gewebe«/US-Rechtsprechung: »expression of the idea«).

Eine gute Hilfe für die Abgrenzung, was Gegenstand des Schutzes ist, bildet die Arbeitsteilung zwischen dem IT-Laien, der die Aufgabe definiert, und dem IT-Fachmann, der sie in einen Entwurf umsetzt. Die Tätigkeit des erstgenannten ist unerheblich für die Frage, ob das Programm urheberrechtlich geschützt ist. Der zweite, der von der Aufgabenstellung nichts zu verstehen braucht, kann Ideen haben, die sich auf die Gestaltung beziehen. Diese sind schutzfähig. Die Anforderungen an die Gestaltungshöhe sind nach dem neuen Urheberrecht gering. Die Rechtsprechung zum neuen Urheberrecht legt die Messlatte niedrig an.

(4)   Entstehen und Dauer des Schutzes, Registrierung und Copyright-Vermerk

Der Schutz entsteht von alleine. Das Anbringen eines Urheberrechtsvermerks (»Urheberbezeichnung« nach § 10 UrhG) auf dem Werk ist nach deutschem Recht nicht erforderlich. Die Praxis vieler Programmlieferanten, vom Anwender die Anbringung von solchen Vermerken auf (Sicherungs-)Kopien zu verlangen, ist im (früheren) US-Urheberrecht begründet *[siehe www.zahrnt.de, Kapitel 4.3.6]*. Der Vermerk hat aber den Vorteil der Vermutung gemäß § 10 UrhG für sich, dass derjenige als Urheber oder Inhaber von Nutzungsrechten gilt, der als solcher angegeben ist.

Das Urheberrecht erlischt in der Regel 70 Jahre nach dem Tod des Urhebers (§ 64 UrhG).

(5)   Urheberrechtsfähigkeit von Schnittstellen

Angesichts dessen, dass es bei der Erarbeitung der EU-Richtlinie stark um Wettbewerbsfragen ging, nahm die Diskussion um den Schutz von Schnittstellen einen breiten Raum ein. Ein Teil der Industrie wünschte einen Schnittstellenschutz letztlich über den Schutz von Darstellungen hinaus; sie wünschte den Schutz von Definitionen von Schnittstellen, damit die Konkurrenz nicht von ihrem Inhalt in eigenen Softwareprodukten Gebrauch machen könne. Ergebnis ist, dass in § 69a Abs. 2 Satz 2 UrhG klargestellt worden ist, dass auch solche Ideen und Grundsätze, die Schnittstellen zugrunde liegen, nicht geschützt sind. Ihre Darstellung kann geschützt sein *[zur Zulässigkeit des Dekompilierens siehe www.zahrnt.de, Kapitel 4.3.3.1, zum Ermitteln von Schnittstellen durch Benutzen des Programms siehe Kapitel 4.3.3.4]*.

(6)   Benutzeroberfläche

Gestalterische Elemente von Benutzeroberflächen sind nach der weiten Fassung des Begriffs des Programms in § 69a Abs. 2 Satz 1 UrhG unabhängig von ihrer spezifischen Realisierung in einem Programm schützbar. Es besteht aber nur wenig Raum dafür, dass sie auch geschützt sind. Denn Zweckmäßigkeit und fachliche Anforderungen, nicht aber schöpferische Tätigkeit beeinflussen die Gestaltung im Wesentlichen.

> **Beispiel**
>
> Ein Programm arbeitete mit einem Befehlssatz, der dem Benutzer die Steuerung einer Anlage über eine Maske erlaubte. Der Befehlssatz ist nicht geschützt; dessen Präsentation kann es aber sein, nämlich wie die Bezeichnungen ausgewählt und wie sie auf der Bildschirmmaske präsentiert werden, z.B. durch zwei hervorgehobene Buchstaben – bejaht im Falle Digital Communications Associates v. Softklone Distributing 659, F. Supp. 449 (N.D.Ga. 1987).

4.3.2   Wem stehen die Urheberrechte zu?

Die Urheberrechte entstehen automatisch mit der Schaffung eines Werks und wachsen gemäß § 7 UrhG erst einmal dem oder den Urheber(n) des Werks zu. Wenn mehrere Personen im Zeitablauf an der Programmerstellung beteiligt sind, stellt sich die Frage, ob sie auch schöpferisch an der Darstellung mitgewirkt haben *[Kapitel 4.3.1 (3)]*; nur unter dieser Voraussetzung gehören sie zur Urhebergemeinschaft.

Verhältnis Mitarbeiter – Arbeitgeber: § 69b Abs. 1 UrhG sieht (etwas vereinfacht) vor, dass alle Nutzungsrechte an Programmen automatisch an den Arbeitgeber übertragen werden. Den Mitarbeitern verbleiben nur die Urheberpersönlichkeitsrechte *[siehe www.zahrnt.de, Kapitel 5.5.2 (2)]*.

Wenn der Auftragnehmer bei einem Dienstvertrag ein freiberuflicher Programmierer ist, liegt die analoge Anwendung von § 69b Abs. 1 UrhG (dass alle
Nutzungsrechte übertragen werden) desto näher, je stärker der Freiberufler wie
ein Arbeitnehmer tätig ist.

Verhältnis Kunde – Auftragnehmer: Nach der Zweckübertragungstheorie werden
die Nutzungsrechte insoweit übertragen, wie der Kunde sie nach dem Vertragszweck benötigt *[vgl. Kapitel 4.1 (2)]*. Im Übrigen verbleiben sie beim Auftragnehmer *[siehe im Einzelnen Kapitel 9.3.4]*.

Mitarbeiter des Kunden *können* Miturheber sein. Sie übertragen automatisch
ihre Anteile an den von ihnen geschaffenen Nutzungsrechten an ihren jeweiligen
Arbeitgeber. Für den Fall, dass der Kunde nicht unbeschränkte und/oder nicht
ausschließliche Nutzungsrechte erhalten soll, bedeutet das, dass der Kunde diese
Rechte an den Auftragnehmer übertragen muss, soweit sie über das hinausgehen,
was dem Kunden zustehen soll.

4.3.3   Inhalt des Urheberrechts

Das Urheberrecht schafft dem Urheber Urheberpersönlichkeitsrechte sowie Verwertungsrechte.

(1)   Urheberpersönlichkeitsrechte

Kunden, die an erstellten Programmen ausschließliche Nutzungsrechte übertragen bekommen wollen, wollen auch nicht durch die Persönlichkeitsrechte der
Urheber in ihrer Handlungsfreiheit eingeschränkt sein. Das gelingt weitgehend:
Die Urheberpersönlichkeitsrechte sind zwar nicht übertragbar, ihre Ausübung
kann aber eingeschränkt werden.

Die Urheberpersönlichkeitsrechte beinhalten im Wesentlichen Folgendes:

- Der Urheber hat das Recht zu bestimmen, ob und wie das Werk veröffentlicht
  werden darf (§ 12). Die Ausübung dieses Rechts kann (auf den Nutzungsberechtigten) übertragen werden. Sie erfolgt m.E. unausgesprochen.
- Der Urheber hat den Anspruch auf Autorennennung/Anerkennung der Urheberschaft (§ 13). Auch bei Programmänderungen (Bearbeitungen) darf also
  der Name des ursprünglichen Autors, wenn er im Programm eingegeben worden ist, nicht ersetzt werden. Der Autor kann auf dieses Recht nicht verzichten. Allerdings kann es eine Verkehrsgewohnheit dahingehend geben, dass der
  Name nicht angegeben wird. Meines Erachtens besteht eine solche Verkehrs-

gewohnheit hinsichtlich der Benutzeroberfläche und der Benutzerdokumentation.

▪ Der Urheber kann gegen die Entstellung seines Werks vorgehen (§ 14): Das Werk darf nicht in einer solchen Weise bearbeitet werden, dass die berechtigten geistigen oder persönlichen Interessen des Urhebers am Werk gefährdet werden würden. Abgesehen von dem Bereich der ins Künstlerische gehenden Programme dürfte ein solches Interesse des Urhebers grundsätzlich nicht bestehen.

▪ Der Urheber hat (als sonstiges Recht) den Anspruch auf Zugang zu einem Vervielfältigungsstück (§ 25). Der Urheber ist danach berechtigt, eine Kopie des Werks für sich zu beschaffen, soweit dem »nicht berechtigte Interessen des Besitzers entgegenstehen«. Es ist anzunehmen, dass der Ersteller eines Programms keinen solchen Anspruch hat.

(2) Verwertungsrechte

Verwertungsrechte sind in der Form übertragbar, dass der Urheber sie einem anderen als Nutzungsrechte einräumen kann (die Begriffe Verwertungsrechte und Nutzungsrechte können hier synonym gebraucht werden). Der Begriff Nutzung ist hier nicht im IT-technischen Sinne zu verstehen. Es geht nicht um die Nutzung im Sinne des Einsatzes eines Programms (§ 69d Abs. 1 UrhG = »Benutzung«), sondern um bestimmte Nutzungsrechte im Rechtssinne.

§ 69c UrhG gewährt folgende Nutzungsrechte:

▪ Vervielfältigungsrecht *[Kapitel 4.3.3.1]*,
▪ Verbreitungsrecht *[Kapitel 4.3.3.2]*,
▪ Umgestaltungsrecht *[Kapitel 4.3.3.3]*.

Dabei haben die Juristen einen eigenartigen Begriff des Vervielfältigens *[Kapitel 4.3.3.1]*. Darunter fällt sowohl das Erstellen eines weiteren Datenträgers wie auch das Einsetzen eines Programms auf einer Zentraleinheit: Es wird dafür vervielfältigt.

(3) Einräumung von Nutzungsrechten

Verträge über die Einräumung von Nutzungsrechten liegen z.B. vor, wenn der erste Rechtsinhaber einen Distributor ermächtigt, Vervielfältigungsstücke herzustellen. Die Einräumung von Nutzungsrechten richtet sich grundsätzlich nach den §§ 31 ff. UrhG.

Nutzungsrechte können nach § 31 Abs. 1 Satz 2 UrhG Dritten als ausschließliche oder als nicht ausschließliche Rechte (= einfache) eingeräumt werden. Werden sie nicht ausschließlich eingeräumt, kann der Urheber diese Rechte auch noch Dritten einräumen. Unabhängig davon, ob diese Rechte ausschließlich oder nicht ausschließlich eingeräumt werden, können sie räumlich, zeitlich und inhaltlich beschränkt werden (siehe Tab. 4–1). Das kann allerdings nicht beliebig, sondern nur in typischer Weise geschehen. Minimale Abspaltungen des Nutzungsrechts sollen ausgeschlossen sein. Unter »räumlich« ist an ein Gebiet zu denken, nicht an eine einzelne IT-Anlage.

Nutzungsrechte		
(zulasten des Lizenznehmers)	(zulasten des Urhebers)	
	ausschließliche	Nicht ausschließliche = einfache
zeitlich, räumlich, inhaltlich beschränkt	möglich	möglich
unbeschränkt	möglich	möglich
übertragbar	ja, Zustimmung ist gemäß § 34 nach Treu und Glauben zu erteilen sowie abgeschwächt: Einräumung einfacher Nutzungsrechte (mit Zustimmung) gemäß § 35	strittig (Zustimmung nötig) nein (geht nicht)

Tab. 4–1   *Nutzungsrechte*

(4)   Rechtsnatur der einfachen Nutzungsrechte

Der Streit zwischen Juristen, ob ein einfaches Nutzungsrecht nur schuldrechtlicher oder aber herrschaftsrechtlicher Natur ist, spielt nur eine geringe Rolle. Es kann je nach Rechtsauffassung überhaupt nicht oder nur mit Zustimmung des Rechtsinhabers übertragen werden. Es kann auf keinen Fall vervielfacht werden: Wer ein einfaches Nutzungsrecht zum Erstellen von Kopien hat, kann keinem Dritten erlauben, das ebenfalls zu tun. Wer also als normaler Vertriebspartner seine Kunden berechtigen will, das überlassene Softwareprodukt einzusetzen, kann das nur tun, wenn er dazu eine gesonderte Ermächtigung für die Erteilung der Berechtigung erhält.

(5)   Übertragung und Rückfall von Nutzungsrechten

Die Juristen haben einige konstruktive Schwierigkeiten, die Übertragung und den Rückfall von Nutzungsrechten dogmatisch einzuordnen.

(6)   Überlassung eines Vervielfältigungsstücks zwecks Benutzung/Einsatz

Das Urheberrecht behandelt den Kauf von Softwareprodukten nicht ausdrücklich, geht aber in § 69d Abs. 1 UrhG deutlich davon aus, dass Vervielfältigungen (= Einsetzen) und Änderungen »nicht der Zustimmung bedürfen, wenn sie für die bestimmungsgemäße Benutzung des Computerprogramms ... durch (den) zur Verwendung eines Vervielfältigungsstücks des Programms Berechtigten notwendig sind« *[siehe dazu Kapitel 8.2.1]*.

§ 69d Abs. 1 UrhG enthält einleitend die Regelung, dass die Vertragspartner den gesetzlichen Anspruch auf Benutzung einschränken oder erweitern können. Sie können das in der Weise tun, dass sie sich an die gesetzliche Konstruktion halten und in ihrer Sprache regeln, in welchem Umfang der Erwerber das Programm benutzen (= einsetzen) darf.

Diese Einwilligung hat urheberrechtliche Wirkung. (Urheberrechtliche) Nutzungsrechte können zwar nicht beliebig begrenzt werden *[vgl. (3)]*. Das gilt aber gemäß § 69d UrhG nicht hinsichtlich der *Benutzung* von *Vervielfältigungsstücken*.

Das UrhG versteht unter einem Vervielfältigungsstück etwas, das sich gut identifizieren lässt, nämlich etwas, das auf einem Datenträger gespeichert ist, der auf das Programm hinweist (= es repräsentiert). Die Lieferung eines Datenträgers ist zwar technisch nicht nötig *[Kapitel 8.1 (4)]*. Es ist aber festzuhalten, dass das UrhG von einem Originaldatenträger ausgeht, auf dem das Programm gespeichert ist. Das Vervielfältigungsstück repräsentiert das Benutzungsrecht. Auch § 312d Abs. 4 Ziffer 2 BGB geht im Fernabsatz von einem verkörperten Vervielfältigungsstück aus, das »entsiegelt« wird.

Der Umfang des Benutzungsrechts kann auf dem Datenträger angegeben werden. Bietet der Aufkleber auf dem Datenträger nicht genügend Platz, kann auf eine – eindeutig identifizierbare – Urkunde oder auf die erste Bildschirmmaske (!) bei Benutzung des Programms verwiesen werden.

(7) Weitergabe eines Vervielfältigungsstücks

§ 69c Nr. 3 UrhG besagt, dass die Weitergabe eines Vervielfältigungsstücks urheberrechtlich innerhalb der EG zulässig ist. Es sieht keinen Regelungsbedarf dafür, wie die Weitergabe erfolgt, weil es von einem Originaldatenträger ausgeht, der das Benutzungsrecht repräsentiert. Wenn der Originaldatenträger weiterübertragen wird, wird das Benutzungsrecht mitübertragen. Der Zweiterwerber darf das Softwareprodukt in dem Umfang wie sein Vorgänger benutzen *[siehe ergänzend www.zahrnt.de, Kapitel 4.3.3 (7)]*.

4.3.3.1 Vervielfältigungsrecht

§ 69c UrhG räumt dem Rechtsinhaber eine umfassende Rechtsstellung hinsichtlich des Vervielfältigens ein: Nach Nr. 1 Satz 1 ist Dritten auch die vorübergehende Vervielfältigung verboten, ebenso das teilweise Kopieren. Es wird noch ergänzt, dass das für jedes Mittel und für jede Form gelte. Damit ist praktisch alles, was jemand mit einem Softwareprodukt überhaupt tun kann, insbesondere das Laden in den Hauptspeicher, grundsätzlich zustimmungsbedürftig.

Allerdings darf der Erwerber nach § 69d Abs. 1 UrhG alle für eine bestimmungsgemäße Benutzung des Programms erforderlichen Vervielfältigungsvorgänge vornehmen, das Programm also laden.

Beispiele

Wer ein Programm auf einem Datenträger erhält, überspielt (speichert) es meist auf einen anderen (Programmbibliothek auf Platte), von dem aus das Programm in den Hauptspeicher geladen werden kann. – Wer seine Bibliotheken reorganisieren will, um die Ausnutzung von Speicherplatz zu verbessern, muss die bisherige Kopie auf einen anderen Datenträger übertragen, die bisherige löschen und mit dem Rückübertragen wieder eine Kopie herstellen; gelegentlich wird er die zwischenzeitlich erstellte Kopie löschen (oder bei Reorganisation über andere Festplatten alsbald, um den Speicherplatz wieder freizubekommen).

§ 69c Nr. 1 Satz 2 UrhG erwähnt als weitere mögliche Vervielfältigungsakte:

- »Anzeigen«: Gemeint sein dürfte das Anzeigen des Quellprogramms auf dem Bildschirm als Maßnahme zur Bearbeitung.
- »Ablaufen« heißt technisch gesehen, dass das Programm – das im Hauptspeicher gespeichert ist – befehlsweise in den Prozessor gelesen und dort abgearbeitet wird. Es kann sich dabei um einen kontinuierlichen Strom an Befehlen handeln. Die Stücke sind so winzig, dass man aus urheberrechtlicher Sicht nicht von einem Teil des Programms sprechen kann. Wer bezeichnet einen Ziegel unter urheberrechtlichen Gesichtspunkten als einen Teil eines Bauwerks? Dementsprechend stellt das Ablaufenlassen eines bereits im Hauptspeicher geladenen Programms keine Vervielfältigung dar.
- »Übertragen« betont den Aspekt des Transports über eine Leitung vor dem dann unbedingt nötigen Speichern (auf einem Datenträger) bzw. Laden (z.B. in den Hauptspeicher eines laufwerklosen PC).

Kopie zum persönlichen Gebrauch: Es ist nicht gestattet, eine solche herzustellen.

Dekompilieren: Dabei geht es um zwei Situationen:

- Der Dritte will nur die Schnittstellen aufdecken, um andere Programme konstruieren zu können, die mit dem betroffenen Programm zusammenwirken.
- Der Dritte will ein ähnliches, also konkurrierendes Programm selbst entwickeln: Dekompilieren ist hier suspekt, weil nicht sichergestellt wird, dass das Dekompilieren auf das Ermitteln der Schnittstelleninformation begrenzt wird.

§ 69e UrhG erlaubt in beiden Fällen das Dekompilieren zwecks Ermitteln von Schnittstelleninformationen in bestimmtem Umfang ohne Zustimmung des Rechtsinhabers. Der Wortlaut ist missglückt, das Ergebnis aber ziemlich klar *[siehe www.zahrnt.de, Kapitel 4.3.3.1].*

4.3.3.2 Verbreitungsrecht

Das Verbreitungsrecht nach § 17 Abs. 1 UrhG setzt das Vervielfältigungsrecht voraus; es ergänzt dieses, hat aber im deutschen Recht eigenständigen Charakter. Es kann aber auch selbstständig sein: Wer Vervielfältigungsstücke erwirbt, darf sie nur in denjenigen Staaten vertreiben, für die der Rechtsinhaber die Verbreitung freigegeben hat.

Erschöpfungsgrundsatz: Wer als Lieferant ein Vervielfältigungsstück veräußert, erschöpft sein Verbreitungsrecht an diesem. Das bedeutet, dass er die Weiterveräußerung nicht mit urheberrechtlicher Wirkung einschränken kann.

Er kann nur dadurch eine urheberrechtliche Einschränkung erreichen, dass er das Programm nicht »durch Veräußerung« in den Verkehr bringt, sondern beispielsweise vermietet. Bei Überlassung gegen einmalige Vergütung liegt allerdings eine Veräußerung vor.

Das UrhG schließt nur urheberrechtliche, nicht aber schuldrechtliche Einschränkungen (die dann allerdings nicht durch das Vervielfältigungsstück repräsentiert werden und den Zweiterwerber bei Gutgläubigkeit nicht binden) aus *[Kapitel 4.3.3 (7)]*.

Leasing: Wer ein Softwareprodukt an eine Leasinggesellschaft verkauft, erteilt dieser automatisch die Zustimmung, dieses im normalen Geschäftsgang zu vermieten. Wer als Vorlieferant sein Softwareprodukt einem Auftragnehmer verkauft, erteilt ebenfalls die Erlaubnis zum späteren Leasen.

Vermieten und Verleihen von veräußerten Vervielfältigungsstücken: § 69c Nr. 3 Satz 1 UrhG erwähnt das Vermieten als Vorbereitung für die Einschränkung in Satz 2: Die Erschöpfung des Verbreitungsrechts bezieht sich nicht auf das Vermietrecht. Dem Inhaber der urheberrechtlichen Nutzungsrechte steht ein im Verhältnis zum Weitergaberecht selbstständiges Vermietrecht zu, sodass die Veräußerung dem Erwerber noch nicht erlaubt, das Softwareprodukt durch Vermietung weiterzugeben.

4.3.3.3 Umarbeitungs-/Bearbeitungsrecht

§ 69c Nr. 2 UrhG sieht vor, dass »Übersetzung, Bearbeitung, Arrangement und andere Umarbeitungen« zustimmungspflichtig sind. Mit »Übersetzung« ist gemäß § 69e Abs. 1 UrhG das Kompilieren gemeint. Das Übertragen in eine andere menschliche Sprache (also die Übertragung der Benutzeroberfläche und der Dokumentation) bedarf der Zustimmung nach § 3 UrhG.

Erweiterungen können mehr oder weniger unabhängig vom Programm realisiert werden. Sie wirken nur funktional mit dem ersten Programm zusammen. Eine (zustimmungsbedürftige) Änderung des Programms kann darin nicht gesehen werden.

Umarbeitungen durch den Kunden: Bei Softwareprodukten sind diese nach § 69d Abs. 1 UrhG zustimmungsfrei, wenn sie für die bestimmungsgemäße Benutzung notwendig sind *[Kapitel 8.2.2.2]*.

Wer ein Individualprogramm erstellen lässt, hat Anspruch auf Lieferung des Quellprogramms: Er muss in der Lage sein, das Programm zu ändern *[Kapitel 9.3.1 (1)]*. Er erhält also in der Regel die Zustimmung dazu zumindest implizit.

Umarbeitungen durch den Vertriebspartner: Dieser darf das Softwareprodukt nach dem Urheberrecht ohne zusätzliche Erlaubnis nicht in einer geänderten Form verbreiten. Umarbeitungen durch den Vertreiber für einen einzelnen Anwender sind zulässig.

Auch wenn der Rechtsinhaber, der dem Vertriebspartner ein einfaches Verbreitungsrecht an einem Softwareprodukt einräumt, dieses als Quellprogramm bereitstellt, dürfte er in der Regel diese Erlaubnis trotz der Änderungsbedürftigkeit von Softwareprodukten nicht erteilen wollen. Denn das würde die Gefahr heraufbeschwören, dass eines Tages mehrere Varianten des Softwareprodukts auf dem Markt angeboten werden würden; das dürfte dem Image im Zweifel schaden. Der Rechtsinhaber könnte sich später kaum dem Verlangen der Endkunden seines ehemaligen Vertriebspartners entziehen, deren Variante nach Beendigung des Vertriebsvertrags zu pflegen. Wenn aber ausschließliche Vertriebsrechte eingeräumt werden, liegt es nahe, die Zustimmung zu unterstellen *[zu deren Einräumung seitens des Mitarbeiters an den Arbeitgeber siehe www.zahrnt.de, Kapitel 5.5]*.

Rechte an Bearbeitungen: § 69c Nr. 2 Satz 2 UrhG weist darauf hin, dass die allgemeinen Grundsätze hinsichtlich Bearbeitungen unberührt bleiben: An (von Menschen durchgeführten) Übersetzungen und anderen Bearbeitungen eines Werks, die persönliche geistige Schöpfungen des Bearbeiters sind, erlangt der Bearbeiter gemäß § 3 Urheberrechte neben denen des ersten Urhebers. »Bearbeitung« ist hier mit »Umarbeitung« gleichzusetzen.

Bearbeitung durch den Urheber: Der Urheber ist nicht berechtigt, das Programm zu bearbeiten, soweit Dritte ausschließliche Nutzungsrechte an der Ausgangsfassung haben. Die Einschränkung kann schuldrechtlich auch für unabhängige Bearbeitungen gelten *[Kapitel 4.3.3.4]*.

4.3.3.4   Freie Benutzung bei Schaffung eines neuen Werks

Von der gebundenen Umarbeitung des Werks ist nach § 24 UrhG dessen freie Benutzung zu unterscheiden, d.h. die Schaffung eines neuen Werks, bei dem das alte nur als gedankliche Vorgabe dient, die Darstellung (Struktur) aber nicht übernommen wird. Diese Art der Nutzung ist grundsätzlich zulässig. Der Schöpfer erhält am neuen Werk alle Urheberrechte. Das Problem liegt in der Abgrenzung von freier Benutzung zu gebundener Umarbeitung *[siehe dazu www.zahrnt.de, Kapitel 4.3.3.4]*.

4.3.3.5 Erwerb vom Nichtberechtigten seitens des Anwenders

Der gutgläubige Erwerb eines urheberrechtlichen Nutzungsrechtes ist grundsätzlich nicht möglich, weil grundsätzlich kein Anknüpfungspunkt für den guten
Glauben vorhanden ist (wie der Besitz der Sache beim gutgläubigen Erwerb von
Eigentum). Der gutgläubige Erwerb eines Vervielfältigungsstücks (zum Zwecke
der Benutzung) ist ausgeschlossen *[Kapitel 4.3.4 am Ende]*. In Betracht kommt
allerdings, dass der Zweiterwerber einen weiteren Benutzungsumfang vom Erst-
erwerber eingeräumt bekommt, als dieser ihn vom Rechtsinhaber erlangt hat,
weil der Rechtsinhaber den Umfang des Benutzungsrechts auf dem Datenträger
nicht ausreichend angegeben hat *[siehe www.zahrnt.de, Kapitel 4.3.3 (7)]*.

4.3.3.6 Open-Source-Programme und Ähnliches

Siehe www.zahrnt.de, Kapitel 4.3.3.6.

4.3.4 Ansprüche aus Urheberrechtsverletzungen

Ansprüche gehen auf Unterlassung und Vernichtung, bei Verschulden zusätzlich
auf Schadensersatz *[vgl. Kapitel 3.7 (1)]* (der unberechtigte Benutzer muss das
Softwareprodukt bezahlen *und* vernichten). Ansprüche können sich gegen den
Täter, aber auch gegen die juristische Person ergeben, in deren Auftrag der Täter
handelt *[zur diesbezüglichen Geschäftsführerhaftung siehe www.zahrnt.de, Kapitel 4.3.4]*.

4.3.5 Prozessuale Fragen

Der in seinen Rechten Verletzte muss vor Gericht vortragen, worin die schöpferische Darstellung in seinem Programm liegt. Das ist allerdings nicht schwer *[Kapi-
tel 4.3 am Anfang und 4.3.1 (3)]*. Es kommt nur noch darauf an, einen gewissen
Formalismus einzuhalten. Die Rechtsprechung vermutet, dass das, worüber ein
Rechtsstreit lohnt, urheberrechtlich geschützt ist.

4.3.6 Schutz in den USA

Ausgangspunkt ist das Urheberrechtsgesetz von 1976. Dieses wurde 1980 durch
den Computer Software Copyright Act hinsichtlich des Schutzes von Programmen ergänzt. Der Schutz von Programmen ist in das allgemeine Urheberrecht eingebettet.

Siehe dazu www.zahrnt.de, Kapitel 4.3.6.

4.4 Gesetz gegen den unlauteren Wettbewerb (UWG)

Das Wettbewerbsrecht räumt nicht Herrschaftsrechte ein, sondern schützt Wettbewerbspositionen. Es definiert Verhaltensregeln für Konkurrenten; wer diese verletzt, begeht eine unerlaubte Handlung *[Kapitel 1.1.1 (1) und 3.7 (1)]*. Das Wettbewerbsrecht schützt also nicht unmittelbar das Ergebnis von Entwicklungsleistungen, sondern verbietet nur bestimmte Formen der Nutzung einer fremden Entwicklungsleistung oder bereits der Kenntniserlangung von dieser.

Das UWG kann mit mehreren Vorschriften eingreifen, und zwar indem es bestimmte Art und Weisen, wie fremde Arbeitsergebnisse ausgenutzt werden, verbietet. Insofern wird es auch nicht vom UrhG verdrängt, wenn es auch beim Vorgehen gegen Raubkopierer in der Praxis im Verhältnis zum Urheberrecht nur eine geringe Bedeutung hat. Das UWG hat gegenüber dem Urheberrecht selbstständige Schutzziele, insbesondere in Richtung des Schutzes von Know-how.

Siehe Kapitel 9.3.4 zur Frage, ob der Auftragnehmer bei Programmerstellung das bei Vertragsdurchführung kennengelernte Know-how des Kunden anderweitig nicht verwerten darf.

Siehe dazu www.zahrnt.de, Kapitel 4.4.

4.5 Beweisprobleme

Schwierig ist es in der Tat, dem Missbrauch überhaupt auf die Spur zu kommen.

Ist man dem Missbrauch auf der Spur, ist es oberhalb der Ebene der PC-Programme teuer, u.U. auch schwierig, Beweismittel zu beschaffen. Der Verletzte kann allerdings einen Besichtigungsanspruch entsprechend § 809 BGB haben, dass er sich Gewissheit darüber verschaffen darf, ob sein Recht verletzt ist. Er muss dann darlegen, dass eine Verletzung seines Rechts mit erheblicher Wahrscheinlichkeit vorliegt. – Ähnlich kann er in einem Gerichtsprozess aufgrund von Umständen die erhebliche Wahrscheinlichkeit nachweisen, dass der andere seine Rechte verletzt hat, z.B. weil dieser als ehemaliger Mitarbeiter in sehr kurzer Zeit nach seinem Ausscheiden ein Konkurrenzprodukt auf den Markt gebracht hat. Dann dreht sich die Beweislast um.

Ist man an die Unterlagen herangekommen, bereitet es in der Praxis allerdings kaum ein Problem, Missbrauch nachzuweisen.

4.6 Maßnahmen zum Programmschutz

Zur Zulässigkeit von technischen Maßnahmen zum Programmschutz innerhalb von Kaufverträgen siehe Kapitel 8.2.5 (2).

Hier ist zu fragen, inwieweit Maßnahmen außerhalb von Kaufverträgen, die das Erstellen oder das Benutzen von Vervielfältigungsstücken verhindern oder erschweren sollen, zulässig sind. Bewirkt die Maßnahme, dass die Benutzung eines Programms abgebrochen wird, kann eine Straftat nach § 303a oder § 303b StGB vorliegen *[Kapitel 8.2.5 (2)]*; diese führt als unerlaubte Handlung zu Schadensersatzansprüchen *[Kapitel 3.7]*.

Siehe dazu www.zahrnt.de, Kapitel 4.6.

4.7 Schutz durch das Strafrecht

Das Strafrecht schützt Programme und Know-how.

Siehe dazu www.zahrnt.de, Kapitel 4.7.

4.8 Markenrecht

Das Markengesetz soll die Bezeichnung/den Namen einer Ware oder einer Dienstleistung, nicht die Ware oder Dienstleistung selbst, im geschäftlichen Verkehr schützen. Softwareprodukte sind Waren im Sinne des Markengesetzes. Sie können als Marken angemeldet werden (§ 3 Markengesetz). Auf die Verkörperung des Programms auf einem Datenträger kommt es dafür nicht an. Als Dienstleistung, für die eine Marke eingetragen werden kann, kommt das Erstellen von Programmen oder Beratung in Betracht.

Siehe dazu www.zahrnt.de, Kapitel 4.8.

Teil II

Die einzelnen Vertragstypen

5 Dienst- und Werkvertragsrecht, Beratungs- und Unterstützungsverträge

5.1 Einleitung

Zu Beginn eines IT-Projekts kommen insbesondere Beratungsverträge in Betracht. Dieses Kapitel behandelt Dienstleistungsverträge und angrenzende Verträge, sei es dass sie zu Projektbeginn oder später geschlossen werden.

Zuerst eine Klarstellung: Der Begriff Dienstleistung ist ein Begriff aus dem Wirtschaftsleben. Er bezieht sich keineswegs nur auf Dienstverträge, sondern auch auf Werkverträge. Er wird sogar bei der Definition des Werkvertrags in § 631 Abs. 2 BGB verwendet:[18] Geschuldet wird ein »durch eine Dienstleistung herbeizuführender Erfolg«.

Vertragsgegenstand: Gegenstand von Dienstleistungsverträgen kann beispielsweise sein:

- Beratung im engeren Sinne, z.B. bei der Auswahl von Produkten oder Organisationsberatung,
- Mitwirkung bei der Entwicklung von Vorstufen zu Programmen, z.B. der Spezifikation, oder von Programmen *[Kapitel 9]*,
- Durchführung eines Einführungsprojekts, bei dem sich der Kunde die Standardprogramme selbst beschafft.

Rechtliche Einordnung unter die gesetzlich geregelten Vertragstypen: Verträge, die isoliert auf die genannten Leistungen gerichtet sind, können Dienstverträge oder Werkverträge sein. Werden Dienstleistungen innerhalb von Projektverträgen erbracht, bestimmt das Projekt weitgehend den Vertragstyp. Beispielsweise richtet sich die Installation von Hardware, die isoliert ein Werkvertrag ist, innerhalb eines Projektvertrags nach Kaufrecht.

---

18. Der Begriff Dienstleistung wird im Vergaberecht im Gegensatz zu Lieferungen verwendet und umfasst dementsprechend viele Leistungen, die dem Recht des Werkvertrags oder des Kaufvertrags in der Variante des Werklieferungsvertrags unterfallen (Abschnitt 2 Anhänge IA und IB zur VOL/A).

Die Einordnung ist nicht so wichtig, wie Nichtjuristen oft annehmen und Juristen oft behaupten.[19] Ursache für diese Überschätzung sind im Wesentlichen zwei Faktoren: Zum einen enthält die zitierte Definition des Werkvertrags das Reizwort »Erfolg«.[20] Das klingt für den Kunden besser als »Tätigkeit« (beim Dienstvertrag).

Beispiel

Ein Auftragnehmer soll einen Fehler in einer alten IT-Anlage finden: Werkvertrag (LG München ECR LG·101), wenn der Auftragnehmer keine Einschränkung macht; also bekommt er kein Geld, wenn er den Fehler (mangels Reproduzierbarkeit) nicht findet. – Ärzte schließen meist Dienstverträge ab, wenn sie ihre Patienten behandeln: sie werden sich desto stärker einsetzen, den gewünschten Erfolg zu erreichen, je (lebens-) wichtiger dieser für den Patienten ist. Aber desto weniger können sie diesen schulden. Bei einer Operation kann aber im Einzelfall ein Werkvertrag vorliegen, z.B. bei einer Schönheitsoperation. – Forschungsaufträge sind meist Dienstverträge, weil ein Erfolg meist nicht zugesagt werden kann.

Der Kunde möchte eine Schulung als Werkvertrag einordnen: Seine Mitarbeiter sollen nach der Schulung die Programme einsetzen können. Dafür will der Auftragnehmer aber nicht einstehen. Er tut es auch dann nicht, wenn man – wie ein Teil der Rechtsprechung – Schulung als Werkvertrag einordnet: Geschuldet werde als Ergebnis eine solche »Vorführung« des Stoffs (übernommen aus der Rechtsprechung zur Einordnung von Theateraufführungen), dass geeignete Mitarbeiter den Stoff lernen können. Deswegen empfehlen manche Rechtsberater, den Erfolg so zu definieren, dass die Mitarbeiter nach der Schulung den Stoff beherrschen. Eine solche Vereinbarung kann dank der Vertragsfreiheit geschlossen werden; sie ergibt sich aber *nicht* aus dem Werkvertragsrecht.

Der zweite Faktor liegt darin, dass in der Praxis vielfach *fälschlich* Werkvertrag mit Festpreis und Dienstvertrag mit Vergütung nach Aufwand gleichgesetzt wird. Daran ist nur so viel richtig, dass bei einem Werkvertrag der Arbeitsumfang meist besser als bei einem Dienstvertrag abgeschätzt werden kann und deshalb ein Festpreis eher in Betracht kommt.

In allgemeiner Rechtsprechung werden Verträge über die Erstellung von Gutachten und ähnliche Leistungen, deren Ergebnis in einem Papier festgehalten wird, als Werkvertrag eingeordnet, z.B. Gutachten über Kanalisationsschäden, über die Ermittlung des Grundstückwerts oder über die steuerrechtlich geeig-

---

19. So charakterisiert Tobias H. Strömer, Online-Recht: Rechtsfragen im Internet (3., aktualisierte und erweiterte Auflage 2002) in *Kapitel 2.3.5* den Werkvertrag gegenüber dem Dienstvertrag wie folgt: »Kein Mensch würde einem Maler Geld dafür bezahlen wollen, dass er zwar drei Tage versucht hat, ein Portrait zu malen, dann aber sein Vorhaben wegen andauernder Unzufriedenheit mit der eigenen Leistung aufgegeben hat.«

20. Im österreichischen AGBG steht statt »Erfolg« das passendere Wort »Ergebnis«, und niemand macht viel Aufhebens über die Abgrenzung.

netste Gesellschaftsform. Beratungsverträge, die eine Auswahl *einschließlich* eines Entscheidungsvorschlags zum Gegenstand haben, dürften gleichermaßen einzuordnen sein.

Insbesondere Mitwirkung bei der Entwicklung von Programmen: Wird nach der Erstellung der Spezifikation weiterhin in einem (!) Team gearbeitet, kann das bedeuten: Ein freier Mitarbeiter kann auf Dauer seine Unabhängigkeit verlieren *[Kapitel 5.7]*. Bei Einsatz von Mitarbeitern eines Auftragnehmers liegt es nahe, dass Arbeitnehmerüberlassung vorliegt *[Kapitel 5.6]*. Ein Dienstvertrag kann vorliegen, wenn die Mitarbeiter des Auftragnehmers nur einen Teil ihrer Arbeitszeit für die Durchführung des Auftrages einsetzen. Ein Dienstvertrag liegt bestimmt vor, wenn der Auftragnehmer an der Projektleitung (also bei gemeinsamer Verantwortung) beteiligt ist *[siehe auch IT-PM, Kapitel 2.3.4 unter »Den richtigen Vertragstyp wählen«]*.

Die wesentlichen Unterschiede zwischen den relevanten Vertragstypen hinsichtlich

- der finanziellen Seite,
- der terminlichen Seite und
- des Risikos hinsichtlich der Qualität der Ergebnisse

sind in der Tabelle 5–1 dargestellt. Dabei ist die Erstellung von Programmen (unter »Kaufvertrag«) bzw. die Änderung eines Programms (unter »Werkvertrag«) einbezogen. Die Einordnung eines Erstellungsvertrags ist strittig *[Kapitel 9 am Anfang]*. Würde man ihn als Werkvertrag einordnen, würde sich nichts ändern.

Vertragstypen bei Programmierung		
Drei (bzw. vier) Vertragstypen für verschiedene Wege zum Ziel		
Weg	**Kaufvertrag bzw. Werkvertrag**	**Dienstvertrag**	**Arbeitnehmer-überlassung**
	»AN erstellt Programm für ... bzw. ändert Programm/ erstellt Konzept«	»AN unterstützt bei folgenden Arbeiten: ...«	»AN stellt für ... zur Verfügung«
	(§ 433 bzw. § 631 BGB)	(§ 611 BGB)	(AÜG)
Geld gibt es für	das Ergebnis	das (zielgerichtete) Arbeiten	das Überlassen von Mitarbeitern
geschuldet:	Eignung des Ergebnisses (bezogen auf Vorgabe) = Mangelfreiheit	ordentliche Arbeit (geeignete Mitarbeiter)	ordentliche Auswahl (also Bereitstellung geeigneter Mitarbeiter)
Haftung für Qualität	Mängelbeseitigung, bei Vertretenmüssen auch Schadensersatz	bei Vertretenmüssen Schadensersatz, z.B. Mängelbeseitigung	bei Vertretenmüssen Schadensersatz →

Vertragstypen bei Programmierung		
Drei (bzw. vier) Vertragstypen für verschiedene Wege zum Ziel		
geschuldet: Haftung für Termine	termingerechte Übergabe ohne Vertretenmüssen Rücktritt, bei ~ auch Schadensersatz	termingerechtes Arbeiten ohne Vertretenmüssen a.o. Kündigung, bei ~ Schadensersatz	rechtzeitige Bereitstellung bei Vertretenmüssen Schadensersatz
Vergütungs-form	entsprechend konkreter Vereinbarung (eher Festpreis)	entsprechend konkreter Vereinbarung (meist nach Aufwand)	nach Aufwand

Tab. 5–1   *Vertragstypen bei Programmierung*

5.1.1   Überblick über das Werkvertragsrecht

(1)   Grundzüge des Werkvertragsrechts

Gegenstand des Werkvertrags ist die entgeltliche *Wertschöpfung*. Da Verträge über die Erstellung beweglicher Sachen dem Recht des Kaufvertrags in der Variante des Werklieferungsvertrags unterstellt werden *[Kapitel 6.1 (2)]*, bleibt für den Werkvertrag nicht mehr viel Raum: Gegenstand kann z.B. sein,

- eine Sache des Auftraggebers zu verändern;

> **Beispiel**
>
> Reparatur eines Computers, Änderung eines Programms

- ein Ergebnis/einen Erfolg durch Arbeit herbeizuführen, d.h. ein geistiges Werk zu schaffen.

> **Beispiel**
>
> Erstellung eines Gutachtens

Hauptpflichten des Auftragnehmers: Dieser ist verpflichtet, das Werk rechtzeitig und vertragsmäßig (im Wesentlichen mängelfrei) zu erstellen. Ist es nicht von dieser Beschaffenheit, braucht der Kunde es nicht abzunehmen. Außerdem ist der Auftragnehmer, soweit es wegen der Beschaffenheit des Werks möglich und nötig ist, verpflichtet, dem Kunden auch den Besitz (= die tatsächliche Verfügungsmöglichkeit) und das Herrschaftsrecht an dem Werk zu verschaffen.

Für die Herstellung des Werks dürfen im Zweifel Unterauftragnehmer eingeschaltet werden.

Hauptpflicht des Kunden: Diese besteht in der Zahlung der vereinbarten Vergütung. Die Vergütung kann als Festpreis, ebenso aber auch nach Aufwand vereinbart werden. Liefertermine können beispielsweise als feste Termine oder als Plantermine vereinbart werden. Wird über die Vergütung nichts ausdrücklich vereinbart, vermutet das Gesetz, dass die Zahlung einer Vergütung immer dann »stillschweigend« vereinbart ist, wenn die Herstellung des Werks den Umständen nach nur gegen eine Vergütung zu erwarten ist (§ 632 BGB) *[siehe Kapitel 9.2.2 zu Änderungs- und Zusatzwünschen bzw. Kapitel 9.8 zu Tätigkeiten vor Vertragsabschluss]*. Ist über deren Höhe nichts vereinbart, so gilt die übliche Höhe als vereinbart. Sie ist notfalls durch einen Sachverständigen zu ermitteln. Ist zum Liefertermin nichts vereinbart, ist der Auftragnehmer zur »zügigen« Erstellung verpflichtet *[Kapitel 9.2.4 (1)]*.

Zur Mitwirkung des Auftraggebers siehe Kapitel 9.2.3.2.

Fälligkeit/Leistungsverweigerungsrecht/Zurückbehaltungsrecht: Die Vergütung wird mit der Abnahme fällig *[siehe im Folgenden]*. Der Kunde kann die Zahlung so lange verweigern, wie er die Abnahme wegen Mängeln verweigern kann. Der Auftragnehmer kann allerdings gemäß § 632a BGB Abschlagszahlungen »für in sich abgeschlossene Teile des Werks verlangen; Voraussetzung ist, dass er dem Kunden das Eigentum an der Hardware bzw. die urheberrechtlichen Nutzungsrechte an der Software eingeräumt hat. Abschlagszahlungen kommen allerdings nur für solche Teile in Betracht, auf denen ein anderer Auftragnehmer für die Fertigstellung aufbauen könnte. Bei Software wird das kaum der Fall sein *[Kapitel 3.3.2 (2)]*.

Erklärt er die Abnahme unter Vorbehalt der Beseitigung der erkannten Mängel, kann er einen angemessenen Teil der Vergütung zurückhalten. Nach § 641 Abs. 3 BGB ist das mindestens das Dreifache der für die Beseitigung des Mangels erforderlichen Kosten.

Der Kunde kann auch noch später einen solchen Anteil zurückhalten, wenn er erst später einen Mangel meldet.

(2) Abnahme

Hauptpflicht des Kunden ist auch die (Erklärung der) Abnahme, weil an diese einige Rechtsfolgen zugunsten des Auftragnehmers geknüpft sind. Unter Abnahme ist nach § 640 BGB nicht nur wie im Kaufvertrag die körperliche Entgegennahme zu verstehen, sondern auch die Überprüfung des Werks nach dessen Entgegennahme und die anschließende Erklärung, dass der Kunde die Leistung als im Wesentlichen vertragsgemäß ansieht. Dabei ist davon auszugehen, dass der Kunde erst einmal die Möglichkeit zur Überprüfung des Werks nutzen will, bevor er die Abnahme erklärt; die Entgegennahme kann also nicht als Abnahmeerklärung verstanden werden.

Rechtsfolgen sind im Wesentlichen:

- Fälligkeit der Vergütung;
- Beginn der Verjährungsfrist für Ansprüche wegen Mängeln *[zu Ausnahmen siehe unter (3)]*; die Pflicht zur Mängelbeseitigung beginnt schon mit der Ablieferung des fertigen Werks; die Verjährungsfrist beginnt erst mit Abnahme;
- Umkehr der Beweislast dafür, ob Mängel vorliegen;
- Verlust bestimmter Ansprüche wegen Mängeln *[siehe im Folgenden]*.

Wegen dieser wichtigen Rechtsfolgen ist die Abnahme eine Hauptpflicht des Kunden. Bei deren Verletzung kann Schuldnerverzug vorliegen *[siehe im Folgenden]*.

Abnahmeerklärung in Kenntnis eines Mangels: Mit einer solchen Erklärung (ohne Vorbehalt) billigt der Kunde gemäß § 640 Abs. 2 BGB den bekannten Stand der Leistung und damit das, was anderenfalls ein Mangel ist. Er hat also keinen Anspruch auf Mängelbeseitigung mehr. Er behält aber seine Ansprüche auf Schadensersatz (§ 640 Abs. 2 BGB)! Will der Kunde den Mangel beseitigt haben, muss er sich dessen Beseitigung in der Abnahmeerklärung vorbehalten.

Der Vorbehalt bezieht sich nicht auf die Abnahmeerklärung, sondern auf den Anspruch auf Beseitigung des Mangels. Der Vorbehalt ist nur dann nicht nötig, wenn der Auftragnehmer den Mangel vor der Abnahmeerklärung schon anerkannt hat. – Vom Vorbehalt ist die bedingte Abnahme zu unterscheiden: »Die Abnahme erfolgt unter der Bedingung, dass die Fehler bis zum _____ beseitigt werden.« Wird die Bedingung nicht erfüllt, fällt die Abnahmeerklärung rückwirkend fort.

Sowohl bei der Abnahme unter Vorbehalt als auch bei der bedingten Abnahme ist der Kunde zur Zahlung des bei Abnahme fälligen Anteils an der Vergütung verpflichtet, kann aber einen angemessenen Anteil davon bis zur Beseitigung des Mangels zurückbehalten.

Teilabnahmen: Sie haben die Rechtsfolgen wie Abnahmen. Der Kunde kann trotzdem vom Vertrag insgesamt zurücktreten, wenn er später die Gesamtabnahme berechtigterweise verweigert. Voraussetzung ist, dass er an der teilweisen Erfüllung kein Interesse hat *[Kapitel 3.3.2 (2) und Kapitel 6.4.1 (1)]*.

Vorläufige unberechtigte Verweigerung der Abnahme: Der Kunde gerät dadurch erst einmal in Annahmeverzug; dieser setzt Vertretenmüssen nicht voraus *[Kapitel 3.11]*. Damit hat der Auftragnehmer Anspruch auf Ersatz seiner Mehraufwendungen, aber noch nicht auf Zahlung des Werklohns.

Gemäß § 640 Abs. 1 Satz 3 BGB kann der Auftragnehmer dem Kunden eine angemessene Frist für die Abnahmeerklärung setzen. Mit Ablauf der Frist gilt die Abnahme als erteilt, wenn der Kunde zur Abnahme verpflichtet war. Es kommt dem Wortlaut der Vorschrift nach nicht darauf an, ob der Kunde die Abnahmeprüfung aus bei ihm liegenden Gründen gar nicht durchführen konnte. Es bleibt abzuwarten, ob die Rechtsprechung andersherum entscheidet.

Endgültige unberechtigte Verweigerung der Abnahme: Diese steht der Abnahme nicht gleich; sie hat aber die Wirkung,

- dass die Abnahme nicht mehr Voraussetzung für die Fälligkeit der Vergütung ist. Der Vergütungsanspruch bleibt bestehen, wenn die Mängel beseitigbar sind. Der Kunde kann und muss Gegenansprüche wegen Mängeln vorbringen. Hingegen wird die Beweislast für die Mängelfreiheit nicht umgedreht, und
- dass, wenn die Weigerung auf Mängel gestützt wird, die Verjährungsfrist für Ansprüche wegen Sachmängeln beginnt.

(3)   Haftung für Mängel

Der Auftragnehmer haftet wie beim Kaufvertrag *[Kapitel 6.3 am Anfang]*. Die Sollbeschaffenheit kann sich allerdings kaum aus Werbeaussagen ergeben.

Bei der Mängelbeseitigung (Nacherfüllung) liegt das Wahlrecht zwischen Nachbesserung und Neuherstellung beim Auftragnehmer. Außerdem ist der Kunde, wenn der Auftragnehmer mit der Mängelbeseitigung in Verzug ist, berechtigt, den Mangel selbst auf Kosten des Auftragnehmers zu beseitigen (Selbstvornahme) *[siehe im Folgenden]*.

Verjährungsfrist für Ansprüche wegen Mängeln: Sie beginnt im Normalfall mit der Abnahme (§ 634a BGB). Sie beträgt zwei Jahre bei Verträgen, die sich auf die Wartung oder Veränderung einer Sache einschließlich der dazu gehörenden Planungs- oder Überwachungsleistungen beziehen. Bei Verträgen über die Erstellung geistiger Werke gilt die normale Verjährungsfrist von drei Jahren (mit Beginn der Frist ab dem Ende des Kalenderjahres, in dem der Mangel dem Kunden bekannt wird oder ohne grobe Fahrlässigkeit bekannt werden musste).

Selbstvornahme (Ersatzvornahme): Kommt der Auftragnehmer der Fristsetzung für die Mängelbeseitigung (Nacherfüllung) nicht nach, kann der Kunde den Mangel gemäß § 637 Abs. 1 BGB selbst beseitigen und Ersatz der hierfür erforderlichen Aufwendungen verlangen. Dazu gehört auch der eigene Arbeitsaufwand des Kunden. Verzug des Kunden ist keine Anspruchsvoraussetzung (wird aber meist vorliegen). Die Fristsetzung ist in denselben Fällen wie bei Verzug nicht erforderlich *[Kapitel 3.3.2 (2)]*. – Der Kunde hat einen Anspruch gegen den Auftragnehmer, dass dieser ihm auf die zu erwartenden Aufwendungen einen Vorschuss leistet. Er kann bereits diesen Anspruch auf Vorschuss gegen den Werklohnanspruch des Auftragnehmers verrechnen. – Daneben kann auch ein Schadensersatzanspruch bestehen, der die Erstattung dieser Kosten umfasst.

5.1.2 Überblick über das Dienstvertragsrecht

(1) Grundzüge des Dienstvertrags

Geschuldet werden die Dienste *als solche*. Derjenige, der sie zusagt, muss sie nach seinen besten Kräften und nach seinem bestem Wissen in Richtung auf einen Erfolg leisten; auf den Eintritt des Erfolgs kommt es aber rechtlich gesehen nicht an *[vgl. Kapitel 5.1]*. Beim Dienstvertrag bleibt demjenigen, für den die Dienste geleistet werden, nur das Recht, das Dienstverhältnis für die Zukunft zu kündigen, wenn er mit den Fähigkeiten und mit der Einsatzbereitschaft des Vertragspartners nicht zufrieden ist. Eine besondere Frage ist, ob der Kunde, der sich mit einem bestimmten Auftragnehmer eingelassen hat, einen für diesen Auftragnehmer nicht durchschnittlichen Mitarbeiter (ggf. entsprechend vereinbarter Qualifikationsstufe) zurückweisen darf.

Arbeitsvertrag: Der mit Abstand wichtigste Dienstvertrag ist der Arbeitsvertrag. Seit dem Inkrafttreten des BGB hat sich eine sehr umfangreiche spezielle Arbeitsgesetzgebung entwickelt. Ein Arbeitsvertrag liegt vor, wenn Dienste in persönlicher und wirtschaftlicher Abhängigkeit geleistet werden *[siehe Kapitel 5.7 zur Abgrenzung zum freien Mitarbeiter]*.

Höchstpersönliche Leistungserbringung: Der Auftragnehmer muss die versprochenen Dienste im Zweifel selbst leisten (§ 613 BGB). Die Heranziehung von Unterauftragnehmern ist also im Zweifel nicht zulässig.

 Wird eine GmbH beauftragt, darf diese in aller Regel durch ihre Mitarbeiter und nicht durch Geschäftsführer tätig werden. Fraglich ist, ob sie nur durch fest angestellte Mitarbeiter oder aber auch durch freie Mitarbeiter tätig werden darf. Wendet man § 613 Satz 1 BGB entsprechend auf diese Situation an, darf der Auftragnehmer im Zweifel nur fest angestellte Mitarbeiter einsetzen. Andererseits ist zu berücksichtigen, dass Kunden, die in eigenen AGB ein Verbot oder einen Zustimmungsvorbehalt bezüglich des Einsatzes von Unterauftragnehmern vorsehen, häufig solche freie Mitarbeiter davon ausnehmen, mit denen der Auftragnehmer dauernd zusammenarbeitet.

Vergütung: Der Kunde muss die vereinbarte Vergütung bezahlen. Sie besteht in der Regel in Geld.

Beispiel für Ausnahme

Ein Anwender stellt einem Softwarehaus Rechenzeiten dafür bereit, dass dieses die Pflege überlassener Programme übernimmt.

Wird die Frage der Vergütungspflicht nicht ausdrücklich geregelt, wird vermutet, dass die Zahlung einer Vergütung »stillschweigend« vereinbart ist, wenn die Leistung der Dienste den Umständen nach nur gegen eine Vergütung zu erwarten ist

(§ 612 BGB). Ist über die Höhe der Vergütung nichts vereinbart, so gilt die übliche Vergütung als vereinbart. Deren Höhe ist notfalls durch einen Sachverständigen zu ermitteln.

Vereinbart werden kann eine Obergrenze für die Vergütung insgesamt. Der Auftragnehmer übernimmt dann ein bestimmtes Risiko. Kommen Aufgaben hinzu, hat er Anspruch darauf, dass die Obergrenze erhöht wird *[ähnlich Kapitel 9.3.2 (3)]*. Wird hingegen eine Aufwandskalkulation dem Vertrag zugrunde gelegt, dürfte § 650 BGB entsprechend anzuwenden sein *[vgl. Kapitel 9.3.2 (3)]*.

Fälligkeit der Vergütung: Nach § 614 BGB ist die Vergütung fällig, wenn die Dienste geleistet sind. Ist die Vergütung nach Zeitabschnitten bemessen, ist sie nach dem Ablauf der einzelnen Zeitabschnitte zu entrichten. In der Praxis wird in der Regel nach längeren Zeitabschnitten vergütet (Stundensatz/Tagessatz mit monatlicher Abrechnung).

Vergütung bei Annahmeverzug des Kunden: In diesem Fall muss der Auftragnehmer gemäß § 615 BGB seine Dienste anbieten und kann die vereinbarte Vergütung verlangen, ohne die Dienste geleistet zu haben und ohne zur Nachleistung verpflichtet zu sein. Er muss sich aber den Wert desjenigen anrechnen lassen, was er erspart, weil die Leistung unterbleibt, und was er durch anderweitige Verwendung der Arbeitszeit von sich oder von seinen Mitarbeitern erwirbt oder zu erwerben böswillig unterlässt.

(2)   Kündigung/Beendigung

Da beim Dienstvertrag die Dienste im Zeitablauf geleistet werden, sieht das Gesetz die Kündigung für die Zukunft vor, nicht den (rückwirkenden) Rücktritt. Die Kündigungsfristen ergeben sich aus § 621 BGB. Sie sind sehr kurz, wenn die Vergütung nach Stunden- oder nach Tagessätzen bestimmt wird.

Kündigung aus wichtigem Grund: Gegenüber der allgemeinen Vorschrift über die fristlose Kündigung (= Kündigung aus wichtigem Grund) gemäß § 314 BGB *[Kapitel 3.1 (5)]* enthält die spezielle Vorschrift in § 626 BGB als Besonderheit des Dienstvertrags eine Ausschlussfrist: Die Kündigung kann nur innerhalb von zwei Wochen von dem Zeitpunkt an erfolgen, in dem der Kündigungsberechtigte von dem wichtigen Grund Kenntnis erhalten hat. – Meist erfüllen die Tatsachen, die zur Kündigung berechtigen, zugleich die Voraussetzungen für einen Anspruch auf Schadensersatz.

Besonderes Kündigungsrecht bei Diensten höherer Art: § 627 BGB erlaubt beiden Seiten, einen Vertrag über Dienste höherer Art, die üblicherweise nur aufgrund besonderen Vertrauens übertragen werden, jederzeit zu kündigen. Der Auftragnehmer darf allerdings nur so kündigen, dass sich der Kunde die Dienste auch anderweitig wieder beschaffen kann (es sei denn, dass ein wichtiger Grund für die Kündigung vorliegt).

Wer Beratung im engeren Sinne erbringt *[vgl. Kapitel 5.1 (1)]*, dürfte regelmäßig Dienste höherer Art leisten. Wer bei der Erstellung von Vorstufen zu Programmen mitwirkt, kann Dienste höherer Art erbringen; es liegt aber näher, dass die ausführende Tätigkeit im Vordergrund steht. – Auch Firmen können Auftragnehmer im Sinne von § 627 BGB sein.

Weiterarbeit nach Beendigung: Arbeitet der Auftragnehmer nach Ablauf der kalendermäßig bestimmten Zeit (oder der Kündigungsfrist) weiter, gilt in der Regel, dass der Kunde, wenn er das weiß, das billigt; die Parteien verlängern dann unausgesprochen den Vertrag. § 625 BGB sichert den Auftragnehmer dahingehend ab, dass der Kunde sich nicht auf seinen gegenteiligen Willen berufen kann. – Es reicht also aus, wenn die Fachabteilung des Kunden um die Fortsetzung weiß, auch wenn die zuständige Einkaufsabteilung noch nicht die von der Fachabteilung gewünschte Vertragsverlängerung durchgeführt hat.

(3)   Die Haftung des Auftragnehmers

Haftung für Sachmängel gibt es begrifflich nicht, weil kein Ergebnis geschuldet wird (also gibt es keine Pflicht zur Beseitigung von nicht verschuldeten Mängeln). Das Dienstvertragsrecht kennt *keine* Minderung der Vergütung, wenn die Leistung hinter dem Üblichen zurückbleibt. Nur insoweit wie der Kunde durch schuldhafte Schlechterfüllung einen Schaden erleidet, soll der Auftragnehmer schadensersatzpflichtig sein. Es lässt sich nur teilweise vertreten, dass der Schaden darin liegt, dass keine vollwertige Leistung erbracht worden ist.

Verzug: Der Auftragnehmer kommt gemäß §§ 286 f. BGB in Verzug, wenn er nicht zeitgerecht arbeitet. Eine unmittelbare Haftung für die Einhaltung von Endterminen gibt es nicht. Der Auftragnehmer ist nur zur termingerechten Arbeitsleistung verpflichtet sowie dazu, sich um die Einhaltung von Terminplänen zu bemühen. Erkennt er, dass er einen Terminplan nicht einhalten kann, ist er verpflichtet, den Kunden darüber zu informieren (unterlässt er das, macht er sich wegen Schlechterfüllung schadensersatzpflichtig). Möglich sind selbstständige Zusagen (Garantien), aufgrund derer der Auftragnehmer ggf. haftet.

Schlechterfüllung ist die Verletzung der Pflicht zu ordentlicher Arbeit *[Kapitel 3.4]*. Sie führt zur Schadensersatzpflicht, wenn der Auftragnehmer diese zu vertreten hat, das bedeutet im Normalfall: sie verschuldet hat. Eine Pflicht zur Mängelbeseitigung unabhängig von Vertretenmüssen gibt es begrifflich nicht. Die Vertragsfreiheit erlaubt, die Pflicht des Auftragnehmers zu vereinbaren, Mängel zu beseitigen.

(4)   Rechte an den Arbeitsergebnissen

§ 69b Abs. 2 UrhG spricht zwar von »Dienstverträgen«, bezieht sich aber damit nur auf öffentlich-rechtliche Dienstverhältnisse und ist also nicht einschlägig.

In der Branche wird verbreitet davon ausgegangen, dass – im Gegensatz zu Werk(lieferungs)verträgen – alle Rechte an den Arbeitsergebnissen als Darstellung im Sinne des Urheberrechts beim Kunden liegen. Die Begründung dafür liegt darin, dass die Mitarbeiter des Auftragnehmers in einem Projekt des Kunden mitarbeiten würden. Eine Ausnahme wird konsequenterweise dann gemacht, wenn der Auftragnehmer Dokumente in das Projekt einbringt, z.B. Untersuchungen, die er früher erarbeitet hat.

Es wird allgemein davon ausgegangen, dass der Auftragnehmer das erworbene Wissen anderweitig verwenden darf, soweit nicht Geheimhaltungsinteressen dem entgegenstehen. Um dieses Wissen effektiv nutzen zu können, darf der Auftragnehmer nach allgemeiner Vorstellung eine Kopie der von ihm erstellten Unterlagen behalten, wenn nicht *besondere* Geheimhaltungsinteressen vorliegen. Ob Letzteres der Fall ist, soll danach entschieden werden, ob der Vertrag eine konkrete Geheimhaltungsklausel vorsieht.

Dass dem Kunden im Normalfall alle Rechte an der Darstellung von Ergebnissen zustehen, ist urheberrechtlich plausibel: Wenn Mitarbeiter beider Vertragspartner Miturheber sind, liegt es in Anbetracht der nur vorübergehenden Zusammenarbeit nahe, dass die Nutzungsrechte an einen der Vertragspartner übertragen werden sollen. Es liegt nahe, den Kunden als diesen Vertragspartner anzusehen *[vgl. Kapitel 4.3.2]*. Die Rechtsprechung geht auch davon aus, dass alle Rechte an den Kunden übergehen sollen, wenn ein Auftragnehmer ein Programm in enger Anbindung an den Kunden erstellt *[Kapitel 9.3.4 (2)]*.

(5)   Das IT-spezifische Arbeitsrecht

Im Wesentlichen geht es um die Rechte an den Arbeitsergebnissen der Mitarbeiter. *Siehe www.zahrnt.de, Kapitel 5.5.2.*

(6)   Abgrenzung zur Arbeitnehmerüberlassung

Soweit der Auftragnehmer dem Kunden Mitarbeiter zur Verfügung stellt, kann das Arbeitnehmerüberlassungsgesetz mit der Konsequenz eingreifen, dass die Mitarbeiter als solche des Kunden gelten. *Siehe www.zahrnt.de, Kapitel 5.6.*

5.1.3 Insbesondere Verträge mit freien Mitarbeitern

Zur Abgrenzung von freien Mitarbeitern zu Arbeitnehmern siehe www.zahrnt.de, Kapitel 5.7.

(1) Vertragstyp

Verträge mit freien Mitarbeitern können Dienst- oder Werkverträge sein. In der IT-Praxis werden typischerweise Rahmenverträge geschlossen, um die Zusammenarbeit zu regeln. Diese werden häufig als Werkverträge definiert, insbesondere

- um Dienstverträge auszuschließen (es soll ein »Erfolg« geschuldet werden, auch wenn es dann im Einzelauftrag um »Unterstützung« geht),
- um den Eindruck zu erwecken, dass Arbeitnehmerüberlassung ganz fern liege *[vgl. Kapitel 5.6]*, und
- um den Auftragnehmer möglichst stark in die Pflicht zu nehmen *[vgl. Kapitel 5.1.1 (3)]*. Eventuell geschieht das zu stark, sodass der Vertrag zu einem Arbeitsvertrag wird *[Kapitel 5.7]*.

Maßgeblich ist, was an Leistung tatsächlich gewollt ist (wie es sich aus deren Beschreibung im Auftrag oder später aus der Durchführung ergibt).

(2) Wettbewerbsverbote

Die Kundschaft ist das wichtigste Wirtschaftsgut eines Beratungsunternehmens, das umfangreich mit freien Mitarbeitern arbeitet. Der typische Endkunde (großer Anwender) will keinen Vertrag mit dem freien Mitarbeiter schließen, solange er diesen noch nicht gut kennt. Das Beratungsunternehmen soll ihm die Zuverlässigkeit, Leistungsfähigkeit und Verfügbarkeit (Austausch bei Krankheit, meist auf der Basis, dass das Beratungsunternehmen die Einarbeitungskosten trägt) garantieren. Es besteht also ein hohes Bedürfnis für das Beratungsunternehmen zu verhindern, dass sich die beiden anderen kurzschließen, nachdem der freie Mitarbeiter sich bewährt hat. Angesichts der Machtverhältnisse braucht der Kunde sich kaum auf ein Verbot einzulassen, den ursprünglichen Unterauftragnehmer direkt zu engagieren. Das Beratungsunternehmen müsste deswegen für eine Vereinbarung sorgen können, dass der freie Mitarbeiter nicht für diejenigen Kunden tätig werden darf, für die er über das Beratungsunternehmen tätig war. Eine solche Vereinbarung hält der BGH aber nur dann ohne die Vereinbarung einer Entschädigung für den freien Mitarbeiter für wirksam, wenn der freie Mitarbeiter nicht persönlich und wirtschaftlich vom Beratungsunternehmen abhängig ist.

(3)   Rechte an den Ergebnissen

Der Kunde hat dominante Verwertungsinteressen, soweit die Tätigkeit des freien Mitarbeiters sich auf die Schaffung von Produkten bezieht *[Kapitel 9.3.4]*. Dementsprechend soll er ausschließliche und uneingeschränkte Rechte an den Ergebnissen erhalten. Bei Projektverträgen für einzelne Endkunden ist das nicht so sicher.

5.1.4   Besonderheiten bei Verträgen über Leistungen für Endkunden

Im Folgenden werden der Auftraggeber als »Generalunternehmer« (= GU) und der Auftragnehmer als »Unterauftragnehmer« bezeichnet. Der Kunde erhält den »Hauptauftrag« vom »Endkunden«.

Die Besonderheiten beziehen sich auf Verträge, bei denen der Unterauftragnehmer nicht nur innerhalb des Teams des GU mitwirkt, sondern wichtige Teile des Auftrags des Endkunden eigenverantwortlich durchführt. Beispielhaft ist der Auftrag eines Endkunden über ein umfangreiches System, bei dem der GU für die Lieferung der Hardware und der Unterauftragnehmer für die Erstellung der projektspezifischen Software oder für die Einführung seiner über den GU gelieferten Standardprogramme zuständig ist.

Es geht weniger um materiellrechtliche Probleme als um tatsächliche. Der GU ist von der Leistungsfähigkeit des Unterauftragnehmers abhängig. Damit der Auftragnehmer im Ernstfall Druck ausüben kann, muss der Unterauftragnehmer (rück-)zahlungsfähig sein.

Der Unterauftragnehmer hat mehr mit kleineren, dafür aber häufiger auftretenden Problemen zu kämpfen, weil er zwar Kontakt, aber keine vertraglichen Beziehungen zum Endkunden hat.

(1)   Vertragstypen

Die Vertragstypen Werk(lieferungs)vertrag und Dienstvertrag *[Kapitel 5.1]* werden nicht abgeändert. Wird ein freier Mitarbeiter tätig, kommt in Betracht, dass dieser in die Organisation des Endkunden eingegliedert wird, sodass er – parallel zur Arbeitnehmerüberlassung – als normaler Angestellter in der Organisation des Endkunden gilt *[vgl. Kapitel 5.7]*.

(2)   Geschuldete Leistungen, insbesondere geschuldete Verwendungsfähigkeit

Die vom GU geschuldete Leistung muss sich bei identischer schriftlicher Aufgabenstellung nicht mit der vom Unterauftragnehmer geschuldeten Leistung decken:

- Jedes Dokument ist vor dem Hintergrund desjenigen auszulegen, der es abgegeben hat. Der GU hat es also vor dem Hintergrund des Endkunden auszulegen. Der Unterauftragnehmer weiß zwar, dass das Dokument vom Endkunden stammt und vor dessen Hintergrund gesehen werden soll. Dieser

Hintergrund braucht dem Unterauftragnehmer allerdings nicht vollständig bekannt zu sein und ist dann für ihn nicht verbindlich. So können z.B. aufgrund früherer Aufträge des Endkunden an den GU bestimmte Konventionen über die Leistungserbringung oder über die Leistung selbst festgelegt sein, die der Unterauftragnehmer nicht kennt.

▪ Der GU kann mündliche Zusagen gemacht haben, insbesondere zur vertraglich vorausgesetzten Verwendungsfähigkeit.

▪ Der GU kann in den Vertragsbedingungen Verpflichtungen zu Leistungen übernommen haben, die der Unterauftragnehmer nicht kennt.

▪ Der GU hat eine Gesamtleistung zu erbringen, die auch die vom Unterauftragnehmer übernommene Leistung prägt, ohne dass der Unterauftragnehmer diese Prägung als Leistungspflicht übernommen hat. Beispielsweise kann das Leistungsverhalten der von ihm zu erstellenden Programme wesentlich von der zur Verfügung stehenden Kapazität der IT-Anlage beeinflusst werden. Hat der GU die Kapazität eng gewählt, mag es möglich sein, dass das gewünschte Ergebnis mithilfe von Tuning-Maßnahmen seitens des Unterauftragnehmers erreicht werden kann. Der Unterauftragnehmer schuldet allerdings nicht diese Maßnahmen, sondern schuldet ein Programm, das auf ordentlich bemessener Kapazität der IT-Anlage aufbauend ein ordentliches Leistungsverhalten zeigt.

(3)   Sonstige Auswirkungen des Hauptauftrags auf den Unterauftrag

Abnahme: Wenn die Abnahme vereinbart ist, die Modalitäten für sie aber im Unterauftrag nicht festgelegt sind, stellt sich die Frage, inwieweit der GU die Leistung erst abzunehmen braucht, wenn der Endkunde sie überprüft hat. Wenn die Leistung erst bei ihm installiert wird und er sie testen kann, liegt es nahe, dass die Weitergabe an den Endkunden die Abnahme beinhaltet. Wenn der Unterauftragnehmer die Leistung hingegen gleich an den Endkunden liefern soll oder diese wenigstens nur dort sinnvoll getestet werden kann, liegt das fern.

Wenn der Endkunde die Abnahme erklärt, muss der GU das grundsätzlich im Verhältnis zum Unterauftragnehmer gelten lassen:

Abnahme erst bei Abnahme durch den Endkunden vereinbart: Wird vereinbart, dass der GU die Leistung erst mit der Abnahme durch den Endkunden seinerseits abnehmen muss, ist das normalerweise so auszulegen, dass der GU die Abnahmeprüfung gegenüber dem Unterauftragnehmer erst im Zusammenhang mit der Abnahmeprüfung durch den Endkunden durchzuführen braucht (und sich des Endkunden dazu bedienen darf).

Lehnt der Endkunde die Abnahme nur wegen Mängeln in der Leistung des GU ab, muss dieser die Abnahme gegenüber dem Unterauftragnehmer erklären.

Verweigert der Endkunde die Abnahme grundlos, dürfte das im Risikobereich des GU liegen. Denn er hat gegen den Endkunden wegen dessen Vertragsverletzung Schadensersatzansprüche. Außerdem hätte der GU die Rechtsform des

Innenkonsortiums verlangen können *[Kapitel 3.2 (4)]*. Indem er darauf verzichtet hat, hat er dieses Risiko übernommen und muss abnehmen und zahlen.

(4)   Stellung des Generalunternehmers gegenüber dem Unterauftragnehmer

Wenn es Aufgabe des Unterauftragnehmers ist, die Aufgabenstellung mit dem Endkunden zu konkretisieren, kann sich ergeben, dass der Endkunde den Unterauftragnehmer auffordert, dass dieser etwas realisiert, was der GU vorher zugesagt habe, ohne den Unterauftragnehmer entsprechend verpflichtet zu haben. Der Unterauftragnehmer dürfte zu seiner Absicherung berechtigt sein, Änderungen/Ergänzungen erst dann als verbindlich ansehen zu müssen, wenn im Rahmen eines Änderungsverfahrens *[Kapitel 9.2.2]* auch der Ausgleich für ihn vereinbart ist. Das Projekt dürfte zwar darunter zulasten des GU leiden. Der GU handelt aber auf eigenes Risiko, wenn er Zusagen bezüglich des Leistungsanteils des Unterauftragnehmers und der Projektdurchführung macht, die mit diesem nicht vereinbart sind.

Eine Pflicht des GU, den Unterauftragnehmer darüber zu *informieren*, was er dem Endkunden zugesagt hat, gibt es formal gesehen nicht. Der GU muss im eigenen Interesse mit dem Unterauftragnehmer *vereinbaren*, was er dem Endkunden zusagen will, damit er diesem gegenüber seine Pflichten erfüllen kann.

Der GU darf nicht Dokumente des Unterauftragnehmers ohne Absprache mit diesem inhaltlich verändert weiterreichen.

Unterlässt der GU die vorherige Abstimmung oder Vereinbarung und gefährdet damit das Projekt, dürfte der Unterauftragnehmer berechtigt sein, den Endkunden über diese Eigenmächtigkeiten des GU zu informieren.

5.2   Beratungsverträge (Konzepterstellung, Auswahl von Systemen)

Verträge über die Erstellung von Konzepten oder die Auswahl eines Systems sind eher als Werkvertrag denn als Dienstvertrag einzuordnen. Bei der Systemauswahl liegt eher ein Dienstvertrag vor, wenn der Kunde eine gewisse Sachkompetenz hat, um die Auswahlentscheidung selbst treffen zu können.

Bei der Auswahl von Systemen muss der Auftragnehmer auf das Leistungsverhalten der untersuchten Systeme eingehen. Bei der Auswahl von Softwareprodukten muss er auf deren Leistungsanforderungen an die IT-Anlage eingehen, auf der die Softwareprodukte eingesetzt werden sollen.

Substanziierungspflicht bei Mängeln: Der Kunde, der behauptet, dass die aufgrund der Empfehlung erworbene Lösung nichts taugt, muss nicht nur darlegen, dass das so ist, sondern auch, dass der Mangel nicht nur im erworbenen Produkt, sondern bereits in der Empfehlung steckt.

Beispiel

Der Kunde behauptet, dass der Berater eine Anlage mit zu geringem Leistungsverhalten empfohlen habe. Der Berater beruft sich auf einen für ihn nicht erkennbaren Fehler in der Anlage (Ursache für den Mangel kann z.B. die fehlerhafte Generierung/Verteilung der Dateien auf den Platten im Rahmen der Inbetriebnahme sein).

5.3 Erarbeitung von Vorstufen zu Programmen

Für die rechtliche Einordnung kommt es auf die Intensität der Zusammenarbeit der beiden Parteien an: Arbeiten die Parteien eng zusammen (liefern die Mitarbeiter des Kunden also nicht nur Informationen), liegt ein Dienstvertrag vor. Der Auftragnehmer erstellt in diesem Falle nicht das Dokument im Sinne des Werkvertragsrechts, sondern übernimmt die Funktion des Formulierungs- und Schreibdienstes für die gemeinsam erarbeiteten Ergebnisse. Anderenfalls liegt ein Werkvertrag vor *[vgl. Kapitel 5.1]*.

Durchführung: Das Vorgehen entspricht weitestgehend demjenigen bei Verträgen über Programmerstellung für die jeweiligen Phasen.

Die Erstellung einer Spezifikation wird hier von den Vertragspartnern weniger als notwendiges Übel denn als sinnvolle Vorgehensweise angesehen. Liegt ein Werkvertrag vor, ist die Spezifikation abzunehmen (§ 640 BGB). Die Abnahme beinhaltet zugleich deren Genehmigung (Absegnen des Prozesses des Gebens und Nehmens beim Ändern der Aufgabenstellung während der Spezifikation *[vgl. Kapitel 9.1.3]*).

Rechte an den Ergebnissen: *Zu Verträgen mit Herstellern siehe www.zahrnt.de, Kapitel 5.3.*

Bei einem Projektvertrag steht für den Kunden sein Know-how und die spezielle Lösung im Vordergrund. Für ihn geht es nicht nur um die weitere Verwendung der – urheberrechtlich allein geschützten – Darstellung. Verwertungsbeschränkungen für den Auftragnehmer können sich nur aus Geheimhaltungsinteressen des Kunden ergeben *[vgl. Kapitel 9.3.4 (1) und (2)]*. Der Kunde darf die erarbeiteten Dokumente beliebig zumindest für eigene Zwecke umsetzen. Er darf das im Zeitablauf auch mehrfach tun (für Neuprogrammierung).

Vergütung: *Siehe allgemein Kapitel 9.3.2. Zu Verträgen mit Herstellern siehe www.zahrnt.de, Kapitel 5.3.*

5.4 Installation und Inbetriebnahme von IT-Anlagen, von Hardware oder von Software

(1)   Rechtliche Einordnung

Die Installation ist als Werkvertrag einzuordnen.

Die Inbetriebnahme von Softwareprodukten, die der Kunde selbst beschafft hat, kann dienstvertraglich oder werkvertraglich ausgestaltet sein *[Kapitel 6.2.1 (4) sowie IT-PM, Kapitel 2.3.4 unter »Den richtigen Vertragstyp wählen« bzw. 5.2.2.2]*.

(2)   Beratung bei der Einsatzvorbereitung von Softwareprodukten durch deren Lieferanten

Es ist nicht nötig, einen eigenen Vertrag über die Dienstleistungen zu schließen, wenn der Auftragnehmer zugleich Lieferant der Softwareprodukte ist. Einige Lieferanten streben einen eigenen Vertrag an, um Dienstleistungen von der Überlassung zu trennen, insbesondere um den Zusammenhang der Leistungen beim Scheitern der Einsatzvorbereitung aufzuheben und um die Vergütung für die Softwareprodukte bereits nach der Lieferung als Umsatz buchen zu können. Die Aufspaltung ist nur wirksam, wenn sie eindeutig vereinbart ist *[vgl. Kapitel 6.4.1 (2) und 8.3 (1)]*. Bei der steuerrechtlichen Frage ist das Finanzamt eher dafür, dass die Aufteilung sachgerecht ist, der Wirtschaftsprüfer eher dagegen.

5.5 IT-spezifische Fragen des Arbeitsrechts

Es geht im Wesentlichen um die Frage, in welchem Umfang die Rechte an den Spezifikations- und Programmierleistungen, die ein Mitarbeiter erstellt, dem Arbeitgeber zustehen.

Siehe ausführlich www.zahrnt.de, Kapitel 5.5.

5.6 Arbeitnehmerüberlassung

Arbeitnehmerüberlassung liegt vor, wenn Mitarbeiter des Auftragnehmers nicht als dessen Erfüllungsgehilfen tätig werden, um vom Auftragnehmer geschuldete Leistungen zu erbringen, sondern wenn sich die Leistung des Auftragnehmers darauf beschränkt, die Mitarbeiter mit (fast) ihrer ganzen Arbeitszeit zur Verfügung zu stellen, sodass sie wie Mitarbeiter des Auftraggebers bei diesem tätig werden.

Schließt ein Auftragnehmer Verträge über die Überlassung von Mitarbeitern gewerbsmäßig, sind diese nach dem AÜG erlaubnispflichtig. Bei gewerbsmäßiger Überlassung *ohne Erlaubnis* sind die Verträge zwischen Verleiher und Mitarbeiter bzw. Verleiher und Entleiher unwirksam; die Mitarbeiter des Verleihers werden vom AÜG geschützt, indem sie als solche des Entleihers gelten (§ 10 AÜG).

Siehe ausführlich www.zahrnt.de, Kapitel 5.6.

5.7 Abgrenzung freie Mitarbeiter – normale Mitarbeiter

Im IT-Bereich besteht häufig die Situation, dass ein freier Mitarbeiter typischerweise mit einem einzigen Auftraggeber zusammenarbeitet; er wird nach Aufwand vergütet. Der Einzelauftrag ist ziemlich unbedeutend und wird deswegen entsprechend formlos gehandhabt. Bei Projekten mit Kunden seines Auftraggebers tritt der freie Mitarbeiter diesen gegenüber als normaler Mitarbeiter auf und hat keinen abgegrenzten Aufgabenbereich (sofern er nicht der einzige ist, der an der Aufgabe arbeitet, oder sich das aus der Projektstruktur ergibt). Bei dauerhafter Zusammenarbeit stellt sich die Frage, ob der freie Mitarbeiter wirklich frei ist oder aber persönlich und wirtschaftlich abhängig, sodass es geboten ist, ihn mehr oder weniger wie einen Arbeitnehmer zu schützen. Zwischen dem echt freien, nämlich dem persönlich und wirtschaftlich unabhängigen Mitarbeiter und dem Arbeitnehmer gibt es Zwischenstufen.

Siehe ausführlich www.zahrnt.de, Kapitel 5.7.

6 Beschaffung/Lieferung von IT-Systemen

6.1 Vertragsgegenstand und Grundzüge des Kaufvertragsrechts

(1) Vertragsgegenstand und rechtliche Einordnung

Projektverträge auf der Basis von Produkten unterliegen nach dem Wortlaut des BGB dem Kaufrecht. Das gilt auch für Projektverträge ohne Hardware, weil die Rechtsprechung die Überlassung von Softwareprodukten wie die Lieferung von Sachen behandelt *[siehe auch Kapitel 8.1 (3) und 8.2]* und weil auf jeden Fall auch die Lieferung eines Gegenstands, der keine Sache ist, oder die Einräumung eines Rechts gemäß § 453 BGB gegen einmalige Vergütung unter den Kaufvertrag fällt. Kaufrecht greift auch ein, wenn die Sache oder der Gegenstand erst erstellt werden muss. Der Gesetzgeber hat in der großen Schuldrechtsreform von 2002 weite Bereiche, die bis dahin dem Werkvertragsrecht zugeordnet waren, dem Kaufrecht unterstellt.

Werkverträge liegen vor, wenn der Auftragnehmer (fremde) Softwareprodukte einführt, die der Kunde anderweitig, z.B. direkt vom Hersteller, bezogen hat.

Die Anwendung des Kaufrechts macht insofern Schwierigkeiten, als der Gesetzgeber nur die Montage als ergänzende Dienstleistung im Recht des Kaufvertrags angeführt hat. Traditionelle Juristen nehmen das gerne als Anlass dafür, Projektverträge mit umfangreichen Dienstleistungen dem Werkvertragsrecht zu unterstellen, sodass der Auftragnehmer »Erfolg« schuldet. Das ist zwar nicht mehr als ein Ergebnis, das auch beim Kaufvertrag geschuldet wird (das Wort dient der Abgrenzung von Werkvertrag zu Dienstvertrag *[Kapitel 5.1]*). Aber das Wort macht sich so schön, dass die Kundenseite Wert darauf legt, dass ein Werkvertrag geschlossen wird *[siehe IT-PM, Kapitel 2.3.4 und 5.2.2.2 unter »Den richtigen Vertragstyp ... wählen«]*.

Diese Einordnung ist deswegen unberechtigt, weil der Gesetzgeber Sachen bzw. Gegenstände, die individualisiert werden sollen, dem Kaufrecht in dessen Variante Werklieferungsvertrag unterstellt hat *[siehe (2)]*. Man kann ein Softwareprodukt aber nur mit umfangreichen Dienstleistungen individualisieren. Also fallen auch Projektverträge mit umfangreichen Dienstleistungen unter den Kaufvertrag (solange sich die Traditionalisten nicht beim Bundesgerichtshof durchsetzen).

(2) Grundzüge des Kaufvertragsrechts

Soweit auf beiden Seiten Kaufleute Vertragspartner sind, greifen die allgemeinen Vorschriften des HGB zu Handelsgeschäften sowie die speziellen Vorschriften zum Handelskauf ergänzend ein.

Variante Werklieferungsvertrag: Kaufrecht geht von der Lieferung »vertretbarer Sachen« aus. Das sind solche Sachen, die im Geschäftsverkehr nach Zahl, Maß oder Gewicht gehandelt werden. Wenn die Sache speziell für den Käufer erstellt oder – bei Einführungsprojekten – auf ihn zugeschnitten werden soll, ist sie nicht vertretbar. Für diesen Fall sieht das BGB die Variante Werklieferungsvertrag nach § 651 BGB vor. Das bedeutet: Hinsichtlich der Sachmängelhaftung gilt ganz normal Kaufrecht. Hinsichtlich der Durchführung gelten ergänzend einige Vorschriften des Werkvertragsrechts, die sich auf die Durchführung beziehen. § 640 BGB über die Abnahmeprüfung und die Abnahmeerklärung *[Kapitel 9.4]* gilt aber nicht.

Die Frage, ob aufgrund des Umfangs der Einführungsleistungen ein nicht vertretbares System zu liefern ist und damit die Variante Werklieferungsvertrag eingreift, kann dahingestellt bleiben. Denn auch wenn im Einzelfall nur ein geringer Bedarf für diese besteht, die zusätzlichen Vorschriften des Werkvertragsrechts für die Einführungsleistungen anzuwenden, sind diese Vorschriften in dem Umfang entsprechend/analog *[Anhang A.7 (1)]* anzuwenden, in dem dieser Bedarf besteht.

Auf die zusätzlichen Vorschriften der Variante Werklieferungsvertrag wird bei den einzelnen Fragestellungen eingegangen.

Anzuwenden sind:

- § 642 BGB über die Mitwirkung des Anwenders und Entschädigung des Lieferanten für seinen Mehraufwand bei nicht ordnungsgemäßer Mitwirkung.
- § 643 BGB über das Recht des Lieferanten, den Vertrag bei unterlassener Mitwirkung außerordentlich zu kündigen.
- § 645 BGB über Ansprüche des Lieferanten, wenn der Anwender verursacht, dass die Leistung nicht erbracht werden kann, auch wenn den Anwender kein Verschulden trifft.
- § 649 BGB über das freie Kündigungsrecht des Anwenders (der dadurch von seiner Zahlungspflicht aber nur eingeschränkt befreit wird). Hier ist fraglich, inwieweit § 649 BGB anzuwenden ist.
- § 650 BGB über Kostenanschläge.

Wenn die Höhe der *Vergütung für Einführungsleistungen* nicht bestimmt ist, greift § 632 BGB (oder § 612 BGB) entsprechend ein, dass die übliche Vergütung als vereinbart anzusehen ist.

Die Unterschiede zwischen Kaufvertrag und Werkvertrag bei IT-Projektverträgen sind in der Praxis gering.

Eigentumsübergang beim Kaufvertrag: Der Kaufvertrag ist ein gegenseitiger schuldrechtlicher Vertrag und begründet als solcher gegenseitige Rechte und Pflichten *[Kapitel 1.1.1 (1)]*. Wer einen Kaufvertrag abgeschlossen hat, ist zunächst nur *verpflichtet*, ihn zu erfüllen, also das Eigentum an dem Kaufgegenstand zu übertragen bzw. den Kaufpreis zu zahlen. Tut er das nicht, greifen die Vorschriften über Pflichtverletzungen ein *[Kapitel 3.3]*.

Eigentum wird nach §§ 925 ff. BGB durch Einigung und Übergabe verschafft. Übergabe ist die Verschaffung des (tatsächlichen) Besitzes. Die Einigung ist der sachenrechtliche (= herrschaftsrechtliche) Vertrag mit dem Inhalt, dass das Eigentum übergehen soll. Diese Einigung wird in der Regel nicht extra ausgedrückt/erklärt, sodass sie den Vertragspartnern selten bewusst wird. Anders ist das, wenn ein Eigentumsvorbehalt vereinbart wird. Hier wird deutlich, dass neben dem schuldrechtlichen Kaufvertrag noch die sachenrechtliche Einigung über den Eigentumsübergang erforderlich ist *[siehe im Folgenden]*.

Einfacher Eigentumsvorbehalt: Die Einigung kann unter der aufschiebenden Bedingung (= dem Vorbehalt) geschlossen werden, dass der Käufer den gesamten Kaufpreis bezahlt. Wird über das Vermögen des Vorbehaltskäufers ein Insolvenzverfahren eröffnet, ehe er den Kaufpreis bezahlt hat, kann der Verkäufer die noch in seinem Eigentum stehende Kaufsache aus der Masse aussondern, d.h. verlangen, dass der Insolvenzverwalter die Sachen herausgibt.

Dieser einfache Eigentumsvorbehalt bezieht sich nur auf die verkaufte Sache selbst: »Die von uns gelieferte Ware bleibt bis zur vollständigen Bezahlung unser Eigentum.«

Verlängerter Eigentumsvorbehalt: Siehe *www.zahrnt.de, Kapitel 6.1.*

Gefahrübergang: Wer trägt den Verlust, wenn die Kaufsache zwischen Abschluss der Erfüllungshandlung und Eintritt des Erfüllungserfolges (Besitzerlangung und Eigentumsübergang) *[Kapitel 3.13 (1)]* zufällig sich verschlechtert oder untergeht, d.h. ohne dass ein Vertragspartner das zu vertreten hätte? Letzteres kann z.B. beim Versendungskauf während des Transports geschehen (Erfüllungsort beim Verkäufer; Erfüllungshandlung: Übergabe an den Spediteur o.Ä.). Das Gesetz schiebt dieses Risiko dem Käufer wie folgt zu (§§ 446 f. BGB) *[siehe aber zum Verbrauchsgüterkauf www.zahrnt.de, Kapitel 6.3.13 (1) am Ende]*.

Die Gefahr geht auf ihn über

- bei einer Schickschuld (Lieferung ohne Installation) mit Absendung,
- bei einer Bringschuld (Installation geschuldet) mit Abschluss der Installation. Der Auftragnehmer trägt dann auch das Risiko, wenn die Sache zwischen Anlieferung und Abschluss der Installation zufällig untergeht.

Kauf auf Probe: Die Wirksamkeit des Kaufvertrags hängt von der Billigung des Kaufgegenstandes durch den Käufer ab; der Vertrag ist im Zweifel aufschiebend bedingt geschlossen *[zur Bedingung siehe Kapitel 2.1.9]*. Billigt der Käufer die Ware nicht, kommt der Kaufvertrag nicht zustande (§ 454 BGB). Diese Billigung steht in seinem freien Belieben; er braucht die Ablehnung nicht zu begründen *[siehe zum Schadensersatzanspruch, wenn der Käufer von vornherein nicht billigen wollte Kapitel 2.1.8 (3.2)]*. Ist die Kaufsache noch nicht übergeben, kann der Kunde die Billigung nur bis zum Ende der vereinbarten Probefrist erklären; § 454 BGB will Klarheit zugunsten des Auftragnehmers schaffen. Ist die Kaufsache wie bei einer Testinstallation bereits übergeben, gilt das Schweigen des Kunden gemäß § 455 BGB als Billigung.

Die Vertragspartner können aufgrund der Vertragsfreiheit auch vereinbaren, dass eine Missbilligung nur unter bestimmten nachprüfbaren Voraussetzungen zulässig sein soll. Dann liegt es näher, dass die Vertragspartner bereits einen Vertrag schließen wollten, der auflösend bedingt ist.

In beiden Fällen stellt sich die Frage, ob erbrachte Unterstützungsleistungen im Falle der Missbilligung bezahlt werden müssen. Bei einem vertraglichen Rücktrittsrecht wäre das gemäß § 346 BGB der Fall, bei einer Bedingung nicht, wobei das BGB davon ausgeht, dass Unterstützungsleistungen nicht anfallen. Es kommt bei der Auslegung wie immer auf alle Umstände an.

Beispiel für eine Ausnahme

Der Käufer bestellt ein Programm unter folgender Klausel: »Der Käufer ist berechtigt, innerhalb von einem Monat den Vertrag zu beenden, wenn er der begründeten Auffassung ist, dass das Programm seinen betrieblichen Anforderungen nicht genügt.«

---

(3)   Ausprägung als »komplexer Langzeitvertrag«

Mit wachsender Kompliziertheit des Projekts reicht das BGB immer weniger zur Bestimmung der beiderseitigen Rechte und Pflichten aus; es empfiehlt sich deswegen dringend, vieles über die beiderseitigen Leistungen ausdrücklich zu regeln. Damit handelt es sich um einen typischen Tatbestand der heutigen Industriegesellschaft. Um diesem gerecht zu werden, arbeitet die Rechtswissenschaft mit der Figur des »komplexen Langzeitvertrags«: Je komplizierter das Projekt ist, desto stärker sind – im Wege der ergänzenden Vertragsauslegung – Pflichten beider Seiten zur Planung, Koordination, Kontrolle und Anpassung des Vertrags an veränderte Umstände anzunehmen *[siehe als Beispiel die Konkretisierung der Aufga-benstellung bei der Erstellung von Programmen in Kapitel 9.1]*.

6.2   Die Schaffung des IT-Systems

In der folgenden Darstellung wird nur beschränkt zwischen der Lieferung von Produkten und Dienstleistungen (in der Einführungsphase) unterschieden, weil ein Teil der Dienstleistungen dazu dient, das IT-System erst zu schaffen.

Im Vordergrund steht, welche Eigenschaften das IT-System haben muss. Die Juristen behandeln diese Frage unter dem Blickwinkel, ob das IT-System mangelhaft ist, nämlich ob es diese Eigenschaften nicht hat. Deswegen wird diese Frage in *Kapitel 6.3* unter der Überschrift Haftung für Mängel abgehandelt.

Die Phase der Einsatzvorbereitung lässt sich nicht scharf von der Benutzungsphase *[Kapitel 6.5]* trennen. Einige Themen, die sich in der Phase der Einsatzvorbereitung stellen, können das in der Benutzungsphase weiterhin tun, z.B. die Erbringung weiterer Unterstützungsleistungen oder die Aufklärung von Störungen, die nicht auf Mängeln in den Produkten beruhen.

Es kommt darauf an, wie die Vertragspartner die Einführung vereinbaren. Bei einem Projektvertrag ist davon auszugehen, dass der Auftragnehmer ein schlüsselfertiges System schaffen soll. Eine Alternative dazu liegt darin, dass der Kunde die Einführung übernimmt und die Mitwirkung des Auftragnehmers auf einzelne Unterstützungsleistungen beschränkt *[Kapitel 5.4 (2)]*.

Der Auftragnehmer hat die Aufgabe, die Anforderungen des Kunden an das Einrichten zu ermitteln, soweit sich diese noch nicht aus dem Vertrag ergeben. Wie er das macht,

- ob er erst ein Realisierungskonzept oder ein Business-Blueprint erstellt oder
- ob er gleich anhand einer (branchenbezogenen) Standardparametrierung die Parametrierung anpasst,

hängt von der Situation ab, insbesondere vom Konzept des Auftragnehmers. Wenn die Anforderungen nur grob oder mittelfein beschrieben und also dementsprechend konkretisierungsbedürftig sind, lassen sich Auseinandersetzungen über die geschuldete Funktionalität im Detail kaum vermeiden *[Kapitel 6.3.1; siehe auch IT-PM, Kapitel 3.3.6 bzw. Kapitel 6.3.4]*.

Planung der Einsatzvorbereitung bei IT-Systemen: Weil der Auftragnehmer seine Produkte und die erforderlichen Planungen in der Sphäre des Kunden zur Einführung des IT-Systems kennt, ist im Normalfall anzunehmen, dass der Auftragnehmer für die Planung und, wenn der Kunde seine Aufgaben gemäß dieser Planung durchführt, für die Lenkung und Kontrolle der Erledigung zuständig ist *[siehe auch Kapitel 9.2.3.2]*.

Die Einführung eines neuen IT-Systems kann weniger oder mehr organisatorische Maßnahmen beim Kunden verlangen. Dieser ist für sein Veränderungsprojekt *[siehe IT-PM, Kapitel 3.3.2]* selbst zuständig. Soweit nichts ausdrücklich vereinbart ist, braucht der Auftragnehmer den Kunden hinsichtlich dessen Veränderungsprojekt nur in der Weise zu unterstützen, dass er mitteilt, welchen Input aus dem Veränderungsprojekt er für das IT-Projekt zu welchem Zeitpunkt benötigt.

6.2.1   Leistungsumfang

Zum Leistungsumfang gehören alle für ein funktionsfähiges System erforderlichen Teile, auch wenn sie im Vertrag nicht aufgeführt sind. Das gilt auch dann, wenn die Vertragspartner Schriftform vereinbart haben. Ebenso schuldet der Auftragnehmer – unbeschadet der Frage nach der Vergütung – alle Tätigkeiten hinsichtlich der Einsatzvorbereitung, soweit sie vom Fachwissen her seine Sache sind.

(1)   Geschuldete Sprachform von Softwareprodukten

Es gibt keine Verkehrssitte dahingehend, dass der Auftragnehmer ein Softwareprodukt auch als Quellprogramm zu liefern hat. Ausnahmsweise kann sich eine Pflicht zur Lieferung des Quellprogramms daraus ergeben, dass der Kunde das Softwareprodukt zwingend als Quellprogramm benötigt.

Zur geschuldeten Sprachform bei Anpassungsprogrammierung durch den Auftragnehmer siehe Kapitel 8.3.1 (4); zur Lieferpflicht für den Fall, dass der Auftragnehmer die Pflege innerhalb derjenigen Frist einstellt, während der er zur Pflege verpflichtet ist, siehe Kapitel 12.2.3, bzw. dass er die Pflicht zur Mängelbeseitigung verletzt, siehe Kapitel 8.4.3 (3).

Bekanntgabe von Schnittstellen: Ungeklärt ist die Frage, ob der Kunde, wenn er das Softwareprodukt als Objektprogramm erhält, Anspruch auf Bekanntgabe von Schnittstellen hat, um das Softwareprodukt mit anderen Programmen zusammenwirken zu lassen. Das Urheberrecht (§ 69e UrhG) überlässt es dem Rechtsinhaber, ob er die Informationen offen legen oder den Kunden bzw. den anderen Auftragnehmer auf den meist mühseligen Weg des Dekompilierens oder anderer Methoden verweisen will *[Kapitel 4.3.3.1]*.

Systemtechnische Dokumentation: Auch wenn das Quellprogramm geliefert wird, kann (ohne entsprechende Vereinbarung) nicht angenommen werden, dass der Auftragnehmer die darauf bezogene systemtechnische Dokumentation, gleich ob sie innerhalb oder außerhalb des Quellprogramms existiert, ebenfalls schuldet. Denn das würde zu einer zusätzlichen erheblichen Gefährdung des Knowhows des Auftragnehmers führen. Der Auftragnehmer ist also berechtigt, Dokumentation, die im Quellprogramm enthalten ist, zu löschen.

Das gilt nicht, wenn die Vertragspartner ausdrücklich vereinbart haben, dass der Kunde zu Änderungen berechtigt sein soll.

(2) Benutzerdokumentation

Hardware und Systemsoftware: Der Anwender hat Anspruch auf eine Benutzerdokumentation für die Hardware und Systemsoftware. Diese muss in der Sprache des Benutzers abgefasst sein, wenn nicht davon auszugehen ist, dass die zuständigen Mitarbeiter die Sprache beherrschen, in der die Benutzerdokumentation abgefasst ist.

Systemsoftware als Teil einer Anwendung: *Siehe www.zahrnt.de, Kapitel 6.2.1 (2).*

Anwendungssoftware: Die Benutzerdokumentation (einschließlich Installationsanweisung, soweit erforderlich) ist automatisch wesentlicher Bestandteil der Leistung. – Die Benutzerdokumentation darf darauf abgestellt sein, dass der Benutzer seine Aufgabe fachlich kennt. Sie braucht keine Einweisung für die organisatorische Vorbereitung des Programmeinsatzes zu enthalten (muss es aber für die Methodik des Einrichtens). Sie braucht nicht so ausgerichtet zu sein, dass sie Schulung ersetzen könnte. Ansonsten sind die Anforderungen an die Benutzerdokumentation hoch.

Form und Menge der Exemplare: Die Benutzerdokumentation für Softwareprodukte wird zunehmend auf Datenträger gespeichert geliefert. Wenn der Kunde sie selbst ausdrucken kann, ist das als vollwertige Lieferform anzusehen. Dann muss dokumentiert sein, wie die Benutzerdokumentation ausgedruckt werden kann.

Die Tendenz geht dahin, dass Teile als Onlinehilfe zur Verfügung gestellt werden müssen *[Kapitel 6.3.3]*, aber auch ausdruckbar sein müssen.

Wird ein Benutzungsrecht für mehr als einen Benutzer erteilt, muss der Auftragnehmer, wenn er nur eine gedruckte Benutzerdokumentation liefert, zumindest einen Satz je IT-Anlage liefern. Bei Softwareprodukten, die von mehreren Benutzern je IT-Anlage benutzt werden sollen, lässt sich die Zahl der zu liefernden Sätze kaum bestimmen. Denn typischerweise steht die Benutzerdokumentation ohnehin »in der Ecke«. Der Bedarf an ausgedruckten Exemplaren nimmt noch stärker ab, wenn die Onlinehilfe integriert ist *[vgl. Kapitel 8.2.2.1]*.

Systemsoftware: Soweit Systemsoftware vom einzelnen Benutzer eingesetzt wird, gilt für die Menge dasselbe wie für Anwendungssoftwareprodukte. Unklar ist die Situation bei nur gedruckter Benutzerdokumentation, wenn der Kunde die Systemsoftware darüber hinaus nutzen will, z. B. ein Datenbankverwaltungssystem. Die Zahl der professionellen Benutzer ist dann in der Regel wesentlich geringer als die Zahl der Benutzer der Anwendung, die auf der Systemsoftware aufbaut. Der Kunde braucht also nicht nur einen Satz Dokumentation, sondern einige (aber nicht viele).

Hardware: Die Benutzerdokumentation für Hardware wird typischerweise jeweils einmal für die zentrale Konfiguration und für jeden Arbeitsplatz in den dafür relevanten Teilen zur Verfügung gestellt. Ob Letzteres in dem Umfang erforderlich und also geschuldet ist, kann dahingestellt bleiben.

Rechtsfolgen der Nichtlieferung: Die Verjährungsfrist für Sachmängel und die kaufmännische Rügepflicht für die Gesamtleistung beginnen erst mit Lieferung der Benutzerdokumentation, auch wenn sonst alle Leistungen erbracht sind. Der Auftragnehmer trägt die Beweislast für die Lieferung. – Kunden berufen sich häufig erst nach mehr als einem Jahr darauf, dass die Benutzerdokumentation fehle oder unzulässigerweise in Englisch geliefert worden sei, und nehmen das zum Anlass, die Rückabwicklung des Vertrags zu verlangen, den sie aus anderen Gründen nicht mehr wollen. Die Rechtsprechung weist das zunehmend als treuwidrig zurück.

(3)　Installation

Zur Mitwirkung des Anwenders siehe Kapitel 9.1.4 (Informationen über seine Anforderungen) bzw. Kapitel 9.2.3.1 insgesamt.

Installationspflicht des Auftragnehmers: In Gerichtsprozessen über größere Systeme hatte der Auftragnehmer die Installation – wie in der Praxis üblich – durchgeführt, und damit war die Frage der Installationspflicht kein Problem. Bei PCs dürfte es darauf ankommen, ob der Käufer die Installation typischerweise selbst vornehmen kann und dann der Kostenersparnis wegen wohl auch soll.

Vorinstallation von PCs: Bei PCs kann sich die Installation vor Ort auf das Einstecken (und Anschrauben) von Steckern beschränken. Der Auftragnehmer hat im Normalfall alle Komponenten darauf vorzubereiten, sodass nur noch dieses Einstecken erforderlich ist. Die Vorinstallation ist durch den Kaufpreis abgegolten, wenn nichts anderes vereinbart ist (= »PC bestehend aus ...«).

Schaffung der Installationsvoraussetzungen (für die Hardware): Der Hersteller nennt Betriebsvoraussetzungen für die relevanten Geräte (Stromaufnahme, Wärmeabgabe usw.). Daraus muss die Gesamtbelastung berechnet werden, aus der dann abgeleitet wird, inwieweit die konkrete Situation der Aufstellungsräume ausreicht und inwieweit Maßnahmen getroffen werden müssen, um die fehlende Differenz zu erfüllen. Soweit die Auftragnehmer installieren, sind sie üblicherweise bereit, diese Anforderungen zu ermitteln. Die Vergütung richtet sich nach der für die Installation.

Überprüfung der Installationsvoraussetzungen: Bei Installation durch den Auftragnehmer gehört es zum Stand der Technik, dass dieser die elektrischen Voraussetzungen wegen der hohen Empfindlichkeit der Elektronik gegen Stromstörungen überprüft.

Hat der Kunde die Hausverkabelung vorgenommen, braucht der Auftragnehmer nicht vor Beginn der Installation seiner Einheiten die Kabel zu überprüfen (sondern erst das Netz nach Integration). Hat der Kunde bereits ein integriertes Netz, in das nunmehr weitere Einheiten integriert werden sollen, besteht erst recht keine Pflicht zur Überprüfung.

Hausverkabelung: Zum Standardlieferumfang gehören Kabel in einer solchen Länge, die es erlauben, alle nahe beieinanderstehenden Geräte miteinander zu verbinden. Das (Beschaffen und) Legen der Kabel zu dezentral aufzustellenden Geräten wird als Sache des Kunden angesehen. Die Planung der Hausverkabelung wird, soweit sie sich auf die zu liefernden IT-Geräte bezieht, vom IT-Lieferanten typischerweise unterstützt (Kostentragung im Zweifel wie für die Installation vereinbart). Der Anschluss der Geräte an die Kabel (das Netz) gehört zur Installation.

Ist die Lieferung (aber nicht das Verlegen) von Kabeln im Vertrag vorgesehen, fragt sich, ob das Verlegen, wenn der Auftragnehmer es übernehmen soll, gesondert zu vergüten ist. Das ist auf jeden Fall anzunehmen, wenn die Installation nach Aufwand zu vergüten ist. Die Leistung dürfte aber auch gesondert zu vergüten sein, wenn für die »Installation« der Hardware eine Pauschale vorgesehen ist. Nur wenn überhaupt ein Pauschalpreis für die Systemlieferung vereinbart worden ist, dürfte auch diese Leistung abgegolten sein.

Umfang der Installation bei Softwareprodukten: Der Begriff wird in keiner DIN-Norm definiert. Bei einem *Betriebssystem* gehören grundsätzlich alle Maßnahmen zur Installation, die erforderlich sind, damit es ohne weitere Maßnahmen des Kunden einsatzfähig ist (sodass der Kunde Anwendungssoftware in Betrieb nehmen kann).

Bei *Anwendungssoftware* ist die Abgrenzung von Installation zum Einrichten fließend: Sind nur wenige Maßnahmen zum Einrichten erforderlich (überhaupt oder weil der Lieferant eine standardmäßige Parametrierung mitliefert), wird das Einrichten in der Praxis oft nicht von der Installation unterschieden. Je weniger Maßnahmen erforderlich sind, desto eher werden diese innerhalb der Installation geschuldet *[siehe (4)]*.

In der Praxis gilt folgender Grundsatz: Was nur einmal gemacht wird (oder nur nach langer Zeit wiederholt zu werden braucht), soll der Kunde gar nicht erst lernen müssen, sondern soll der Lieferant machen.

Mitwirkung des Kunden: Bei der Installation durch den Auftragnehmer muss der Kunde die IT-Anlage zur Verfügung stellen, auf der das Softwareprodukt installiert werden soll. Es können sich dann Aufgaben hinsichtlich der systemtechnischen Betreuung der Systemsoftware (der IT-Anlage) wie bei Verträgen über die Erstellung von Programmen ergeben *[Kapitel 9.2.3.1]*. Angesichts der kurzen Installationsphase sind diese Aufgaben geringer als bei der Erstellung. Kommen Anpassungen hinzu, gewinnt die Mitwirkung an Bedeutung.

Dokumentation der Installation: Die Rechtsprechung hat teilweise die Pflicht des Auftragnehmers bejaht, die Installation zu dokumentieren, nämlich ein Verzeichnis der installierten Programme und der eingerichteten Dateien zu erstellen; dabei soll das Dateiverzeichnis die Datensicherung unterstützen. Dagegen kann eingewendet werden, dass diese Verzeichnisse im System gespeichert sind. Das reicht aber nur, wenn sie für den Kunden oder für einen anderen Auftragnehmer auch leicht zugänglich sind. Es können also Hinweise (in der Benutzerdokumentation) ausreichen, wie diese Verzeichnisse zu finden sind.

Datensicherung: Wegen deren Wichtigkeit ist davon auszugehen, dass der Auftragnehmer das liefern muss, was dafür benötigt wird *[Kapitel 6.3.2.4]*. Weiterhin muss er eine Anleitung für die Datensicherung erarbeiten und umsetzen, soweit der Anwender Unterstützung benötigt *[zur Einweisung siehe (5)]*.

Test: Zur Installation gehört ein Test, um deren Ordnungsgemäßheit zu überprüfen, und zwar auch dazu, ob die Datensicherung, die der Auftragnehmer eingerichtet hat, funktioniert. Der Auftragnehmer hat den erfolgreichen Abschluss, d.h. die technische Betriebsbereitschaft, auch vorzuführen.

Vergütungspflicht: Je niedriger der Kaufpreis ist, desto eher muss der Kunde die Installation gesondert vergüten.

(4)   Einrichten

Begriff: Einrichten ist das, was in der Praxis auch als Parametrieren oder als Customizing bezeichnet wird. Dazu gehört Programmieren in einem routinemäßigen, leicht nachvollziehbaren Umfang wie zum Erstellen von Listen mithilfe eines Werkzeugs (Listgenerator, Reportgenerator) und von Scripts/Makros.

Lieferung einer Standardparametrierung: Es liegt – allerdings nur teilweise – nahe, dass der Auftragnehmer eine standardmäßig ausgelegte Parametrierung bzw. standardmäßig gefüllte Tabellen mitliefert. Derzeit kann aber nicht von einer entsprechenden Verkehrssitte gesprochen werden.

Einrichten als Teil einer Gesamtleistung: Je komplexer das Softwareprodukt ist, desto stärker wird der Auftragnehmer am Einrichten beteiligt, und zwar sowohl bei der Planung als auch bei der Durchführung. Das ist den Vertragspartnern klar, auch wenn dies im Vertrag oft nur in der Weise behandelt wird, dass nach den AGB des Auftragnehmers Unterstützungsleistungen nach Aufwand zu vergüten sind oder dass im Vertragsdokument der zu zahlende Stundensatz aufgeführt ist. Eine Gesamtleistung aus Überlassung und Dienstleistungen dürfte aber nur insoweit anzunehmen sein, wie der Auftragnehmer seine Mitwirkung konzentriert nach der Installation leistet und nicht nur dann und wann vom Kunden zu dessen Unterstützung hinzugezogen werden soll, wenn dieser wieder einmal beim Einrichten einen Schritt vorangekommen ist.

Verantwortung des Auftragnehmers: Im Hinblick auf das geschuldete Ergebnis sind zwei Schritte zu unterscheiden, nämlich das Ermitteln der Maßnahmen und deren Vollzug. Beim Ermitteln der Maßnahmen geht es um organisatorische Entscheidungen, die letztlich der Kunde auf der Basis *seines* Organisationsprojekts treffen muss; hier soll der Auftragnehmer in der Regel nur beraten *[siehe IT-PM, Einleitung]*. Der Auftragnehmer ist hinsichtlich des Ergebnisses (nach der techni-

schen Umsetzung) nur dafür verantwortlich, dass er den Kunden zur – gemeinsamen – Ermittlung der Anforderungen sachgerecht angehalten und beraten hat.
Der Auftragnehmer ist sodann für den technischen Vollzug der Maßnahmen verantwortlich.

Dokumentation des Einrichtens: Eine geschlossene Dokumentation der Maßnahmen zum Einrichten ist bisher nicht üblich *[vgl. Kapitel 6.2.1 (3) am Ende]*.
   Tabellen können ausgedruckt werden. Sie sind aber kaum so mit den erläu-
ternden Texten der Benutzerdokumentation verbunden, dass sie eine Übersicht
bieten würden. Für die Dokumentation von organisatorischen Entscheidungen,
die getroffen worden sind, ist kein Platz vorgesehen.

Organisationshandbuch: Die (programmbezogene) Benutzerdokumentation beschreibt die Möglichkeiten, das Softwareprodukt zu nutzen. Die Dokumentation
des Einrichtens hält die getroffenen Festlegungen auf einer sehr formalen Ebene
fest. Der Kunde hat Bedarf für eine Beschreibung einerseits, wie das Softwareprodukt bei ihm eingesetzt werden kann und soll, andererseits wie der einzelne
Benutzer vorgehen kann und soll *[siehe den nächsten Punkt]*. Der erste Bereich
reicht weit in den Betrieb des Kunden hinein; es geht um eine Ergänzung des
Organisationshandbuchs des Kunden (gleich inwieweit es überhaupt schriftlich
existiert). Der Auftragnehmer ist bei einem Festpreis nur zur rudimentären Unterstützung verpflichtet.

Benutzerbezogenes Handbuch: Wie im vorhergehenden Punkt angesprochen,
geht es letztlich um eine Menge an einzelnen Handbüchern. Es mag sinnvoll sein,
diese zu erstellen, z.B. aus Schulungsunterlagen oder aus der programmbezoge-
nen Benutzerdokumentation abzuleiten. Allerdings ist das nicht Aufgabe des Auftragnehmers, weil die Aufgabe in den Bereich des Betriebs des Kunden hinein-
reicht und dieser eine zusätzliche Vergütung nicht akzeptiert hätte, wäre das
Thema vor Abschluss des Vertrags angesprochen worden *[zur ergänzenden Vertragsauslegung siehe Kapitel 1.3]*.

(5)   Einweisung und Schulung

Einweisung und Schulung unterscheiden sich nur graduell. Von Schulung wird
gesprochen, wenn die Maßnahme formeller und dann meist auch für mehrere
Benutzer auf einmal durchgeführt wird, insbesondere beim Auftragnehmer.
*Zur telefonischen Unterstützung (in der Benutzungsphase) siehe Kapitel 6.5.1
(5) bzw. 12.3.2 (4).*

Ist Schulung im Vertrag als Leistung vorgesehen, die Frage der Vergütung aber
nicht geregelt, deckt der Preis für die Software die Schulung ab.
   Ist Schulung als Leistung überhaupt nicht geregelt, ist der Lieferant auf Verlangen verpflichtet, Schulung zu erbringen, weil es sich um eine Leistung handelt,
die der Anwender dringend benötigt. Ausgenommen sind die Fälle, in denen der

Auftragnehmer erkennbar nicht auf Schulung eingerichtet ist, z.B. bei Beschaffung eines Datenbankverwaltungssystems. Dann stellt sich die Frage, ob er dafür eine gesonderte Vergütung verlangen kann. Gegebenenfalls stellt sich die Zusatzfrage, wie viel Schulung ohne gesonderte Vergütung zu erbringen ist. Der Trend der Rechtsprechung geht dahin, alle Unterstützungsleistungen als vergütungspflichtige Zusatzleistungen zu behandeln. Dafür spricht besonders, dass der Bedarf stark vom Kunden abhängt und der Preis dafür also vom Auftragnehmer schlecht pauschaliert werden kann.

Menge an Schulung bei Festpreis: Wird bei einem Festpreis für die Einführungsunterstützung eine Menge an Tagen angegeben, wird normalerweise nur diese Menge geschuldet (Kontingent an Tagen).

Inhalt: Angesichts ihrer Wichtigkeit ist die Schulung als Hauptleistung anzusehen. – Bei umfangreicher Schulung können sich Besonderheiten ergeben: Der Beginn der Verjährungsfrist für Sachmängel hängt nicht von der Durchführung der gesamten Schulung ab, sondern davon, dass die Schulung in dem Umfang erbracht worden ist, dass Mitarbeiter des Kunden in der Lage sind, das System auf Mängelfreiheit zu überprüfen *[Kapitel 6.3.12 (2)]*.

Schulungsunterlagen: Bei formellen Schulungskursen ist es üblich (Verkehrssitte), dass Schulungsunterlagen geliefert werden. Bei Einweisung vor Ort ist die Stellung von Schulungsunterlagen nicht üblich. Es liegt dann auch näher, die Benutzer anhand der Benutzerdokumentation und damit auch deren Handhabung einzuweisen.

Schulung ordnungsgemäß? Es geht um den Fall, dass sich der Kunde nach der Rechnungsstellung, also Wochen später, weigert, die Schulung überhaupt oder vollständig zu bezahlen, weil Mängel (im Softwareprodukt) aufgetreten seien und der Mitarbeiter des Auftragnehmers viel Zeit während der Schulungsveranstaltung dafür verwendet habe, diese zu beseitigen, oder weil die Schulung sonst unzulänglich gewesen sei. Manchmal will der Kunde die Rechnung kürzen, manchmal verlangt er Nachschulung. Auf jeden Fall streiten die Parteien über das, was tatsächlich geschehen ist.

Der Auftragnehmer trägt die Beweislast dafür, dass er ordnungsgemäß geschult hat. Allerdings ist zu berücksichtigen, dass im Schweigen des Kunden nach Abschluss der Schulung das Anerkenntnis liegen kann, dass die Schulung ordnungsgemäß war. Das liegt nahe, wenn der Projektleiter des Kunden von der Situation erfährt und nicht alsbald protestiert. Damit kann die Beweislast auf den Kunden übergehen.

Schulungs-/Einweisungsbedarf: Die Pflicht zur Einweisung besteht auch dann, wenn die Mitarbeiter hinsichtlich der fachlichen Seite des Softwareprodukts ausgebildet sind. – Sie besteht hinsichtlich der Einweisung in die Datensicherung bei Bedarf wegen deren Wichtigkeit.

(6)   Übernahme von Altprogrammen

Bereits vorhandene Programme können verträglich (kompatibel) oder wenigstens portabel sein, sie brauchen es aber nicht zu sein. Ist die Übernahme nicht vereinbart, ist der Auftragnehmer zwar im Rahmen seiner Unterstützungspflicht (im Zweifel gegen Vergütung) verpflichtet, sich um die Übernahme zu bemühen, schuldet aber nicht den Erfolg.

(7)   Lieferung der für den Programmeinsatz erforderlichen Daten

Softwareprodukte können Datenbestände, die von dem einzelnen Anwender unabhängig sind, als integralen Bestandteil benötigen, wie z. B. Gebührenordnungen für Ärzte. Diese Datenbestände gehören zum geschuldeten Lieferumfang. Sie sind von solchen Datenbeständen abzugrenzen, die der Anwender für die Erledigung seiner Aufgaben benötigt, deren Nutzung durch die Standardsoftware unterstützt werden soll, beispielsweise branchenbezogene Kataloge (lieferbare Bücher, Arzneimittel). Werden diese von Dritten angeboten, gehören sie nicht automatisch zum geschuldeten Lieferumfang.

(8)   Übernahme von Altdaten

Wegen der Wichtigkeit und der Kostenträchtigkeit der Übernahme der vorhandenen Datenbestände ist der Auftragnehmer vor Vertragsschluss verpflichtet, den Anwender diesbezüglich zu beraten *[Kapitel 7.1 (3)]*. Die Datenübernahme dürfte bei Schweigen des Vertrags geschuldet sein. Schwierig ist aber festzulegen, in welchem Umfang sie geschuldet ist und inwieweit sie zu vergüten ist. Zum Umfang gehört auch die Zahl der Übernahmeläufe.

Der Kunde darf davon ausgehen, dass der Auftragnehmer Importprogramme hat, die auf Standardschnittstellen aufbauen (beispielsweise auf Excel). Für den Export der Daten in Dateien mit solchen Schnittstellen dürfte der Kunde selbst zuständig sein.

(9)   Umfang der Einsatzvorbereitung bei einem Festpreis

Ist ein Festpreis vereinbart worden, darf davon ausgegangen werden, dass die Anforderungen des Kunden mehr oder weniger ordentlich beschrieben sind und der Auftragnehmer seinerseits ein Angebot erstellt hat, was er an Software liefert, inwieweit er damit die Anforderungen erfüllt und mit welchem Aufwand für die Einführung er »erfahrungsgemäß« rechnet. Der Auftragnehmer hat den wahrscheinlichen Aufwand zum Zeitpunkt des Vertragsabschlusses oft nicht plausibel als Grundlage für einen Festpreis abschätzen können. Denn es kommt oft entscheidend auf das Vorgehen des Kunden an, inwieweit dieser zugleich seine Abläufe reorganisieren will und wie die einzelnen Benutzer(-gruppen) dazu kommen, ihre Anforderungen im Detail festzulegen. Was ist an Leistungsumfang geschuldet, wenn dennoch ein Festpreis vereinbart wird?

Ähnlich wie bei der Erstellung von Programmen *[Kapitel 9.1]* muss der Auftragnehmer erst einmal zusammen mit dem Kunden oder mit dessen Unterstützung klären, was und das in welcher Funktionsweise für den Einsatz implementiert werden soll.

Ist eine Funktion in der Aufgabenstellung gemäß Vertrag aufgeführt, soll sie innerhalb des Festpreises implementiert, also im Fachkonzept abgehandelt werden. Sind im Softwareprodukt vorhandene Funktionen nicht angesprochen, liegt das Gegenteil nahe.

Das erarbeitete Fachkonzept soll Aufschluss darüber geben, was implementiert werden soll. Wenn es bestimmte Möglichkeiten eines Funktionsbereiches anspricht, ist davon auszugehen, dass die anderen nicht implementiert werden sollen.

Im Übrigen kommt es darauf an, ob die Aufgabenstellung bei Vertragsabschluss aussagekräftig ist, d. h. den Funktionsumfang, der zu implementieren ist, abgrenzt oder nicht. Ist die Aufgabenstellung aussagekräftig und nennt sie eine zu implementierende Funktion, die im Fachkonzept nicht mehr angesprochen wird, muss der Auftragnehmer beweisen, dass der Anwender auf diese verzichtet hat. Enthält die aussagekräftige Aufgabenstellung die Funktion nicht und ist sie auch nicht im Fachkonzept aufgenommen worden, ist sie nur geschuldet, wenn sie zwingend benötigt wird. Allerdings wird dann nur eine einfache Implementierung geschuldet.

Ist die Aufgabenstellung nicht aussagekräftig, will der Auftragnehmer mit seinem Festpreis nur einen mittleren Umfang an Implementierung leisten. Davon darf er bei der Erarbeitung des Fachkonzepts ausgehen. – Schweigt dann das Fachkonzept, ist darüber hinaus nur zu implementieren, was der Kunde zwingend benötigt.

6.2.2   Terminvereinbarungen und Verzug

Reine Standardlieferungen sind sofort durchzuführen. Je mehr Unterstützungsleistungen hinzukommen, umso mehr richtet sich der Liefertermin – bei fehlender Vereinbarung – nach den Umständen *[Kapitel 9.2.4 (1)]*.

Für den Fall, dass der Auftragnehmer in Verzug ist, besteht eine Tendenz in der Rechtsprechung, die Vereinbarung von Terminen nicht als Vereinbarung einer Nachfrist, sondern als Vereinbarung eines neuen Liefertermins anzusehen. Damit wird der Verzug aufgehoben *[zu Verzugsproblemen siehe auch Kapitel 9.2.4]*.

6.2.3 Preisvereinbarungen

Fälligkeit des Kaufpreises: Der Kaufpreis ist bei Abnahme fällig. Unter »Abnahme« im Sinne von § 433 Abs. 2 BGB ist allerdings nicht die förmliche »Abnahme« wie beim Werkvertrag (§ 640 BGB) *[Kapitel 9.4 und 5.1.1 (2)]* zu verstehen, sondern die tatsächliche Entgegennahme, durch die der Verkäufer von der Sache befreit wird.

Der Kunde braucht erst zu zahlen, wenn er die gesamte Leistung erhalten hat, außer wenn Teilleistungen vereinbart worden sind. Zur gesamten Leistung gehören auch die in *Kapitel 6.2.1* dargestellten Unterstützungsleistungen.

In der Regel ist diese Entgegennahme eine Nebenpflicht des Kunden, bei deren Verletzung nicht Schuldnerverzug, sondern Annahmeverzug eintritt *[Kapitel 3.11]*. Je nach den Umständen des Einzelfalles kann sie aber auch zur Hauptpflicht werden.

Beispiel

Verkauf einer großen Warenmenge mit dem für den Käufer erkennbaren Zweck, dass der Lieferant sein Lager räumen will.

Zahlungspflicht bei nicht vereinbarten Teilleistungen: Es geht um die Situation, dass ein Auftragnehmer Zahlung für Teilleistungen verlangt, die er erbracht hat, auch wenn Teilleistungen im Vertrag nicht vorgesehen sind. Erst einmal ist das nur die Erbringung der einen Leistung in Stufen. Nur wenn der Kunde das als Teilerfüllung anerkennt, ist er verpflichtet, diesen Teil der Vergütung vorab zu zahlen.

Einzelne kurze Unterstützungsleistungen (insbesondere in der Benutzungsphase) werden üblicherweise isoliert abgerechnet. Bei andauernder Zusammenarbeit über mehr als einen Monat (insbesondere in der Phase der Einsatzvorbereitung wird üblicherweise monatlich abgerechnet (oder sogar in kürzeren Abständen).

Gesonderte Vergütung: Die Vergütung der Reisekosten ist üblich, auch die der Reisezeiten, wobei allerdings häufig niedrigere Sätze als für Arbeitszeiten in Rechnung gestellt werden.

6.2.4 Die Beseitigung von Störungen, für die der Auftragnehmer nicht einzustehen hat

Problemstellung: Unter Störungen des IT-Systems werden als Oberbegriff Beeinträchtigungen von dessen Funktionsfähigkeit in dessen Istbeschaffenheit verstanden. Wenn der Auftragnehmer für diese einstehen muss, liegen Mängel vor, sodass der Auftragnehmer diese – meist auf eigene Kosten – zu beseitigen hat

[Kapitel 6.3]. Anderenfalls liegt eine Störung aus dem Bereich des Kunden vor (dafür gibt es keinen Fachbegriff). Dann stellen sich in der Praxis insbesondere zwei Probleme, wenn der Auftragnehmer wegen einer solchen Störung gerufen wird: Entweder erbringt er eine Leistung und will diese vergütet haben. Oder er kümmert sich nicht um die Meldung. Der Kunde kann dann das System (teilweise) wie bei einem Mangel nicht einsetzen, ist also auf Hilfe angewiesen *[siehe weiter unten].*

Vergütungsanspruch: Die IT-spezifische Rechtsprechung hat im Wege der ergänzenden Vertragsauslegung weitgehend angenommen, dass die Aufforderung, einen Mangel zu beseitigen, falls es sich um eine Störung aus dem Bereich des Kunden handelt, als Auftrag zu verstehen ist, die Situation zu klären und ggf. zu bereinigen. Neuerdings gibt es einzelne Urteile, die das ablehnen, dem Auftragnehmer sogar verbieten, in seinen AGB eine Vergütungspflicht vorzusehen, selbst wenn der Kunde leicht fahrlässig gehandelt hat.[21] Ist Vollpflege vereinbart, erledigt sich das Problem weitestgehend (die Hotline-Unterstützung selbst ist durch die Pflegepauschale abgegolten).

Manchmal wird die Ursache für die Störung nicht aufgeklärt, sondern die Suche abgebrochen, insbesondere weil die Störung nicht mehr auftritt, nachdem die betroffene Einheit neu installiert und/oder parametriert worden ist. In solchen Fällen kann die Ursache auch ein Mangel sein, der unentgeltlich zu beseitigen wäre. Der Auftragnehmer kann also nicht beweisen, dass es sich nicht um einen Mangel handelt, er kann seinen Anspruch auf Bezahlung seines Aufwands also nicht durchsetzen.

Nach Ablauf der Verjährungsfrist für Ansprüche wegen Sachmängeln aus der Liefervereinbarung gilt dasselbe, wenn die Beseitigung von Mängeln aus einem Wartungs- oder Pflegevertrag geschuldet wird *und nicht* vereinbart ist, dass die Aufklärung von sonstigen Störungen durch die Pauschale abgedeckt ist. – Besteht kein solcher Vertrag, dürfte der Auftragnehmer grundsätzlich nur gegen Vergütung tätig werden wollen. Das ist auch einige Zeit nach Ablauf der Verjährungsfrist für den Kunden klar, zumindest erkennbar, sodass der Auftragnehmer Bezahlung seines Aufwands auch dann verlangen kann, wenn er die Störungsursache nicht aufklären kann.

Pflicht des Auftragnehmers, sich um Störungen zu kümmern: Es geht um die Frage, inwieweit dieser für die Einsatzfähigkeit des IT-Systems zu sorgen hat, wenn der Kunde dessen Einsatzfähigkeit beeinträchtigt. Während der Verjährungsfrist für Ansprüche wegen Mängeln oder wenn die Wartung der Hardware bzw. die Pflege der Software vereinbart ist, ist der Auftragnehmer wie bei Mängeln zur unverzüglichen Unterstützung gegen gesonderte Vergütung verpflichtet;

---

21. Richter nutzen selbst zunehmend IT-Systeme. Vermutlich wollen sie sich vor ihrer eigenen Zahlungspflicht schützen.

dabei kann die Unterstützung durch die Wartungs- bzw. Pflegepauschale mehr oder weniger abgedeckt sein *[vgl. Kapitel 11.3.2 (4)]*.

6.2.5 Unberechtigte Rügen der Sollbeschaffenheit

Vom Verlangen, Störungen zu beseitigen *[Kapitel 6.2.4]*, ist die Rüge des Anwenders abzugrenzen, dass das Softwareprodukt nicht die geschuldeten Funktionen habe (Streit über die Sollbeschaffenheit). Hier kann die Erklärung des Kunden nur mit Vorsicht als Auftrag für den Fall verstanden werden, dass die Funktion nicht geschuldet ist, also kein Mangel vorliegt. Denn bei Softwareprodukten sind individuelle Änderungen im Verhältnis zu dessen Preis sehr teuer. Außerdem sind individuelle Modifikationen oft unerwünscht, weil sie die Pflege gefährden *[vgl. Kapitel 12.4]*. Bei Rügen der Sollbeschaffenheit von Hardware gelten die Argumente ähnlich.

6.2.6 Vereinbarte Abnahme

Die Abnahme im Sinne des Werkvertragsrechts *[Kapitel 5.1.1 (2)]* ist im Gesetz nicht vorgesehen *[vgl. Kapitel 9.4 (1)]*. Das gilt auch für die Variante des Werklieferungsvertrags.

Wenn eine Abnahmeprüfung vereinbart wird, ist Folgendes zu berücksichtigen: Die Abnahmeprüfung unterscheidet sich von der bei Individualsoftware. Im letzteren Fall ist intensives Testen der Individualsoftware, die noch eine relativ hohe Fehlerquote enthält, dringend angezeigt; im ersteren Fall geht es mehr um eine Überprüfung, ob der Auftragnehmer seine Aufgaben bei der Einsatzvorbereitung insgesamt korrekt durchgeführt hat und ob sich Mängel aus der Einsatzkonstellation bei diesem Anwender ergeben *[vgl. zum geringen Umfang der kaufmännischen Untersuchungspflicht Kapitel 6.3.11]*.

6.3 Haftung wegen Mängeln

Der Begriff Gewährleistung wird bei Kauf- und Werkverträgen im neuen Schuldrecht nicht mehr verwendet (es heißt jetzt »Haftung für Sachmängel«). Der Begriff wird in der Praxis meist positiv und in verschiedenem Zusammenhang verwendet: »Der Auftragnehmer gewährleistet, dass folgende Eigenschaften vorhanden sind: ...« oder »Der Auftragnehmer gewährleistet fünf Jahre Pflege«.

Im Vordergrund stehen Sachmängel. Die Haftung für Rechtsmängel ist fast identisch *[Kapitel 8.5.1]*.

Ausgangspunkt für die Haftung wegen Sachmängeln ist die Frage, wann ein Sachmangel vorliegt. Es hilft für das Verständnis, zwischen Mängeln bezüglich der Sollbeschaffenheit und solchen bezüglich der Istbeschaffenheit zu unterscheiden. § 434 BGB stellt Mängel bezüglich der Sollbeschaffenheit in den Vordergrund und geht davon aus, dass die vereinbarten Eigenschaften nicht durch Mängel bezüglich der Istbeschaffenheit beeinträchtigt werden.

Mängel in der Istbeschaffenheit: Sie liegen vor, wenn das gelieferte Produkt nicht einmal die Leistungen erbringt, die es auch nach Auffassung des Auftragnehmers erbringen sollte. Ein Streit zwischen den Vertragspartnern geht in diesem Fall darüber, was die Ursache für das Fehlverhalten ist, also ob der Auftragnehmer dafür einzustehen hat *[Kapitel 6.3.6]*.

Mängel bezüglich der Sollbeschaffenheit: Es geht um die Frage, ob das, was das Produkt tatsächlich leistet, die Vereinbarungen über die geschuldete Beschaffenheit erfüllt. Es geht also um einen Teil der Frage, was der Auftragnehmer schuldet *[siehe Kapitel 6.2 am Anfang]*. Der Kunde kann sagen: »Die Ergebnisse sind an und für sich richtig, aber die Funktionalität ist nicht die, auf die ich Anspruch habe.« Als Fehler kommen nicht nur physische Eigenschaften in Betracht, sondern auch tatsächliche, wirtschaftliche und selbst rechtliche Beziehungen des Produkts zur Umwelt.

Beispiel

Ein Programm für zahnärztliche Abrechnungen mit Krankenkassen erstellt Aufkleber, die von den Krankenkassen nicht als Quartalsabrechnungen angenommen werden.

Manchmal kommt beides zusammen. Dann schreibt der Sachverständige in seinem Gutachten beispielsweise: »Das Programm brachte unbrauchbare Ergebnisse (oder sogar: keine Ergebnisse); es liegt kein Bedienungsfehler vor. Aber selbst wenn es die vom Lieferanten beabsichtigten Ergebnisse erbracht hätte, hätte die Funktionalität den Vereinbarungen nicht entsprochen.«

Im Hinblick auf die Sollbeschaffenheit gibt es eine Vielzahl von Qualitätsmerkmalen für Software und einige für Hardware. Sie werden nach folgenden Aspekten gegliedert:

- Funktionalität *[Kapitel 6.3.2]*
- Benutzerbezogene Qualität, insbesondere Ergonomie *[Kapitel 6.3.3]*
- Leistungsverhalten *[Kapitel 6.3.4]*
- Sonstige IT-technische Qualität *[Kapitel 6.3.5]*

Stufen der Sollbeschaffenheit: Entsprechend dem Grundsatz der Vertragsfreiheit schuldet der Auftragnehmer in erster Linie das, was die Vertragspartner vereinbart haben. § 434 BGB unterscheidet dabei drei Stufen:

In der ersten Stufe sind die Eigenschaften der Sache (»Beschaffenheit«) geschuldet, die die Vertragspartner konkret vereinbart haben.

In der zweiten Stufe geht § 434 BGB davon aus, dass sich die Sache »für die nach dem Vertrag vorausgesetzte Verwendbarkeit eignen« muss. Auch hier liegt eine Vereinbarung vor. Diese ist allerdings aus dem Vertrag erst zu ermitteln, insbesondere aus der Zielsetzung, die der Kunde vereinbarungsgemäß verfolgt.

Die Vertragspartner können den Eigenschaften, die in den beiden Stufen vereinbart worden sind, ein besonderes Gewicht zulegen, sodass der Auftragnehmer schärfer als normal haftet *[zur Garantie siehe Kapitel 6.3.10 (1)]*.

Auf dritter Stufe schuldet der Auftragnehmer ohne spezielle Vereinbarung, also automatisch, dass die Sache »sich für die gewöhnliche Verwendung eignet und eine Beschaffenheit aufweist, die bei Sachen der gleichen Art üblich ist und die der Käufer nach der Art der Sache erwarten kann.«

Zur dritten Stufe gehören gemäß § 434 Abs. 1 Satz 3 BGB auch Eigenschaften, die der Kunde nach den öffentlichen Äußerungen des Auftragnehmers oder des Herstellers (!)[22] erwarten kann. Die Äußerungen können in der Werbung oder durch die Kennzeichnung einer bestimmten Eigenschaft der Sache erfolgen. Der Hersteller kann also die Beschaffenheit, die der Kunde erwarten darf, beeinflussen. Er haftet nur dann auch selbst gegenüber dem Wiederverkäufer für diese Beschaffenheit, wenn er diese garantiert *[Kapitel 6.3.10 (1)]*.

Dem Wortlaut von § 434 Abs. 1 Satz 3 BGB nach ist die Produktbeschreibung keine öffentliche Äußerung. Die Rechtsprechung hat aber bisher schon dazu tendiert, den Auftragnehmer an seiner eigenen Produktbeschreibung festzuhalten, und wird es wahrscheinlich künftig noch stärker tun. Andersherum wird sie wahrscheinlich auch zulasten des Kunden künftig stärker davon ausgehen, dass die Produktbeschreibung maßgeblich sein soll.

Die öffentlichen Äußerungen sind dann unerheblich,

- wenn der Auftragnehmer solche des Herstellers nicht kannte und sie auch nicht kennen musste oder
- wenn sie im Zeitpunkt des Vertragsabschlusses in gleichwertiger Weise berichtigt waren oder
- wenn sie die Kaufentscheidung nicht beeinflussen konnten.

Der Vertrag kann auch Dienstleistungen in beliebigem Umfang umfassen. § 434 Abs. 2 BGB spricht zwar nur den »Montagemangel« seitens des Auftragnehmers als Sachmangel an. Der Gesetzgeber hat hier aber nur nicht die erforderlichen Konsequenzen aus seinem Ansatz gezogen, Verträge über die Erstellung von Sachen dem Kaufrecht zu unterstellen. – Wenn bei Systemverträgen weitere Dienstleistungen vorkommen, ist die genannte Vorschrift auch auf diese anzuwenden, nämlich dass ein Mangel in diesen Leistungen ein Sachmangel ist. Das gilt beispielsweise für die Installation und die Implementierung.

---

22. Das Gesetz lässt auch Äußerungen eines Gehilfen des Herstellers ausreichen. Dabei ist – vom Zusammenhang her – unklar, wer ein Gehilfe ist.

Unerhebliche Mängel: Von Auftragnehmerseite werden Mängel immer wieder mit der Begründung bagatellisiert, dass deren Beseitigung eine Kleinigkeit sei. Entscheidend ist aber, in welchem Umfang diese die Verwendung des Produkts beeinträchtigen. Ein Mangel kann unwesentlich sein, wenn der Kunde (!) ihn mit geringem Aufwand beseitigen kann *[zu Beispielen aus der Rechtsprechung siehe www.zahrnt.de, Kapitel 6.3]*.

Auch bei unerheblichen Mängeln besteht der Anspruch auf Nacherfüllung; es sei denn, dass der Auftragnehmer die Nacherfüllung wegen Unzumutbarkeit ablehnen kann *[Kapitel 6.3.7]*. Der Kunde kann allerdings wegen eines unerheblichen Mangels nicht vom Vertrag zurücktreten (§ 323 Abs. 5 BGB). Dem Kunden verbleiben das Recht auf Minderung und das Recht auf Ersatz des Schadens, der durch den Mangel entsteht; diese Rechte dürften bei unerheblichen Mängeln allerdings meist unbedeutend sein.

Zeitpunkt, zu dem der Mangel vorhanden sein muss: Der Mangel muss zum Zeitpunkt des Gefahrübergangs mindestens im Ansatz (»im Keim«) vorhanden sein. Wie soll der Kunde das beweisen? Was heißt das bei elektronischen Bauteilen? Wenn diese mit einer gewissen Wahrscheinlichkeit ausfallen, sind sie nicht im Ansatz mangelhaft (Parallele zu Verschleißteilen, deren Abnutzung – wie hier Ausfälle – in der Natur der Sache liegen). Die gesetzliche Vorschrift reicht also für den Kunden nicht aus: Es liegt in dessen Interesse, dass der Verkäufer sich verpflichtet, alle Ausfälle zu beseitigen, also eine Haltbarkeitsgarantie zu übernehmen *[Kapitel 6.3.10 (2)]*. Hinzu kommen kann das Bedürfnis, dass der Auftragnehmer (wie bei der Miete) auch die Instandhaltung übernimmt. Das ist der Ansatzpunkt dafür, dass Wartungsvereinbarungen bereits mit der Verjährungsfrist für Mängel beginnen *[Kapitel 11.1]*.

Überblick über die Ansprüche wegen Mängeln: Der Kunde hat nach § 437 BGB die folgenden Rechte: Er kann Nacherfüllung verlangen *[Kapitel 6.3.7]*. Erfolgt diese nicht, kann er vom Vertrag zurücktreten oder den Kaufpreis mindern *[Kapitel 6.3.8]*. Hat der Auftragnehmer den Mangel zu vertreten, kann der Kunde in jedem Fall Schadensersatz verlangen *[Kapitel 6.3.9 und 6.3.10]*.

Wie immer gilt, dass der Kunde die Anspruchsvoraussetzungen, also das Vorliegen von Mängeln, beweisen muss *[Kapitel 6.3.6]*. Es kommt hinzu, dass er die Kaufsache unverzüglich auf Mängelfreiheit untersuchen und Mängel unverzüglich rügen (= melden) muss, um seine Rechte nicht zu verlieren *[Kapitel 6.3.11]*. Außerdem droht ihm, dass seine Ansprüche verjähren *[Kapitel 6.3.12]*.

6.3.1 Der Mängelbegriff bei IT-Leistungen im Einzelnen

Streitigkeiten über die Sollbeschaffenheit beziehen sich weit überwiegend auf die Software; deswegen wird sie im Folgenden in den Vordergrund gestellt.

Ausgangspunkt für Streitigkeiten über die Sollbeschaffenheit ist, dass die Vertragspartner die Eigenschaften oder die Zielsetzung nur vage beschrieben haben, sodass es auf die gewöhnliche Verwendbarkeit ankommt.

(1) Gewöhnliche Verwendbarkeit

Es geht insbesondere (als wichtigster Aspekt der Sollbeschaffenheit)

- um das Fehlen von Funktionen;
- um die Art der Realisierung, ob sie der Branche, der Organisationsgröße und der organisatorischen Ausrichtung des Kunden nach dessen Typ entspricht;
- um die Vollständigkeit der Funktion, was in die Frage der Ergonomie übergeht *[vgl. Kapitel 6.3.3].*

Beispiel für organisatorische Ausrichtung

Ein Versandhandelsunternehmen, bei dem 50 von 200 Mitarbeitern in der Finanzbuchhaltung beschäftigt sind, hat hinsichtlich Leistungsverhalten und Ergonomie höhere Anforderungen an ein Buchhaltungsprogramm als ein normaler Handelsbetrieb mit 20 Mitarbeitern in der Buchhaltung und 500 Mitarbeitern insgesamt und erst recht als ein Produktionsbetrieb mit 10 Mitarbeitern in der Buchhaltung und 500 Mitarbeitern insgesamt.

Beispiel für Vollständigkeit der Funktion

Es soll bei einem Fakturierungsprogramm für einen Großhändler möglich sein, Sammelrechnungen (für mehrere Einzelbestellungen) zu erstellen. Das kann entweder so gelöst werden, dass bei der Erfassung des einzelnen Auftrags angegeben wird, ob eine Sammelrechnung erstellt werden soll oder nicht. Oder es kann im Kundenstammsatz angegeben werden, ob der Kunde eine Sammelrechnung wünscht. Bei dieser Lösung bleibt dann die Frage, ob beim Erfassen des einzelnen Auftrags abgefragt werden muss, ob ausnahmsweise keine Sammelrechnung geschrieben werden soll. – Weiterhin stellt sich die Frage, ob die Sammelrechnung sich auf Bereiche von Rechnungsnummern oder auf Perioden bezieht, im zweiten Falle weiterhin, ob die Periodizität automatisch einen Monat beträgt oder ob sie gesteuert werden kann, und zwar für alle Kunden einheitlich oder je Kunde.

Branchenspezifische Anforderungen als Maßstab: Als Ausgangspunkt für die Bestimmung der gewöhnlichen Verwendbarkeit bietet sich die Frage an, wie branchenspezifisch das Softwareprodukt angeboten wird.

So gibt es Fakturierungsprogramme

- unspezifischer Art,
- für Großhandel oder für sonstige Bereiche,
- für technischen Großhandel oder für sonstigen Großhandel,
- für technischen Großhandel, dessen Kunden auftragsbezogen arbeiten, insbesondere Bauzulieferbetriebe, oder für sonstige Großhandelsbetriebe,
- für einen Großhandel mit Kunden für bestimmte Branchen, z.B. für Sanitärgroßhandel.

Wenn also ein Sanitärgroßhändler ein Paket über den Ladentisch erwirbt, das ausdrücklich als Großhandelspaket angeboten wird, darf er erheblich weniger sanitärgroßhandelsspezifische Qualität (nach der Stufenbildung drei Stufen weniger) erwarten als bei einem Paket für den Sanitärgroßhandel.

Beispiel

Vielen Kunden reichen zwei Zeilen Text für die Beschreibung von Artikeln (z.B. von Schrauben); manche (z.B. Sanitärgroßhandel) benötigen variable Textlänge, weil die Beschreibung sehr umfangreich ist (z.B. ein Badezimmer).

Softwareprodukt selbst ist Maßstab für Funktionen: Als geschuldete Verwendbarkeit wird von einem Teil der Rechtsprechung nur das angesehen, was ein Softwareprodukt tatsächlich an Verwendung ermöglicht (nicht klargestellter Ausgangspunkt ist, dass eine ordentliche Produktbeschreibung nicht existiert). In der Praxis gibt es häufig so viele Varianten für die Abwicklung von Aufgaben, dass man von einer (oder einigen) gewöhnlichen nicht sprechen kann. Es gibt zwar auch häufig wenige Varianten, sodass alle realisiert werden könnten; diese beruhen aber jeweils auf verschiedenen betriebswirtschaftlichen/organisatorischen Konzepten. Der Anbieter realisiert eine und nur eine Lösung nicht nur wegen der Kosten, sondern auch wegen seines Konzepts und der angestrebten Einfachheit des Einsatzes. Es reicht aus, wenn diese eine der gewöhnlichen Varianten ist.

Aufgabe des Kunden, sich zu informieren: Die Rechtsprechung sieht es als Aufgabe des Kunden an, seine Anforderungen zu ermitteln und sich auf dem Markt zu informieren. Wenn ein Laien-Anwender das erkennbar nicht weiß, hält die Rechtsprechung den Auftragnehmer für verpflichtet, ihn aufzuklären, dass er den Vertrag im Interesse des Projekterfolgs gründlich vorbereiten muss *[Kapitel 7.1]*. Der Kunde kann – allein oder in Kombination –

- seine Anforderungen beschreiben *[siehe (3.1)]* oder
- den Auftragnehmer veranlassen, sie (mehr oder weniger) zu beschreiben *[siehe (3.2)]*, oder
- seine Anforderungen mit dem Auftragnehmer besprechen *[siehe (3.3)]*, teilweise im Rahmen von Vorführungen *[zu weiteren Möglichkeiten siehe IT-PM, Kapitel 5.1.1 und 5.2.1.2]*.

Wenn der Kunde entsprechende Angebote, insbesondere einen – entgeltlichen – Auftrag über die Ermittlung seiner Anforderungen, ablehnt, gibt er damit tendenziell zu verstehen, dass er sich mit den Programmen, wie sie sind, zufriedengeben will.

Stand der Technik: Was ist die gewöhnliche Verwendbarkeit? Angesichts des schnellen Fortschritts in der IT-Technik konnte sich in vielen Bereichen bisher hinsichtlich des Aspekts Modernität (was auch zunehmenden Umfang an Funktionalität beinhaltet) kaum etwas Gewöhnliches einigermaßen deutlich oberhalb des Bereichs der Grundfunktionen herausbilden.

(2) Festlegungen durch Produktbeschreibungen usw.

Existiert eine Produktbeschreibung, ist sie der Maßstab für die Sollbeschaffenheit *[Kapitel 6.3]*. Für die Benutzerdokumentation, die diese Informationsfunktion nicht hat, dürfte das nicht automatisch gelten. Die Produktbeschreibung ist zwar eine Zusammenfassung eines Teils der Benutzerdokumentation, die dessen Eigenschaften im Detail behandelt, also Auskunft geben kann. Sie ist aber nicht dafür gedacht. Der Kunde darf sich also darauf verlassen, dass die in der Produktbeschreibung aufgeführten Eigenschaften in einer gewöhnlichen Weise erfüllt sind.

Beispiel

Als Funktion eines Lagerwirtschaftsprogramms wird »ABC-Analyse« angegeben. Das Programm listet die Artikel nach den Auswahlkriterien auf und erlaubt, die Tabelle in drei Teile mit Zwischenüberschrift zu gliedern. Das dürfte nicht ausreichen.

Anspruch auf volle Erfüllung der Produktbeschreibung: Wenn das Softwareprodukt nicht alle in der *Produktbeschreibung* aufgeführten Funktionen oder sonstige Eigenschaften hat, geht das zulasten des Auftragnehmers. Ebenso darf der Kunde zu seinen Gunsten davon ausgehen, dass das, was in der *Benutzerdokumentation* beschrieben ist, bereits realisiert ist.

Verhältnis von Produktbeschreibung zur gewöhnlichen Verwendbarkeit: Die Bezugnahme auf die Produktbeschreibung soll tendenziell die geschuldete Funktionalität auf die darin beschriebene begrenzen, die gewöhnliche Verwendbarkeit also aus dem Leistungsumfang ausnehmen, soweit sie nicht beschrieben ist (es sei denn, dass es sich um Basisfunktionen handelt, die selbstverständlich vorhanden sein sollen). Das kann entweder durch ausdrückliche Aufführung der Grenzen erfolgen oder dadurch, dass die sehr genaue positive Beschreibung verdeutlicht, dass mehr nicht realisiert ist. Anderenfalls darf der Kunde davon ausgehen, dass die gewöhnliche Verwendbarkeit realisiert ist.

Kurzbeschreibung im Vertrag: Wird der »Leistungsumfang« in einem Anhang zum Vertrag (oder im Vertrag selbst) vom Auftragnehmer in Schlagworten aufgeführt, lässt das sehr viel Raum für die Interpretation, was zur gewöhnlichen Verwendbarkeit gehört.

Weiteres Informationsmaterial: Übergebenes Informationsmaterial wird zum Maßstab für die Sollbeschaffenheit, wenn es konkrete Kenntnisse vermitteln soll. Man kann oft darüber streiten, ob das wirklich der Zweck ist oder ob es den Interessenten beeindrucken soll.

(3)　　Vereinbarte Verwendbarkeit zugunsten des Kunden

Es geht insbesondere um die Frage, was die vertraglich vorausgesetzte Verwendbarkeit und was nur die Erwartung des Kunden ist.

(3.1)　(Schriftliche) Vorgaben des Kunden

Der Kunde kann seine Anforderungen von sich aus (schriftlich) beschreiben, auch wenn er Standard beschaffen will *[zur Interpretation von Vorgaben siehe grundsätzlich Kapitel 9.1.2 (5) und speziell zu Anpassungen Kapitel 8.3.1 (6); siehe auch IT-PM, Kapitel 5.2.2]*. Wird vereinbart, dass diese Anforderungen erfüllt werden, handelt es sich nicht automatisch um garantierte Eigenschaften *[Kapitel 6.3.10]*.

Der Kunde darf die Zusage so verstehen, dass seine Anforderungen sich alle im Rahmen des Einrichtens, also ohne Anpassungsprogrammierung, abdecken lassen; er darf also davon ausgehen, dass die Vollpflege nicht beeinträchtigt wird. Wird Anpassungsprogrammierung trotzdem erforderlich, muss der Auftragnehmer diese als Teil der Softwareprodukte pflegen.

Formuliert der Kunde seine Anforderungen nur in Stichworten, darf der Auftragnehmer davon ausgehen, dass der Kunde nur abfragen will, ob diese in einer gewöhnlichen Weise realisiert sind *[vgl. Kapitel 9.1.2 (5.1)]*. Was das im Detail bedeutet, soll sich nach dem Softwareprodukt richten *[siehe IT-PM, Kapitel 2.1.1]*.

Beispiele

In einem »Pflichtenheft« soll vom Softwarelieferanten angekreuzt werden, ob das angebotene Softwareprodukt die Funktion »Sammelrechnung« enthält. In einem Beispiel unter (1) ist ansatzweise dargestellt, wie unterschiedlich diese realisiert werden kann.

Im Beispiel »ABC-Analyse« unter (2) kann der Kunde sehr weitgehende Vorstellungen haben, etwa dass in den Stammdaten ein Kennzeichen gemäß seiner Zuordnungsentscheidung aufgenommen werden kann, sodass er Periodenvergleiche über den Absatz machen kann. Bei mehreren Perioden bedarf es dann mehrerer Felder zur Zuordnung; die Lösung wird kompliziert und aufwendig.

Die Anforderungen können auch durch die Bezugnahme auf bereits eingesetzte Programme definiert werden (Ablösen von Individualprogrammen oder von anderen Softwareprodukten). In der Praxis entstehen erhebliche Reibungen, wenn diese Bezugnahme nur im Kopf des Kunden erfolgt: Er erwartet eine ähnliche Lösung. Hätte er das dem Auftragnehmer gesagt, hätte dieser ihm wahrscheinlich erklärt, dass er ihm eine andere – natürlich bessere – Lösung anbieten würde. – Eine als besser angebotene Lösung darf in einzelnen Funktionen auch etwas schwächer sein.

Rückgriff auf im Vertrag nicht mehr aufgeführte Dokumente des Kunden: Auch aus Sicht des Anwenders sollen solche Dokumente zu den Anforderungen im Grundsatz noch gelten *[Kapitel 2.3.1]*. Je mehr die Vertragspartner aber über diese verhandelt und abgeändert oder konkretisiert haben, desto näher liegt es, dass das verhandelte Ergebnis maßgeblich sein soll. Der Auftragnehmer dürfte für diese Auslegung beweispflichtig sein. Also kommt es darauf an, inwieweit das Ergebnis im Vertrag aufgenommen worden ist.

(3.2)   **Schriftliche Vorgaben vom Auftragnehmer erstellt**

Hat der Auftragnehmer eine Organisationsuntersuchung durchgeführt und daraufhin die Anforderungen des Kunden dargestellt, darf der Anwender diese Darstellung von seinem Verständnis her auslegen *[vgl. Kapitel 9.1.3 (4)]*. – Bietet der Auftragnehmer keine Anpassungsprogrammierung an, obwohl sie in Betracht kommt (Preisklasse, Ausrichtung des Auftragnehmers auf Anpassungsprogrammierung), fragt sich, ob der Kunde davon ausgehen darf, dass die Funktionen der Softwareprodukte seine Anforderungen auch im Detail abdecken und damit nur unwesentliche Änderungen seiner Organisation erfordern (soweit Änderungen nicht sogar zur Verbesserung der Organisationsstruktur gewünscht sind). Die Antwort dürfte davon abhängen, wohin und wie tief der Untersuchungsauftrag ging:

- Wohin: Auf die Ermittlung von Anforderungen unabhängig von den eigenen Softwareprodukten des Auftragnehmers (frühes Untersuchungsstadium) oder auf die Abdeckung der Anforderungen durch die Softwareprodukte des Auftragnehmers. Im zweiten Fall darf der Kunde eine weiter gehende Abdeckung im Detail erwarten.
- Wie tief: Hier kommt es vor allem auf die Entgeltlichkeit der Ermittlung an. Bei einer unentgeltlichen Untersuchung darf der Kunde nur davon ausgehen, dass er das Softwareprodukt ohne wesentliche Änderung seiner Organisation einsetzen kann.

(3.3) Mündliche Anforderungen des Kunden

Haben die Vertragspartner die Anforderungen des Kunden besprochen, ist unsicher, inwieweit das als vereinbarte Eigenschaft bzw. als vertraglich vorausgesetzte Verwendbarkeit geschuldet wird. Zu bedenken ist insbesondere, dass viele Wünsche geäußert werden, der Kunde diese aber vielfach zurückzieht, beispielsweise wenn er erfährt, dass deren Realisierung teuer ist.

Soweit der Kunde seine Branche, seine Betriebsgröße und ähnliche für ihn *grundsätzliche* Anforderungen bekannt gibt, ist das Schweigen des Auftragnehmers als Bestätigung einzuordnen, dass die Softwareprodukte – wie auch die Hardware – auf diese hin ausgerichtet sind.

Soweit der Kunde seine Anforderungen nicht bekannt gibt – und die Lösung dann nicht ausreicht –, ist das sein Risiko. Allerdings kann dann Beratungsverschulden *[Kapitel 7.1]* vorliegen. Abzulehnen ist, über unterlassene Beratung zu konstruieren, dass nicht besprochene Anforderungen vereinbart worden wären.

Meines Erachtens kommt es bei der Beweiswürdigung stark auf die Art der Gesprächsführung an. Solche Gespräche werden in unterschiedlicher Weise geführt, wobei sie auch gemischt ablaufen können:

- Der Kunde (sieht sich die Software an und) stellt Fragen. Der Auftragnehmer mag Rückfragen stellen. Aber am Ende weiß er wenig darüber, wie das Unternehmen des Kunden organisiert ist, welche Anforderungen also dieser hat. Der Kunde nimmt die Kompetenz für sich in Anspruch, sachgerecht fragen zu können. Tendenziell hat der Auftragnehmer nur erklärt, was seine Softwareprodukte können.
- Der Auftragnehmer (stellt seine Software vor und) stellt Fragen nach der Situation und damit den Anforderungen des Kunden. Dadurch begründet er ein Beratungsverhältnis *[Kapitel 7.1]*. Tendenziell bestätigt der Auftragnehmer, dass seine Softwareprodukte die Anforderungen abdecken. Die Beweislast bleibt beim Kunden, wenn dieser sich auf Zusagen und nicht nur auf Beratungsverschulden beruft. Schweigen dürfte eher als Bestätigung gelten, sodass der Kunde eher nur beweisen muss, dass er die Frage gestellt hat.

Wenn der Kunde nach der Existenz einer Funktion fragt und sich mit der Bejahung seiner Frage zufriedengibt, hat er nur Anspruch darauf, dass eine der möglichen Ausgestaltungen ausreichend realisiert ist (außer wenn er erkennbar unfähig ist, sachgerechte Fragen zu stellen.

Wenn der Auftragnehmer bei Anforderungen/Funktionen mit vielen Varianten, z.B. bei Sammelrechnungen, auf seine Frage die Antwort bekommt, dass die Funktion benötigt werde, dürfte es seine Aufgabe sein, ins Detail zu gehen. Der Kunde verlässt sich dann erkennbar darauf, dass der Auftragnehmer die erforderlichen Fragen stellt. Schließlich kann dieser eine sehr breit angelegte Lösung für diese Funktion haben, die sich für sehr unterschiedliche Anforderungen einrichten lässt *[Kapitel 6.2.1 (4)]*, sodass weitere Fragen nicht nötig sind.

Mündliche Anforderungen contra Produktbeschreibung/Benutzerdokumentation: Bezieht sich der Auftragnehmer im Vertrag auf die Produktbeschreibung/Benutzerdokumentation als Maßstab oder auf das Softwareprodukt selbst (dass es können soll, was es an Funktionen enthält), ist gemäß allgemeinen Grundsätzen folgendermaßen zu verfahren:

- Hat der Auftragnehmer auf seine Beschreibung(en) nur in seinen AGB hingewiesen, geht das mündlich Vereinbarte als Individualvereinbarung gemäß § 305b BGB vor. Der Kunde muss die Vereinbarung beweisen.
- Hat der Auftragnehmer auf seine Beschreibung(en) in den Verhandlungen oder im individuellen Teil seines Angebots hingewiesen, ist zu ermitteln, was die Vertragspartner wirklich gewollt haben. Die Anforderungen an die Beweislast des Kunden hinsichtlich seiner Behauptung, dass der Auftragnehmer die Erfüllung seiner Anforderungen zugesagt habe, dürften hoch sein.
- Die Antwort des Auftragnehmers »Das geht!« (»Das ist machbar!«) heißt, dass es einen sachgerechten Lösungsweg für die nachgefragte Funktion bereits gibt.

Schriftform nicht eingehalten: Mündliche Konkretisierungen der vertraglich vereinbarten Verwendbarkeit und mündliche Nebenabreden sind trotz vereinbarter Schriftform möglich *[Kapitel 2.1.6 (3)]*.

Rückgriff auf im Vertrag nicht mehr aufgeführte Dokumente: Es ist weitgehend Sache der Auslegung, was von früheren Angeboten des Auftragnehmers noch gelten soll, wenn sie nicht formal fortgeschrieben worden sind. Ist das hingegen geschehen, aber der letzte Stand nicht in den endgültigen Vertrag aufgenommen worden, liegt es nahe, dass diese Fassung als selbstverständlich geschuldet nicht extra aufgenommen worden ist *[Kapitel 2.3.2]*. Gerade im IT-Bereich sind Angebote häufig ausführlich abgefasst, die endgültigen Vertragsdokumente aber sehr kurz.

6.3.2 Gewöhnliche Funktionalität einschließlich Zulassung zum Einsatz

6.3.2.1 Funktionsumfang

(1) Problemstellung

Die Forderung nach wirtschaftlich sinnvollem Einsatz beinhaltet insbesondere, dass solche Schritte automatisiert werden, die Routineaufgaben beinhalten.

Beispiel

Beim »Mahnwesen« darf der Anwender mehr als eine bloße Mahnliste (Übersicht über Verzugsfälle) erwarten. Er darf eine Vorschlagsliste erwarten, die nach entsprechender Bestätigung den Druck von Mahnungen aktiviert. Auch wenn zugleich ein Textprogramm mitverkauft worden ist, reicht die bloße Mahnliste nicht aus: Der Anwender könnte sich zwar Standardbriefe entwerfen. Er müsste diese aber noch mit den Daten aus der Fakturierung füllen. Außerdem müsste er die Daten zur vollzogenen Mahnung rückmelden. All das geht über seine Aufgaben bei der Einsatzvorbereitung hinaus.

(2)   Übliche Funktionen

Umfang der Funktionsabdeckung: Aufgabe von Softwareprodukten kann es sein, innerhalb eines Anwendungsbereichs mehr oder weniger viel abzudecken. Die Bezeichnung eines Anwendungsgebietes heißt nicht, dass das Softwareprodukt alle Funktionen dieses Anwendungsgebietes unterstützen soll. Es muss aber alle wesentlichen abdecken, zumindest solche, die Konkurrenzprodukte typischerweise beinhalten.

Unterstützungs-/Rationalisierungszweck als Maßstab: Das Softwareprodukt muss »rund laufen«. Jede dafür erforderliche Funktion muss vorhanden sein und ihrerseits »rund laufen«. Realisiert sein muss, was sich an IT-mäßiger Unterstützung aufdrängt.

»Nicht standardisierbare« Funktionen: Es gibt Funktionen auch im Kernbereich, die nur sehr schlecht standardisierbar sind, z.B. die Provisionsabrechnung bei der Fakturierung, die auf alle möglichen Besitzstände Rücksicht nehmen muss. Relativ teure Anpassungsprogrammierung ist dann erforderlich *[Kapitel 8.4.1]*. Der Auftragnehmer kann aber nicht argumentieren, dass er diese Funktionen deswegen nicht schulden würde. Denn das Softwareprodukt muss »rund laufen«. Hier kann allerdings eher vom Kunden erwartet werden, dass er Berechnungen selbst durchführt und sie dann als Zwischenergebnisse eingibt, d.h., dass das Softwareprodukt nur eine zu seinem sonstigen Niveau bescheidenere Lösung zu beinhalten braucht.

Zu viel an Funktionalität: Ein Softwareprodukt, das sehr viel an Funktionalität beinhaltet, insbesondere im Detail, belastet den Einsatz und das Leistungsverhalten und kann damit für manche Kunden mangelhaft sein.

6.3.2.2   Korrektheit

Richtigkeit: Die Richtigkeit betrifft die Übereinstimmung des tatsächlichen Ergebnisses mit dem erwarteten Ergebnis hinsichtlich der Art der Daten, der Datenwerte und der Form ihrer Darstellung. Wenn die Richtigkeit eines Ergebnisses nicht *festgestellt* werden kann, dann liegt nicht Unrichtigkeit, sondern unzureichende Prüfbarkeit vor *[6.3.2.3 (4)]*.

Vollständigkeit: Die Sollbeschaffenheit beinhaltet die vollständige Verarbeitung, Speicherung und Übermittlung der Daten. Eine Form der Unvollständigkeit liegt bei fehlender Datenherkunft vor, d.h., dass Ausgabedaten nicht korrekt oder überhaupt nicht gebildet werden können, weil die erforderliche Eingabe als Grundlage für die Ausgabedaten fehlt.

Beispiel

Beim Anzeigen einer Stückliste kann im Feld Zeichnungsnummer nie eine Zeichnungsnummer angezeigt werden, wenn dieses Datenfeld nicht erfasst und gespeichert werden kann. Das Ausgabefeld Zeichnungsnummer hat dann keine Datenherkunft.

Fehlende Datenverwendung als weitere Form der Unvollständigkeit liegt vor, wenn ein Datum erfasst und gespeichert, aber danach nicht mehr verwendet wird (auch nicht für Auskünfte). Damit ist die Erfassung und Speicherung sinnlos.

Es gibt einige allgemeine Argumentationshilfen für den Kunden; die Abgrenzung zur benutzerbezogenen Qualität ist fließend *[Kapitel 6.3.3]*:

Wenn eine bestimmte Teilfunktion innerhalb einer Hauptfunktion realisiert ist, muss sie normalerweise auch innerhalb einer anderen, vergleichbaren realisiert sein.

Wenn eine bestimmte Teilfunktion auf einer niederen Ebene realisiert ist, muss sie normalerweise auch auf einer höheren realisiert sein.

Beispiel

Beim Tagesabschluss werden die Umsätze nach Barverkäufen und nach Rechnungen zwischensummiert, beim Monatsabschluss nicht.

Es muss möglich sein, das, was auf dem Bildschirm oder in einem Ausdruck mit sehr ähnlicher Zielsetzung realisiert ist, auch auf dem jeweils anderen Medium auszugeben.

6.3.2.3   Ordnungsmäßigkeit

(1)   Ordnungsmäßigkeit der Datenverarbeitung

Einhaltung von Rechtsvorschriften allgemein: Rechtsvorschriften können sich auf die Konstruktionsweise (Sicherheit) und/oder auf die Funktionalität beziehen. Bei Hardware steht die Sicherheit im Vordergrund, bei Software die Funktionalität und – wegen der DIN EN ISO 9241 – die Ergonomie *[Kapitel 6.3.3]*.

Dass Software Rechtsvorschriften befolgen muss, die ihre Funktionalität beeinflussen, gehört zu ihrer bestimmungsgemäßen und damit zu ihrer gewöhnlichen Verwendbarkeit. Schwierig ist zu bestimmen, in welchem Umfang das gilt, wenn die Software auch in anderen Ländern eingesetzt werden soll oder darf (das ist umso schwieriger, je weiter das Einsatzgebiet ist). Problematisch ist weiterhin, inwieweit branchenspezifische Vorschriften eingehalten werden müssen, wenn das Softwareprodukt branchenneutral angeboten wird *[vgl. Kapitel 6.3.1 (1) und (3)]*.

Umfang der Berücksichtigung von Rechtsvorschriften: Bei manchen Rechtsvorschriften, beispielsweise bei gesetzlichen Meldepflichten, fragt sich, ob die Softwareprodukte Funktionen haben müssen, die es dem Kunden erlauben, diese Rechtsvorschriften zu erfüllen. Die Antwort dürfte im Wesentlichen auf der Grundlage zu finden sein, ob der Rationalisierungszweck das gebietet *[Kapitel 6.3.2.1 (2)]*.

Beispiele

»Basel II«, Sarbanes-Oxley Act und KonTra sind so vage, dass kaum konkrete Anforderungen aus ihnen abgeleitet werden können.

Einhaltung ähnlich zwingender Anforderungen wie Rechtsvorschriften: Es gehört bei Vollpflege dazu, die Softwareprodukte anzupassen, wenn sich Vorgaben ändern, auf denen die Softwareprodukte (tatsächlich) aufbauen *[Kapitel 12.2.1 (2)]*. Damit sind die ähnlich zwingenden Vorgaben schon einigermaßen gut definiert.

Gehört ihre Beachtung zur gewöhnlichen Verwendbarkeit, sind sie einzuhalten, auch wenn sie in der als maßgeblich definierten Produktbeschreibung/Benutzerdokumentation *[Kapitel 6.3.1 (2)]* nicht angeführt sind.

(2)   Identifizierbarkeit

Identifizieren heißt, etwas unverwechselbar und verständlich bezeichnen, um hierauf Bezug nehmen zu können.

Die vom System verarbeiteten Geschäftsvorfälle müssen durch die Art des Geschäftsvorfalls, z.B. Begründung einer Forderung aufgrund einer Lieferung, und eine – vorzugsweise lückenlose – Identnummer identifiziert werden. Grundlage bildet das Belegprinzip, d.h., dass die Begründung einer Forderung aufgrund einer Lieferung durch eine identifizierbare Rechnung belegt wird. Grundsätzlich muss es ausgeschlossen sein, dass Objekten die gleiche Identnummer zugewiesen wird, wenn die Objekte aus Anwendersicht verschieden sind.

Beispiele für mangelhafte Identifizierbarkeit

Software nummeriert die Seiten einer Ausgangsrechnung nicht fortlaufend.

(3)   Geordnete Darstellung

Die geordnete Darstellung dient der Klarheit und Verständlichkeit, der besseren Prüfbarkeit und der Effizienz durch geringe Suchzeiten. Die geordnete Darstellung wird insbesondere erreicht durch:

- gemeinsame Darstellung von Geschäftsvorfällen mit gleichem sachlichem Bezug,
- Angabe eines Bezugszeitpunktes, z.B. des Druckdatums, oder des Bezugszeitraums, z.B. des Abrechnungsmonats,
- Sortierung, d.h. in der Regel Darstellung in aufsteigender Folge eines Sortierbegriffs.

(4)   Verständlichkeit und Prüfbarkeit

Die Verständlichkeit ist Voraussetzung für die Verwendbarkeit und die Beurteilung der Richtigkeit.

Die Prüfbarkeit betrifft die Nachvollziehbarkeit des Verfahrens und der Einzelergebnisse, z.B. einer einzelnen Buchung oder Summe. Die Nachvollziehbarkeit des Verfahrens setzt auch eine geeignete Benutzerdokumentation voraus. Die Prüfbarkeit umfasst Klarheit im Sinne eines durchschaubaren Verfahrens sowie die Aufbewahrung der Dokumentation, Belege und Geschäftsbücher innerhalb der gesetzlichen Aufbewahrungsfristen. Sofern Daten auf nicht visuell lesbaren Datenträgern gespeichert werden, müssen sie in angemessener Zeit im Sinne der Grundsätze ordnungsgemäßer Speicherbuchführung sichtbar gemacht werden können. Inzwischen beinhaltet § 147 Abs. 6 Abgabenordnung wesentlich weiter gehende Grundsätze zum Datenzugriff und zur Prüfbarkeit digitaler Unterlagen (GDPdU), wenn diese mithilfe eines Datenverarbeitungssystem erstellt worden sind *[siehe auch (6)]*.

(5)   Zeitgerechte Verarbeitung

Die Sollbeschaffenheit hinsichtlich einer zeitgerechten Verarbeitung betrifft die

- zeitnahe Verarbeitung, die in der Regel von der Betriebsorganisation des Kunden abhängt,
- Buchung der Geschäftsvorfälle entsprechend ihrer zeitlichen Reihenfolge,
- zeitliche Abgrenzbarkeit der Verarbeitung und der Daten.

Die zeitgerechte Verarbeitung wird wesentlich durch das Verhalten des Kunden bestimmt. Der Kunde legt den Zeitpunkt fest, zu dem bestimmte Arbeiten ausgeführt werden. Probleme bei der Bestimmung der Sollbeschaffenheit hinsichtlich einer zeitgerechten Verarbeitung können aus häufig anzutreffenden organisatorischen und betrieblichen Schwächen resultieren, die die Software überbrücken soll.

(6)   Archivierung und Sichtbarmachung

Gemäß § 43 Abs. 4 HGB und § 146 Abs. 5 Abgabenordnung ist es zulässig, Handelsbücher, Bücher und sonstige erforderliche Aufzeichnungen maschinell zu speichern und die Daten bei Bedarf für den jeweils benötigten Zweck einzeln oder kumulativ (verdichtet) lesbar und sichtbar zu machen. Gemäß Erlass zu den Grundsätzen ordnungsgemäßer Speicherbuchführung wird für dieses als Speicherbuchführung bezeichnete Verfahren Folgendes vorausgesetzt:

- Einhaltung der Grundsätze ordnungsgemäßer Buchführung,
- ordnungsgemäße, insbesondere sichere und dauerhafte Speicherung der Daten,
- Sichtbarmachung der Daten,
  - in »angemessener« Frist,
  - auch bei einem System- oder Datenträgerwechsel *[verschärft durch die GDPdU, siehe (4)]*,
- Existenz einer Benutzerdokumentation.

6.3.2.4   Sicherheit

Mit Sicherheit ist die Vermeidung von solchen Schäden gemeint, die nicht aus mangelnder Korrektheit entstehen *[Kapitel 6.3.2.2]*.

Der Kunde muss in die Lage versetzt werden, Datensicherheit durch Datensicherung zu schaffen. Die Frage ist, inwieweit die Datensicherung durch das Anwendungsprogramm und inwieweit sie durch die Systemsoftware realisiert werden muss.

6.3.2.5   Verträglichkeit (Kompatibilität)

Schwerpunkt in der Vertragspraxis ist die Kompatibilität von Einheiten eines Systems. Auch wenn letztlich auf den Einzelfall abzustellen ist, so ergibt doch die Werbung für Mixed-Hardware oder für steckerkompatible Systeme deutlich die Aussage, dass sich der Kunde in einer heiklen Frage auf den Anbieter verlassen darf. Die Kompatibilität wird in der Werbung stark betont. Meines Erachtens wird Kompatibilität in der Regel garantiert/zugesichert *[Kapitel 6.3.10]*.

6.3.3   Gewöhnliche benutzerbezogene Qualität/Ergonomie

Maßgeblich ist DIN EN ISO 9241 Ergonomische Anforderungen für Bürotätigkeiten mit Bildschirmgeräten, insbesondere Teil 10: Grundsätze der Dialoggestaltung. Diese Norm ist Grundlage für die Verordnung über Sicherheit und Gesundheitsschutz bei der Arbeit an Bildschirmgeräten (Bildschirmarbeitsverordnung) vom 04.12.1996 (BGBl I S. 1841).

Da es um eine Schicht über der (reinen) Funktionalität geht, ist es sehr schwierig, *punktuelle* Mängel als Mängel im Rechtssinne zu qualifizieren, insbesondere als wesentliche Mängel. Das heißt also, dass es oft erst die Menge macht.

Gewöhnliche oder vertraglich vorausgesetzte Qualität: DIN EN ISO 9241 Teil 10 führt in der Einleitung aus: »Diese Grundsätze können bei der Gestaltung und Bewertung von Dialogsystemen angewandt werden, jedoch nur als allgemeine Leitlinien. Die Art und Weise, in der jeder einzelne Grundsatz der Dialoggestaltung umgesetzt wird, hängt von den Merkmalen des Benutzers, für den das Dialogsystem gedacht ist, den Arbeitsaufgaben, der Arbeitsumgebung und der jeweils eingesetzten Dialogtechnik ab.«

Aufgabenangemessenheit: Die Aufgabenangemessenheit beinhaltet, dass der Dialog den Benutzer unterstützen soll, seine Aufgabe effektiv zu erledigen. Sie ist abhängig vom Umfang, von der Häufigkeit und von der Art des Einsatzes. Das kann bei jedem Kunden unterschiedlich sein. Es macht deshalb keinen Sinn, auf den durchschnittlichen Kunden abzustellen. Denn der Entwickler soll sich nicht daran ausrichten, sondern soll eine in sich schlüssige Lösung schaffen. Einfache Handhabbarkeit einzelner Funktionen gehört zur Aufgabenangemessenheit. Der Auftragnehmer darf im Normalfall davon ausgehen, dass der Kunde geeignete Mitarbeiter einsetzt *[siehe ergänzend www.zahrnt.de, Kapitel 6.3.3]*.

Aufgabenangemessenheit für den »mittelbaren Benutzer«: Der Kunde setzt die Datenverarbeitung weitgehend zur Abwicklung seiner Geschäfte mit seinen Kunden und Lieferanten ein. Der eigenen Kundschaft gegenüber kommt es auf ein gutes Erscheinungsbild an; den Lieferanten kann man wohl mehr Unbequemlichkeiten zumuten. Hier sind höhere Ansprüche der Kundschaft an Verständlichkeit als für interne Abläufe zu erfüllen.

Beispiel

Der Kunde erteilt eine Bestellung. Er erhält zwei Auftragsbestätigungen (eine für sofort lieferbare Positionen und eine für solche, die der Verkäufer erst bestellen muss). Er erhält – richtig – je einen Lieferschein für jede Teillieferung, aber – als einziger Abwicklungsweg unzumutbar – auch eine Rechnung je Lieferschein.

Selbstbeschreibungsfähigkeit: Ein Dialog ist in dem Maße selbstbeschreibungsfähig, wie jeder einzelne Dialogschritt durch Rückmeldung des Dialogsystems unmittelbar verständlich ist oder dem Benutzer erklärt wird, wenn er die entsprechenden Informationen verlangt.

Fehlermeldungen (Meldungen von Bedienungs- oder Datenfehlern seitens des Programms) müssen verständlich sein.

Steuerbarkeit: Ein Dialog ist in dem Maße steuerbar, wie der Benutzer in der Lage ist, den gesamten Dialogablauf bis zu einem Punkt, an dem das Ziel erreicht ist, zu beeinflussen.

Erwartungskonformität: Ein Dialog ist in dem Maße erwartungskonform, wie er den Kenntnissen aus bisherigen Arbeitsabläufen, der Ausbildung und der Erfahrung des Benutzers sowie den allgemein anerkannten Übereinkünften entspricht. Die Forderung nach Erwartungskonformität berücksichtigt die Einheitlichkeit und das nach Kriterien der Konsistenz und der Lebenserfahrung zu erwartende Verhalten des Systems.

Robustheit gegen Bedienungsfehler: Bedienungsfehler gehören so sehr zum Programmeinsatz, dass das Programm Prüfungen (Plausibilitätskontrollen), die typische Bedienungsfehler erkennen, enthalten und Maßnahmen vorsehen muss, sodass der Benutzer die eigenen Fehler möglichst korrigieren kann. Auf keinen Fall darf das Programm bei fehlerhafter Bedienung abstürzen.

6.3.4 Leistungsverhalten

Es geht hier um die Frage, welche quantitativen Anforderungen des Kunden das IT-System zu erfüllen in der Lage sein muss *[zur Verantwortung für das Leistungsverhalten bei zwei Lieferanten siehe Kapitel 7.1 (4); zur ähnlichen Situation bei IT-Anlagen mit Individualprogrammen siehe Kapitel 9.5.1 (3)].*

Auftragnehmer weisen häufig auf die vielen Unwägbarkeiten bei der Bestimmung des Leistungsbedarfs und des geforderten Leistungsverhaltens hin, insbesondere auf die vielen vom Kunden abhängigen Parameter, sodass sie die benötigte Leistungsfähigkeit der angebotenen IT-Anlagen nicht ausreichend ermitteln und das geforderte Leistungsverhalten des IT-Systems nicht zusagen könnten.

Die ergänzende Vertragsauslegung hat davon auszugehen, dass der Kunde sich für seine betriebliche Situation absichern will. Es geht ihm um den Leistungsbedarf der Anwendungssoftware bei seinen Anforderungen zu Hochzeiten und sogar zu Spitzenzeiten.

Beispiel

Eine Buchhandlung hat die Formulierung durchgesetzt, dass ein bestimmtes Mengengerüst bei Einhaltung einer bestimmten Antwortzeit bei Dialogverarbeitung abgearbeitet werden kann. Dabei kann sich leicht ergeben, dass das Weihnachtsgeschäft doppelt so hoch ist wie das durchschnittliche Geschäft und dreimal so hoch wie das »Sommergeschäft«.

Weiterhin ist gemäß DIN 66273 zu berücksichtigen, dass das Leistungsverhalten des IT-Systems in einem eingeschwungenen Zustand der Anwendung zu messen ist, wenn nichts anderes vereinbart ist.

Beliebt ist es, nicht auf durchschnittliche Antwortzeiten abzustellen, sondern auf maximale, die zu X % (95 %) eingehalten werden müssen. Der Zeitraum, auf den sich diese Vorgabe bezieht, gehört zu einer vernünftigen Definition.

- Die Antwortzeit kann sich auf bestimmte Vorgänge beziehen, bei denen es Sonderfälle gibt, die mehr Zeit benötigen.
- Innerhalb der normalen Fälle kann die Erledigung untypisch lange dauern, z.B. weil das System gerade besonders belastet ist.

Wenn das Antwortzeitverhalten also z.B. für 95 % aller Fälle (Transaktionen) kleiner gleich zwei Sekunden sein soll, muss geklärt werden, ob sich die restlichen 5 % nur auf die Langläufer innerhalb der normalen Fälle beziehen oder auch auf die Sonderfälle.

Anforderungen an das Leistungs*verhalten* von IT-Systemen: Es gehört zur gewöhnlichen Verwendbarkeit eines IT-Systems, dass sein Leistungsverhalten, insbesondere das Antwortzeitverhalten, ordentlich ist.

Der Kunde darf eine gewisse Reserve an Leistungsfähigkeit und eine gewisse Ausbaubarkeit des IT-Systems erwarten, um seine – typischerweise steigenden – Anforderungen abdecken zu können.

Es gibt Einschränkungen, die technisch vorgegeben sind. Wenn sie Folge einer einfach gehaltenen technischen Lösung sind, sind sie nur dann vertragsgemäß, wenn sie für den Kunden zumutbar sind. – Eine normale Lösung kann durch die besonderen Umstände, unter denen der Kunde sie einsetzt, stark belastet werden. Das wirkt sich oft zugleich als mangelhafte Ergonomie aus *[Kapitel 6.3.3]*. Wenn sich die vertraglich vorausgesetzte Verwendbarkeit auf solche Umstände bezieht, ist die Lösung mangelhaft *[Kapitel 6.3.1 (3)]*.

Anforderungen an die Leistungs*fähigkeit* der IT-Anlage: Diese werden typischerweise in Verbindung mit dem *Leistungsbedarf* der Anwendungssoftware und dem vom Kunden verlangten *Leistungsverhalten* abgehandelt. Die Leistungsfähigkeit kann aber auch für sich alleine beurteilt werden.

Leistungsbedarf von Programmen: Trotz billiger Hardware dürfen Programme auch heute nicht unnötig viel Ressourcen verbrauchen; es sei denn, dass der Auftragnehmer dementsprechend viel an Ressourcen mitliefert *[siehe ergänzend Kapitel 8.4.2.2]*.

Leistungsdaten von Geräten: Da Nominalangaben häufig wenig über die effektive Leistung aussagen, hat das LG Stuttgart[23] erklärt, dass »alle Angaben in der Computerbranche ohnehin nur ca.-Angaben« sind.

Ansprüche bei mangelhaftem Leistungsverhalten: Die Ansprüche des Kunden hängen davon ab, ob eine Vereinbarung zum Leistungsverhalten nur eine verein-

---

23. 16 S 185/93 vom 30.09.1993, ECR LG·144.

barte Eigenschaft (Schadensersatz nur bei Verschulden) oder eine garantierte/ zugesicherte beinhaltet (stets Schadensersatz).

6.3.5   Gewöhnliche sonstige IT-technische Qualität

(1)   Zuverlässigkeit

Es gibt keine Rechtsprechung zu der Frage, wie hoch die geschuldete Verfügbarkeit ist.

Die Rechtsprechung ist gegenüber Ausfällen in der Anlaufphase relativ großzügig: Weil Mängel in gewissem Umfang unvermeidbar sind, muss der Kunde in der Anlaufphase eine gewisse Menge an Mängeln hinnehmen, wenn sie nur alsbald beseitigt werden. Insofern liegt eine typische Einschränkung der Verwendungsfähigkeit vor. Die Dauer der Anlaufphase lässt sich nicht allgemein bestimmen.

(2)   Flexibilität

Änderbarkeit von Software: Für den Kunden ist die Änderbarkeit nur relevant, wenn er ein Softwareprodukt (auch) als Quellprogramm erhalten hat. Aber auch dann dürfte er nicht berechtigt sein, Anforderungen zu stellen, weil der Auftragnehmer die Änderbarkeit für eigene Zwecke geschaffen hat und diese dem Kunden nur als Folge dessen zugutekommen soll.

Änderbarkeit der Hardware: Sie spielt bei Lieferverträgen hinsichtlich der Aufrüstbarkeit sowie hinsichtlich der Verträglichkeit (= Kompatibilität) eine Rolle. Diesbezüglich soll die Hardware Schnittstellen haben, die bei Bedarf durch Parametrierung an die Systemumgebung angepasst werden können.

Übertragbarkeit (= Portabilität): Diese bezieht sich ausschließlich auf Software. Insofern geht es um Verträglichkeit, wie sie in *Kapitel 6.3.2.5* abgehandelt ist.

Übertragbarkeit von einer Anwendungsumgebung in eine andere hängt vom Anwendungsvorrat an Funktionalität und seiner Nutzbarkeit durch Parametrierung *[Kapitel 8.3.1]* ab. Beispielsweise muss es möglich sein, einen neuen MWSt-Satz über Parametrierung und nicht durch Änderung des Programmcodes einzugeben.

(3)   Installierbarkeit

Wenn der Anwender die Hardware oder Software installieren soll, muss entweder ein Installationsdialog oder eine Installationsdokumentation geliefert werden, anhand derer ein durchschnittlich geeigneter und geübter Kunde die Installation durchführen kann. Die Installationsdokumentation muss die Installationsvoraussetzungen und die durchzuführenden Installationsmaßnahmen angeben und die Symptome, Ursachen und Korrekturmaßnahmen für Installationsfehler beschreiben.

Nach der Installierung von Softwareprodukten muss erkennbar sein, ob diese funktionsfähig sind, beispielsweise durch mitgelieferte Prüffälle oder durch Selbstprüfung mit entsprechender Meldung.

Die Installation darf durch Programmschutzmaßnahmen nicht wesentlich erschwert werden *[Kapitel 8.2.5]*.

(4)   Neuwertigkeit/Vollwertigkeit

Neuheit: Wer Hardware kauft, geht mehr oder weniger davon aus, dass diese neu, d.h. ungebraucht ist.

Technisches Niveau: Angesichts des rasanten technischen Fortschritts läuft ein Auftragnehmer Gefahr, das nicht mehr technisch Neueste anzubieten. In den bisher bekannt gewordenen Fällen war das Angebotene laut Sachverständigengutachten noch nicht so veraltet, dass es deswegen als mangelhaft hätte eingestuft werden müssen. Die Rechtsprechung tendiert dazu, die Stabilität des IT-Systems mit zu bewerten, sodass der Grad der technischen Neuheit nicht so im Vordergrund steht.

6.3.6   Beweislast bei Mängeln

(1)   Problemstellung

Schwierigkeiten machen in erster Linie Mängel hinsichtlich der Istbeschaffenheit: Der Kunde meldet eine Störung *[Kapitel 6.2.4]*. Sie kann ihre Ursache in einer Leistung des Auftragnehmers haben und ist dann ein Mangel; sie kann aber auch in den Verantwortungsbereich des Kunden fallen. – Streitigkeiten über die Sollbeschaffenheit beinhalten wesentlich weniger (und andere) Beweislastprobleme. Hier ist der Kunde viel besser als bei einem Streit über die Istbeschaffenheit zu einer ordentlichen Mängelmeldung in der Lage. Er muss sie dann aber auch erbringen.

In rechtlicher Hinsicht sind bei Mängeln bezüglich der Istbeschaffenheit vier Probleme zu unterscheiden:

■ *Die ordnungsgemäße Mängelmeldung zur Wahrung von Ansprüchen wegen Mängeln*
Das geltende Recht kennt Anforderungen, die der Kunde bei der Mängelrüge zur Wahrung seiner Ansprüche einzuhalten hat, insbesondere die kaufmännische Untersuchungs- und Rügepflicht (§ 377 HGB) *[Kapitel 6.3.11]*. Die Mängelrüge muss so abgefasst sein, dass der Auftragnehmer ihr die Art und den Umfang von Mängeln genau entnehmen kann. Funktionsstörungen sind im Einzelnen in ihren Auswirkungen zu beschreiben. Das Gesetz verlangt dies, um zu verhindern, dass der Kunde später nicht rechtzeitig gerügte Mängel »nachschiebt«.

Beispiel für eine nicht ausreichende Mängelrüge

»Seit einer Woche können wir das System wieder nicht nutzen.«

- *Die operative Unterstützungspflicht seitens des Kunden*
  Angesichts der Schwierigkeit, Ursachen insbesondere von Softwaremängeln zu erkennen, ist der Kunde verpflichtet, den Auftragnehmer bei der Mängelsuche zu unterstützen. Dazu gehört die detaillierte Mängelmeldung.[24]
- *Insbesondere die Pflicht, vor Gericht die Anspruchsvoraussetzungen darzulegen [siehe (2)].*
- *Der Nachweis im Gerichtsprozess*
  Wie soll ein Laien-Anwender einen Mangel nachweisen *[Kapitel 1.2]*? Wie kann ein Profi-Anwender in schwierigen Fällen den Nachweis dafür erbringen, dass ein Mangel vorliegt, wenn er das Softwareprodukt nicht als Quellprogramm hat?

Beweislastverteilung: Die Beweislast im Prozess liegt ab der Entgegennahme der Kaufsache als Erfüllung beim Kunden, gleich ob dieser auf Rückzahlung oder der Auftragnehmer auf Zahlung klagt (§ 363 BGB). Vorher trägt der Auftragnehmer die Beweislast. Regelmäßig dürfte vollständige Leistung Voraussetzung für den Willen des Kunden sein, die Leistung als Erfüllung entgegenzunehmen *[Kapitel 6.3.12 (2)]*. Die Entgegennahme als Erfüllung ist weniger als die Abnahme beim Werkvertrag *[Kapitel 9.4]*. In der Praxis bedeutet das: Wenn der Kunde nicht alsbald nach Entgegennahme wegen Mängeln/fehlender Teile protestiert, betrachtet er die Leistung als Erfüllung.

(2)   Die Darlegungslast im Gerichtsprozess bei Streit über die Istbeschaffenheit

Der Kunde hat ein Fehlerbild vorzutragen. Trifft ihn die prozessuale Beweislast, muss er auch behaupten, dass die Ursache dafür in der Leistung, insbesondere in einem Programm liege. Er braucht aber nicht die Ursache der Funktionsuntüchtigkeit darzulegen.

Im Prozess besteht die Substanziierungspflicht auch gegenüber dem Gericht: Auflistungen von Mängeln müssen in einer für das Gericht verständlichen Weise abgefasst sein. Anders kann das Gericht nicht die richtige Beweiserhebung anordnen, die bei Streitigkeiten über die Sollbeschaffenheit anders als bei Streitigkeiten über die Istbeschaffenheit ist.

Maßgeblicher historischer Zustand: Damit ist der ursprüngliche Zustand gemeint, auch wenn er, insbesondere wegen der leichten Ersetzbarkeit und Änderbarkeit von Software, nicht mehr rekonstruiert werden kann. Der Beweis-

---

24. Damit besteht m.E. eine deutlich über die prozessuale Substanziierungspflicht hinausgehende operative Darlegungspflicht *[Kapitel 6.3.7 (1)]*.

belastete kann also leicht in Beweisnot kommen *[zur Pflicht der anderen Seite, bei ihr vorhandenes Material zur Verfügung zu stellen, siehe (4)].*

Manipulation des historischen Zustands: Grundsätzlich muss nach der Übergabe der Auftragnehmer beweisen, dass eine Manipulation vorliegt.

Aufzeichnungspflichten des Auftragnehmers bei Mängelmeldungen: Ein ordentlicher Auftragnehmer erstellt Mängelberichte, in denen auch die Ursache für den Mangel angegeben wird. Für Wartungstechniker für Hardware ist das weitestgehend Routine.

(3) Beweislast im engeren Sinne

Der Nachweis, dass der Mangel, wie von seinem Erscheinungsbild (seiner Oberfläche) her beschrieben, seine Ursache tatsächlich in der Leistung, insbesondere in einem Programm, hat, wird in der Prozesspraxis nur selten – im Wege des Sachverständigengutachtens – dadurch geführt, dass die Ursache des Mangels genau festgestellt wird. Auch Sachverständige beschränken sich überwiegend auf die Feststellung, dass der Mangel aufgrund des Fehlerbildes seine Ursache im Programm haben müsse. Alle anderen Ursachen würden vernünftigerweise ausscheiden.

Bei Gericht reicht meist nicht aus, dass der Auftragnehmer das Vorliegen eines Mangels nur mit Nichtwissen bestreitet. In diesem Fall gilt der Mangel fast immer als zugestanden.

Wahrscheinlichkeitsurteil: Beruft sich der Kunde auf einen selten auftretenden Mangel, kann sich zu seinen Lasten ergeben, dass er beweisfällig bleibt, weil der Mangel auch während einer langen Überprüfungsdauer beim Sachverständigen nicht auftritt.

Indirekter Nachweis durch Ausschluss anderer Ursachen: Der Kunde kann Fehlerbilder schaffen, die nicht auf Mängel zurückzuführen sind. Bei ausgereiften Softwareprodukten sind m. W. weit mehr als die Hälfte aller Mängelmeldungen auf Ursachen aus dem Verantwortungsbereich des Kunden zurückzuführen. Ein Beweis des ersten Anscheins *[Kapitel 1.2 (4)]* kann deswegen kaum zulässig sein. Also muss der Beweis so geführt werden, dass alle anderen Einflussfaktoren als Ursache – insbesondere nach der Art des Fehlerbildes – ausgeschlossen werden.

Bei Hardwaremängeln: Erst einmal muss geklärt werden, wer die Beweislast trägt *[siehe (1)]*. – Ist das der Kunde, fragt sich, wie er überhaupt beweisen kann, dass die Ursache des Mangels bei Gefahrübergang bereits gesetzt war. Die Rechtsprechung arbeitet zunehmend mit dem Beweis des ersten Anscheins *[Kapitel 1.2 (4)]*, wenn es sich um Fehlerbilder handelt, die typischerweise nicht vom Kunden verursacht werden.

Es liegt nahe, dass der Auftragnehmer vorträgt, dass das Gerät bei ihm funktioniert habe. Das kann dafür sprechen, dass die Ursache bei Gefahrübergang noch nicht gesetzt war, braucht es aber nicht zu tun.

Das Fehlerbild braucht sich nicht als Grundlage für die Vermutung zu eignen; mit zunehmendem Zeitabstand zwischen Gefahrübergang und Mängelmeldung nimmt die Vermutung im Allgemeinen ab.

Bei Softwaremängeln: In der bisherigen Rechtsprechung hatten die Kunden – entgegen den Erwartungen – kaum besondere Schwierigkeiten bei der Erfüllung der Beweislast. Deswegen gibt es keinen Bedarf dafür, Beweiserleichterungen oder die Umkehr der Beweislast zu fordern *[Kapitel 1.2 (4)]*.

(4)   Bereitstellen von Beweismitteln durch den Gegner und Beweisvereitelung

Wer damit rechnen muss, dass ein IT-System noch zu Beweiszwecken benötigt wird, und es dennoch nicht zugänglich hält, läuft erhebliche Gefahr, dass ihm das als Beweisvereitelung angelastet wird: Der Beweis durch die andere Seite gilt als erbracht, wenn dieser nicht geführt werden kann, weil das IT-System nicht zur Verfügung steht.

6.3.7   Der Anspruch auf Nacherfüllung

Der Kunde hat gemäß § 439 BGB ab Ablieferung der Kaufsache Anspruch auf Nacherfüllung, d.h. darauf, dass der vertragsgemäße Zustand herbeigeführt wird: Er kann nach seiner Wahl Nachbesserung oder die Lieferung einer mangelfreien Sache verlangen. Der IT-Anbieter kann die Nacherfüllung – im Hinblick auf Fremdprodukte – von vornherein ausschließen; das bedeutet, dass der Kunde gleich auf die Rechte zum Rücktritt oder auf Minderung beschränkt wird.

Das Wahlrecht über die Art der Nacherfüllung liegt beim Kunden. Wenn er Ersatzlieferung verlangt, kann der Auftragnehmer allerdings nach § 439 Abs. 3 diese verweigern, wenn diese mit unverhältnismäßigen Kosten verbunden ist. Dann kommt nur die Nachbesserung in Betracht. Wenn auch diese mit unverhältnismäßigen Kosten verbunden ist, entfällt der Anspruch auf Nacherfüllung insgesamt. Der Kunde ist in diesem Fall gemäß § 440 BGB berechtigt, vom Vertrag ohne Fristsetzung zurückzutreten. – Das Ganze gilt entsprechend, wenn der Kunde zuerst Nachbesserung verlangt. – Der Anspruch auf Nacherfüllung entfällt, wenn diese unmöglich ist *[mit der entsprechenden Haftung, siehe Kapitel 3.5 (1)]*.

Anrechnung von Nutzungsvorteilen: Der Käufer, der eine Ersatzlieferung aufgrund von Nacherfüllung erhält, muss die Nutzungsvorteile, die er in der Vergangenheit erzielt hat, dem Wortlaut von § 439 Abs. 4 BGB nach erstatten, d.h., dass er diese über den Kaufpreis hinaus vergüten muss. Man kann argumentieren, dass der Auftragnehmer für die Schlechtlieferung belohnt werden würde und die

Erstattungspflicht im Weg der teleologischen Reduktion *[Anhang A.4]* ausgeschlossen werden müsse. *Ob die Rechtsprechung das anerkennen wird, wird in www.zahrnt.de, Kapitel 6.3.7 berichtet werden.*

Zur geschuldeten Geschwindigkeit siehe Kapitel 6.3.10 (2) und 8.4.3 (2).

(1) Pflicht des Anwenders zur Unterstützung, insbesondere zur ordentlichen Mängelmeldung

Zu den verschiedenen Aspekten hinsichtlich der Anforderungen an Mängelmeldungen siehe Kapitel 6.3.6 (1).

Die Frage, inwieweit der Kunde das Fehlerbild bei dessen Meldung spezifizieren muss, dürfte grundsätzlich dahingehend zu beantworten sein, dass er zumindest das, was er im Gerichtsprozess darzulegen hat, auch bereits zum Zeitpunkt der Mängelmeldung zu leisten hat. Zur Mängelmeldung gehört auch, dass der Kunde das Fehlerbild auf Verlangen des Auftragnehmers vorführt und Ausdrucke vorlegt, die die gerügten fehlerhaften Ergebnisse anzeigen.

Der Kunde muss die Anforderungen, wie er Mängel zu melden hat, einhalten, damit er überhaupt vor Gericht gehört wird. Darauf, dass der Kunde die vereinbarte Schriftform nicht eingehalten hat, kann der Auftragnehmer sich aber nicht berufen,

- wenn er Kenntnis vom Mangel hat (wobei er immer noch eine schriftliche Beschreibung verlangen kann, soweit diese nützlich ist) bzw.
- wenn er sich sogar um dessen Beseitigung bemüht hat.

Die weitere Pflicht zur Unterstützung: Sie hängt wesentlich vom sachlich richtigen Ort für die Fehlersuche und für die Integration der Reparatur-/Korrekturmaßnahme ab. Welches dieser Ort ist, hängt wiederum davon ab, wie viel dem Kunden zugemutet werden kann *[siehe (2)]*.

Zur ausreichenden Gelegenheit gehört neben der Beschreibung des Fehlerbilds und – bei Bedarf – dessen Vorführung nicht nur das reine Gewähren des Zugangs zum System, sondern auch die Mitwirkung des Kunden, die der Auftragnehmer als zumutbar erwarten darf:

- Bereitstellung von anderen als den gestörten Einheiten zur Fehlerlokalisierung, z.B. Ermöglichung der Nutzung einer Verbindung zwischen einer zentralen IT-Anlage und dem angeschlossenen Subsystem, das Daten nicht wie vorgesehen überträgt.
- Bereitstellung der Entwicklungsumgebung, wenn vorhanden, zur Erarbeitung der Korrektur.
- Systemtechnische Unterstützung seitens eines Profi-Anwenders, z.B. beim letzten Beispiel zur Klärung der Schnittstellenproblematik durch Beratung oder durch Tests.
- Übersendung einer Kopie des mangelhaften Softwareprodukts.

▪ Zurverfügungstellen der Anwendungsdaten in Dateien/Datenbanken, soweit das vom Datenschutz her vertretbar ist. Eine andere Frage ist, inwieweit es dem Kunden zuzumuten ist, die Daten selbst zu kopieren.

▪ Wenn Ferndiagnose vereinbart ist: Bereitstellung von Leitungskomponenten für diese.

▪ Einspielen einer Korrekturmaßnahme in das Softwareprodukt *[siehe (2)]*.

(2)   Ort der Mängelbeseitigung

Der Ort der Mängelbeseitigung bestimmt sich gemäß § 269 BGB *[Kapitel 3.13]* unabhängig von der Frage der Kostentragung (§ 439 Abs. 2 BGB). Der Ort für die Erfüllungshandlung hinsichtlich der Hauptpflicht (= Lieferung) kann von dem für die Erfüllungshandlung von Ansprüchen wegen Sachmängeln abweichen. Es liegt nahe, von der Übereinstimmung der Orte auszugehen; doch sind einige Gesichtspunkte zu berücksichtigen, die sich aus den drei Phasen

▪ Suche nach dem Mangel,
▪ Reparatur-/Korrekturmaßnahme und
▪ Integration in die Benutzungsumgebung

ergeben und zum gegenteiligen Ergebnis führen können. Außerdem können die Vertragspartner Fernbetreuung vereinbart haben.

Die Suche kann erfordern, dass der Auftragnehmer zum Kunden kommt, weil der Mangel anders nicht lokalisiert werden kann. Meist hat der Auftragnehmer aber in seiner Entwicklungsumgebung die besseren Diagnosemöglichkeiten für Softwaremängel.

Der Kunde kann die Korrekturmaßnahme oft selbst durchführen, wenn der Auftragnehmer ihn richtig anleitet. Das weist darauf hin, dass die Antwort stark davon abhängt, wie viel dem Kunden an Mitwirkung zugemutet werden kann.

Der Kunde hat die Hardware oder das Softwareprodukt selbst installiert: In diesem Fall braucht der Auftragnehmer die Nachbesserung grundsätzlich nicht vor Ort vorzunehmen. Er muss allerdings den Aufwand des Kunden für den Transport der Hardware bzw. die Lieferung von Unterlagen (über die Mängelmeldung hinaus) ersetzen. Er braucht nur in besonders schwierigen Fällen zur Mängelsuche zum Kunden zu kommen und zur Reparatur nur dann, wenn die Hardware fest in eine schlecht transportable Einheit eingebaut worden ist.

Der Auftragnehmer hat die Hardware vor Ort installiert: Ist die Hardware nur schwer transportabel, muss der Auftragnehmer vor Ort kommen. Anderenfalls dürfte es dem Kunden zumutbar sein, die gestörte Einheit zu übersenden. Die Grenze dürfte da liegen, wo das verpackte Gerät vom Kunden nur noch mit Hilfsmitteln bewegt werden kann. Das dürfte allerdings nicht gelten, wenn der Einsatzort der Einheit im Nahbereich des Auftragnehmers liegt, d.h. in dem Bereich, den seine Wartungstechniker regelmäßig befahren.

Der Auftragnehmer hat das Softwareprodukt vor Ort installiert: § 269 BGB spricht dafür, dass der Auftragnehmer auch erst einmal vor Ort kommen muss, um den Mangel zu suchen, und das später erneut tun muss, um die Korrektur oder die Ersatzlieferung einzuspielen. Nach Treu und Glauben muss der Kunde ihn aber unterstützen, d.h. den Mangel ordentlich melden und ggf. die Korrekturmaßnahme in das Softwareprodukt einspielen. Das ist dem Kunden in der Regel dann zuzumuten, wenn der Auftragnehmer ihm dafür ein Verfahren zur Verfügung stellt, das er einfach und sicher handhaben kann.

Ist ein Softwareprodukt mehrfach installiert worden, gilt dasselbe. Der Auftragnehmer muss dann ggf. die höheren Kosten erstatten *[siehe (3)]*.

(3)   Kosten der Mängelbeseitigung

Der Auftragnehmer muss gemäß § 439 Abs. 2 BGB alle Kosten für die Mängelbeseitigung tragen. Auch wenn der Erfüllungsort für die Nachbesserung beim Auftragnehmer ist, muss dieser den Aufwand dafür tragen, dass das gestörte Produkt zu ihm gebracht wird. Er muss auch die Mehrkosten tragen, die dadurch entstehen, dass der Kunde die Kaufsache vom Installationsort an einen anderen Ort gebracht hat.

Soweit der Kunde zur Mitwirkung verpflichtet ist *[siehe (1)]*, geht die Praxis typischerweise dahin, dass dieser die Erstattung seiner Kosten nur verlangt, wenn er durch die Vielzahl der erfolglosen Nachbesserungsversuche entnervt ist. Die Rechtslage ist hier nicht eindeutig. Meines Erachtens sind alle Kosten, die *normalerweise* beim Auftragnehmer anfallen, von diesem zu tragen und dürfen nicht auf den Kunden abgewälzt werden. Soweit es Aufgabe des Kunden ist, bei der Mängelsuche und ggf. bei der weiteren Mängelbeseitigung mitzuwirken, geht der Aufwand zu dessen Lasten. Der Kunde darf nicht von sich aus aufwendige Suchaktionen starten, geschweige denn versuchen, den Mangel (unter Zuhilfenahme Dritter) zu beseitigen. Als zweckmäßig gilt im Verhältnis der Vertragspartner, was der Auftragnehmer an Mitwirkung wünscht.

Der Kunde kann die Erstattung des Aufwands für die Selbstvornahme *[Kapitel 5.1.1 (3)]* (nur) bei Verzug und nach nutzloser Fristsetzung verlangen.

(4)   Inhalt und Umfang der Mängelbeseitigung

Zur Mängelbeseitigung gehört ggf. die erneute Installation des Softwareprodukts *[siehe (1)]*. Muss eine weiterentwickelte Version installiert werden, die nicht aufwärtskompatibel ist, gehört zur Mängelbeseitigung auch das erforderliche Einrichten und die Konvertierung von Datenbeständen *[Kapitel 8.4.3 (1)]*.

Korrektur von Daten: Hier sind zwei Probleme zu unterscheiden: Zum einen kann die Korrekturmaßnahme am Programm bewirken, dass die Dateien, die mithilfe des Programms angelegt worden sind, ebenfalls geändert werden müssen, z.B. weil ein Feld eingefügt werden muss. Diese Umstellung der Dateien gehört zur Mängelbeseitigung. – Sind die Daten durch den Mangel verfälscht worden, schuldet der Auftragnehmer die Korrektur als Schadensersatz, wenn er den Schaden zu vertreten hat *[Kapitel 6.3.9]*, es sei denn, dass den Kunden Mitverschulden wegen mangelhafter Datensicherung trifft *[Kapitel 3.1 (4)]*.

(5) Eingriffe des Kunden

Der Eigentümer darf sein Eigentum ändern oder selbst warten/pflegen. Bei Software kommt es darauf an, ob der Kunde ein Änderungsrecht erhalten hat *[Kapitel 8.2.2.2]*.

Ändert der Kunde das Softwareprodukt, berührt das die Haftung des Auftragnehmers nur insoweit, wie das Einfluss auf das Auftreten eines Mangels hat. Wenn der Kunde einen Fehler einbaut, braucht der Auftragnehmer zwar nicht diesen Fehler zu beseitigen, muss aber weiterhin alle anderen beseitigen. Der Kunde trägt die Beweislast dafür, dass, wenn er aus seiner Sicht einen Mangel meldet, auch tatsächlich ein Mangel vorliegt.

Latente Mängel: Liegt es in der vertragsgemäßen Verwendung des Softwareprodukts, dass der Kunde es ändert, haftet der Auftragnehmer grundsätzlich auch für solche Mängel, die nur dann auftreten, wenn der Kunde das Programm (korrekt) geändert hat.

6.3.8 Minderung und Rücktritt

Angemessene Nachfrist: Der Kunde kann – wie bei Verzug *[Kapitel 3.3.2 (2)]* – eine Frist für die Nacherfüllung setzen und bei erfolglosem Fristablauf nach seiner Wahl die Vergütung herabsetzen (= mindern) oder vom Vertrag zurücktreten.

Die Beseitigung von Mängeln in Softwareprodukten ist oft sachgerecht und damit zulässig so organisiert, dass Mängel, die nicht schwerwiegend sind, erst im Rahmen der Lieferung einer weiterentwickelten Version beseitigt werden *[Kapitel 8.4.3 (2)]*. Das gilt insbesondere bei Softwareprodukten von Vorlieferanten.

Rücktritt oder Minderung ohne Nachfristsetzung: Gemäß § 440 BGB hat der Kunde diese Rechte insbesondere dann,

- wenn der Auftragnehmer die Nacherfüllung ernsthaft und endgültig verweigert oder
- wenn die dem Kunden zustehende Art der Nacherfüllung fehlgeschlagen ist oder für ihn unzumutbar ist.

Das Gesetz definiert den Fehlschlag wie folgt:

»Eine Nachbesserung gilt nach dem erfolglosen zweiten Versuch als fehlgeschlagen, wenn sich nicht insbesondere aus der Art der Sache oder des Mangels oder den sonstigen Umständen etwas anderes ergibt.«

Der Versuch dürfte sich auf den einzelnen Mangel beziehen[25]. Etwas anderes kann sich zugunsten oder zulasten eines jeden Vertragspartners ergeben. Hier ist zu berücksichtigen, dass der Kunde in der Anlaufphase eine gewisse Beeinträchtigung der Gebrauchsfähigkeit hinnehmen muss *[Kapitel 6.3.5 (1)]*. – Die Menge der Mängel unter Berücksichtigung der zeitlichen Verteilung ihres Auftretens kann zum Fehlschlagen führen.

Nutzungsentschädigung: Der Kunde hat im Falle des Rücktritts eine Nutzungsentschädigung für die Gebrauchsvorteile, die er tatsächlich gehabt hat, zu zahlen (§ 347 BGB). Es gibt eine Tendenz in der Praxis, die Höhe der Nutzungsentschädigung auf der Basis eines Abschreibungszeitraums von 5 Jahren zu berechnen (bei PCs von 4 Jahren).

Abwarten mit dem Rücktritt: Damit der Kunde den Umstieg auf ein anderes System vorbereiten kann, kann er eine angemessene Auslauffrist setzen (das ist erst einmal eine Beschränkung des Rücktritts). Allerdings ist zu berücksichtigen, dass es sich bei Hardware um Wirtschaftsgüter handelt, die schnell veralten.

Anerkennt der Auftragnehmer den Anspruch des Kunden nicht, darf dieser weiternutzen und zahlt nur eine am Nutzungsumfang ausgerichtete Entschädigung.

Wenn der Auftragnehmer den Rücktritt allerdings akzeptiert, kann der Anspruch des Kunden auf weitere Nutzung nur aus Treu und Glauben abgeleitet werden. Dann hat er dem Auftragnehmer zusätzlich die Nachteile zu ersetzen, die dieser dadurch erleidet, dass er eine Möglichkeit, die Hardware und die Softwareprodukte seines Vorlieferanten mit Originaldatenträger anderweitig zu verwerten, nicht nutzen konnte.

Umfang des Rücktritts: Der Rücktritt ist wahrscheinlich für alle Lieferungen und Unterstützungsleistungen sowie für zusätzliche Aufträge zulässig *[Kapitel 3.3.2 (2)]*.

6.3.9 Schadensersatzansprüche

Der Kunde kann erst einmal gemäß § 280 BGB den Ersatz des Schadens, den er durch den Mangel erleidet, verlangen, wenn der Auftragnehmer den Schaden zu vertreten hat *[Kapitel 3.1 (3)]*. Unabhängig von Verschulden haftet er also, wenn er eine Garantie für das Vorhandensein einer bestimmten Eigenschaft gegeben hat

---

25. Das Gesetz spricht nicht von der Nacherfüllung, sondern von »einer Nachbesserung«. Das legt nahe, dass es nicht um die Nacherfüllung wegen aller auftretenden Mängel insgesamt geht, sondern um die Beseitigung eines bestimmten Mangels (durch Nachbesserung oder durch Ersatzlieferung). Die Rechtsprechung kann die Nachbesserung aber auch auf alle gemeldeten Mängel oder auf eine solche einzelne Mängelrüge, die mehrere Einzelpunkte umfasst, beziehen. Dann wird sie hoffentlich auch die Besonderheiten von IT-Verträgen berücksichtigen, nämlich dass Software nicht fehlerfrei sein kann.

[Kapitel 6.3.10 (1)]. Beim Weiterverkauf fremder Ware dürfte es am Verschulden in der Regel fehlen.

Es ist aber möglich, dass die Rechtsprechung das Verschulden eines solchen Vorlieferanten, dessen Software der Auftragnehmer wie eigene Software vertreibt, dem Auftragnehmer als dessen Erfüllungsgehilfen zurechnet. Es geht insbesondere um den Fall, dass ein Softwarehaus fremde Software – zumindest gegenüber der Kundschaft – in seine eigene Softwarefamilie integriert.

Der Kunde kann auch Schadensersatz statt der Leistung verlangen, wenn er – wie beim Verzug – eine Frist für die Nacherfüllung setzt und diese Frist erfolglos abläuft. Es kommt dann zu derselben Unklarheit wie bei Verzug, was nach erfolglosem Fristablauf gilt *[Kapitel 3.3.2 (2)]*.

6.3.10   Garantien

§ 443 BGB kennt Beschaffenheits- und Haltbarkeitsgarantien.

(1)   Beschaffenheitsgarantie

Garantiert ist eine Eigenschaft, wenn der Auftragnehmer dem Kunden durch eine zum Vertragsinhalt gewordene Erklärung zu erkennen gibt, er wolle auf jeden Fall dafür geradestehen (= es vertreten), dass das IT-System die betreffende Eigenschaft aufweise. In der Praxis wird – entsprechend dem Wortlaut des früheren Rechts – von zugesicherten Eigenschaften gesprochen. Der Auftragnehmer haftet also auch ohne Verschulden auf Schadensersatz.

Die Abgrenzung von nur vereinbarten zu garantierten/zugesicherten Eigenschaften ist problematisch. Garantien/Zusicherungen liegen im Bereich des geschuldeten Leistungsverhaltens nahe *[Kapitel 6.3.4]*.

Die Beschreibung eines Produkts seitens des Auftragnehmers stellt in der Regel noch keine Garantie/Zusicherung von Eigenschaften dar.

Auch Vorgaben des Kunden bewirken in der Regel noch keine Garantien/Zusicherungen. Das gilt gerade beim Kauf von Softwareprodukten, weil hier ggf. viele Anforderungen spezifiziert werden, um die Existenz von Eigenschaften abzufragen; es geht nur ausnahmsweise um einzelne herausgehobene Eigenschaften.

§ 443 BGB sieht bei einer solchen Garantie vor, dass dem Kunden im Garantiefall – unbeschadet der gesetzlichen Ansprüche – diejenigen Rechte zustehen sollen, die sich aus der Garantieerklärung (einschließlich der einschlägigen Werbung) ergeben. Solche spezifischen Regelungen finden sich beispielsweise in Vereinbarungen über das garantierte Leistungsverhalten einer IT-Anlage *[vgl. Kapitel 6.3.4]*, z.B. dahingehend, dass jeder Vertragspartner die Hälfte der Kosten für die Aufrüstung der IT-Anlage tragen muss, wenn das angestrebte Leistungsverhalten des Gesamtsystems nicht erreicht wird. Nach § 444 BGB kann die Haftung aus der Garantie nicht eingeschränkt werden (nicht einmal in einem individuellen

Vertrag!). Die Garantie kann aber von vornherein eingeschränkt formuliert werden, so beispielsweise in der vorgenannten Vereinbarung über das Leistungsverhalten.

Vereinbaren die Vertragspartner nichts über die Rechtsfolgen, hat der Kunde Anspruch auf Ersatz des Schadens, der durch das Vorhandensein der garantierten/zugesicherten Eigenschaft vermieden werden sollte.

Garantie des Herstellers: § 443 BGB bezieht den Fall ein, dass ein Dritter, insbesondere der Hersteller eines Produkts, eine Garantieerklärung für dieses abgibt, um den Absatz seines Produkts zu fördern. Er haftet dann gegenüber dem Kunden direkt.

(2) Haltbarkeitsgarantie

Bei einer Haltbarkeitsgarantie geht es um die Zusicherung, dass die Sache für eine bestimmte Dauer die vereinbarte Beschaffenheit behält. In der Praxis wird das oft als »Garantiefrist« bezeichnet. Die Konsequenz ist folgende: Wenn während der Geltungsdauer der Haltbarkeitsgarantie ein Sachmangel auftritt, wird vermutet, dass dieser die Rechte aus der Garantie »begründet« (siehe Abb. 6–1).

	Haltbarkeitsgarantie	
Mängel, die bei Gefahr-übergang (im Ansatz) vorhanden sind	Mängel, die nachträglich aus der Sache heraus auftreten	Defekte, die von außen verursacht werden

Der Auftragnehmer haftet

bei Kauf nach Gesetz

├──────────────────┤

problematischer Bereich für den Kunden wegen dessen Beweislast

├────── - - 🖊 - - ┤

bei einer Haltbarkeitsgarantie (wenn der Auftragnehmer sie gibt!)*

├──────────────────────────┤

*problematischer Bereich für den Auftragnehmer wegen dessen Beweislast***)

├──────────────────────────┤ ↘ - - -

mit den Rechtsfolgen wie bei Mängel, wenn nichts anderes geregelt wird.

*) Das entspricht der Situation bei Verkauf an einen Verbraucher während der ersten 6 Monate der Verjährungsfrist bzw. der Situation bei der Wartung von Hardware.

**) Die Beweislast liegt beim Auftragnehmer, wenn nichts anderes geregelt ist.

Abb. 6–1 *Haltbarkeitsgarantie*

Haltbarkeitsgarantie seitens des Auftragnehmers: Es kommt also nicht darauf an, dass der Mangel schon bei Gefahrübergang zumindest im Ansatz vorhanden war *[vgl. Kapitel 6.3 (1)]*; der Auftragnehmer hat für alle Mängel einzustehen, die sich während der Garantiefrist zeigen. Dies gilt für Material- und Fertigungsfehler, nur ausnahmsweise auch für Konstruktionsfehler.

Die Beweislast dafür, dass kein Garantiefall vorliegt (die Störung beispielsweise durch unsachgemäßes Verhalten des Kunden verursacht worden ist), liegt beim Garantiegeber. Da er die Garantie freiwillig gibt, kann er die Beweislast auch anders regeln.

Die Ansprüche des Kunden aus der Garantie stehen neben seinen gesetzlichen Ansprüchen wegen Mängeln; die Letzteren werden also durch eine Garantie nur erweitert, aber nicht in anderen Punkten eingeschränkt (Einschränkungen können dank der Vertragsfreiheit unabhängig von der Garantie vereinbart werden). Auch bei einer Haltbarkeitsgarantie gilt gemäß § 444 BGB, dass die Haftung für diese nicht eingeschränkt werden kann.

Die Rechtsprechung nach altem (ungeschriebenem Recht) hat den Beginn der Verjährungsfrist auf den Zeitpunkt hinausgeschoben, zu dem der Fehler auftritt.

Haltbarkeitsgarantie seitens des Herstellers: Sie wird in der Praxis als »Herstellergarantie« bezeichnet. Die Hersteller definieren den Umfang ihrer Garantieleistung in verschiedener Weise. Sollte ein Hersteller die Garantieleistung nicht definieren, dürfte diese auf Reparatur gehen.

§ 443 BGB spricht davon, dass die Rechte »dem Käufer zustehen«. Bei einer Vertriebskette ist das wahrscheinlich nicht der Vorlieferant oder Auftragnehmer, der beim Hersteller gekauft hat, sondern derjenige, der die Herrschaft über das Produkt hat, also meist der Kunde.

Wenn der Auftragnehmer die Herstellergarantie in seinem Angebot aufführt, läuft er Gefahr, den Eindruck zu erwecken, dass er die Herstellergarantie zu einer eigenen Garantie macht (»Ich garantiere, weil ich mich auf eine Herstellergarantie stützen kann«).

6.3.11   Kenntnis von Mängeln, Kaufmännische Untersuchungs- und Rügepflicht

Es sind drei Arten von Mängeln zu unterscheiden:

1. Offene Mängel
   Der Auftragnehmer haftet nicht für Mängel, die der Kunde bei Vertragsabschluss kennt (evtl. die er erst bei Lieferung erkennt) und deren Beseitigung er sich nicht vorbehält.

2. Erkennbare Mängel
   Wenn eine Prüfungspflicht besteht, entfällt die Haftung für solche Mängel, die der Kunde nach der Lieferung bei ordentlicher Prüfung hätte erkennen (und melden) müssen, aber nicht erkannt (und nicht gemeldet) hat.

3. Versteckte Mängel
   Sie unterliegen der normalen Haftung.

Das Kaufrecht des BGB sieht grundsätzlich keine Pflicht des Käufers vor, die Sache bei Entgegennahme zu untersuchen (siehe Tab. 6–1); erkennt der Käufer bei der Entgegennahme einen Mangel und rügt diesen nicht, kann das u.U. dahingehend auszulegen sein, dass er die Beschaffenheit so wie gegeben akzeptiert, d. h. auf Ansprüche wegen Sachmängeln verzichtet.

Bei einem Handelskauf hat der Kunde hingegen gemäß § 377 HGB die Ware unverzüglich nach der Ablieferung zu *untersuchen*, soweit dies im ordnungsgemäßen Geschäftsgang tunlich ist. Zeigt sich bei dieser Untersuchung ein Mangel, hat er diesen unverzüglich *anzuzeigen*. Geschieht dies nicht, gilt die Ware als genehmigt. Das hat zur Folge, dass die Ansprüche des Kunden nicht nur für erkannte, sondern auch für *erkennbare* Mängel entfallen. Wird ein Mangel ordnungsgemäß gerügt, unterliegen die auf ihn bezogenen Ansprüche ganz normal der Verjährung.

Kenntnis von Mängeln und Haftung für Sachmängel		
	§§ 442 BGB	**§ 377 HGB**
keine Haftung	für bei Vertragsabschluss bekannte Mängel (u.U. auch bei grob fahrlässig nicht erkannten) *)	darüber hinaus ▪ für erkennbare Mängel, wenn nicht unverzüglich untersucht und gerügt ▪ für versteckte Mängel, wenn nicht nach Entdeckung unverzüglich gerügt
Haftung	für alle übrigen Mängel	für alle übrigen Mängel
*) Erkennt der Käufer einen Mangel bei der Entgegennahme der Sache, kann darin u.U. ein Verzicht auf Ansprüche wegen Sachmängeln liegen.		

Tab. 6–1 *Kenntnis von Mängeln und Haftung für Sachmängel*

In der Praxis spitzt sich die Auseinandersetzung darüber, ob eine Mängelrüge rechtzeitig oder verspätet erfolgt sei, auf die Frage zu, welche Anforderungen an eine Untersuchung im ordnungsgemäßen Geschäftsgang zu stellen sind. Die Frage ist nach den Verhältnissen des Einzelfalls zu beantworten, wobei zwischen den Interessen des Auftragnehmers und des Kunden abzuwägen ist. Jeder Mangel ist einzeln zu rügen *[Kapitel 6.3.6 (1)]*.

Ist eine Haltbarkeitsgarantie vereinbart *[Kapitel 6.3.10 (2)]*, ändert das an der Rügepflicht in der Regel nichts. Zeigt sich innerhalb der Garantiefrist ein Mangel, ist dieser gemäß § 377 HGB unverzüglich zu rügen.

Umfang der Untersuchung: Der Kunde hat nur beschränkte Möglichkeiten, ein IT-System besser als der Auftragnehmer zu untersuchen, sodass keine hohen Anforderungen gestellt werden dürfen. Wichtiger Gegenstand der Untersuchung ist das Aufdecken von Mängeln, die durch die Installation oder das Einrichten verursacht worden sind.

In der Rechtsprechung geht es hauptsächlich um Fälle, in denen der Kunde sich darauf beruft, dass größere Teile (z. B. der Drucker) funktionsunfähig gewesen seien. Solche Mängel, heißt es oft in Urteilen, hätten von vornherein auffallen müssen.

Unverzüglichkeit der Untersuchung: Der Kunde ist zu einer vernünftigen Untersuchung von Softwareprodukten erst nach der Phase der Einsatzvorbereitung in der Lage. Deswegen beginnt die Verjährungsfrist erst gegen Ende dieser Phase *[Kapitel 6.3.12 (2)]*. Dann braucht der Kunde die Leistung auch nicht vor Ablauf dieser Phase zu überprüfen. Aus der Untersuchungspflicht ist aber abzuleiten, dass er die Einsatzvorbereitung unverzüglich durchzuführen hat, um seine Rechte wegen erkennbarer Mängel zu wahren.

Unverzügliche Meldung versteckter Mängel: Ein Mangel, der bei einer Untersuchung in ordnungsgemäßem Geschäftsgang nicht festgestellt werden kann, ist »versteckt« (»verdeckt« oder »verborgen«). Er braucht beim Handelskauf erst gerügt zu werden, wenn er sich zeigt, dann aber unverzüglich, damit die Ansprüche wegen Mängeln nicht verloren gehen. Die Beweislast dafür, dass der Mangel verborgen war, liegt beim Kunden.

6.3.12   Verjährung

(1)   Dauer der Verjährungsfrist

Die Verjährungsfrist *[zur Verjährung siehe Kapitel 3.10]* für die Ansprüche des Kunden wegen Mängeln beträgt gemäß § 438 BGB – abweichend von der regelmäßigen Verjährungsfrist von drei Jahren ab Jahresende – nur zwei Jahre, und zwar ab Ablieferung der Sache. Dieser Zeitpunkt deckt sich mit dem Zeitpunkt des Gefahrübergangs (außer in dem Fall, dass der Anwender in Verzug mit der Annahme der Leistung ist).

Bei einer Verjährungsfrist von zwei Jahren stellt sich die Frage, welche Lebensdauer ein Produkt (insbesondere seine Verschleißteile) haben muss. Wenn die Lebensdauer nicht gewöhnlich kürzer als die Verjährungsfrist ist oder der Auftragnehmer keinen Vorbehalt macht, dürfte der Kunde berechtigt sein, davon auszugehen, dass die Lebensdauer länger als die Verjährungsfrist ist.

Die Verjährungsfrist bezieht sich auf versteckte Mängel; sie läuft also auch dann ab, wenn der Anwender den Mangel während dieser Frist nicht entdecken konnte.

(2)   Beginn der Verjährungsfrist

Der Beginn der Frist ist nur dafür wichtig, deren Ende zu berechnen (Beginn + Dauer = Ende). Die Ansprüche wegen Mängeln bestehen von vornherein *[Kapitel 6.3.7].*[26]

Möglichkeit der Untersuchung: Die Verjährungsfrist beginnt bei Projektverträgen erst, wenn der Kunde die echte Möglichkeit hat, das IT-System zu untersuchen. Voraussetzung dafür ist, dass der Auftragnehmer *alle* Leistungen erbracht hat *[zur Benutzerdokumentation siehe Kapitel 6.2.1 (2)].* Werden Softwareprodukte vom Auftragnehmer installiert, ist nicht Voraussetzung für den Verjährungsbeginn, dass ein Datenträger mit dem Softwareprodukt übergeben worden ist.

Wenn der Auftragnehmer nur liefern (und installieren) soll und der Kunde die Softwareprodukte selbst einführt und nur bei Bedarf Beratungsleistungen in Anspruch nimmt, ist der Vertrag mit Abschluss des Minimums an Unterstützungsleistungen, insbesondere der grundlegenden Einweisung, erfüllt.

Ist die Abnahme vereinbart, beginnt die Frist erst mit dieser.

Stufenweise Lieferung: Werden Teilleistungen vereinbart, beginnt die Verjährungsfrist für jede Teillieferung bereits mit deren Lieferung. Hier sind drei Gesichtspunkte zu berücksichtigen.

- *Erstens* kommt es vor, dass einzelne Teile – ohne Abrede – nicht gleich mitgeliefert und also nachgeliefert werden. Die Verjährungsfrist beginnt auch dann erst mit vollständiger Lieferung, selbst wenn der Kunde die gelieferten Teile schon nutzt *[zur Frage der Zahlungspflicht bei nicht vereinbarten Teilleistungen siehe Kapitel 6.2.3].*
- *Zweitens* kommt stufenweise Lieferung vor, ohne dass formal Teillieferungen vereinbart worden sind, weil der Kunde es organisatorisch nicht verkraftet, das System auf einmal in Betrieb zu nehmen. Typischerweise wird entweder kein Liefertermin oder ein einheitlicher Liefertermin vereinbart. Es wird alles auf einmal installiert; die Anwendungssoftware wird nach und nach in Betrieb genommen. Dann muss ausgelegt werden, ob die Vertragspartner nachträglich Teilleistungen vereinbart haben.
- *Drittens* kann sich stufenweise Lieferung daraus ergeben, dass Anpassungsprogrammierung von Softwareprodukten erst noch erstellt werden muss, ohne dass diese formal als Teilleistung vereinbart wird *[Kapitel 8.3.1 (1)].*

---

26. Das wird deutlich bei Werkverträgen über geistige Leistungen, bei denen die Frist erst am Ende des Kalenderjahrs der Vertragserfüllung beginnt *[siehe Kapitel 5.1.1 (2)].*

(3)   Erschwerung der Verjährung

Hemmung: Die Meldung von Mängeln hemmt nicht den Lauf der Verjährungs-frist. Wenn der Auftragnehmer aber auf eine solche Meldung nicht ablehnend reagiert, dürfte die Situation so einzustufen sein, dass die Vertragspartner über die Mängelbeseitigung verhandeln. Das führt zur Hemmung, bis die Verhandlun-gen abgebrochen werden (indem der Auftragnehmer erklärt, dass er den Mangel beseitigt habe oder dass kein Mangel vorliegen würde) *[Kapitel 3.10 (3)]*. Aller-dings ist folgende Rechtslage zu beachten:

Neubeginn durch Anerkenntnis des Anspruchs auf Mängelbeseitigung: Die Ver-jährungsfrist beginnt gemäß § 212 BGB erneut, wenn der Schuldner dem Gläubi-ger gegenüber einen Anspruch anerkennt. Die Rechtsprechung war nach altem Recht großzügig darin, die Erklärung des Auftragnehmers, dass ein Mangel vor-liegen würde und er diesen beseitigen würde, als Anerkenntnis anzusehen. Es ist offen, ob die Rechtsprechung diese Linie fortsetzen wird.

Nacherfüllung durch Ersatzlieferung: Die bisherige Rechtsprechung hat die Ver-jährungsfrist im Falle einer Ersatzlieferung neu beginnen lassen. *Es wird in www.zahrnt.de berichtet werden, ob die Rechtsprechung die Neulieferung als Anerkenntnis (wie vorstehend beschrieben) einordnen und damit die Verjäh-rungsfrist neu beginnen lassen wird.*

Erhaltung der Mängeleinreden trotz Verjährung: Das Recht zum Rücktritt *[Kapi-tel 6.3.8]* entfällt mit Ablauf der Verjährungsfrist, wenn der Auftragnehmer sich auf Verjährung beruft. Soweit der Kunde den Kaufpreis noch nicht gezahlt hat, kann er aber immerhin noch dessen Zahlung verweigern. Wenn er das tut, kann der Auftragnehmer seinerseits vom Vertrag zurücktreten (und die von ihm erbrachte Leistung zurückverlangen).

Entsprechendes gilt für die Minderung: Soweit der Kunde den Kaufpreis noch nicht gezahlt hat, kann er diesen um den Betrag kürzen, zu dem er zur Minderung berechtigt war.

6.3.13 Verbrauchsgüterkauf

Ob ein Verbrauchsgüterkauf vorliegt, hängt nicht vom Willen oder wenigstens vom Wissen des Verkäufers ab, sondern nur von der objektiven Situation, wofür der Käufer die Sache erwirbt.

§ 478 BGB regelt den Rückgriff des Verkäufers auf seinen Vorlieferanten bei Verbrauchsgüterkauf (der Verkauf an einen Unternehmer beeinflusst hingegen nicht den Beschaffungsvertrag zwischen dem Verkäufer und seinem Vorlieferan-ten).

Zu Einzelheiten siehe www.zahrnt.de, Kapitel 6.3.13. Zum Widerrufsrecht bei Verbrauchsgüterkauf im Fernabsatz siehe www.zahrnt.de, Kapitel 4.2.2 (1).

6.4   Zusammenhang von Leistungen im Hinblick auf die Haftung wegen Pflichtverletzungen

Zum Zusammenhang von Teilen eines PCs siehe www.zahrnt.de, Kapitel 6.4.

Der Kunde kann die Teile eines IT-Systems relativ unabhängig voneinander beschaffen, er kann Software auch selbst erstellen. Er kann aber die von ihm benötigten Leistungen auch in einem engen zeitlichen und sachlichen Zusammenhang beschaffen. Er hat dann die Gesamtlösung vor Augen und denkt nur beschränkt an deren Teile, an die Hardware meist nur in ihrer dienenden Funktion.

Rechtlich gesehen geht es im Wesentlichen um die Frage, inwieweit Pflichtverletzungen in einem Teil sich auf alle Teile auswirken, der Kunde also vom Vertrag insgesamt zurücktreten kann *[Kapitel 3.3.2 (2)]*. Die Frage des Gesamtrücktritts stellt sich auch hinsichtlich weiterer Leistungen wie z.B. der Einsatzvorbereitung oder Anpassungsprogrammierung *[Kapitel 8.3]* oder hinsichtlich Zusatzaufträgen.

Rechtsmängelhaftung bei Softwareprodukten: Bei Lieferung einer echten Raubkopie (die dem Original entspricht, aber kein Benutzungsrecht verschaffen kann *[Kapitel 8.2.6]*) ist nur eine Legalisierung der eingesetzten Kopie nötig; es sei denn, dass Programmschutzmaßnahmen den Einsatz gefährden oder sogar beeinträchtigen. Selbst wenn eine technisch unteilbare Einheit vorliegt, ist kein Fortfall des Gesamtinteresses anzunehmen. Der Kunde kann also im Ausnahmefall nur Teilrückgängigmachung verlangen.

6.4.1   Ein Lieferant liefert alles

(1)   Rechtliche Situationen im Einzelnen, insbesondere bei Standardeinheiten

Im Folgenden wird vorrangig von Mängeln in der Software ausgegangen. Gesamtrücktritt ist nach § 437 i.V.m. § 323 Abs. 5 BGB dann zulässig, wenn

- bei Verzug der Kunde wegen des fehlenden Teils kein Interesse an der erhaltenen Teilleistung hat bzw.
- bei mangelhafter Lieferung der Kunde wegen des Mangels kein Interesse am funktionierenden Teil hat.

Das ergibt sich aus der Bewertung der jeweiligen Konstellation. Typische Konstellationen sind, unabhängig von IT-Systemen:

Unteilbare Leistungen: Es gibt Einheiten, die auf dem Markt als ein Produkt angesehen werden, wie PKWs (auch bei einer gewissen Variabilität vieler Bestandteile = Komponenten) oder Schachcomputer. Der Kunde braucht nicht zu begründen, dass er insgesamt zurücktritt (es kommt in Betracht, dass er *nur* insgesamt zurücktreten darf, weil der Auftragnehmer an Teilen kein Interesse hat). Auch IT-Systeme mit proprietärem Betriebssystem fallen nach der Rechtsprechung als »objektiv technisch unteilbare Gesamtleistung« hierunter.

Eine Gesamtleistung kann auch vereinbart werden, z.B. indem die Vertragspartner Begriffe wie »Lösung« oder »IT-System« verwenden.

Sets/Baukästen: Die Variabilität der Teile (= Einheiten) ist so hoch, dass diese einzeln als Lieferpositionen angesehen werden. Der Kunde benötigt mehrere Lieferpositionen, um ein funktionsfähiges System zu haben. Einzelne Teile sind mehr oder weniger wertlos. – Die einzelnen Teile eines Sets sind häufig über Schnittstellen miteinander verbunden. Diese Schnittstellen können offiziell genormt sein oder sich als »Industriestandard« durchgesetzt haben. Das braucht aber nicht der Fall zu sein. Der Kunde kann zurücktreten, wenn die in diesen Fällen erforderliche Ersatzbeschaffung des fehlenden/mangelhaften Teils ihm erhebliche Nachteile schafft.

Je stärker die Schnittstellen offiziell oder inoffiziell genormt sind, desto wahrscheinlicher ist es, dass es für die einzelnen Einheiten mehrere Anbieter gibt. Je mehr es sind, desto eher kann der Kunde angemessenen Ersatz finden. Desto näher liegt es, dass der Kunde nur die durch die Pflichtverletzung betroffenen Einheiten zurückgeben darf.

Ein Teil der Rechtsprechung sieht einen erheblichen Nachteil und damit den Fortfall des Gesamtinteresses bei IT-Projektverträgen darin, dass der Kunde es im Falle der Ersatzbeschaffung mit zwei Auftragnehmern zu tun habe, die sich gegenseitig die Schuld an Störungen zuschieben würden. Meines Erachtens liegt darin, dass der Kunde einen erneuten Auswahlprozess durchführen muss, meist schon ein wesentlicher Nachteil. Dieser kann nur dadurch beseitigt werden, dass der Auftragnehmer alsbald, nachdem der Kunde den Gesamtrücktritt erklärt hat, eine anderweitige Ersatzsoftware (Ersatzhardware) nachweist.

Ausschluss des Gesamtrücktritts durch Kompensation: In manchen Fällen beschränken sich die Nachteile auf gewisse Mehrkosten.

Beispiele

Die erneute Installation der Anwendungssoftwareprodukte auf der neuen IT-Anlage ist zu vergüten, während der erste Auftragnehmer die Erstinstallation ohne gesonderte Vergütung vorgenommen hat. – Der Preis für den isolierten Erwerb der zweiten IT-Anlage ist höher (weil der zweite Auftragnehmer kein Softwaregeschäft tätigen kann).

Meines Erachtens kann der Erstlieferant dann nach Treu und Glauben verlangen, dass der Kunde die mangelfreien Teile behält, wenn er von vornherein Ausgleich der Mehrkosten für den Fall anbietet, dass der Kunde den Gerichtsprozess über den Rücktritt von den betroffenen Teilen gewinnt.

Zusammenhang von Anwendungssoftwareprodukten untereinander: Die Rechtsprechung hat den Gesamtrücktritt wegen Softwaremängeln weitgehend auf der – unausgesprochenen – Grundlage bejaht, dass an einer Softwarefamilie ein Gesamtinteresse bestehen würde.

Es kommt vor, dass ein Softwareprodukt oder sogar nur ein Teil davon unproblematisch ausgetauscht werden kann, z.B. ein Etikettendruckprogramm (letztlich systemnahe Software als Teil eines Anwendungspakets). Bei beschränkten Nachteilen kommt in Betracht, dass der Lieferant den Gesamtrücktritt durch Zahlung des Mehrpreises für die Integration dieses anderen Programms abwenden kann *[siehe (1)]*.

Teils Kauf – teils Miete: Wird ein Teil gemietet, ist kein Grund zu sehen, einen Unterschied zum Ausgangsfall zu machen, in dem für alle Teile eine einmalige Vergütung gezahlt wird.

Teilleistungen: Sind Teilleistungen vorgesehen, spricht das kaum gegen den Gesamtrücktritt; denn Teillieferungen sind eher deswegen erforderlich, weil die Gesamtleistung wegen ihres Umfangs nicht auf einmal beim Kunden eingeführt werden kann.

(2)   Zahl der Vertragsdokumente

Indizwirkung eines einzigen Dokuments: Haben die Vertragspartner mehrere Leistungen in einem Vertragsdokument zusammengefasst, ist zu vermuten, dass diese Leistungen eine Einheit bilden sollen bzw. bei Teilfortfall das Gesamtinteresse entfallen soll.

Mehrere Vertragsdokumente: Manche Auftragnehmer sehen gesonderte Formulare und AGB für Hardware und Softwareprodukte vor. Das darf nicht damit gleichgesetzt werden, dass ein Auftragnehmer zwar getrennte Formulare und AGB verwendet, dann aber alle Bestandteile in einem Deckblatt zusammenfasst und somit ein einziges Vertragsdokument definiert.

Es gibt eine nahezu einheitliche Rechtsprechung, dass die Aufteilung auf zwei Dokumente hinsichtlich der Frage, ob der Kunde insgesamt zurücktreten kann, für unerheblich gehalten wird. Anders ist es nur, wenn die Verträge ausdrücklich als voneinander unabhängig bezeichnet werden.

(3)   Einbeziehung von Individualsoftware und Anpassungsprogrammierung

Pflichtverletzungen bezüglich Softwareerstellung: Scheitert die Erstellung von Software, ist deren Abtrennung nicht grundsätzlich ein wesentlicher Nachteil, weil die IT-Anlage als Basis für die erneute Entwicklung der Individualsoftware weiterhin zur Verfügung steht. Technische Untrennbarkeit ist grundsätzlich nicht gegeben, sodass man grundsätzlich nicht von einer Gesamtleistung auszugehen hat. – Selbstverständlich können die Vertragspartner eine Gesamtleistung vereinbaren.

Es liegen aber typischerweise dieselben Nachteile wie bei der gescheiterten Überlassung von Softwareprodukten vor.

Pflichtverletzungen bezüglich Anpassungsprogrammierung zu einem Software-produkt: Modifikationen hängen untrennbar, Erweiterungen und Zusatzpro-gramme eng mit dem Softwareprodukt zusammen; sie bilden mit ihm eine Einheit *[Kapitel 8.3.1 (1)]*; zumindest führt die Trennung zu erheblichen Nachteilen. Die Einschaltung eines anderen Auftragnehmers zwecks Fertigstellung oder Män-gelbeseitigung kommt ohnehin nur in Betracht, wenn das Quellprogramm gelie-fert worden ist (ein Verbot der Kenntnisgabe an Dritte dürfte nicht mehr entge-genstehen *[Kapitel 8.2.2.4]*).

Das bedeutet hinsichtlich des Gesamtrücktritts, dass es erst einmal darauf ankommt, ob im Verhältnis von Softwareprodukt zu IT-Anlage Einheit oder ein einheitliches Interesse vorliegt *[siehe (1)]*.

Pflichtverletzungen bezüglich Standardprodukten: Die Rechtslage dürfte genauso sein wie in dem Fall, dass es nur um Standardprodukte geht *[siehe (1)]*.

(4)   Zeitlich auseinanderfallende Vertragsabschlüsse

Je enger die Leistungen zusammenhängen, desto größer kann der zeitliche Abstand sein, ohne dass das Recht zum Gesamtrücktritt entfällt. Für den Zusam-menhang von Verträgen spricht insbesondere, wenn die Leistungen gemäß ein-heitlichem Zeitplan erbracht werden sollen *[siehe auch Kapitel 8.3.1 (1)]*.

(5)   Nachträgliche Änderung des Zusammenhangs

Änderungen im ursprünglich bestellten IT-System können den erst einmal geschaffenen Zusammenhang beeinflussen: Wenn das neue Teil mangelhaft ist, möchte der Auftragnehmer nicht auch die früher gelieferten Teile zurücknehmen müssen. Aufhebung des Zusammenhangs liegt nahe, wenn das neue Teil das Risiko des Auftragnehmers deutlich erhöht. Anderenfalls bleibt es in der Regel dabei, dass ein Set dadurch definiert ist, dass mehrere zusammenwirkende Teile erforderlich sind, wobei diese teilweise austauschbar sind. Der Zusammenhang wird insbesondere dann nicht beeinträchtigt, wenn das neue Teil Defizite des ursprünglichen Teils ausgleichen soll.

Durch die Änderung wird die Verjährungsfrist für die beibehaltenen Teile nicht verlängert.

6.4.2   Zwei Lieferanten

Die Rechtsordnung stellt verschiedene Möglichkeiten zur Verfügung, wie die Leistungen/Verträge zweier (oder mehrerer) Lieferanten zusammenhängen können.

Dem rechtlichen Zusammenhang der Verträge steht nicht entgegen, dass die Vertragsschließenden nicht an allen einzelnen Geschäften, aus denen sich das einheitliche Geschäft zusammensetzt, in gleicher Weise beteiligt sind. Die Verträge brauchen nicht in einem gemeinsamen Dokument niedergelegt zu werden.

Die Gerichte sind zunehmend, aber immer noch vorsichtig bereit, einen Zusammenhang der beiden Verträge anzunehmen. Die Stärke des rechtlichen Zusammenhangs hängt zum einen davon ab, ob die Leistungen eine Einheit bilden oder an ihnen nur ein Gesamtinteresse besteht, und zum anderen davon, wie sehr die beiden Auftragnehmer gemeinsam auftreten, also ihren Willen bekunden, dass der Kunde ein System, wenn auch aus zwei (Paar) Händen, bekommen soll.

Haben die drei Parteien ein Gesamtrechtsgeschäft, bestehend aus zwei Teilverträgen, gewollt, kann der Kunde von beiden Teilverträgen zurücktreten. Anderenfalls ist darauf abzustellen, ob der Kunde erhebliche Nachteile erleidet, wenn er nur einen Teil zurückgeben darf. *Einzelheiten sind in www.zahrnt.de, Kapitel 6.4.2 dargestellt.*

6.4.3 Leasing

Siehe www.zahrnt.de, Kapitel 7.2 (8).

6.5 Leistungsfragen in der Benutzungsphase

Die Leistungen in der Benutzungsphase werden weitestgehend durch Verträge über die Wartung/ Instandhaltung von Hardware *[Kapitel 11]* oder die Pflege von Software *[Kapitel 12]* kanalisiert.

6.5.1 Nebenpflichten des Auftragnehmers

(1) Sorgfaltspflichten des Auftragnehmers

Es kommt in Betracht, dass der Auftragnehmer in das System des Kunden eingreift, insbesondere

- um neue Versionen der Softwareprodukte zu überspielen,
- um Mängel zu suchen bzw. Korrekturmaßnahmen in Programme einzufügen oder korrigierte Programmteile einzuspielen.

Die Erfahrung hat gezeigt, dass sich dabei relativ häufig Mängel/mangelhafte Maßnahmen einschleichen. Insbesondere kommt es vor, dass Dateien zerstört werden (sei es sofort oder durch Programmfehler). Deswegen gehören vorbeugende Maßnahmen zum ordnungsgemäßen Vorgehen. In der Regel heißt das, dass eine vollständige Datensicherung vor dem Eingriff durchzuführen ist. Der

Auftragnehmer hat also den Kunden zumindest vorher zu fragen, ob eine aktuelle komplette Datensicherung vorgenommen worden ist.

(2) Rücksicherung neuer Versionen

Weiterhin obliegt es dem Auftragnehmer gegenüber Laien-Anwendern, dafür zu sorgen, dass eine alte Version nach Installation einer neuen nicht im Rahmen der Datensicherung versehentlich »rückgesichert« (= zurückübertragen) wird, d.h., dass die alte Version im Falle des Kopierens einer Datensicherung nicht wieder zu produktiven Zwecken bereitgestellt wird.

Andersherum kann es aber zu den Pflichten des Auftragnehmers gehören, eine Kopie der alten Version, ggf. samt Daten, auf einem gesonderten Datenträger zu sichern, sodass diese zurückübertragen werden kann, wenn die neue Version zu schweren Mängeln führt, die nicht schnell behoben werden können.

(3) Mitwirkung bei der Lokalisierung von Fehlern in fremden Komponenten

Je komplexer ein System ist, desto schwieriger wird es, Fehler zu lokalisieren, d.h. einer Komponente zuzuordnen. Je mehr Auftragnehmer Teile zu einem System beigetragen haben, desto schwieriger wird es, den für einen Fehler verantwortlichen Auftragnehmer zu finden. Es ist deshalb verbreitet, dass von mehreren Auftragnehmern jeder bereit ist, sich an der Lokalisierung des Fehlers – gegen Vergütung nach Aufwand – zu beteiligen. Eine entsprechende Pflicht dürfte nach Treu und Glauben bestehen.

(4) Ersatzlieferung bei Verlust eines Softwareprodukts

Der Kunde soll Datensicherung betreiben, soll also eine Sicherungskopie haben; der Auftragnehmer ist verpflichtet, den Kunden bei der Einweisung zu deren Erstellung anzuhalten, wenn er sie nicht selbst erstellt *[Kapitel 6.2.1 (3)]*. Wenn der Kunde sie nicht hat, hat er das teils sich selbst, teils dem Auftragnehmer zuzuschreiben. Dann sollte wenigstens der geschuldete Originaldatenträger (mit der auf jeden Fall vollständigen Fassung) vorhanden sein. Der Vertragspartner, der das Fehlen der einen und/oder der anderen Fassung zu vertreten hat, trägt den Aufwand für deren erneute Schaffung. Hat der Auftragnehmer eine Ersatzkopie zur Verfügung, muss er sie auf jeden Fall liefern. Letzteres ist oberhalb der PC-Ebene ohnehin branchenüblich.

Geht der Originaldatenträger verloren, ist einzusehen, dass nur in den Fällen Ersatz gegen Vergütung des Aufwands verlangt werden kann, in denen die Zerstörung des Originaldatenträgers nachgewiesen werden kann. Denn ist das nicht der Fall, kann der Verlust auch dazu führen, dass nunmehr ein Dritter das Softwareprodukt benutzt. Dann ist es dem Auftragnehmer nicht zuzumuten, billig Ersatz zu liefern. – Bei Diebstahl ist darauf abzustellen, mit welcher Wahrscheinlichkeit der Täter den Originaldatenträger, wenn er ihn mitgenommen hat, nutzen wird. – Stammt der Originaldatenträger von einem Vorlieferanten, ist dieser entsprechend verpflichtet, dem Auftragnehmer Ersatz zu schaffen.

Bei getrennten Autorisierungsinstrumenten *[Kapitel 8.1 (4)]* ist der Ersatz des Softwareprodukts unproblematisch. Bei Beschädigung des Autorisierungsinstruments ist dieses gegen eine auf dessen Wert ausgerichtete Vergütung erneut zu liefern. Bei Verlust des Autorisierungsinstruments sollte es wieder auf den Nachweis der Zerstörung/Vernichtung ankommen. Ein Teil der Rechtsprechung lehnt einen erneuten Lieferanspruch überhaupt ab.

Wird die Pflege des Softwareprodukts vereinbart, kann der Auftragnehmer weitergehend zur Vorhaltung verpflichtet sein *[Kapitel 12.3.2 (5)]*.

(5)   Telefonische Unterstützung durch den Auftragnehmer

Bei einem Pflegevertrag gehört telefonische Unterstützung typischerweise zum Leistungsumfang *[Kapitel 12.3.2 (4)]*. Wird Pflege nicht vereinbart, handelt es sich bei telefonischer Unterstützung grundsätzlich um eine vergütungspflichtige Leistung. Es ist aber verbreitet, dass Unterstützung in geringem Umfang nicht berechnet wird.

6.5.2   Aufgaben des Kunden

Zur Pflicht zum Programmschutz siehe Kapitel 8.2.5.

Es ist Sache des Kunden, Datensicherung zu betreiben. Dazu gehört auch die Sicherung von Programmen (die auf Datenträger gespeichert auch Daten darstellen). Unterlässt er das, muss er sich das als – dominierendes – Mitverschulden entgegenhalten lassen, wenn Daten durch einen Systemfehler verloren gehen.

6.5.3   Beendigung der Benutzung

Siehe Kapitel 8.4.3 (4) zu Maßnahmen hinsichtlich der Software nach Rücktritt.

Der wichtigste Punkt für den Kunden ist, dass der alte Auftragnehmer ihn bei der Übernahme der Daten unterstützt. Die Rechtsprechung hat wiederholt entschieden, dass ein Rechenzentrum, das Daten für einen Kunden verarbeitet hat, diese am Ende in einer solchen Weise bereitstellen muss, dass der Kunde sie anderweitig nutzen kann. Dieser Fall unterscheidet sich davon insofern, als dass der Auftragnehmer der Softwareprodukte die Daten bis dahin nicht verarbeitet hat. Insofern liegt eine geringe Pflicht aus Treu und Glauben vor, bei der weiteren Nutzung zu helfen. Die Pflicht selbst ist aber im Ansatz ebenfalls zu bejahen, denn der Auftragnehmer kann den Anwender sonst zwingen, auf Dauer sein Kunde zu bleiben. Der Weg, die Daten neu zu erfassen, wäre äußerst teuer und oft vom Zeitbedarf her gar nicht gangbar.

Allerdings hat der Auftragnehmer Anspruch auf Schutz seines Know-hows. Insofern ist er nicht verpflichtet, seine Datensatzbeschreibungen offenzulegen. Er muss die Daten aber aus seiner Anwendung in eine neutrale Fassung bringen.

7 Beschaffung/Lieferung von IT-Systemen – spezielle Probleme

7.1 Verletzung von vorvertraglichen Pflichten

(1) Problemstellung

Nach § 311 Abs. 2 BGB kann ein Schuldverhältnis, das jeden Beteiligten zur Rücksichtnahme auf die Rechtsgüter und Interessen des anderen Teils verpflichtet *[Kapitel 3.1 (1)]*, schon vor Abschluss eines Vertrags entstehen, nämlich durch

> »1. die Aufnahme von Vertragsverhandlungen,
>
> 2. die Anbahnung eines Vertrags, bei welchem der eine Teil im Hinblick auf eine etwaige rechtsgeschäftliche Beziehung dem anderen Teil die Möglichkeit zur Einwirkung auf seine Rechte, Rechtsgüter und Interessen gewährt oder ihm diese anvertraut, oder
>
> 3. ähnliche geschäftliche Kontakte.«

Verletzt jemand seine daraus entstandenen Pflichten, macht er sich nach der allgemeinen Haftungsvorschrift *[Kapitel 3.1 (2)]* schadensersatzpflichtig.

Die Pflichten sind (in Kombination mit solchen aus Treu und Glauben) insbesondere:

- Aufklärungspflichten,
- Beratungspflichten,
- Fürsorgepflichten,
- Verhandlungstreuepflicht.

Beispiel für Aufklärungspflicht

Ein Lehrinstitut, das Programmierer ausbildet, muss die Interessenten eingehend über die Anforderungen und die Berufsaussichten informieren.

Beispiel für Beratungspflicht

Der Auftragnehmer empfiehlt die Beschaffung einer bestimmten IT-Anlage als Basis für einen Vertrag über ein von ihm zu entwickelndes Programm. Die Konfiguration ist nachlässig ausgewählt, sodass sie nachgerüstet werden muss und damit teurer wird als die nicht empfohlene Konfiguration eines anderen Lieferanten.

Beispiel für Verhandlungstreuepflicht

Siehe Kapitel 2.1.8 (3.2).

(2)   Unter welchen Voraussetzungen entstehen vorvertragliche Aufklärungs- oder Beratungspflichten?

Allein durch die Kontaktaufnahme zwischen Auftragnehmer und Kunde entsteht noch kein vorvertragliches Schuldverhältnis, sondern erst durch die Schaffung eines Vertrauensverhältnisses. Ein wesentlicher Faktor für die Stärke des Vertrauensverhältnisses ist der Abstand in der Fachkunde zwischen dem Auftragnehmer und dem Kunden.

Aufklärungspflichten entstehen relativ bald für den Fall, dass der Kunde Gefahr läuft, sich selbst erheblich zu schaden.

Beispiel

Die Rechtsprechung verlangt, dass der Auftragnehmer einen Laien darüber aufklärt, dass der Projekterfolg sehr gefährdet ist, wenn dessen Anforderungen nicht vor Abschluss des Projektvertrags ermittelt werden. Damit der Auftragnehmer ein sachgerechtes Angebot machen könne, müsse das Ergebnis dieser Arbeit in der Regel schriftlich festgehalten werden (Pflichtenheft).

Beratungsverhältnis: Beratungspflichten bestehen kaum. Es gibt keine vorgegebene fachliche Kompetenz des Auftragnehmers für die Definition der Anforderungen des Kunden vor Vertragsabschluss. Der Kunde kennt sein Unternehmen am besten. Der Auftragnehmer kennt seine Produkte und hat Erfahrung mit deren Einsatz und mit der Vorgehensweise zur Ermittlung der Anforderungen eines Anwenders. Insofern liegt Zusammenarbeit nahe. Dass es dem Kunden angeraten ist, sachgerechte Vorgaben vor Vertragsabschluss zu erarbeiten, ist eine Frage des richtigen Vorgehens *[IT-PM, Kapitel 5.2.2]*.

Beratungspflichten: Sie bestehen insbesondere nicht, wenn der Kunde (sich eventuell bereits anderweitig hat beraten lassen, auf jeden Fall aber) mit festen Vorstellungen über das, was er erwerben will, auftritt. Der Auftragnehmer kann der Haftung aus Beratung entgehen, indem er Beratung entgeltlich anbietet und, wenn dies abgelehnt wird, nicht (unentgeltlich) berät. *Wenn* aber der Auftragnehmer die Beratung über das bei einem Verkaufsgespräch Übliche hinaus formlos übernommen hat, schafft er ein vorvertragliches Schuldverhältnis.

> **Beispiel**
>
> Der Auftragnehmer veranstaltet einen Workshop mit Mitarbeitern des Anwenders.

Die Abgrenzung ist schwierig *[IT-PM, Kapitel 2.1.1 unter »Was ist für den Auftragnehmer wichtig?«].* »Nennen sie mir Ihre Anforderungen?« gehört zum Verkaufsgespräch. »Wozu brauchen Sie das?« liegt an der Grenze. »Lassen Sie uns Ihre Anforderungen besprechen!« schafft ein Beratungsverhältnis. Dieses Verhältnis verpflichtet den Auftragnehmer, zusammen mit dem Kunden dessen spezifische Anforderungen zu ermitteln. Das Ergebnis soll in etwa wie bei einem entgeltlichen Beratungsvertrag aussehen (braucht aber nicht so detailliert zu sein). Der Auftragnehmer soll später im Projektvertrag erklären, dass seine Lieferungen diese Anforderungen abdecken. Dafür unterliegt er der Haftung für Sachmängel. Der problematische Bereich liegt also darin,

- dass die Anforderungen nicht sachgemäß beschrieben sind oder
- dass Anforderungen nicht aufgenommen worden sind.

Allgemein wird ein hoher Einsatz des Auftragnehmers verlangt. Es ist regelmäßig von spezifischen Sorgfaltspflichten des Auftragnehmers die Rede, insbesondere wegen des Vertrauens des Laien in die Fachkunde des Herstellers.

Begriff des Laien: Die Rechtsprechung stellt maßgeblich darauf ab, dass der Kunde nicht über ausreichendes Wissen verfügt. Hier ist zu differenzieren. Maßgeblich ist

- hinsichtlich Aufklärungspflichten, dass der Kunde wesentliche risikobehaftete Umstände nicht kennt,
- hinsichtlich Beratungspflichten/-verhältnis, dass der Kunde im Verhältnis zur großen Sachkunde des Auftragnehmers nicht ausreichendes Wissen hat, um eine sachgerechte Entscheidung zu treffen.

Dabei ist wie üblich die Art des Kunden zu berücksichtigen: Was darf der Anbieter von einem Anwender dieser Art erwarten? Wenn der Auftragnehmer allerdings konkrete Anhaltspunkte für eine bestimmte Wissenslage beim Kunden hat (z.B. untypische hohe Unwissenheit), muss er diese beachten.

> **Beispiele**
>
> Wenn ein Kunde, der seine kommerzielle Basislösung (Finanzbuchhaltung, Fakturierung) beherrscht, diese um den Bereich PPS erweitern will, ist er wieder Laie.
>
> Ein Kunde, der einen IT-Mitarbeiter hat, der einfache Anwendungsprogramme erstellen kann, ist, wenn er eine Netzwerklösung beschaffen will, insoweit als Laie anzusehen.

Aufgaben des Kunden: Es wird hier nicht von Mitwirkungspflichten des Kunden gesprochen, weil es weitgehend erst einmal der Auftragnehmer ist, der den Kunden bei dessen Aufgaben unterstützt, nämlich dessen Anforderungen festzulegen. Die Rechtsprechung geht davon aus, dass der Kunde das Seine zu leisten hat, soweit er das kann.

Soweit es um seine Anforderungen (auch um sein Mengengerüst) geht, ist es Sache des Kunden, diese darzustellen. Der Auftragnehmer muss ihn bei Bedarf dabei anleiten.

Der Auftragnehmer dürfte nur beschränkt verpflichtet sein, die genannten Anforderungen zu überprüfen, nämlich dahingehend, ob diese plausibel sind.

(3)   Gegenstände von Aufklärungs- und Beratungspflichten

Im Einzelnen ist nach dem Gegenstand der Beratung zu differenzieren. Letztlich geht es um alle Bereiche, in denen das System untauglich sein kann *[vgl. Kapitel 6.3]*. Dabei dürften die (bestehenden) Beratungspflichten desto stärker sein, je weniger das Problemfeld dem Kunden zugänglich ist. Es ist daran zu erinnern, dass der Auftragnehmer besondere Pflichten durch sein Vorgehen übernehmen kann *[siehe (2) zum Beratungsverhältnis]*.

Ermittlung der funktionalen Anforderungen: Diese ist weitgehend eine Aufgabe des Kunden, soweit von dessen eigener Kompetenz auszugehen ist. Der Auftragnehmer muss den Kunden sensibilisieren und anleiten.

Beispiel für die Fragepflicht

Der Auftragnehmer muss fragen, ob Auslandszahlungen vorkommen.

Leistungsverhalten: Soll der Auftragnehmer eine IT-Anlage anbieten, muss er deren erforderliche Größe aufgrund des Mengengerüsts des Kunden bestimmen. Dazu gehört auch die Abklärung, welche Auswirkungen spätere Entscheidungen des Kunden haben, insbesondere ob und inwieweit die IT-Anlage ausgebaut werden kann.

Übernahme von Altdaten: Die Übernahme kann sehr teuer werden, der Laie kann das nicht abschätzen. Hier dürfte der Auftragnehmer zur Beratung verpflichtet sein: Sein Angebot kann wegen dieser Kosten insgesamt ungünstiger sein, als es allein bezogen auf das IT-System den Anschein hat.

(4)   Aufklärungspflichten und Beratungsverhältnis bei zwei Auftragnehmern

Der Lieferant der Software ist für die Beratung hinsichtlich der von ihm zu liefernden Software grundsätzlich alleine zuständig. Für die Auslegung der Leistungsfähigkeit der IT-Anlage im Hinblick auf die ihm bekannten Anforderungen des Kunden und auf seine Software ist der Softwarelieferant ebenfalls im Wesentlichen zuständig!

(5) Beratungspflichten und -verhältnis bei Leasing

Wenn diejenige Leistung, hinsichtlich der der Auftragnehmer schlecht beraten hat, unter den Leasingvertrag fällt, schränkt das dessen Haftung nicht ein *[zur Frage, ob sich der Leasinggeber des Auftragnehmers als Beratungsgehilfen bedient und dafür haftet, siehe www.zahrnt.de, Kapitel 7.3 (5)].* Der Kunde hat unmittelbar gegen diesen Ansprüche auf Aufklärung oder auf Beratung.

(6) Rechtliche Einzelheiten zur Haftung des Auftragnehmers

Verschulden: Es ist Voraussetzung für Schadensersatzansprüche, wird aber vermutet *[Kapitel 3.1 (3)].*

Der Kunde ist zur sachgerechten Mitwirkung verpflichtet. Erbringt er diese nicht, muss er sich das anrechnen lassen: Er muss einen seinem Verschulden entsprechenden Anteil am Schaden selbst tragen *[vgl. Kapitel 3.1 (4)].* Das spielt auch unmittelbar in die Frage des Umfangs der Beratungspflicht hinein *[siehe (3)].*

Inhalt des Schadensersatzanspruchs: Der Kunde ist so zu stellen, wie er bei ordnungsgemäßer Aufklärung bzw. Beratung gestanden hätte *[Kapitel 3.8].* Hätte er dann den Erwerb unterlassen, ist er von der Zahlung der Vergütung freizustellen; nutzlose Aufwendungen sind ihm zu ersetzen. Häufig liegt es so, dass der Kunde bei ordnungsgemäßer Beratung mehr an Leistung beauftragt und also mehr gezahlt hätte.

Verjährungsfrist: Es gilt wahrscheinlich die normale Verjährungsfrist von drei Jahren ab Kenntniserlangung *[Kapitel 3.10 (2)].*

(7) Empfehlung/Förderung eines (zweiten) Lieferanten

Die Empfehlung kann sich auf die Qualität des anderen Lieferanten oder auf bestimmte Produkte von diesem beziehen *[siehe auch Kapitel 6.4.2, ob die Verträge dadurch verbunden werden].*

Eine Empfehlung beinhaltet mangels Vorbehalt, dass die Leistung des anderen Lieferanten mit der eigenen voll kompatibel ist. Der eine Lieferant kann in die Rolle eines Sachwalters (= einer Vertrauensperson) nach § 311 Abs. 3 BGB gelangen, sodass er bei einer untauglichen Empfehlung auf Schadensersatz haftet.

7.2   Miete

(1)   Grundzüge des Mietrechts

Das BGB regelt in den §§ 535 ff. die Vermietung von beweglichen Sachen neben der von Räumen und von Grundstücken (bzw. über die Verweisung im Pachtrecht die Überlassung von Gegenständen, z.B. von Rechten, zur Nutzung). Miete liegt auch bei Mitnutzung von IT-Systemen vor; Mietrecht findet deswegen bei vielen Verträgen über Leistungen auf der Basis von IT-Systemen, z.B. im Bereich des Internets, Anwendung *[Kapitel 10]*.

Mietverträge begründen sogenannte Dauerschuldverhältnisse, d.h. Verträge, die nicht auf einmal erfüllt werden, sondern gegenseitige Rechte und Pflichten über eine gewisse Dauer hin begründen *[siehe auch Kapitel 11 zur Wartung und Kapitel 12 zur Pflege]*. Als Dauerschuldverhältnis unterliegen sie in verstärktem Maße den Geboten von Treu und Glauben.

Besonderheiten bei Miete: Der Vermieter hat die Mietsache gemäß § 535 BGB in einem »zu dem vertragsmäßigen Gebrauche geeigneten Zustand zu überlassen«. Dazu gehören zugunsten eines Laien-Anwenders die Installation und üblicherweise die Einweisung, möglicherweise auch das Einrichten. Diese Leistungen sind also nur dann gesondert zu vergüten, wenn das vereinbart ist.

Die Pflicht zur Zahlung des Mietzinses beginnt im Zweifel erst nach Erbringung dieser Leistungen, wenn der Beginn nicht ausdrücklich festgelegt ist.

Pflichten des Vermieters: Der Vermieter schuldet die Schaffung sowie die Beibehaltung der Betriebsbereitschaft der Mietsache, sei es durch (vorbeugende) Instandhaltung oder durch Instandsetzung/Mängelbeseitigung. Damit ist die Wartungs- bzw. Pflegepflicht des Auftragnehmers ansatzweise bereits im Mietvertrag geregelt. Wenn manche Auftragnehmer eine gesonderte Vergütung dafür vorsehen, hat das erst einmal finanzielle Gründe (Preisvorbehalt beschränkt auf diese Vergütung). Sodann sehen sie in der Regel (das Recht und) die Pflicht zur Weiterentwicklung über das hinaus vor, was das Mietrecht verlangt.

Pflichten des Mieters: Hauptpflicht ist gemäß § 535 Abs. 2 BGB, dem Vermieter den vereinbarten Mietzins zu bezahlen. Er besteht im Allgemeinen in Geld; Ausnahmen sind aber möglich.

> **Beispiel**
>
> Ein Hausmeister zahlt für die ihm überlassene Hausmeisterwohnung keinen Mietzins, sondern erledigt dafür alle anfallenden Hausmeisterarbeiten.

Die Zahlungspflicht besteht auch dann, wenn der Mieter die Sache aus persönlichen Gründen nicht nutzen kann (§ 537 BGB).

Nach § 579 BGB ist der Mietzins am Ende der Mietzeit zu entrichten. Ist diese nach Zeitabschnitten bemessen, so hat der Mieter den Mietzins nach dem Ablauf der einzelnen Zeitabschnitte zu bezahlen. In der IT-Praxis wird meist vereinbart, dass der Mietzins im Voraus zu entrichten ist.

Anzeigepflichten: Zeigt sich während der Mietzeit ein Mangel der gemieteten Sache oder wird eine Vorkehrung zum Schutze der Mietsache gegen eine nicht vorhergesehene Gefahr erforderlich, muss der Mieter dies dem Vermieter umgehend anzeigen (§ 536c BGB). Unterlässt der Mieter diese Anzeige schuldhaft, ist er zum Ersatz des Schadens verpflichtet, der durch die Unterlassung entstanden ist.

Nach Beendigung der Mietzeit ist der Mieter gemäß § 546 BGB verpflichtet, dem Vermieter die gemietete Sache zurückzugeben. Die Mietsache muss sich bei der Rückgabe in einem ordnungsgemäßen Zustand befinden. Für Veränderungen und Verschlechterungen, die durch den vertragsgemäßen Gebrauch der Sache entstanden sind, hat der Mieter gemäß § 538 BGB nicht einzustehen. Diese Abnutzungen werden durch den Mietzins ausgeglichen.

Untermiete: Der Mieter ist gemäß § 540 BGB dazu nicht berechtigt; er kann allerdings die Zustimmung des Vermieters verlangen und bei Verweigerung der Zustimmung ziemlich kurzfristig kündigen. Die Zustimmung kann nur aus wichtigem Grund in der Person des Dritten verweigert werden. Die eigene Nutzung für Zwecke Dritter ist keine Untermiete. Untermiete liegt auch bei Überlassung an Dritte zur Online-Mitnutzung vor.

Für Programme sieht § 69c Nr. 3 UrhG eine spezielle Regelung vor: Deren Vermietung bedarf der Zustimmung *[vgl. Kapitel 4.3.3.2].*

(2)   Haftung des Vermieters

Verzug: Der Mieter kann nach Nachfristsetzung den Vertrag aus wichtigem Grund (= fristlos) kündigen und Schadensersatz wegen Nichterfüllung (= statt der Leistung) verlangen *[vgl. Kapitel 3.3.2].*

Haftung für Mängel: Der Mieter hat bei Mängeln Anspruch auf Minderung des Mietzinses. Dieses Recht besteht unabhängig von der Frage, ob der Vermieter den Sachmangel zu vertreten hat. Der Mietzins wird gemäß § 536 BGB entsprechend dem Grad der Nutzungseinschränkung (ggf. auf null) von dem Zeitpunkt an, zu dem der Mangel auftritt, bis zu dem Zeitpunkt, an dem er beseitigt wird, gemindert. Bei Mängeln, die nach Mietbeginn auftreten, kann der Mietzins erst ab Mängelanzeige gekürzt werden. Das bedeutet: Wer trotz eines bekannten Mangels längere Zeit den vollen Mietzins zahlt, bestätigt seine Zahlungspflicht und kann grundsätzlich nicht mehr rückwirkend und möglicherweise auch nicht mehr für die Zukunft *[vgl. Kapitel 3.10 (4)]* die Kürzung des Mietzinses verlangen.

Ist die Tauglichkeit der Mietsache nur unerheblich gemindert, steht dem Mieter das Recht zur Minderung nur zu, wenn die betroffene Eigenschaft zugesichert ist.

Schadensersatz wegen eines Mangels ist gemäß § 536a BGB zu zahlen, wenn der Sachmangel *bei* Abschluss des Mietvertrags vorhanden war. Der Vermieter haftet unabhängig davon, ob er den Mangel hätte kennen müssen und ob ihn an dessen Vorhandensein ein Verschulden trifft.

Wenn ein Sachmangel erst *nach* Vertragsabschluss entsteht, haftet der Vermieter auf Schadensersatz nur, wenn er diesen verschuldet hat oder wenn er mit der Beseitigung eines (nicht zu vertretenden) Mangels in Verzug kommt. – Bei Bedarf kann der Mieter den Mangel auch selbst auf Kosten des Vermieters beseitigen.

Fristlose Kündigung: Der Mieter kann den Mietvertrag gemäß § 543 BGB kündigen, wenn der Vermieter ihm den vertragsmäßigen Gebrauch der Mietsache nicht rechtzeitig gewährt oder ihn wieder entzieht. Allerdings muss er dem Vermieter grundsätzlich zunächst unter Ausspruch der Kündigung eine angemessene Nachfrist setzen, in der der Vermieter Abhilfe schaffen kann. Ein Entziehen des Gebrauchs liegt auch vor, wenn die Mietsache wegen Mängeln nicht oder nur wesentlich eingeschränkt genutzt werden kann.

(3)   Zahlungspflicht

Wenn der Mieter die Mietsache nicht entgegennimmt, kommt er bei Standardleistungen kaum mit der Begründung, dass der Vermieter sie anderweitig vermietet habe, von der Zahlungspflicht frei.

Der Vermieter kann den Vertrag gemäß § 543 BGB wegen Zahlungsverzugs des Mieters kündigen, wenn der Mieter

»a) für zwei aufeinanderfolgende Termine mit der Entrichtung der Miete oder eines nicht unerheblichen Teils der Miete in Verzug ist oder

b) in einem Zeitraum, der sich über mehr als zwei Termine erstreckt, mit der Entrichtung der Miete in Höhe eines Betrags in Verzug ist, der die Miete für zwei Monate erreicht.«

(4)   Dauer

Der Mietvertrag kann auf bestimmte Dauer oder auf unbestimmte Zeit abgeschlossen werden. Im zweiten Fall wird er durch eine Kündigung beendet. Dafür sind die Fristen gemäß § 580a BGB einzuhalten. Diese (maximal drei Tage) sind für IT-Leistungen in der Regel – gemessen an sachlichen Erfordernissen – zu kurz.

Mindestlaufzeit: Ausgangspunkt ist, dass die Vertragspartner keine oder nur eine Mindestlaufzeit deutlich unterhalb der Lebensdauer der Mietsache geschlossen haben.

Zugunsten des Vermieters: Bei Produkten, die der Vermieter von Vorlieferanten erworben hat, ist die Chance bisher wegen der schnellen technischen Entwicklung gering, dass der Vermieter sie nach Beendigung des ersten Vertrags an einen weiteren Mieter zu angemessenen Bedingungen erneut vermieten kann. Der Mieter, der keine oder eine relativ kurze Mindestlaufzeit vereinbart, will aber gerade die Möglichkeit haben, die Nutzung der Mietsache vor Ablauf ihrer technischen oder wirtschaftlichen Lebensdauer einzustellen. Das Risiko der Nutzungseinstellung soll also beim Vermieter bleiben.

Zugunsten des Mieters: Gerade weil die erneute Vermietung eher unwahrscheinlich ist, liegt es nahe, dass der Vermieter wünscht, dass der Mietvertrag möglichst lange bestehen wird: Warum sollte der Vermieter berechtigt sein, den Vertrag zu kündigen? Der Mieter kann erhebliche Ausgaben für die Inbetriebnahme der Mietsache gehabt haben (über das hinaus, was der Kaufpreis für die Mietsache gewesen wäre). Diese will er im Laufe der Jahre amortisieren. Meines Erachtens darf der Mieter bei hohen Ausgaben davon ausgehen, dass der Vermieter zur Kündigung nicht berechtigt ist, solange er als Verkäufer zur Wartung der Hardware bzw. zur Pflege der Software verpflichtet wäre *[Kapitel 11.2 (2) bzw. 12.2.3]*.

Der Mieter hat aber nicht die Investition wie ein Käufer getätigt. Wenn er darauf verzichtet, eine klare Absicherung zu vereinbaren, muss er sich eine Kündigung u.U. gefallen lassen, insbesondere wenn er die Mietsache ohne massiven Aufwand ersetzen kann.

Verlängerung der Laufzeit bei Nachbestellungen: Es geht um zwei Situationen, in denen ein Kunde ein IT-System in Miete (oder die Hardware in Wartung bzw. die Software in Pflege) hat und eine Erweiterung oder im Laufe der Zeit mehrere Erweiterungen bestellt:

- Die Laufzeit für die Erweiterung und deren mögliche Auswirkungen auf den ersten Vertrag werden nicht ausdrücklich vereinbart.
- Die Parteien vereinbaren (routinemäßig nach den Angebotsvorlagen des Auftragnehmers) für den neuen Vertrag dieselbe Laufzeit wie für den ersten Vertrag.

Die Rechtslage hängt von einer Reihe von Umständen ab, die nur eine vorsichtige Aussage erlauben *[www.zahrnt.de, Kapitel 7.2 (4) Verlängerung]*.

7.3 Leasing

§ 500 BGB spricht den »Finanzierungsleasingvertrag« im Zusammenhang mit den Finanzierungshilfen zugunsten von Verbrauchern zwar an, regelt aber dessen Inhalt nicht.

Der Leasingvertrag ist nach der Rechtsprechung ein dahingehend modifizierter Mietvertrag,

- dass der Vermieter seine Haftung für Sachmängel, meist auch für Verzug, möglichst ausschließt,
- dass der Mieter anstelle des Vermieters die Gefahr für den zufälligen Untergang und die Beschädigung der Mietsache trägt,
- dass der Mieter (abweichend von § 535 BGB) die Mietsache zu warten/pflegen hat. Er wird bei IT-Systemen in der Regel verpflichtet, zu diesem Zwecke entsprechende Verträge abzuschließen, typischerweise mit dessen Lieferanten.

Der Leasingnehmer hat von der Unterzeichnung der Übernahmeerklärung an den Mietzins (= die Leasingraten) zu zahlen.

IT-spezifische Fragen des Leasings sind in www.zahrnt.de, Kapitel 7.3 dargestellt.

Leasingverträge sollen und können sich steuerrechtlich als vorteilhaft für den Leasingnehmer auswirken. Der Leasingnehmer kann insbesondere die Leasingraten in voller Höhe als Betriebsausgaben ansetzen und braucht das Leasinggut nicht zu aktivieren. Die sogenannten Leasingerlasse setzen dem aber Grenzen: Sie definieren, in welchen Fällen der Leasingnehmer als wirtschaftlicher Eigentümer und damit als Eigentümer im steuerrechtlichen Sinn anzusehen ist. Ist er das, muss er das Leasinggut aktivieren (Erlasse vom 21.07.1970 und vom 22.12.1975). Er darf dann nur noch die Abschreibungsrate als Betriebsausgabe ansetzen [www.zahrnt.de, Kapitel 7.2 (2)].

7.4 Mietkauf

Beim Mietkauf handelt es sich um einen Mietvertrag mit der Besonderheit, dass das Eigentum an der Sache nach Ablauf einer bestimmten Mietdauer an den Mieter übergeht. Der Mietvertrag wird allerdings nicht auf diese Dauer geschlossen, sodass die Sache nach Kündigung auch vor Eigentumsübergang zurückgegeben werden kann. Darin unterscheidet sich der Mietkauf vom Teilzahlungskauf.

Die Mietraten sind üblicherweise im Verhältnis zur normalen Miete relativ hoch. Das soll dem Mieter einen Anreiz geben, den Vertrag nicht zu kündigen, sondern diesen solange durchzuhalten, bis er Eigentum erwirbt.

Wegen seines Rechts zum Erwerb der Mietsache ist der Mieter als wirtschaftlicher Eigentümer im Sinne des Steuerrechts zu verstehen. Das ist ein wichtiger Grund dafür, dass Leasing dem Mietkauf vorgezogen wird.

7.5 Kauf/Verkauf gebrauchter Systeme

Der Verkäufer darf die Software, insbesondere die Systemsoftware, weitergeben *[Kapitel 8.2.2.3]*, sodass kein Problem besteht, IT-Systeme weiterzuveräußern. Auch bei gebrauchter Hardware (und Software) haftet der Verkäufer wegen Sachmängeln. Das Gesetz unterscheidet grundsätzlich nicht zwischen neuen und gebrauchten Sachen. Der Verkäufer kann seine Haftung wegen Mängeln – auch in AGB – gegenüber Unternehmern als Kunden ausschließen *[Kapitel 6.3.13]*.

7.6 Leihe

Gegenstand der Leihe ist die *unentgeltliche* Überlassung einer Sache zum Gebrauch. Es gibt also im Geschäftsverkehr keinen »Leihwagen«, sondern nur einen »Mietwagen«.

Beispiel

Ein IT-System oder ein Programm wird zum Ausprobieren geliefert.

Während beim Mietvertrag den Vermieter die Pflicht zur Erhaltung und Instandsetzung des Mietgegenstandes trifft, ist es bei Leihe Sache des Entleihers, die Kosten für die Erhaltung der geliehenen Sache zu tragen. Dementsprechend wird oft vereinbart, dass der Kunde, der das IT-System erst einmal als Entwicklungssystem gestellt bekommt, (wenigstens) die Wartung zu vergüten hat.

Der Entleiher darf die geliehenen Sachen nur vertragsgemäß gebrauchen und sie nicht zu anderen Zwecken verwenden.

Nach Beendigung der für die Leihe bestimmten Zeit ist der Entleiher verpflichtet, dem Verleiher die geliehene Sache zurückzugeben. Ist eine Dauer für die Leihe nicht bestimmt und auch aus dem Zweck des Vertrags nicht zu entnehmen, kann der Verleiher die Sache jederzeit zurückfordern.

Da die Leihe ein unentgeltlicher Gefälligkeitsvertrag ist, hat der Verleiher nur Vorsatz und grobe Fahrlässigkeit zu vertreten. Hat die verliehene Sache einen Mangel und entsteht dem Entleiher dadurch einen Schaden, haftet der Verleiher auf Schadensersatz nur, wenn er den Mangel arglistig verschwiegen hat.

Der Entleiher hat jedes Verschulden, also auch leichte Fahrlässigkeit, zu vertreten. Wird die verliehene Sache beim Entleiher vernichtet oder beschädigt, ohne dass dieser das zu vertreten hat, hat der Verleiher keinen Ersatzanspruch; er trägt also das Risiko des zufälligen Untergangs oder der zufälligen Beschädigung.

Für Veränderungen oder Verschlechterungen der geliehenen Sache, die durch den vertragsgemäßen Gebrauch herbeigeführt werden, hat der Entleiher nicht einzustehen.

8 Beschaffung/Lieferung von Softwareprodukten – spezielle Fragen

8.1 Einleitung

Dieses Kapitel ergänzt *Kapitel 6* hinsichtlich spezieller Fragen zur Lieferung von Softwareprodukten.

(1) Begriff des Softwareprodukts bzw. Standardprogramms und Einordnung

Herkömmlich ist der Begriff »Standardprogramm« (bzw. »Standardsoftware« als Sammelbegriff) verbreitet. Er verursacht immer wieder Schwierigkeiten, weil IT-Fachleute mit »Standard« vielfach gehobene Qualitätserwartungen verbinden: Es sei einem Individualprogramm überlegen, insbesondere hinsichtlich des Anwendungsvorrats (Parametrierbarkeit).

Juristischer Begriff:[27] Für Juristen sind Softwareprodukte solche Programme, die unverändert oder mit Anpassungen an (möglichst) viele Anwender geliefert werden sollen (vertretbare Sache). Beide Vertragspartner gehen bei der Preisstellung davon aus, dass der einzelne Anwender nur einen Teil der Entwicklungskosten tragen soll. Ob etwas ein »Standard« ist, ist unerheblich. Das Softwareprodukt muss für die übliche Verwendbarkeit geeignet sein *[Kapitel 6.3.1 (1)]*.

Entscheidend ist, wie die Vertragspartner den Liefergegenstand im Vertrag behandeln: Ein Programm, das der Auftragnehmer für einen Kunden gerade erstellt hat, kann er einem nächsten als Produkt (billig) verkaufen; möglicherweise gelingt es ihm, einen Erstellungsvertrag abzuschließen und das Programm zu einem wesentlich höheren Preis zu liefern, wobei er sehr wahrscheinlich Anpassungen für diesen Kunden vornehmen muss. Ebenso kommt andersherum die Lieferung eines erst noch zu erstellenden Programms als Softwareprodukt vor, wobei der Kunde möglichst noch Anregungen in die Programmentwicklung einbringen soll *[Kapitel 8.4.1 (3)]*.

---

27. Nach früherem Recht kam es darauf an, ob der Vertragsgegenstand unter Kaufrecht oder unter Werkvertragsrecht fiel.

Softwareprodukte als Ware: Softwareprodukte werden im Verkehr weitgehend als Ware angesehen und in der Rechtsordnung zunehmend als Ware behandelt. Das legt es nahe, sie zivilrechtlich wie Sachen zu behandeln.

Softwareprodukt als Sache: Ein Programm ist vom Ansatz her keine Sache im strengen Sinne von § 90 BGB, weil es nicht greifbar ist. Es kann bei Datenträgergebundenheit (d.h., dass während des Einsatzes des Programms auf den Datenträger zugegriffen werden muss) oder bei Speicherung in einem Speicherbaustein zu einer Sache im strengen Rechtssinne werden. Eine andere Frage ist, ob man ein Softwareprodukt rechtlich wie eine Sache *behandelt*. Das tut die Rechtsprechung weitgehend *[Kapitel 8.2.1]*.[28]

Existenz des Softwareprodukts: Softwareprodukte sind in der Regel, aber nicht zwingend bei Vertragsabschluss bereits vorhanden. Ist das nicht der Fall, ist der Anbieter gegenüber dem Interessenten zur Aufklärung darüber verpflichtet, wenn nicht besondere Umstände vorliegen.

Geschuldete Version: Bei Softwareprodukten *mit* Pflege ist zu berücksichtigen, dass deren Pflege schwerpunktmäßig auf deren neueste Version beschränkt wird *[Kapitel 12.2.2]* und in der Regel Fehler, die in der letzten Version erkannt worden sind, beseitigt worden sind. Deswegen hat der Kunde sehr häufig ein erhebliches Interesse daran, dass ihm die neueste verfügbare Version überlassen wird. Hier besteht eine Aufklärungspflicht, wenn der Auftragnehmer nicht die neueste bei Abschluss des Vertrags verfügbare Version liefern will.

Will der Auftragnehmer eine erst nach Vertragsabschluss freigegebene Version zu Beginn des Projekts ausliefern, ist er zur Aufklärung verpflichtet, das mitzuteilen, damit der Anwender entscheiden kann, ob er sicherheitshalber mit deren Einsatz abwartet, bis diese sich stabilisiert hat.

Wenn der Auftragnehmer während der Projektdurchführung eine neue Version freigibt, stellt sich die Frage, ob er diese einsetzen darf oder muss. Das kann den Aufwand für die Einführung erheblich erhöhen. Es kommt – wie üblich – auf alle Umstände an.

Bei Softwareprodukten *ohne* Pflege kommt in Betracht, dass verschiedene Generationen nebeneinander vertrieben werden. Hier dürfte eine Aufklärungspflicht bestehen, wenn der Einsatz der neuesten Generation naheliegt, der Auftragnehmer diese aber nicht liefern will oder wenn der Kunde sonst ein erhebliches Interesse hat, selbst zu entscheiden.

»Prototyp«: Gemeint ist im Zusammenhang mit Softwareprodukten deren vorläufige (typisierte) Einrichtung *[Kapitel 6.2.1 (4)]*.

---

28. Die Einordnung unter einen Kaufvertrag ist schon deswegen richtig, weil § 453 BGB auch Verträge über den Erwerb von Rechten oder sonstigen Gegenständen dem Kaufrecht unterstellt.

(2)   Vertragsgestaltung in der Praxis

Von den beiden wichtigsten Themen bezieht sich das erste auf die Frage, in welchem Umfang der Kunde Softwareprodukte benutzen darf *[Kapitel 8.2]*. Außerdem geht es um die schutzrechtliche Komponente (Programmschutz gegen missbräuchliche Verwendung). Der Kaufvertrag wird zwar bei höherpreisigen Programmen durch die anschließende Pflege und damit durch deren Ausgestaltung wirtschaftlich stark mitbestimmt *[Kapitel 12]*. Das wirkt sich aber nur beschränkt auf seine rechtliche Behandlung aus.

Das zweite Thema bezieht sich auf die Festlegung der Sollbeschaffenheit des Softwareprodukts als Lösung nach der Einführung (nach dem Einrichten und ggf. der ergänzenden Anpassungsprogrammierung). Abgesehen davon, dass es häufig nicht sinnvoll ist, alle Anforderungen im Vorhinein festzulegen *[siehe IT-PM, Kapitel 5.2.1.2]*, geht es oft um einen subjektiven Maßstab, ob das Softwareprodukt für den Kunden passt oder nicht. Dann hilft sich die Praxis oft damit, dem Kunden das Recht einzuräumen, vom Vertrag nach freier Entscheidung zurücktreten zu können und im Rücktrittsfall nur – wie bei einer Testinstallation *[siehe (7)]* – die bisher erbrachten Dienstleistungen zu vergüten *[siehe IT-PM, Kapitel 5.2.1.2]*.

(3)   Rechtliche Einordnung des Vertrags

Die Einordnung ist für zwei Bereiche von Bedeutung, nämlich für

- den Umfang des Benutzungsrechts des Kunden und dessen Pflicht zum Programmschutz,
- die Ansprüche des Kunden bei Mängeln.

Angesichts dessen, dass die Rechtsprechung Softwareprodukte wie eine Sache behandelt, fallen die Verträge unter Kaufrecht *[Kapitel 8.4]* bei einem Projektvertrag in der Variante des Werklieferungsvertrags *[Kapitel 6.1 (2)]*.

Nach dem Urheberrechtsgesetz sind die beiden genannten Bereiche voneinander unabhängig zu behandeln. Es behandelt das Recht auf Benutzung in einer Weise, die die Anwendung von Kaufrecht auch für diesen Bereich vorgibt *[Kapitel 4.3 am Anfang und 4.3.3 (6)]*.

Die Sprachform des Softwareprodukts spielt für die rechtliche Einordnung keine entscheidende Rolle *[Kapitel 6.2.1 (1)]*. Die Lieferung von Quellprogrammen erhöht tendenziell die Pflicht zum Programmschutz erheblich.

(4)   Lieferung eines Datenträgers/Autorisierungsinstruments

Der Datenträger spielt im Urheberrecht eine erhebliche Rolle für die Repräsentation des Benutzungsrechts *[Kapitel 4.3 am Anfang und 4.3.3 (6)]*: Durch den auf dem Datenträger aufgebrachten Vermerk wird die Kopie als ordentlich erworben ausgewiesen (Legitimationsfunktion). Es kann sogar der Umfang des Benutzungsrechts angegeben werden. Das Urheberrecht verlangt zwar nicht einen solchen Originaldatenträger, geht aber von dessen Lieferung aus. In der aktuellen Rechtsprechung besteht eine Tendenz, auf die Übergabe eines Datenträgers zu verzichten, sodass das Downloaden auf eine Platte des Kunden die Verkörperung als Vervielfältigungsstück bewirkt. – *Die weitere Entwicklung der Rechtsprechung wird in www.zahrnt.de, Kapitel 8.1 (4) berichtet werden.*

Der Datenträger kann als Autorisierungsinstrument genutzt werden (das das Programm zum Einsatz freigibt). Diese Funktion kann auch durch ein zusätzliches Autorisierungsinstrument (hardlock/Dongle) realisiert werden *[Kapitel 8.2.5]*. Die Autorisierung enthält automatisch die Legitimation. Wenn in diesem Buch von autorisierendem Datenträger gesprochen wird, ist stets auch die Variante gemeint, dass die Autorisierung durch ein gesondertes Instrument realisiert wird.

Der Kunde hat deswegen – außer wenn Lieferung per Telekommunikation vereinbart ist – Anspruch auf einen als Original gekennzeichneten Datenträger, der sein Benutzungsrecht repräsentiert.

Wird ein einheitliches Benutzungsrecht für Mehrfacheinsatz an einem Softwareprodukt erworben, braucht der Auftragnehmer nur einen Originaldatenträger zu liefern, wenn dieser so ausgestaltet ist, dass er den Mehrfacheinsatz legitimiert *[Kapitel 8.2.3 (1)]*. Anderenfalls sind mehrere zu liefern (die weiteren können als »Nebenlizenzen« gekennzeichnet sein).

(5)   Fragen zur Erfüllung seitens des Auftragnehmers

Was gehört zur Erfüllung seitens des Auftragnehmers? Überspielt der Auftragnehmer am Anfang eines Projekts alle Softwareprodukte auf eine Programmbibliothek des Kunden, kann dieser mit den Softwareprodukten noch nichts anfangen, sie auch nicht auf Mängel untersuchen. Das ist noch keine Erfüllung.

Eignung für Pflege durch den Auftragnehmer: Es geht um den Fall, dass der Auftragnehmer erklärt, sein Softwareprodukt decke bestimmte Anforderungen des Kunden ab, das Softwareprodukt das aber tatsächlich nicht tut und der Auftragnehmer es deswegen durch Programmierung anpassen muss. Diese Anpassungen müssen jeweils bei Einsatz einer neuen Version auf diese übertragen werden. Das verursacht jeweils Aufwand *[vgl. Kapitel 12.2.6 und 12.4.1]* und stellt damit keine vertragsgemäße Erfüllung dar. Der Auftragnehmer kann aber die Erklärung abgeben, dass er diese Anpassungen in den Standard übernehme oder das angepasste Programm wie ein Softwareprodukt pflegen, den Aufwand also selbst tragen werde.

Lieferung einer Beta-Version: Diese ist keine ordnungsgemäße Erfüllung.

Installationspflicht des Auftragnehmers: Welche Seite das (isoliert beschaffte) Softwareprodukt zu installieren hat, ist bisher kaum Streitgegenstand gewesen.

Auch ohne ausdrückliche Vereinbarung über die Vergütungspflicht ist davon auszugehen, dass die Installation eines Softwareprodukts gesondert zu vergüten ist.

Installierbarkeit: Wenn der Kunde die Installation übernimmt, kann der Auftragnehmer diesem heute kaum noch zumuten, dass dieser Vorbereitungsmaßnahmen
übernimmt, die nicht zum glatten Ablauf der Installation gehören.

(6)   Nachträgliche Erklärungen des Kunden zum Benutzungsrecht und Schutzhüllenverträgen

Der Kunde braucht nach Vertragsabschluss keine Erklärung abzugeben, die sein
bereits erworbenes Benutzungsrecht irgendwie einschränken würde.

Es gibt verschiedene Formen, mit denen der Kunde gezwungen werden soll,
vor Beginn der Nutzung zusätzliche Vertragsbedingungen anzuerkennen, beispielsweise indem er die Schutzhülle öffne, in der der Datenträger eingeschweißt
ist, oder indem er das Softwareprodukt nur installieren kann, wenn er einen But-
ton drückt, der die Vertragsbedingungen anerkennt. In der Regel gehen diese
Maßnahmen vom Softwareanbieter und nicht vom Auftragnehmer aus.

Im Normalfall ist zwischen dem Auftragnehmer und dem Kunden vor Auslie-
ferung ein schuldrechtlicher Vertrag geschlossen worden, der durch die Übergabe
des Softwareprodukts bereits erfüllt worden ist. Das bedeutet, dass der Anwender bereits das Benutzungsrecht (nach der Vorstellung des Gesetzgebers über das
Eigentum am Originaldatenträger vermittelt) gemäß den Vereinbarungen erhalten hat.

Ob solche Vertragsbedingungen doch noch verbindlich werden, richtet sich
nach den allgemeinen Rechtsvorschriften. Dabei ist wesentlich darauf abzustellen, wer als deren Verwender auftritt.

Ist das der *Softwareanbieter*, ist kaum anzunehmen, dass der Kunde einen
weiteren Vertrag schließen will, wenn er die Maßnahme ausführt. Warum soll er
zustimmen, dass sein bereits erworbenes Benutzungsrecht abgeändert, in der
Regel eingeschränkt wird? Eine Verkehrssitte, dass der Kunde eine Willenserklärung abgibt, besteht nicht.

Wenn der Händler in seinem Vertrag mit dem Kunden bereits die Einbeziehung der zusätzlichen Bedingungen des Anbieters vorsieht, werden diese Vertragsbestandteil. Entsprechendes gilt, wenn sich der Kunde verpflichtet, einen
solchen Endkundenvertrag zu unterzeichnen. Dann stellt sich die Frage, ob es
hinreichend klar ist, welche Vertragsbedingungen für welchen Punkt gelten sollen
[Kapitel 1.1.4 (4)].

Stammt der Endkundenvertrag vom *Auftragnehmer*, ist maßgeblich, ob diese
Vertragsbedingungen bei Vertragsabschluss als Vertragsbestandteil einbezogen
worden sind *[Kapitel 1.1.4 (2)]*.

(7)   Testinstallation und Rücktrittsrecht des Kunden

Eine Testinstallation bedarf schon im Hinblick auf den Programmschutz eines ordnungsgemäßen Vertrags.

Er kann entweder isoliert *[zur Leihe siehe Kapitel 7.6]* oder als erste Phase eines Kaufvertrags geschlossen werden. Im zweiten Fall wird vereinbart, dass der Kunde innerhalb einer kurzen Frist nach Ablauf der Testphase die Leistung missbilligen kann (Kauf auf Probe, § 454 BGB).

Haben die Vertragspartner ein Rücktrittsrecht zugunsten des Kunden vereinbart, bezieht sich dieses nur auf die Softwareprodukte. Es bleibt also dabei, dass vergütungspflichtige Unterstützungsleistungen zu bezahlen sind, soweit solche erbracht worden sind.

8.2   Das Benutzungsrecht des Kunden und Programmschutz

8.2.1   Rechtliche Einordnung des Benutzungsrechts

Das Recht des Kunden, die erworbene Programmkopie zu »benutzen« (§ 69d Abs. 1 UrhG), darf nicht sachbezogen verstanden werden, sondern bezieht sich in der urheberrechtlichen Terminologie darauf, inwieweit der Kunde das Programm

- vervielfältigen,
- umgestalten und
- verbreiten

darf *[Kapitel 4.3.3 (6)]*. Wenn Sie das Thema mit Juristen besprechen, werden diese es wahrscheinlich nicht an den besonderen Vorschriften des UrhG für Programme, sondern an den allgemeinen Vorschriften des UrhG aufhängen *[Kapitel 4.3 am Anfang]*.

Benutzungskopie: Das Vertragsverhältnis ist dahingehend charakterisiert, dass der Kunde eine Kopie zur Benutzung erhält. Die physische Kopie, die der Kunde erhält, spielt außer bei Verwendung autorisierender oder legitimierender Datenträger meist nur eine geringe Rolle.

Die Vertragspartner sprechen von der Kopie wohl wissend, dass sich deren physische Realisierung laufend ändern kann; sie sprechen oft auch von der »Installation« im Sinne der installierten Benutzerkopie (z.B. »für die zweite Installation ist ein Aufpreis von ... zu zahlen). Sie sprechen auch von der einen Lizenz oder von den mehreren Lizenzen, die der Kunde gekauft hat und auf einer IT-Anlage/Konfiguration oder auf mehreren einsetzen darf; dabei bekommt der Kunde auch dann, wenn er das Softwareprodukt auf mehreren IT-Anlagen benutzen darf, meist nur einen Datenträger. Das zeigt, dass es keine 1:1-Beziehung zwischen der Benutzungskopie und der Zahl der IT-Anlagen/Konfigurationen oder Arbeitsplätze gibt, auf denen das Softwareprodukt eingesetzt werden darf.

Legitimierende Datenträger können und sollen den Benutzungsumfang exakt festlegen *[Kapitel 4.3.3 (7)]*.

Die Vertragspartner können spezifische Regelungen (Einschränkungen) zum Benutzungsrecht treffen. Die Rechtsposition des Kunden ist also nicht voll mit der eines Eigentümers einer Sache vergleichbar. Vielmehr kann sein Benutzungsrecht – in den Grenzen der Rechtsordnung – beliebig definiert werden.

Das Unwort »Lizenz«: Es ist nicht nur rechtsdogmatisch falsch, das Wort »Lizenz« für das Recht zu verwenden, dass jemand ein Softwareprodukt benutzen darf, sondern es ist in der Praxis oft auch schädlich. Denn dieser Begriff dient vielfach dazu, sich den Aufwand für präzise Ausdrucksweisen zu ersparen. Beliebt sind Sätze wie:»Der Lizenzgeber räumt dem Lizenznehmer das Recht ein, die Lizenz auf einer IT-Anlage zu installieren.« In diesem Beispiel kann man das Gewollte noch ermitteln. Schwieriger ist es herauszufinden, ob eine »Hundertlizenz« das Recht beinhaltet, das Programm in einer Konfiguration mit 100 Benutzern/Arbeitsplätzen einzusetzen, oder ob sie hundert (einzelne) Rechte beinhaltet, das Programm auf einem PC einzusetzen. Kein Lieferant würde von 100 Benutzungs»rechten« sprechen, wenn er eines für 100 Arbeitsplätze einräumen wollte. Der Handel mit »Gebrauchtlizenzen« beruht (im Jahre 2007) weitgehend darauf, dass die Anbieter nicht nur von einer »Hundertlizenz« sprechen, sondern sogar von »hundert Lizenzen«, und die Rechtsprechung deswegen davon ausgeht, dass »einzelne Lizenzen« verkauft werden können.

Das Wort »Unterlizenz« wird sowohl für das Recht, das Softwareprodukt zu vertreiben, als auch für das Recht, das Softwareprodukt zu benutzen, verwendet.

Lizenzvertrag neben/statt Kaufvertrag: In den USA (und in Kanada) werden auch bei Einmalvergütung für eine unbeschränkbare Nutzungsdauer die beiden Formen Kauf als endgültige Veräußerung mit Weitergaberecht (unter Verzicht auf die eigene Benutzung) und Lizenz ohne Weitergaberecht unterschieden. Das deutsche Urheberrecht sieht nur einen Typ vor *[siehe Kapitel 4.3.3 (6) zur Auslegung von § 69d Abs. 1 UrhG]*. Unabhängig davon liegt ein beschränktes Dauerschuldverhältnis vor (Programmschutz, Anspruch auf Erweiterung des Benutzungsrechts, u.U. Pflicht zur Pflege).

Mehr Softwareprodukte auf dem gelieferten Datenträger als erworben: *Siehe www.zahrnt.de, Kapitel 8.2.1.*

8.2.2 Die urheberrechtlich relevanten Handlungen

8.2.2.1 Vervielfältigung durch den Anwender

Das Thema Vervielfältigung stellt sich auf drei Ebenen:

- Herstellen von Vervielfältigungsstücken im Sinne von greifbaren Datenträgern, auf denen das Softwareprodukt gespeichert ist.

■ Herstellen von Benutzungskopien *[Kapitel 8.2.1]*.

■ Vervielfältigungshandlungen beim Einsatz/Benutzen des Softwareprodukts.

In der Praxis geht es vorrangig um den Benutzungsumfang. Wenn dazu nichts Spezielles vereinbart wird, ist der (objektiv) bestimmungsgemäße Einsatz (§ 69d Abs. 1I UrhG: »Benutzung«) zulässig. Der Kunde darf das Softwareprodukt zumindest auf einer beliebigen Konfiguration einsetzen, es also auch von Konfiguration zu Konfiguration wandern lassen. Es gibt nur beschränkt eine objektiv vorgegebene Größe der Konfiguration.

Das Speichern des Softwareprodukts auf einer Plattenbibliothek zur Schaffung einer Benutzungskopie und das anschließende Laden in den Hauptspeicher zum Zwecke des Ausführens stellen Vervielfältigungsschritte dar, und zwar bestimmungsgemäße, sodass sie rechtlich unproblematisch sind *[weitere Handlungen der bestimmungsgemäßen Benutzung sind in Kapitel 4.3.3.1 aufgeführt]*.

Wechsel der Konfiguration: Urheberrechtlich ist es unerheblich, auf was für einer Konfiguration der Kunde das Softwareprodukt einsetzt. Deswegen darf er diese im Hinblick auf die Frage zulässiger Vervielfältigung (neue Installation) wechseln. Die Frage spielt innerhalb des Themas der Vergütung nach Benutzungsumfang eine erhebliche Rolle *[Kapitel 8.2.3 (4)]*. Während des Wechsels darf der Kunde das Softwareprodukt vorübergehend auf einer weiteren Konfiguration einsetzen *[Kapitel 8.2.3 (1)]*.

Sicherungskopie: Der Benutzungsberechtigte hat das Recht, Sicherungskopien herzustellen, wenn diese für die Sicherung der künftigen Benutzung erforderlich sind (§ 69d Abs. 2 UrhG). Dieses Recht kann nicht eingeschränkt werden (§ 69g Abs. 2 UrhG). Dazu gehört auch, Sicherungskopien im Rahmen der laufenden Datensicherung von Plattenbibliotheken zu erstellen.

Kopieren der Benutzerdokumentation: Wenn nicht für jedes erworbene Vervielfältigungsstück ein Exemplar der Benutzerdokumentation mitgeliefert wird *[zur Lieferpflicht siehe Kapitel 6.2.1 (2)]*, darf der Kunde zumindest so viele Kopien erstellen, wie er Vervielfältigungsstücke des Softwareprodukts erworben hat. Für diejenige Benutzerdokumentation, die pro Arbeitsplatz benötigt wird, gilt: Wenn sie nur in einem Exemplar (überhaupt oder je Vervielfältigungsstück) geliefert wird, wird dem Kunden automatisch das Recht zur Herstellung weiterer Kopien erteilt. Das entspricht in der Praxis dem Willen der weit überwiegenden Zahl der Anbieter.

Wenn die Benutzerdokumentation auf Datenträger gespeichert ausgeliefert wird, steht es dem Kunden frei, wie viele ausgedruckte Kopien er für eigene Zwecke herstellt.

8.2.2.2 Änderungen durch den Kunden

(1) Problemstellung

§ 69c Nr. 2 UrhG spricht von »Umarbeitungen«. Davon abzugrenzen sind Eingriffe in die Verarbeitungsweise des Programms mittels Erweiterungen: Der Kunde kann über Schnittstellen in die Verarbeitung eingreifen. Urheberrechtlich sind solche Eingriffe in die Verarbeitung keine Umarbeitungen des Programms.

Der Auftragnehmerseite geht es im Wesentlichen um die folgenden vier Probleme:

- Der Kunde soll keine Fehler ins Softwareprodukt einbauen *[vgl. Kapitel 6.3.7 (5)]*.
- Dem Auftragnehmer droht, dass er durch Änderungen seitens seiner Kunden urheberrechtlich in der Weiterentwicklung seines Produkts eingeschränkt wird: So leicht, wie an Änderungen des Softwareprodukts Urheberrechte entstehen, läuft er Gefahr, dass ein Kunde eine geplante oder sich später anbietende Weiterentwicklung bereits strukturell ähnlich vorgenommen und daran ausschließliche Nutzungsrechte erworben hat.
- Wenn der Kunde Änderungen vorgenommen hat, müssen diese jeweils in neue Versionen des Softwareprodukts kosten- und fehlerträchtig übernommen werden. Das schafft Verärgerung auf beiden Seiten *[vgl. Kapitel 8.1 (5), 12.1 (1) und 12.4]*.
- Der Kunde selbst ist oft nicht in der Lage, Änderungen durchzuführen. Es besteht das Risiko, dass der Kunde Konkurrenten des Auftragnehmers einschaltet und damit dessen Investition in das Softwareprodukt gefährdet. Der Konkurrent muss sich erheblich einarbeiten, also letztlich ein Tätigkeitsfeld, d.h., ein Geschäftsfeld in erheblichem Umfang, schaffen, damit er konkurrenzfähig ist. Der Auftragnehmer verliert einen entsprechenden Teil seines Geschäftsfelds. Er möchte insbesondere solche potenziellen Konkurrenten vom Markt halten, die die besten Kenntnisse über das Softwareprodukt haben, nämlich seine eigenen ehemaligen Mitarbeiter *[Kapitel 8.2.2.4]*.

Bekommt der Kunde nur das Objektprogramm, soll er dieses nicht ändern (und kann es auch kaum. Änderungen gehören also nicht zur bestimmungsgemäßen Benutzung.

(2) Änderungen von Quellprogrammen

Nach § 69d Abs. 1 UrhG bedarf der Benutzungsberechtigte keiner Zustimmung, soweit Änderungen für die bestimmungsgemäße Benutzung notwendig sind. Damit ist auch das Erstellen eines weiteren Vervielfältigungsstücks als sachgerechte Voraussetzung für Änderungen zulässig.

Bekommt der Kunde auch das Quellprogramm, liegt es nahe, dass ihm das die Möglichkeit zu Änderungen eröffnen soll. Je änderungs-/ergänzungsbedürftiger ein Softwareprodukt ist, desto mehr ist dies anzunehmen. Der Auftragnehmer trägt die Beweislast für eine gegenteilige Vereinbarung, z.B. dass die Lieferung des Quellprogramms nur der Vereinfachung der Mängelbeseitigung durch ihn dienen sollte. – Die Wahl einer Sprache in interpretativer Technik kann dazu dienen, den erwarteten Änderungsbedarf einfach befriedigen zu können; dann sollen Änderungen zulässig sein (auch wenn der Auftragnehmer das nicht will).

§ 69d Abs. 1 UrhG erlaubt nicht nur solche Änderungen, die notwendig sind, damit das Softwareprodukt überhaupt weitergenutzt werden kann, sondern alle, die der Weiterentwicklung dienen. – Es gibt aber Grenzen der bestimmungsgemäßen Benutzung. Der Benutzungsberechtigte darf insbesondere nicht solche Maßnahmen beseitigen, die der zulässigen Absicherung der Einschränkungen des Benutzungsrechts oder sonst dem Programmschutz dienen *[zur Portierung auf einen anderen Typ von IT-Anlage siehe Kapitel 8.2.4]*.

Wirkung eines Pflegevertrags auf das Änderungsrecht: Wenn die Vertragspartner Pflege vereinbart haben, liegt es nahe, dass der Kunde trotz Lieferung des Quellprogramms von sich aus Änderungen möglichst unterlässt. Das liegt aber nicht so nahe, dass aus der Vereinbarung der Pflege bereits ein Verzicht auf eigene (u.U. punktuelle) Änderungen abzuleiten wäre.

(3)   Übersetzen des Programms

§ 69c Nr. 2 UrhG behandelt das Übersetzen des Quellprogramms in ein Objektprogramm unter dem Oberbegriff Umarbeitungen *[Kapitel 4.3.3.3 am Anfang]*. Dieses wird dem Kunden erlaubt, wenn er das Quellprogramm geändert hat, weil das dann für den Einsatz erforderlich ist.

Migrieren durch Übersetzen: Der Auftragnehmer geht vom Ansatz her davon aus, dass der Kunde, falls er das Programm ändern will, denselben Compiler wie er selbst einsetzt und dass damit die Zielanlage definiert ist. Hat der Auftragnehmer einen normierten Compiler verwendet, gehört es im Normalfall zur bestimmungsgemäßen Benutzung, dass der Kunde einen beliebigen Compiler, der die Norm erfüllt, einsetzen darf. Der Kunde kann sich seine Zielanlage dann aussuchen. Dasselbe gilt, wenn der Auftragnehmer des Softwareprodukts eine Variante einer Compiler-Familie verwendet hat. Der Kunde darf das Quellprogramm mit einer anderen Variante erneut übersetzen und damit dieses auf eine andere Zielanlage migrieren.

(4)   Mängelbeseitigung

§ 69d Abs. 1 UrhG erwähnt ausdrücklich, dass das Recht zur Mängelbeseitigung zur bestimmungsgemäßen Benutzung gehört. Das gilt auch dann, wenn der Auftragnehmer zur Mängelbeseitigung bereit ist.

Sachliche Voraussetzung bleibt, dass der Kunde dank der Lieferung des Quellprogramms zur Beseitigung von Mängeln in der Lage ist. Ein Anspruch auf dessen Lieferung lässt sich aus § 69d Abs. 1 UrhG nicht ableiten. Denn § 69d Abs. 1 UrhG dient nur dazu, die Macht des Rechtsinhabers hinsichtlich verkaufter Kopien einzuschränken.

Erhält der Kunde nur das Objektprogramm, darf er bekannte Korrekturmaßnahmen auch direkt in diesem vornehmen.

8.2.2.3   Verbreitung durch den Kunden

(1)   Urheberrechtliche Zulässigkeit

Ausgangspunkt ist, dass das Verbreitungsrecht des Urhebers am gelieferten Vervielfältigungsstück nach § 69c Nr. 3 UrhG erschöpft ist *[Kapitel 4.3.3.2]*. Die Weiterveräußerung des Vervielfältigungsstücks ist also zulässig. Da das Benutzungsrecht an das Eigentum am Originaldatenträger gebunden ist, darf der alte Kunde die Kopie, die er noch auf der Plattenbibliothek gespeichert hat, nicht mehr benutzen. Er ist vielmehr verpflichtet, alle Kopien zu löschen, soweit er sie nicht ausnahmsweise zu Archivierungszwecken benötigt *[vgl. Kapitel 8.4.3 (4)]*.

Vom Ansatz her kann der bisherige Benutzungsberechtigte sein Benutzungsrecht nur in dem Umfang übertragen, in dem er es hatte *[Kapitel 4.3.3.2]*. Wenn dieser die spezifischen Einschränkungen seines Benutzungsrechts im Vertrag mit dem neuen Anwender nicht aufführt, darf der neue Kunde das Softwareprodukt allerdings weitergehend, nämlich im Rahmen von dessen bestimmungsgemäßer Benutzung, einsetzen *[Kapitel 4.3.3 (7)]*. Der bisherige Benutzungsberechtigte macht sich gegenüber seinem Auftragnehmer schadensersatzpflichtig, wenn er zur Weiterleitung der Einschränkungen verpflichtet ist. Es spricht einiges dafür, dass er dazu automatisch verpflichtet ist.

Veräußerung von Quellprogrammen: Für das Urheberrecht ist es gleich, ob das Softwareprodukt als Objektprogramm oder als Quellprogramm weitergegeben wird. Aus Gründen der Geheimhaltung bestehen teilweise erhebliche Bedenken gegen die Weitergabe von Quellprogrammen *[Kapitel 8.2.2.4]*. Mangels Allgemeingültigkeit dieser Bedenken dürfte die Weitergabe im Normalfall nicht verboten sein.

Veräußerung eines Teils des Benutzungsrechts: Der Kunde dürfte nicht berechtigt sein, einen Teil seines Benutzungsrechts abzuspalten, und zwar auch dann nicht, wenn er das Softwareprodukt für den Einsatz auf mehreren Konfigurationen erworben hat. Das leuchtet insbesondere in dem Grenzfall ein, dass die Konfigurationen aus miteinander vernetzten Arbeitsplätzen (PCs) bestehen. Es stellt sich aber die Frage, ob der Kunde ein einheitliches Benutzungsrecht oder ein Bündel von Benutzungsrechten erworben hat. Wichtigstes Indiz für den Parteiwillen ist die Höhe des Rabatts. Je höher dieser ist, desto eher ist ein einheitliches Benutzungsrecht gewollt *[siehe auch Kapitel 8.2.1]*. – Ein einheitliches Benutzungsrecht liegt beispielsweise vor, wenn von der »Hauptlizenz« und den »Nebenlizenzen« gesprochen wird, kein einheitliches, wenn die Rede von »hundert Lizenzen« ist.

Veräußerung bei firmenbezogenem Benutzungsrecht: Wenn der Kunde das Softwareprodukt auf beliebig vielen Konfigurationen einsetzen darf, hängt die Höhe des Kaufpreises meist stark von dem geschätzten Einsatzumfang ab. Deswegen bestehen erhebliche Zweifel daran, dass der Kunde das Softwareprodukt überhaupt an einen Dritten weiterveräußern darf; denn der Dritte könnte einen viel größeren Einsatzumfang haben.

Wird die Firma als Unternehmensgruppe definiert *[siehe auch Kapitel 8.2.3]*, liegt erst recht nahe, dass das Benutzungsrecht nicht übertragen werden darf.

Veräußerung einzelner von mehreren Softwareprodukten auf einem Originaldatenträger: Sind mehrere Softwareprodukte auf einem Originaldatenträger gespeichert, können sie einzeln nicht (oder nur mit erschwertem Nachweis des Benutzungsrechts) mit urheberrechtlicher Wirkung veräußert werden. Diese mehreren Softwareprodukte können durch einen Paketpreis zusammengefasst sein. Dann dürfte die Teilveräußerung ausgeschlossen sein.

Sind die Softwareprodukte aber nur aus Gründen der Praktikabilität auf einem Datenträger zusammengefasst, fragt sich, ob der Auftragnehmer den Vertrag überhaupt ordnungsgemäß erfüllt hat. Auf jeden Fall darf der Kunde einzelne Softwareprodukte getrennt veräußern.

(2)   Benutzung zugunsten Dritter/Vermieten/Leasing

Das Vermieten durch Weitergabe des Softwareprodukts an einen Dritten bedarf der Zustimmung *[Kapitel 4.3.3.2]*.

Problemstellung: Hier sind drei Fälle zu unterscheiden, wie der Kunde, insbesondere als Dienstleistungsunternehmen, Dritte an der Benutzung beteiligen kann; die Einordnung ist wichtig, weil § 69c Nr. 3 UrhG die Vermietung auch nach der Erschöpfung des Verbreitungsrechts von der Zustimmung des Rechtsinhabers abhängig macht:

- Benutzung im Interesse des Dritten ohne Zugriff der Dritten auf das Programm. Aus der Sicht des Urheberrechts ist es unerheblich, wem urheberrechtlich erlaubte Handlungen dienen. Der Kunde darf das Softwareprodukt also auch für Zwecke Dritter einsetzen.
- Gemeinsame Benutzung der Benutzungskopie auf dem IT-System des Kunden, ohne dass Teile des Softwareprodukts auf Hardware des Dritten übertragen werden.
- Gemeinsame Benutzung, aber Teile werden den Dritten jeweils bei Benutzung oder dauerhaft übertragen.

Bei gemeinsamer Benutzung ist zu fragen, ob die Mitbenutzung als Vermietung zustimmungspflichtig ist. Das ist bestimmt für die Fälle zu bejahen, dass der Dritte Teile als eigene Benutzerkopie dauerhaft erhält. Das dürfte auch zu bejahen sein, wenn der Dritte Teile des Softwareprodukts in den Hauptspeicher seiner Arbeitsplätze lädt. Denn insofern wird die Benutzerkopie auf der Plattenbibliothek des Kunden wie ein Vorrat an Benutzerkopien eingesetzt.

Damit liegt Miete vor. Deswegen fragt sich, ob der Auftragnehmer die Zustimmung aufgrund bestimmter Umstände, insbesondere durch seine Preisgestaltung, automatisch erteilt. Das liegt nahe, wenn der Kaufpreis auf den Benutzungsumfang (Zahl der Benutzer/Arbeitsplätze) ausgerichtet ist. Denn dann soll der damit eröffnete Benutzungsumfang zulässig sein.

Die Tatsache, dass das Softwareprodukt mandantenfähig ist, bedeutet nicht automatisch, dass beliebige Dritte dieses nutzen dürfen; die Mandantenfähigkeit dient primär seinem Einsatz innerhalb von Unternehmensgruppen (oder einem Unternehmen mit mehreren Werken/Profitcentern).

Der zweite Fall (reine Mitbenutzung, z.B. über das Internet mittels eines Browsers) dürfte auch als Miete einzustufen sein.

Abgrenzung zu anderen Formen: Die Benutzung *durch* einen Dritten braucht nicht Benutzung *für* diesen Dritten zu bedeuten. Das gilt insbesondere für folgende Fälle:

- Ein anderer Auftragnehmer erhält eine Kopie, um diese für den Kunden zu bearbeiten oder mit dieser (Entwicklungswerkzeug) für den Kunden ein Programm zu entwickeln. Ob diese Kopie erstellt werden darf, bestimmt sich danach, inwieweit Vervielfältigungen zulässig sind *[Kapitel 8.2.2.2 (2)]*.
- Geschäftspartner des Kunden erhalten diejenigen Teile eines Softwareprodukts, die erforderlich sind, um die Zusammenarbeit mit dem Kunden zu vereinfachen.

Beispiel

Geschäftspartner des Kunden können direkt Auskünfte aus Dateien einholen, z.B. Artikeldateien über die Verfügbarkeit von Artikeln. – Wenn man das als zustimmungspflichtig ansieht, liegt die Zustimmung im Verkauf eines Softwareprodukts mit dieser Möglichkeit.

Ein anderes Unternehmen, das zu derselben Unternehmensgruppe gehört, wird in der Regel nicht als Dritter angesehen.

8.2.2.4   Kenntnisgabe an Dritte

Der Auftragnehmer kann im Hinblick auf den Schutz seiner Investition Interesse daran haben, dass Dritte das Softwareprodukt nichts zur Kenntnis bekommen *[vgl. Kapitel 9.3.4]*. Das Urheberrecht sieht im Ansatz keine Geheimhaltung vor.

Benutzeroberfläche einschließlich Benutzerdokumentation: Treu und Glauben gebieten die Geheimhaltung nur ausnahmsweise, eher die der Benutzerdokumentation als die der Benutzeroberfläche.

Schnittstellen des Softwareprodukts zu anderen Programmen: Andere Auftragnehmer brauchen Informationen zu den Schnittstellen, um eigene Softwareprodukte daran ankoppeln zu können. Dabei benötigt der andere Auftragnehmer auch gewisse Informationen über die Benutzeroberfläche oder über die Funktionen. Der andere Auftragnehmer darf für die Ermittlung der Schnittstellen das Objektprogramm dekompilieren *[Kapitel 4.3.3.1]*.

Dann ist zu erwägen, ob er auch direkt auf das Quellprogramm zugreifen darf. Das ist abzulehnen, wenn der erste Auftragnehmer die Schnittstelleninformationen von sich aus zugänglich macht *[vgl. Kapitel 4.3.3.1]*. Es liegt sogar nahe, dass der Kunde einen Anspruch auf Lieferung dieser Informationen hat *[Kapitel 8.3 (1)]*; das bedeutet andersherum, dass er auf das Dekompilieren verzichten soll.

Quellprogramm einschließlich der zu dessen Erstellung verwendeten und mitgelieferten Entwicklungswerkzeuge des Auftragnehmers: Ausgangspunkt ist, dass die Frage vom Urheberrecht her *eigentlich* irrelevant ist, weil es um den Schutz von Know-how und nicht um den der Darstellung geht. Die Kenntnisnahme erleichtert aber die Übernahme des Know-hows. § 69d Abs. 3 UrhG erlaubt zwar das Ermitteln von Programminhalt und -aufbau durch Benutzen des Objektprogramms mit solchen Maßnahmen, die sonst zur bestimmungsgemäßen Benutzung gehören *[Kapitel 4.3.3.4]*; dafür kann der Kunde sich eines Auftragnehmers als Gehilfen bedienen. Das Quellprogramm soll aber wohl geheim bleiben *[Kapitel 8.2.2.2 (1)]*.

Einsatz eines Softwareprodukts bei einem Dienstleistungsunternehmen: Der Kunde darf ein Objektprogramm durch ein Dienstleistungsunternehmen – ausschließlich für seine Zwecke – einsetzen lassen. Bei einem Quellprogramm ist zu bedenken, dass das Dienstleistungsunternehmen dieses nicht inhaltlich zur Kenntnis zu nehmen braucht, es aber für bestimmte Fälle haben muss (z.B. damit das Programm nach Änderungen der Systemsoftware erneut übersetzt werden kann). Es ist branchenüblich, dass der Auftragnehmer dieser Art des Einsatzes zustimmt, wenn das Dienstleistungsunternehmen sich zur Geheimhaltung verpflichtet; es sei denn, dass es selbst Softwareprodukte der vorliegenden Art anbietet.

8.2.3 (Insbesondere der) Umfang des Benutzungsrechts

In der Praxis steht die Frage im Vordergrund, in welchem Umfang der Kunde das Softwareprodukt einsetzen darf. Im Folgenden wird erläutert, wie typische Formulierungen, die die Auftragnehmerseite auf der Basis der Vertragsfreiheit vorschlägt, zu verstehen sind. Da es bei diesen Regelungen um AGB geht, sind bei

deren Auslegung die Mehrdeutigkeitsregel und das Klarheitsgebot (Transparenzgebot) zulasten des Auftragnehmers zu berücksichtigen *[Kapitel 1.1.4 (3) + (4)]*.
Der Auftragnehmerseite kann nur empfohlen werden, sauber zu formulieren.

(1)   Beschränkung auf eine Konfiguration

Beschränkungen – Auslegung: Wenn die Benutzung auf einen (bestimmten) *Server* oder auf ein (bestimmtes) Gerät bezogen wird, dürften kaum Auslegungs-
schwierigkeiten auftreten. Besteht der Server aus mehreren Prozessoren, so liegt
immer noch ein Server vor. Das gilt auch, wenn auf einem Server mehrere
Betriebssysteme eingesetzt werden. Es macht rechtlich nichts aus, wenn das Softwareprodukt mehrfach in den Hauptspeicher, der dem Server zugeordnet ist, zum
Zwecke des Einsatzes geladen werden muss.

   Wird ein ausfalltolerantes System eingesetzt, dürfte es sich immer noch um
einen Server handeln, weil das Softwareprodukt nur einmal benutzt wird, wenn
auch auf beiden Teilanlagen identisch. Die Grenze dürfte aber überschritten sein,
wenn der zweite Server als Stand-by-Anlage dient und also im Normalfall andere
Aufgaben wahrnimmt.

Verhältnis von Benutzung zu Installation: Ist die Benutzung auf einem Server
oder PC zulässig, sagt das nur wenig darüber aus, auf wie vielen Servern/PCs
(Plattenbibliotheken) das Softwareprodukt zur Vorbereitung der Benutzung
(Test/Schulung) installiert werden darf. Mehrfache Installation mag Mehrfacheinsatz erleichtern, kann aber nicht mit ihm gleichgesetzt werden. Mehr-
fachinstallation kann vom Auftragnehmer sogar gewollt sein, z.B. bei einem Softwareprodukt, das der Benutzer entweder auf seinem PC am Arbeitsplatz oder auf
seinem Laptop auf Reisen einsetzt. Sie kann auch der organisatorischen Freiheit
des Kunden dienen, auf welchem Server/PC er das Softwareprodukt jeweils einsetzen will. Das gilt insbesondere, wenn der Auftragnehmer ein Autorisierungsinstrument *[Kapitel 8.1 (5)]* vorsieht. – Die Zahl der Installationen darf aber nicht
so groß sein, dass die Kontrolle über den zulässigen Benutzungsumfang verloren
zu gehen droht (kein Problem, wenn ein Autorisierungsinstrument vorgesehen ist).

Ausweichkonfiguration: Wenn der Kunde das Softwareprodukt nur auf einem
Server einsetzen darf, darf er es bei dessen Nichteinsetzbarkeit auf einem Ausweichserver einsetzen; denn die Einschränkung (Benutzung auf einem Server)
bleibt erfüllt. Dabei dürfte es, wenn sich der Preis nach der Größe des Servers
u.a. m. richtet, wegen der Notlage keine Rolle spielen, wenn der Ausweichserver
in eine höhere Größenklasse fällt.

Ausnahmsweise Benutzung über den vereinbarten Umfang hinaus: In Betracht
kommen einzelne Situationen, in denen der Kunde das Softwareprodukt auf mehreren Servern gleichzeitig einsetzen/installieren darf, auch wenn die Benut-
zung/Installation auf einen Server beschränkt ist (bzw. auf verschiedenen, auch

wenn die Benutzung auf einen bestimmten bezogen ist). Grund dafür ist, dass unter Benutzung grundsätzlich produktive Benutzung verstanden wird und nur die Juristen den formalen Aspekt der Vervielfältigung in den Vordergrund stellen.

Wenn die Benutzung eines PC-Programms, das von mehreren Benutzern nur jeweils gelegentlich genutzt wird (z.B. Projektplanungssystem), gelernt werden soll, darf dieses für die Dauer der Schulung auf mehreren PCs gespeichert werden.

Wenn ein Softwareprodukt aus der Quellsprache in die Objektsprache umgewandelt werden muss, darf die Umwandlung (= Übersetzung) auf einem gesonderten Entwicklungssystem erfolgen. Das gilt für Änderungen entsprechend.

Soll das Softwareprodukt eingerichtet *[Kapitel 8.3 (4)]* werden, darf es auch – ggf. gleichzeitig – auf einem anderen System zu diesem Zwecke benutzt werden, z.B. auf dem Entwicklungssystem eines Auftragnehmers.

Wenn der Kunde den Einsatzort verlagert, kann es erforderlich sein, während der Übergangsphase die Software an beiden Orten zu benutzen. Aber auch sonst kann der Wechsel der Konfiguration den Kunden berechtigen, das Softwareprodukt vorübergehend auf einem weiteren Server einzusetzen.

Wenn eine weiterentwickelte Version eines Anwendungsprogramms eingeführt werden soll, darf diese während einer angemessenen Übergangsphase neben der alten eingesetzt werden.

Entwicklungswerkzeuge: Wenn eine neue Version eines Entwicklungswerkzeugs nicht abwärtskompatibel ist, kann der Kunde mithilfe (der alten Version) des Werkzeugs erstellte Anwendungsprogramme oft nicht gleich mithilfe der neuen Version pflegen; zumindest ist das für viele Kunden oft sehr unwirtschaftlich. Der Kunde dürfte dann berechtigt sein, zwei Versionen des Entwicklungswerkzeugs sogar mittelfristig parallel einzusetzen (auch auf getrennten Entwicklungssystemen, um Verwirrung zu vermeiden).

(2)   Beschränkungen innerhalb einer Konfiguration

Ausgangspunkt ist, dass eine Beschränkung des Benutzungsrechts innerhalb eines Servers nicht zur »bestimmungsgemäßen Benutzung« (§ 69d Abs. 1 UrhG) gehört und also nur bei einer entsprechenden Vereinbarung wirksam ist. Da alles im Fluss ist, besteht teilweise wenig Einvernehmen über die Bedeutung von Begriffen in solchen Vereinbarungen.

Benutzer: Benutzer ist erst einmal ein Mensch. Manche Anbieter verstehen darunter fälschlich Arbeitsplätze. Andere behandeln Prozesse unausgesprochen als Benutzer, z.B. den Druckbetrieb, die Telekommunikationsverbindung. Auch das ist unberechtigt. – Bei der Zahl der Benutzer geht es um diejenigen, die zu einem beliebigen Zeitpunkt aktiv sind, d.h. die Benutzung des Softwareprodukts gestartet und noch nicht beendet haben (»concurrent user«). Sie zählen also auch mit, wenn sie eine Pause machen, sich aber nicht abgemeldet haben. Das kollidiert damit, dass ein Benutzer (Mensch) gerne mehrere Prozesse nacheinander startet, z. B. beim morgendlichen Arbeitsbeginn erst einmal mehrere Programme hochfährt, damit er während seiner Arbeit schneller zwischen ihnen wechseln kann (am gleichen Arbeitsplatz). Dann zählt er den ganzen Tag über mehrfach.

Manche Anbieter verstehen – unberechtigt – ohne nähere Definition als Benutzer jeden, der dem Softwareprodukt gegenüber als solcher benannt worden ist (»named user«).

Arbeitsplatz: Hier finden sich analog zum Begriff des Benutzers zwei unterschiedliche Interpretationen, nämlich dass es um die Menge der aktiven Arbeitsplätze bzw. um bestimmte Arbeitsplätze (»named PCs«) geht. Die zweite Interpretation geht ohne entsprechende Definition ebenso fehl wie die bei »Benutzer«. Denn Arbeitsplätzen wird keine Identität wie Menschen zugesprochen. Wenn aber ausdrücklich Teile des Softwareprodukts auf den Arbeitsplätzen installiert werden sollen, ist von bestimmten Arbeitsplätzen auszugehen.

(3)   Einsatz auf einer anderen Konfiguration

Für die bestimmungsgemäße Benutzung kommt es kaum auf die ursprüngliche IT-Anlage an. Das bedeutet, dass der *bloße* Wechsel der IT-Anlage nicht eingeschränkt werden oder zu einer zusätzlichen Vergütung führen darf. Im Hinblick auf größenabhängige Vergütung kann der Wechsel den Benutzungsumfang erweitern und damit die Pflicht zur Zahlung eines Zuschlags auslösen.

Andere Variante erforderlich: Braucht der Kunde eine andere beim Auftragnehmer vorhandene Variante des Softwareprodukts, um dieses auf der neuen Konfiguration einzusetzen (weil die alte Variante nicht entsprechend portabel ist), ist die Frage, gegen welche Vergütung der Kunde im Wege der ergänzenden Vertragsauslegung einen Anspruch darauf hat, wie folgt zu beantworten: Der Kunde zahlt für die Amortisierung der Investition des Auftragnehmers in das Softwareprodukt. Wenn dieser das Softwareprodukt in unterschiedlichen Varianten realisiert hat, macht das (typischerweise) nur eine geringe zusätzliche Investition für jede weitere Variante aus. Es würde Treu und Glauben widersprechen, wenn der Auftragnehmer diese Teile mit dem großen identischen Rest in ein Paket schnüren dürfte, um erneut den gesamten Kaufpreis verlangen zu können. Dementsprechend braucht der Kunde nur eine zusätzliche Zahlung zu leisten, die an den auszutauschenden Teilen und daran ausgerichtet ist, dass dem Kunden der Übergang ermöglicht wird (abgesehen von der Berechtigung eines Zuschlages bei größenabhängiger Vergütung).

(4)   Anwendungsbezogene Einschränkungen der Benutzung

Manche Anbieter wollen die Benutzung ihrer Software für bestimmte Anwendungsbereiche ausschließen, insbesondere weil in diesen Produkthaftung droht. Die Einschränkung ist vom Preis unabhängig. Der Ausschluss dient der Vermeidung von Haftungsansprüchen wegen Fehlern. Eine urheberrechtliche Wirkung (= eine Wirkung gegenüber anderen als dem ersten Vertragspartner) dürfte nicht bestehen.

Häufig benötigt ein Auftragnehmer fremde Software als Betriebsmittel für seine Anwendungssoftware, z.B. ein Datenbankverwaltungssystem. Dieses wird zu einem Bruchteil des normalen Preises von dessen Anbieter geliefert, wenn es nur »innerhalb« dieser Anwendungssoftware eingesetzt wird (»embedded software«). Der Kunde kann gegen Nachzahlung des Preisnachlasses das Recht zur unbeschränkten Benutzung erwerben (Achtung: Es geht nicht um den Unterschied zwischen »Vollprodukt« und Runtime-Komponente). Die Beschränkung der Benutzung von solcher Software innerhalb einer Anwendung gehört zu dem, was das UrhG regeln will. Man kann die beiden Softwareprodukte als Gesamtheit ansehen (»die Anwendung«). Urheberrechtliche Wirkung ist also erreichbar.

(5)   Firmen-/Konzernlizenz

Bei einer Firmen-/Konzernlizenz *[Kapitel 8.2.2.3 (1)]* stellt sich die Frage, für welche Gesellschaften die Lizenz gilt, wenn nichts ausdrücklich vereinbart ist. Bei ausdrücklicher Regelung wird meist auf § 15 AktG abgestellt oder entsprechend formuliert. Das dürfte auch bei Schweigen gelten. Allerdings kann die Zielsetzung, deretwegen die Firmengruppe das Softwareprodukt erwirbt, etwas über den geplanten Einsatzumfang aussagen.

(6)   Vergrößerung des Einsatzumfangs

Der Aufpreis, den der Kunde bei Vergrößerung des Einsatzumfangs zahlen muss, ist oft nicht ausreichend deutlich im ursprünglichen Projektvertrag geregelt.

Bildung des Aufpreises nach alter oder neuer Preispolitik: Es fragt sich, ob sich der Preis/Aufpreis nach dem richtet, was der Auftragnehmer bei Abschluss des ursprünglichen Vertrags vorgesehen hatte, oder nach seinen aktuellen Bedingungen. Beide Marktseiten gehen überwiegend davon aus, dass sich der Preis für den neuen Umfang nach den neuen Bedingungen richtet.

Berechnung des Aufpreises: Auch wenn der Aufpreis nach der neuen Preispolitik berechnet wird, fragt sich, was als Preis für den bisherigen Benutzungsumfang anzusetzen (= abzuziehen) ist, nämlich was der Kunde gezahlt hat oder was er nach neuer Preisbildung dafür zu zahlen gehabt hätte. Auszugehen ist von Ersterem. Wenn aber Pflege vereinbart ist, soll nach überwiegendem Verständnis der

Auftragnehmerseite zugunsten des Kunden berücksichtigt werden, dass er mit der Pflegepauschale die Weiterentwicklung bereits mitfinanziert hat.

Zulässiger Umfang der Erhöhung von Preisen: Die Kundenseite verzichtet häufig darauf, im ursprünglichen Projektvertrag die Bedingungen für die Vergrößerung des Benutzungsumfangs festzulegen, in der Erwartung, dass der Auftragnehmer mit Preiserhöhungen auf dem Boden des bisherigen Preisniveaus bleiben werde. Wird der Auftragnehmer bei diesen Verhandlungen auf das Thema angesprochen, erklärt er typischerweise, dass eine definitive Regelung wegen der schnellen Entwicklung des IT-Markts schwierig sei, er aber sowieso wegen der Konkurrenz kaum einen Spielraum nach oben habe. Eine gewisse Pflicht des Auftragnehmers zur Selbstbeschränkung ist also anzunehmen.

(7) Einsatzort

Der Einsatzort kann für die Bestimmung des Einsatzumfangs in Abhängigkeit vom Preis erheblich sein (Preis für Einsatz in einem Rechenzentrum, in einem Gebäude). Die Angabe eines Installationsorts im Vertrag dahingehend, dass die Software nur an einem bestimmten Ort eingesetzt werden darf, ist wie eine Regelung über eine bestimmte IT-Anlage zu behandeln: Sie hindert nicht daran, den Ort zu wechseln; das kann aber zu einem Aufpreis führen.

8.2.4 Bindung des Einsatzes an bestimmte Typen von IT-Anlagen

Der Gesichtspunkt der technischen Zuverlässigkeit bringt manche Anbieter dazu, den Einsatz ihrer Software auf bestimmte Systemplattformen zu beschränken.[29] Regelungen, die den Einsatz von Betriebsmitteln auf solche beschränken, auf die hin sie entwickelt worden sind und von deren problemloser Kompatibilität ihr Einsatz abhängt, sind verständlich und berechtigt.

8.2.5 Programmschutz

Der Anbieterseite geht es darum, dass Softwareprodukte und das in ihnen enthaltene Know-how nicht weitergehend genutzt werden, als es der Zielsetzung des Vertrags entspricht. Das kann erreicht werden

- durch eine genaue Beschreibung des Benutzungsrechts *[Kapitel 8.2.2 und 8.2.3]*,
- durch Know-how-Schutz, z.B. durch das Verbot, das Quellprogramm Dritten zur Kenntnis zu geben *[Kapitel 8.2.2.4]*,
- durch Maßnahmen organisatorischer und technischer Art.

---

29. Der Gesichtspunkt, den Absatz der eigenen Hardware zu fördern, brachte manche Hersteller dazu, den Einsatz ihrer Software an ihre Hardware zu binden; Letzteres wirkte sich hauptsächlich bei Ersatzbeschaffungen aus. Dieser Gesichtspunkt ist in den Hintergrund getreten. Die Regelungen waren als Standardregelungen, also als AGB, meist unwirksam *[Kapitel 1.1.4 (4)]*.

Nicht zum Programmschutz gehören Maßnahmen zur Durchsetzung von Zahlungsansprüchen, die im Vertrag bereits konkretisiert sind *[Kapitel 8.2.8]*.

Der Kunde ist grundsätzlich nicht verpflichtet, im Zusammenhang mit der Lieferung irgendeine Erklärung zum Programmschutz zu unterschreiben *[vgl. Kapitel 8.1 (6)]*.

Zulässigkeit technischer Maßnahmen des Auftragnehmers: Da Softwareprodukte einem hohen Missbrauchsrisiko ausgesetzt sind, ist der Auftragnehmer nach Treu und Glauben berechtigt, die ausgelieferten Kopien mit angemessenen Schutzmaßnahmen gegen missbräuchliche Verwendung zu versehen *[zur technischen Seite siehe Kapitel 5.6]*. Maßnahmen, die die Gebrauchsfähigkeit erheblich einschränken können, bedürfen der Zustimmung. Soweit keine Zustimmung des Kunden (ausdrücklich im Vertrag oder wenigstens nach Treu und Glauben) vorliegt, verletzt der Auftragnehmer den Vertrag. Auch unabhängig vom Verschulden des Auftragnehmers hat der Kunde einen Beseitigungsanspruch.

Der Auftragnehmer kann durch den Einbau technischer Schutzmaßnahmen eine unerlaubte Handlung oder sogar eine Straftat nach § 303a und/oder § 303b StGB begehen.

Der Versuch ist in beiden Fällen strafbar. Nach § 303a StGB ist das Löschen oder Unbrauchbarmachen von Daten strafbar. Programme sind als Daten anzusehen. Nach § 303b StGB wird – strenger – bestraft, wer erstens durch eine Tat nach § 303a StGB oder zweitens durch Unbrauchbarmachen oder Verändern einer Datenverarbeitungsanlage oder eines Datenträgers eine Datenverarbeitung stört, die für deren Betreiber von wesentlicher Bedeutung ist. Die IT-Anlage muss von einem Betrieb, einem Unternehmen oder einer Behörde eingesetzt werden (also fällt die IT-Anlage eines jugendlichen Spiele-Raubkopierers nicht in den Anwendungsbereich).

Schutz durch Dongles: Dieser ist in der Rechtsprechung für berechtigt gehalten worden, auch wenn deren Einsatz zu technischen Problemen führt.

Pflichten des Anwenders: *Zum Missbrauch durch Mitarbeiter zu deren Gunsten siehe www.zahrnt.de, Kapitel 8.2.5.*

Sicherungsmaßnahmen des Kunden: In Betracht kommen automatisch einige Pflichten des Kunden, weil Softwareprodukte regelmäßig als Betriebsgeheimnisse *[Kapitel 4.4]* anzusehen sind und missbräuchliche Nutzung so einfach ist. Zu den geschuldeten Organisationsmaßnahmen gehören zumindest:

- Belehrung der Mitarbeiter,
- Behandlung von Quellprogrammen und dazugehöriger Dokumentation wie eigene Betriebsgeheimnisse. Die Branche spricht häufig davon, dass Zugang nur auf der Basis »need to know« zulässig sein soll.

Kontrollpflichten des Kunden/»Lizenzmanagement«: Beispielhaft für das »Lizenzmanagement« ist die AGB-Klausel eines Anbieters, dass der Kunde, wenn die voraussichtliche Zahl der Benutzer der Software die Zahl der erworbenen »Lizenzen« übersteigt, angemessene (!) Mechanismen oder Verfahren bereithalten müsse, um sicherzustellen, dass die Zahl der Personen, die die Software gleichzeitig benutzen, nicht die Zahl der »Lizenzen« übersteigt.

Einiges an Kontrollaufwand ist dem Kunden zuzumuten. So hat er über Installationen (!) auf lokalen PCs Buch zu führen. Bei Einsatz eines Softwareprodukts in einem Netz stellt sich die Frage, warum der Auftragnehmer nicht die Kontrollmechanismen bereits einbaut. Wenn die Antwort lautet, dass das technisch zu schwierig ist, braucht der Kunde solche Maßnahmen grundsätzlich nicht zu treffen. Er müsste schon einfache Maßnahmen zur Hand haben. Bei großen Installationen mit mehreren Softwareprodukten kann die Pflicht bestehen, ein allgemein einsetzbares Metering-Werkzeug einzuführen.

Dekompilieren: § 69e UrhG erlaubt, Programme zu dekompilieren, um Schnittstellen zu ermitteln *[Kapitel 4.3.3.1]*. Zu anderen Zwecken wäre Dekompilieren nach § 69d Abs. 1 UrhG nur erlaubt, wenn das zur bestimmungsgemäßen Benutzung gehören würde. Das dürfte m.E. grundsätzlich zu verneinen sein. Der Kunde soll das Betriebsgeheimnis respektieren, solange es eines ist. Der Kunde hat mit dem Erwerb des Softwareprodukts als Objektprogramm darauf verzichtet, selbst Mängel im Softwareprodukt beseitigen oder es ändern zu können. Jetzt soll er sich diese Möglichkeit – falls es sie technisch wirklich gibt – nicht durch die Hintertür schaffen dürfen.

8.2.6   Überschreiten des vereinbarten Benutzungsumfangs

Innerhalb eines Vertragsverhältnisses hat der Auftragnehmer einen vertraglichen Zahlungsanspruch *[Kapitel 8.2.3 (6)]*. Es geht nicht um Haftung, sodass es auf Vertretenmüssen nicht ankommt.

Der Anspruch kann auch als Haftungsanspruch gesehen werden. Es kann davon ausgegangen werden, dass bei Softwareprodukten, die auf für den Kunden zentralen Systemen eingesetzt werden, ein Systemverantwortlicher eingeschaltet ist. Wenn dieser das Softwareprodukt mehr als vereinbart nutzen lässt, muss der Kunde sich das als vertragswidriges Handeln eines Erfüllungsgehilfen zurechnen lassen. Der Auftragnehmer hat einen Schadensersatzanspruch auf Zahlung gegen den Kunden.

Im Hinblick auf den Nachweis des Überschreitens stellt sich die Frage, ob der Auftragnehmer vom Kunden verlangen kann, dass er den Benutzungsumfang bei diesem vermessen kann. Das dürfte ohne entsprechende Vereinbarung nicht zulässig sein.

8.2.7 »Eigentumsvorbehalt«

Ein Eigentumsvorbehalt ist nach dem Urheberrecht auf der Grundlage nützlich, dass ein Originaldatenträger geliefert wird, der das Benutzungsrecht repräsentiert. Eigentum an der Software selbst gibt es nicht *[Kapitel 4.1 (1)]*. Der Übergang des Eigentums am Datenträger kann an die vollständige Bezahlung geknüpft werden. Der Kunde erhält bis dahin nur ein vorläufiges (schuldrechtliches) Benutzungsrecht.

8.2.8 Stoppbefehl/Programmsperren und Ähnliches

Es kommt vor, dass ein Auftragnehmer Zahlungsansprüche oder den Abschluss eines für ihn günstigen Pflegevertrags dadurch durchzusetzen trachtet, dass er von vornherein oder nachträglich etwas ins Programm einbaut, was dessen Einsatz beeinträchtigt, sei es eine Sperre beim Aufrufen, sei es ein plötzlicher Abbruch *[zu Sperren im Interesse des Programmschutzes siehe Kapitel 8.2.5]*.

Sperre: Wird sie ohne Vereinbarung eingebaut, ist das eine erhebliche Vertragsverletzung. Fraglich ist,

- ob angesichts der Schwere des Vertrauensbruchs der Kunde überhaupt noch eine Nachfristsetzung zum Entfernen der Sperre setzen muss oder ob er gleich vom Vertrag zurücktreten kann;
- in welchem Umfang der Kunde Schadensersatz verlangen kann.

Der Einbau einer Programmsperre kann auch eine Straftat nach § 303a oder § 303b StGB sein *[Kapitel 8.2.5]*.

Weniger einschneidende Maßnahmen: Nach Treu und Glauben sind solche vertretbar. Stark beeinträchtigende Maßnahmen müssen durch entsprechende Vereinbarungen abgesichert werden.

8.2.9 Besonderheiten bei Miete

Da § 69d Abs. 1 UrhG auf die bestimmungsgemäße Benutzung bzw. auf Vereinbarungen der Vertragspartner zum Benutzungsumfang abstellt, dürften bei Miete von Softwareprodukten nur geringe Unterschiede zum Kauf bestehen.

Benutzung zugunsten Dritter: Bei Mitbenutzung durch Dritte *[Kapitel 8.2.2.3 (2)]* ist kein Unterschied zu sehen. Die Weitergabe an einen Dritten ist unzulässig *[Kapitel 4.3.3.2]*.

Kenntnisgabe an Dritte: Es ist zu erwägen, die Kenntnisgabe des Quellprogramms aus schuldrechtlichen Gründen von vornherein für unzulässig zu halten.

Änderungen berühren (sinnvollerweise) nicht das Quellprogramm auf dem – vom Gesetzgeber erwarteten – Originaldatenträger. Dieser kann nach Mietende unverändert zurückgegeben werden, sodass kein Unterschied zu Kauf mit Pflege zu sehen ist *[vgl. Kapitel 8.2.2.2]*.

Einsatz auf anderen IT-Anlagen: Angesichts der gesetzlichen Pflicht des Vermieters, die Mietsache einsatzfähig zu halten, dürfte es noch stärker zur bestimmungsgemäßen Benutzung gehören, dass gemietete Softwareprodukte nur auf IT-Anlagen eingesetzt werden dürfen, für die sie freigegeben sind *[vgl. Kapitel 8.2.4]*.

8.3   Anpassungsprogrammierung und Projekte auf der Basis von Softwareprodukten

8.3.1   Anpassungsprogrammierung von Softwareprodukten

Anpassungsprogrammierung beinhaltet, dass das Softwareprodukt in der Quellsprache durch Programmierung modifiziert oder erweitert wird. Hier ist alles fließend:

▪ der Übergang zur Erstellung eines Individualprogramms, für das das Softwareprodukt nur als Ausgangsmaterial verwendet und wesentlich umgearbeitet wird *[zu solchen Projekten siehe Kapitel 9.7]*,
▪ der Übergang von Modifikationen zu Erweiterungen,
▪ der Übergang von Erweiterungen zu zusätzlichen Individualprogrammen.

Wenn der Vertrag nicht schon aufgrund der Unterstützungsleistungen ein Werklieferungsvertrag ist *[Kapitel 6.1 (2)]*, führt Anpassungsprogrammierung endgültig dazu.

(1)   Anpassungsprogrammierung als Teil einer Gesamtleistung

Zum Beginn der Verjährungsfrist bei einer Gesamtleistung siehe Kapitel 6.3.12 (2); zu weiteren Rechtsfragen bezüglich der Gesamtleistung, insbesondere zum Umfang des Rücktrittsrechts des Kunden siehe Kapitel 6.4.1.

Ansatzpunkt: Anpassungen sind meist von größter Bedeutung; sie bilden dementsprechend in der Regel zusammen mit dem Softwareprodukt eine Gesamtleistung, wenn sie bereits im Vertragsdokument benannt sind.

Getrennte Vertragsdokumente: Auch wenn von vornherein getrennte Vertragsdokumente unterzeichnet werden, dürfte das nichts daran ändern, dass die Leistungen rechtlich zusammenhängen *[vgl. Kapitel 6.4.1 (2)]*.

Unterlassene Aufklärung über Erforderlichkeit von Zusatzaufträgen und Gesamt-leistung: Hätte der Auftragnehmer vor Abschluss des Überlassungsvertrags die Anforderungen des Kunden gründlich untersucht, hätte er zumindest zum Teil erkannt, dass bestimmte Anpassungen erforderlich wären, und deren Realisierung angeboten. Sie wären dann wahrscheinlich von vornherein als Teil einer einheitlichen Leistung vereinbart worden. Unterlässt der Auftragnehmer die Beratung, muss er hinnehmen, dass solche erst nachträglich erkannten Anpassungen als Teil einer Gesamtleistung anzusehen sind. Die entscheidende Frage ist also, inwieweit eine Beratungspflicht besteht *[Kapitel 7.1]*.

Unentgeltliche Anpassungen: Wenn von vornherein Anpassungen vereinbart werden, ohne dass der Kaufpreis ausdrücklich erhöht wird, werden sie als Teil der Leistung ohne gesonderte Berechnung geschuldet. Unentgeltlich sind sie erst, wenn sie ausdrücklich als solche bezeichnet sind.

Bei echt unentgeltlichen Anpassungen *nach* Vertragsabschluss stellt sich die Frage, inwieweit sie mit der ursprünglichen Leistung eine Gesamtleistung bilden. Die Antworten der Rechtsprechung ergeben noch kein klares Bild.

Anpassungen als Teilleistungen: Wenn der Kunde in dem Fall, dass das Software-produkt alsbald installiert wird, schon mit der Einsatzvorbereitung beginnen, u.U. das Softwareprodukt sogar schon produktiv nutzen kann, bis die Anpassungen realisiert sind, ist zumindest stufenweise Lieferung gewollt *[siehe (7)]*. Fraglich ist, ob auch Teilleistungen gewollt sind. Die Rechtsprechung ist zurückhaltend *[Kapitel 6.2.3]*.

(2)   Insbesondere zeitlich auseinanderfallende Vereinbarungen

Anpassungsprogrammierung kann auf verschiedene Weise im Überlassungsvertrag oder erst später in Auftrag gegeben werden.

Wenn die Vertragspartner im Laufe der Einsatzvorbereitung und auch noch in der Benutzungsphase Anpassungen definieren, stellen sich die Fragen,

- ob das Scheitern eines Zusatzauftrags über weitere Anpassungen den Anwender berechtigt, auch vom Überlassungsvertrag und von bisherigen Zusatzaufträgen zurückzutreten;
- inwieweit sich Aufträge über weitere Anpassungen auf den Ablauf der Verjährungsfrist für Ansprüche wegen Sachmängeln in den Softwareprodukten und in früher beauftragten Anpassungen auswirken.

Aufträge von vornherein ausdrücklich einbezogen: Im Überlassungsvertrag kann vereinbart werden, dass die Anpassungen erst im Rahmen der Projektdurchführung ermittelt werden sollen. Die dann ermittelten und nachträglich beauftragten Anpassungen bilden eine Gesamtleistung mit dem Softwareprodukt, zu dem sie gehören. Auf der Basis ordnungsgemäßer Projektabwicklung sollte das nur für solche Anpassungen gelten, die die Vertragspartner alsbald in einer grundlegenden Phase der Definition des Bedarfs an Anpassungen ermittelt haben. Die Rechtsprechung bezieht tendenziell alle ein, die vor Beginn der produktiven Nutzung beauftragt worden sind.

Aufträge von vornherein nur erwartet: Auch wenn Aufträge im Überlassungsvertrag noch nicht angesprochen worden sind, können sie dennoch zur Gesamtleistung gehören. Eine unausgesprochene Einbeziehung in den Hauptvertrag liegt umso näher, je wahrscheinlicher die Vertragspartner Anpassungen für erforderlich gehalten haben. Anpassungen werden sinnvollerweise oft erst in der Einführungsphase definiert (nachdem die generelle Tauglichkeit der Softwareprodukte für diesen Kunden im Rahmen einer Voruntersuchung festgestellt worden ist). Voraussetzung für die Einbeziehung ist, dass die Vertragspartner über den Anpassungsbedarf als solchen gesprochen haben.

(3)   Benutzerdokumentation

Eine Benutzerdokumentation für die Anpassungen muss zumindest in dem Umfang geliefert werden, wie die Benutzer sie für deren Einsatz benötigen. Ungeklärt ist, ob diese Beschreibungen in die Benutzerdokumentation des betroffenen Softwareprodukts integriert werden müssen. Die Benutzerdokumentation für die Anpassungen ist spätestens zu liefern, wenn die Phase der Anpassungen abgeschlossen ist.

(4)   Lieferung des Quellprogramms und der systemtechnischen Dokumentation

Softwareprodukte brauchen wegen des Know-how-Schutzes nicht als Quellprogramme geliefert zu werden *[Kapitel 6.2.1 (1)]*; Individualprogramme sind als Quellprogramme zu liefern *[Kapitel 9.3.1 (1)]*. Es ist kein prinzipieller Grund zu sehen, warum für den Anwender erstellte Teile nicht wie Individualprogramme auch als Quellprogramme geliefert werden müssen.

Soweit Anpassungen in den Standard aufgenommen werden sollen, brauchen sie hingegen nicht als Quellprogramme geliefert zu werden (es sei denn, dass das Softwareprodukt selbst als Quellprogramm geliefert wird).

Erweiterungen und zusätzliche Individualprogramme: Sie sind dementsprechend auf jeden Fall dann als Quellprogramme zu liefern, wenn sie eigene Dateien verwenden. Nutzen sie die Datenstrukturen des Softwareprodukts, kommt wegen des Geheimhaltungsinteresses daran in Betracht, sie wie Modifikationen zu behandeln.

Modifikationen: Die Lieferung der einzelnen modifizierten Befehle oder Blöcke in der Quellsprache macht keinen Sinn. Hier muss gefragt werden, ob wegen des Umfangs der Modifikationen solche Teile des Softwareprodukts in Quellsprache geliefert werden müssen, die vom Kunden selbst gepflegt werden können.

Meines Erachtens gibt es ein wichtiges Abgrenzungskriterium für den Fall, dass der Auftragnehmer üblicherweise Vollpflege für das nicht modifizierte Softwareprodukt anbietet. Das Kriterium ist, ob das modifizierte Programm noch sinnvollerweise der Vollpflege unterliegen soll, d.h., ob die Anpassungen in weiterentwickelte Versionen des Softwareprodukts übertragen werden sollen *[Kapitel 12.4.1]*. Ist das der Fall oder vereinbaren die Parteien sogar die Übertragung, braucht das Quellprogramm nicht geliefert zu werden. Ist die Übertragung hingegen wirtschaftlich sinnlos oder vereinbarungsgemäß nicht vorgesehen, ist das ein Argument dafür, die Lieferpflicht zu bejahen.

Verwendung von Standardbausteinen: Wenn Anpassungen (auch) als Quellprogramme geliefert werden müssen, liegt es weniger als bei Individualprogrammen nahe, dass das auch für die darin verwendeten Bausteine gilt *[vgl. Kapitel 9.3.1 (1)]*. Denn der Kunde muss hier von vornherein mit der Verwendung von Standardbausteinen rechnen, die der Auftragnehmer typischerweise nicht als Quellprogramme liefern will (oft auch nicht gegen zusätzliche Vergütung).

Geheimhaltung bei Lieferpflicht: Muss der Auftragnehmer das Quellprogramm liefern, kann er seinerseits Geheimhaltung verlangen. Insbesondere geht es darum, dass der Kunde modifizierte Teile des Programms Konkurrenten des Auftragnehmers nicht zugänglich machen darf (fraglich bei Erweiterungen).

(5)   Rechte an Anpassungen

Bei der Verteilung der Nutzungsrechte an Anpassungen steht das Interesse des Auftragnehmers an seinem Softwareprodukt im Vordergrund, dass er an Anpassungen ausschließliche Nutzungsrechte behält und dem Kunden nur ein nicht ausschließliches Nutzungsrecht einräumt. Die Gesichtspunkte, die bei reiner Individualprogrammierung maßgeblich sind *[Kapitel 9.3.4]*, können hier ausnahmsweise bei zusätzlichen Individualprogrammen greifen. In allen anderen Fällen dominiert der Aspekt, dass der Auftragnehmer sich durch Anpassungen nicht in der Weiterentwicklung einschränken lassen will und auch nicht eingeschränkt werden soll. Branchenüblich geht das Verständnis dahin, dass der Kunde die Anpassungen für eigene Zwecke auf beliebig vielen IT-Anlagen einsetzen darf, wobei das kein Freibrief dafür ist, auch die zugrunde liegenden Softwareprodukte selbst mehrfach einzusetzen.

(6)   Behandlung von Anforderungen an Anpassungen

Auslegung solcher Anforderungen: Es besteht mindestens dasselbe Spektrum an Ungenauigkeit der Vorgaben im Vertragsdokument wie bei der Erstellung von Programmen *[Kapitel 9.1; zu mündlichen Vereinbarungen siehe Kapitel 6.3.1 (3.3)]*.
Zu dem Fall, dass die Vertragspartner kleinere Anpassungen ziemlich genau durchgesprochen haben und der Auftragnehmer wegen dieses gemeinsamen Ver-

ständnisses die Anforderungen nur schlagwortartig aufgeführt hat: Streiten sich die Vertragspartner in diesem Fall später über Details, ist zulasten des Auftragnehmers zu berücksichtigen, dass er seiner Verantwortung nicht gerecht geworden ist, die Details schriftlich niederzulegen. Der Kunde kann auf die Erfüllung der damals mündlich vereinbarten Anforderungen bestehen; dabei trägt der Auftragnehmer die Beweislast, wenn er bezweifelt, dass der Kunde die Anforderungen richtig wiederholt hat.

Zuständigkeit für die Spezifikation der Anpassungen: Der Auftragnehmer ist hier noch deutlicher als bei der Erstellung von Individualprogrammen zuständig *[vgl. Kapitel 9.1.2 (3)]*, weil er seine Produkte als Basis kennt und weil er die Anpassungen in deren Funktionalität und Konstruktion einfügen muss.

Maßstab: Bei der Spezifikation darf (und soll) der Auftragnehmer darauf achten, dass die Lösung in den Standard hineinpasst. Er darf aber nicht darauf abstellen, welche Ausgestaltung am besten allgemein (und damit als Teil eines erweiterten Standards) verwendbar (= vermarktbar) ist. Letzteres ist allerdings der Fall, wenn vereinbart wird, dass der Lieferant die Anpassungen in seinen Standard aufnehmen darf oder sogar soll (damit sie als Teil des Standards gepflegt werden). Das kann insbesondere darin zum Ausdruck kommen, dass vereinbart wird, dass der Kunde nur einen Teil der Kosten für die Anpassungen übernimmt.

Angesichts dessen, dass Individualsoftware bezogen auf die Menge an Programmcode sehr viel teurer als Standardsoftware ist, müsste der Kunde sehr viel zahlen, wenn so aufwendig wie Standardsoftware programmiert werden müsste. Da nicht anzunehmen ist, dass er dazu bereit ist, darf er nachträglich die Qualität von Standardsoftware nicht als Maßstab für die der Anpassungen nehmen. Allerdings muss das ergonomische Niveau im Wesentlichen dem der gelieferten Softwareprodukte entsprechen.

(7) Liefertermin

Ist kein Liefertermin vereinbart, muss der Auftragnehmer die Anpassungen nach § 271 BGB zügig, d.h. so schnell wie den Umständen nach angemessen, liefern. Als Umstand dürfte insbesondere zu berücksichtigen sein, wie dringend der Kunde die Anpassungen benötigt, um mit dem Softwareprodukt überhaupt arbeiten zu können *[vgl. Kapitel 9.2.4 (1)]*. Bei den weniger dringlichen ist zwischen solchen zu unterscheiden, die zu einem bestimmten späteren Zeitpunkt dringend benötigt werden, z.B. zum Jahresschluss, und solchen, die die Einsatzweise nur verbessern. Bei ersteren Anpassungen dürfte der Auftragnehmer zur Lieferung rechtzeitig vor Bedarf verpflichtet sein. Bei letzteren kommt in Betracht, dass der Auftragnehmer seine Kapazitätssituation berücksichtigen darf.

(8)   Anspruch auf Lieferung des ungeänderten Softwareprodukts

Der Kunde benötigt vorrangig das geänderte Softwareprodukt. Er hat aber auch Interesse am ungeänderten (wenn es nicht sowieso auf einem Originaldatenträger oder von vornherein mitgeliefert wird): Das generalisierte Softwareprodukt soll als künftiger Anwendungsvorrat zur Verfügung stehen *[Kapitel 8.3.1 (2)]*. Das ist ohnehin Voraussetzung für die Weitergabe des Softwareprodukts. Die Lieferpflicht ist zu bejahen.

(9)   Grenzen einer Pauschalpreisvereinbarung

Der Auftragnehmer kann sich auf die Störung der Geschäftsgrundlage *[Kapitel 3.6]* berufen, wenn der Aufwand den Festpreis in unzumutbarer Weise übersteigt *[vgl. Kapitel 9.3.3 bei der Erstellung von Programmen]*. Ursache kann neben der Fehleinschätzung des Umfangs der Programmierarbeiten auch ein Irrtum darüber sein, inwieweit der vorhandene Standard als Grundlage verwendet werden kann. An dieser Einschätzung ist der Anwender grundsätzlich nicht beteiligt; dieses Risiko geht also weitestgehend zulasten des Auftragnehmers.

Die Frage ist, wann die Grenze des zumutbaren Mehraufwands überschritten ist. Hier dürfte die Grenze erst bei einem größeren Missverhältnis als bei der Erstellung von Programmen liegen (der Kaufpreis für die Softwareprodukte ist auf der Einnahmenseite teilweise zu berücksichtigen).

Wird das Projekt abgebrochen, spricht weniger als bei der Erstellung von Programmen dafür, dass der Auftragnehmer Anspruch auf Vergütung der geleisteten Arbeit hat. Denn diese bezog sich wesentlich auf die Einfügung von Anpassungen in seine Softwareprodukte und ist daher für den Anwender (als weiterhin verwertbare Information) weniger wert.

(10)   Pflicht zur Vornahme von Anpassungen

Wenn im Zusammenhang mit dem Abschluss des Überlassungsvertrags nicht über Anpassungen gesprochen worden ist und diese auch nicht erwartet wurden *[siehe (2)]*, dürfte der Auftragnehmer nur sehr begrenzt verpflichtet sein, Aufträge über Anpassungen in der Installationsphase zu übernehmen *[zur Pflegephase siehe Kapitel 12.4.1 (4)]*. Die Pflicht dürfte umso eher bestehen, je dringender die Anpassungen für die Einsetzbarkeit des Softwareprodukts sind und je weniger die Pflege des Standards beeinträchtigt wird.

Die Lieferung des Quellprogramms dürfte die Pflicht dann ausschließen, wenn die Lieferung dem Kunden dazu gedient hat, selbst Anpassungen vornehmen zu können.

8.3.2   Projekte auf der Basis von Softwareprodukten

Es geht um Projekte, bei denen mithilfe von Softwareprodukten, die teilweise Werkzeugfunktionen enthalten (z. B. Datenbankverwaltungssysteme, Bürokommunikationssoftware), durch die Definition von Datenstrukturen und Abläufen schnell kundenspezifische Anwendungen geschaffen werden. Im Verhältnis zu Projekten, bei denen schwerpunktmäßig Software erstellt wird, wird hier viel Programm/Funktionalität in kurzer Zeit geschaffen. Das führt im Verhältnis zu Erstellungsprojekten zu folgenden Konsequenzen:

▨ Der Kunde muss schnell Entscheidungen treffen und Informationen liefern (es sei denn, dass der Terminplan Zeit lässt).

▨ Der Kunde muss intensiv testen.

- Istbeschaffenheit
  Die Mitarbeiter des Auftragnehmers machen Fehler. Vor allem aber haben die Vorprodukte Mängel und sind vielfach nicht auf ihr Zusammenwirken hin getestet; es kommen Inkompatibilitäten bei neuen Versionen dazu. Der Auftragnehmer könnte umfangreich testen; der Kunde will das aber nicht bezahlen. Außerdem ist es wegen des folgenden Punkts wichtig, dass die künftigen Benutzer viel testen.

- Zielbeschaffenheit
  Es wird nicht von Sollbeschaffenheit gesprochen, weil häufig plausiblerweise nicht alle Details im Vorhinein festgelegt werden. Das heißt, dass erst einmal eine Lösung geschaffen wird, die dem Kunden die Möglichkeit gibt, seine Anforderungen noch genauer zu spezifizieren. Diese Details können die künftigen Benutzer durch Testen der Lösung am besten ermitteln.

▨ Bei Softwareprodukten von Vorlieferanten kann die Haftung für Sachmängel des Auftragnehmers eingeschränkt sein *[Kapitel 8.4.1 (2)]*.

Einsatz neuer Versionen: Trotz des schnellen Projektfortschritts können auch solche Projekte so lange dauern, dass neue Versionen von eigenen oder von fremden Softwareprodukten während des Projekts freigegeben werden. Grundsätzlich gehört es bei Vereinbarung eines Festpreises bzw. festen Termins nicht zur Pflicht des Auftragnehmers, neue Versionen zu integrieren.

8.3.3   Insbesondere Gestaltung von Websites

Siehe www.zahrnt.de, Kapitel 8.4.3.

8.4   Spezielle Fragen zur Haftung für Sachmängel

8.4.1   Spezielle Probleme hinsichtlich der Anspruchsvoraussetzungen

(1)   Einschränkungen wegen der Natur von Software bei eigenen Softwareprodukten

Nach dem BGB reicht ein einziger Mangel für den Rücktritt aus, wenn er nicht unwesentlich ist *[zum gehäuften Auftreten von Mängeln in der Anlaufphase siehe Kapitel 6.3.5 (1)]*. Allerdings muss dem Auftragnehmer angemessen viel Zeit für die Mängelbeseitigung zugestanden werden. In der Praxis ist das Rücktrittsrecht manchmal unbefriedigend, weil der Kunde einen starken Hebel hat, einen Vertrag zu kippen, den er aus irgendwelchen anderen Gründen nicht mehr haben will. Er sollte dazu nur dann berechtigt sein, wenn ein vernünftiger Kunde vom Vertrag zurücktreten würde. Manche Gerichte stellen deswegen darauf ab, ob die Nutzbarkeit des Softwareprodukts insgesamt wesentlich eingeschränkt ist.

(2)   Insbesondere Mängel in fremden Softwareprodukten

Verwendet der Auftragnehmer Fremdprodukte als Betriebsmittel (Systemsoftware) oder Ergänzungen für seine eigenen Softwareprodukte, könnte der Kunde diese meist auch selbst beschaffen *[siehe auch Kapitel 8.2.3 (4)]*. Täte er das, hätte er das Problem, dass die Hersteller der Fremdprodukte keinen oder nur einen beschränkten Anspruch auf Beseitigung von Mängeln einräumen. Entsprechend dürfte der Fall zu behandeln sein, dass der Auftragnehmer fremde Softwareprodukte als Entwicklungsumgebung nutzt (deren Fehler auf die damit erstellten eigenen Softwareprodukte durchschlagen können).

Wie zuvor stellt sich die Frage, inwieweit das Rücktrittsrecht wegen Mängeln als eingeschränkt anzusehen ist. Für eine erhebliche Einschränkung spricht, dass der Auftragnehmer bei Gesamtrücktritt einen größeren Verlust erleidet (Umsatz für die eigene Software und für die – bei Projektverträgen meist umfangreichen – Unterstützungsleistungen). Für eine geringere Einschränkung spricht, dass der Auftragnehmer sich für das Zusammenwirken und damit für die fremde Software – unterschiedlich – stark macht, vor allem aber, dass er selbst teilweise die Möglichkeit hat, das Zusammenwirken aller Programme zu testen und die Auswirkungen von Mängeln des fremden Produkts durch Maßnahmen in seiner Software zu vermeiden.

Soweit Funktionen der Fremdprodukte, die der Kunde direkt nutzt, mangelhaft sind, hat der Auftragnehmer kaum die Möglichkeit, deren Mängel auszugleichen; das sollte der Kunde als unvermeidbar weitgehend hinnehmen müssen.

Soweit die Anwendungssoftware mit dem Fremdprodukt integriert ist, erklärt der Auftragnehmer, dass seine Software zusammen mit dem Fremdprodukt funktioniert (und nicht nur, dass seine Software ordnungsgemäße Schnittstellen zu dem Fremdprodukt hat). Damit erklärt der Auftragnehmer implizit, dass er das Zusammenwirken der Programme einigermaßen gründlich getestet habe. Dann sollten schwerwiegende Mängel dadurch entdeckt worden sein. Vom Auftragnehmer kann erwartet werden, dass er erhebliche Gebrauchsbeeinträchtigungen, die sich beim Zusammenwirken ergeben, in seiner Software, soweit mit zumutbarem Aufwand technisch möglich, ausgeglichen, umgangen oder vermieden hat bzw., wenn sie erst in der Zukunft auftreten, ausgleichen oder umgehen wird.

(3)   Pilotprojekte

Bei Pilotprojekten sind zwei Varianten zu unterscheiden.

Pilotentwicklungsprojekte: Das Softwareprodukt soll mit fachlicher Unterstützung des (künftigen) Kunden erst noch entwickelt werden. Der Kunde hat keinen Anspruch darauf, dass alle seine (möglicherweise individuellen) Anforderungen abgedeckt werden.

Piloteinsatzprojekte: Der Kunde ist der Erste oder einer der Ersten, der das Softwareprodukt einsetzt und mit dessen Unausgereiftheit konfrontiert wird. Das schränkt die Ansprüche wegen Mängeln nicht ein; der Kunde muss dem Auftragnehmer aber in größerem Umfang als bei einem normalen Projekt Zeit lassen, Mängel zu beseitigen.

(4)   Dem Auftragnehmer bei Übergabe bekannte Mängel

Es geht um den Fall, dass vor Herausgabe einer neuen Version »Redaktionsschluss« gemacht wird, d.h., dass danach erkannte Mängel nicht mehr in dieser Version beseitigt werden. Da das für ordnungsgemäßes Vorgehen nahezu unerlässlich ist, kann man nicht schon deswegen, weil der Auftragnehmer die Mängel verschwiegen hat, davon ausgehen, dass der Auftragnehmer den Mangel zu vertreten hat und also auf Schadensersatz haftet. Maßgeblich ist, mit welcher Wahrscheinlichkeit der Mangel bei dem Neukunden auftreten wird und welchen Schaden er zu verursachen droht. Bei hohem Risiko liegt Vertretenmüssen nahe.

(5)   Viren

Es liegt ein Sachmangel vor, wenn der Virus im Falle seiner Aktivierung die Benutzung wesentlich einschränkt. Die künftige Schädigung ist eine bereits drohende Gefahr.

8.4.2 Spezielle Fragen zur Sollbeschaffenheit

Ergänzend zu den *Kapiteln 6.3.2* bis *6.3.5* geht es hier um die Konstellation, dass der Kunde Anwendungssoftware unabhängig von IT-Anlagen (Hardware und Systemsoftware), die sie als Betriebsmittel benötigt, beschafft.

8.4.2.1 Funktionalität

Der Kunde hat Anspruch auf Funktionen für die Datensicherung. Sie brauchen nur insoweit durch die Anwendungssoftware zur Verfügung gestellt werden, wie die IT-Anlage gewisse Sicherungsfunktionen hat.

8.4.2.2 Leistungsverhalten und -bedarf

Der Kunde darf ein ordentliches Zeitverhalten des Softwareprodukts erwarten *[Kapitel 6.3.4]*. Dazu gehört, dass es entsprechend konstruiert worden ist.

Auf höherer Ebene stellt sich die Frage, inwieweit Programme, insbesondere Anwendungsprogramme, auf die IT-Anlage abgestimmt sein müssen, auf der sie eingesetzt werden sollen. Das ist weitgehend anzunehmen, wenn die Programme für den Einsatz auf dieser IT-Anlage hin entwickelt worden sind.

Wenn die Programme dahingehend konzipiert worden sind, dass sie auf unterschiedlichen Systemplattformen und damit in unterschiedlichen Systemsoftware-Umgebungen eingesetzt werden sollen, muss in Kauf genommen werden, dass die Programme auf die einzelnen Systemplattformen weniger gut ausgerichtet sind. Es geht aber nicht an, die Programme auf eine Systemplattform auszurichten und sie dann auf andere ohne Rücksicht auf deren Konzeption zu portieren.

Werden Zusicherungen zum Leistungsverhalten des Softwareprodukts auf einer bestimmten Konfiguration nicht eingehalten, kann der Kunde grundsätzlich nur die Kosten für die erforderliche Aufrüstung der IT-Anlage verlangen, wenn diese möglich ist, nicht aber die Programme zurückgeben und insgesamt Schadensersatz statt der Leistung verlangen.

8.4.2.3 Zusammenwirken, insbesondere Kompatibilität

Zum Zusammenwirken des Softwareprodukts mit den benötigten Betriebsmitteln stellen sich zwei Fragen:

- Welches sind diese Betriebsmittel, wenn diese nicht konkret vereinbart sind?
- Inwieweit ist der Auftragnehmer für Fehler in der Systemsoftware, die der Kunde beistellt und einsetzt, haftbar *[vgl. Kapitel 8.4.1 (2)]*?

Weitgefasste Prospektangaben: Es gibt Industriestandards mit erheblichen Varianten, z. B. bei UNIX als Betriebssystem oder bei SQL-Datenbanksystemen (trotz gewisser Normung). In Prospekten wird manchmal nur angegeben: »läuft auf UNIX«, obwohl die verschiedenen UNIX-Produkte verschiedene Dialekte beinhalten und dementsprechend differenzierte Schnittstellen des Softwareprodukts erfordern. Der Auftragnehmer wird sich wohl erfolgreich auf die Position zurückziehen können, dass er jeweils nur solche Produkte gemeint hat, die der Norm entsprechen (wobei sich das Problem mehrerer genormter Ausbaustufen ergeben kann).

Wenn in den Prospekten eine Reihe von Produkten aufgeführt wird, zu denen Kompatibilität bestehen soll, die erforderlichen Schnittstellen aber nur für einen Teil dieser Produkte realisiert sind, gilt: Wenn der Kunde erst einmal eines einsetzt, für das die Schnittstelle im erworbenen Softwareprodukt realisiert ist, hat er bei einem Wechsel später trotzdem Anspruch auf die dann benötigte, aber noch nicht realisierte Schnittstelle.

Mängel in der Systemsoftware: Das Thema stellt sich, auch wenn der Kunde die Systemsoftware, die die Software des Auftragnehmers benötigt, selbst beschafft (hat), in dem Fall, dass er keinen oder nur einen beschränkten Anspruch auf Mängelbeseitigung hat. Was nutzt es, wenn die Schnittstelle zwischen den Produkten funktioniert, das fremde aber mangelhaft ist und am Ende keine sinnvollen Ergebnisse erzielt werden? Die Situation ähnelt der der Koppelung bei zwei Lieferanten *[Kapitel 6.4.2]*, wobei aber nur der Auftragnehmer die Leistungen koppeln würde, indem er erklärt, dass seine Software zusammen mit der Systemsoftware ein funktionsfähiges System bilden würde. Es kann angemessen sein, dass der Auftragnehmer nicht nur Mängel in der Schnittstelle mit der Systemsoftware, sondern auch noch einige weitere in der fremden Systemsoftware ausgleichen/umgehen muss *[Kapitel 8.4.1 (2)]*. Ist das nicht möglich und ist die Gesamtlösung damit wirtschaftlich nicht sinnvoll einsetzbar, kann der Anwender vom Vertrag zurücktreten.

Insoweit der Kunde gegen den Lieferanten der Systemsoftware einen Anspruch auf Mängelbeseitigung hat (aus Haftung für Sachmängel oder aus Pflege), ist es seine Sache, diesen durchzusetzen.

8.4.3   Spezielle Fragen zu den Rechtsfolgen wegen Mängeln

Zur Pflicht, Mängel mitzuteilen, die bei anderen Anwendern aufgetreten sind, und Korrekturmaßnahmen bereitzustellen, siehe Kapitel 12.3.2 (1).

Ist Vollpflege üblich oder von vornherein konkret in Aussicht gestellt worden, muss die Beseitigung von Mängeln (bezüglich der Sollbeschaffenheit) innerhalb des Standards erfolgen, damit die Vollpflege nicht beeinträchtigt wird *[Kapitel 8.1 (5)]*.

(1)   Beseitigung von Mängeln durch Lieferung einer neuen Version

Der Auftragnehmer möchte möglichst nur eine Version pflegen *[vgl. Kapitel 12.1 (2) und 12.2.2]*. Wenn er deswegen, ohne dass ein Pflegevertrag besteht, eine weiterentwickelte Version liefert, um Mängel zu beseitigen, darf er dafür keine Vergütung verlangen (er dürfte aber neue Funktionen abschalten); ebensowenig dürfte er berechtigt sein, eine Vergütung für die erforderlichen Dienstleistungen für die Einführung der neuen Version zu verlangen. In diesem Fall braucht sich der Kunde nicht mehr Inkompatibilität als für die Mängelbeseitigung nötig aufdrängen zu lassen.

Ist hingegen Pflege vorgesehen, darf der Auftragnehmer bereits jetzt seine Pflicht durch die Lieferung einer Version mit so viel Inkompatibilität erfüllen, wie diese bei Pflege für den Kunden zumutbar ist. Meines Erachtens liegen Kosten vor, die sowieso (etwas später) anfallen würden und die deswegen der Kunde auch jetzt schon tragen muss.

(2)   Geschwindigkeit bei der Mängelbeseitigung/Angemessene Dauer der Nachfrist

Zum endgültigen Fehlschlagen der Mängelbeseitigung bzw. zur angemessenen Dauer der Nachfrist siehe allgemein Kapitel 6.3.8.

Mängel sind unverzüglich zu beseitigen. Was das bei Softwareprodukten heißt, hängt wie üblich von allen Umständen ab, und zwar zum einen von der Schwere des Mangels und vom Zeitbedarf für die Korrektur aus IT-technischer Sicht, zum anderen aber auch von der Organisation der Mängelbeseitigung. Mit Letzterer ist im Wesentlichen der Prozess der Erarbeitung von Korrekturversionen im Rahmen der Vollpflege gemeint *[Kapitel 12.1 (2)]*: Die Mängelbeseitigung aus der Haftung für Sachmängel gegenüber Neukunden ist nur ein geringer Ausschnitt aus der gesamten Aktivität des Auftragnehmers zur Mängelbeseitigung. Je mehr Kunden es gibt, desto mehr spricht dafür, die Beseitigung von Mängeln innerhalb von Korrekturversionen durchzuführen. Man stelle sich vor, dass verschiedene Kunden verschiedene Mängel korrigiert haben wollen und korrigiert bekommen. Wenn dann bei einem dieser Kunden ein neuer Mangel auftritt, kann es erforderlich werden, dessen spezifische Version im Labor zu untersuchen. Die Vielfalt der Versionen lässt sich nicht hinreichend überblicken und pflegen.

Es geht – auch aus Kundensicht – darum, bei schweren Mängeln bereits vorhandene (isolierbare) Korrekturmaßnahmen einzuspielen oder eine Umgehungslösung zu schaffen, in zweiter Linie auch darum, bei einem neuen Mangel unverzüglich eine Korrekturmaßnahme zu erarbeiten. Weniger schwere Mängel sollen in der nächsten Version beseitigt werden *[vgl. Kapitel 12.2.1 (1)]*. – Damit soll nicht überspielt werden, dass dringende Korrekturmaßnahmen oft lange verzögert werden.

(3)   Anspruch auf das Quellprogramm als Schadensersatz

Auch wenn die Mängelbeseitigung endgültig fehlschlägt, hat der Kunde häufig ein Interesse, das Softwareprodukt zu behalten. Hat er dieses als Quellprogramm erhalten, hat er die technische Basis, Mängel künftig selbst zu beseitigen. Hat er das nicht, fragt sich, ob er Anspruch auf Herausgabe des Quellprogramms als Schadensersatz hat, um die Möglichkeit zur Mängelbeseitigung zu bekommen. In der Praxis spielt dabei häufig eine Rolle, dass der Rücktritt sinnlos ist, weil der Auftragnehmer den Kaufpreis nicht zurückzahlen kann. Die Frage ist m.E. weitgehend zu verneinen *[Kapitel 12.3.3 (4)]*.

(4) Vollzug des Rücktritts

Werden Softwareprodukte nicht auf Originaldatenträgern oder mit Autorisierungsinstrumenten geliefert, ist die Rückgabe des Datenträgers, der nur dem Transport des Softwareprodukts zum Kunden gedient hatte, ein nahezu bedeutungsloser Akt. Dasselbe gilt für die vom Auftragnehmer auf eine Bibliothek der IT-Anlage überspielte Kopie. Der ordentliche Kunde hat zumindest noch eine Sicherungskopie und wahrscheinlich auch eine Kopie in den letzten Datensicherungen der Plattenbibliothek. Um das Softwareprodukt im Sinne einer Benutzungskopie *[Kapitel 4.3.3 (6)]* zurückzugeben, muss der Kunde sämtliche Kopien löschen. Meines Erachtens gehört deswegen zur Rückgabe des Softwareprodukts auch das Löschen aller Kopien und die Erklärung, das getan zu haben. Wer einen Inbegriff (= Gesamtheit) von Gegenständen herauszugeben hat, muss sogar eine eidesstattliche Versicherung abgeben, wenn Grund für die Annahme besteht, dass das Verzeichnis nicht mit der erforderlichen Sorgfalt aufgestellt worden ist. Ein Softwareprodukt, das in einer Vielzahl von Kopien beim Kunden verkörpert sein kann, ist einem Inbegriff von Gegenständen gleichzusetzen.

Ein gewisses Interesse an der Rückgabe von Handbüchern kann bestehen, insbesondere bei PC-Programmen, bei denen das Handbuch relativ wertvoll ist.

Wenn ein Originaldatenträger oder ein Autorisierungsinstrument geliefert worden ist, muss dieses zurückgegeben werden.

Zum Anspruch des Kunden auf Unterstützung beim Umstieg siehe Kapitel 6.5.1.

8.5 Sonstige Rechtsfragen

Zur Beschaffung mittels Datenfernübertragung siehe www.zahrnt.de, Kapitel 8.5.2.

Zu Verträgen über Open-Source-Software usw. siehe www.zahrnt.de, Kapitel 8.5.3.

8.5.1 Rechtsmängelhaftung

Die Haftung für Rechtsmängel deckt sich mit der für Sachmängel *[vgl. Kapitel 6.3 am Anfang; zum Umfang des Rücktritts bei Lieferung zusammen mit Hardware siehe Kapitel 6.4]*. Es ist allerdings noch ungeklärt, wie lange die Verjährungsfrist wegen Rechtsmängeln dauert. *Künftige Rechtsprechung wird in www.zahrnt.de, Kapitel 8.6.1 mitgeteilt werden.*

9 Erstellung von Programmen

Gegenstand und rechtliche Einordnung: Wenn ein Softwareprodukt wie eine Sache behandelt wird *[Kapitel 6.1 (1)]*, kann man ein Individualprogramm schlecht anders einordnen. Also bleibt nichts anderes übrig, als Verträge über die Erstellung von Programmen als Kaufverträge in der Variante des Werklieferungsvertrags einzustufen. Wird ein vorhandenes Programm geändert oder erweitert, liegt hingegen ein Werkvertrag vor.

Die Unterschiede zwischen den Vertragstypen sind in der Praxis gering. Im Wesentlichen geht es darum, dass nur der Werkvertrag die Abnahme (bestehend aus Abnahmeprüfung und -erklärung) vorsieht *[Kapitel 9.4 und 5.1.1 (2)]*. Ähnlich sieht das Recht des Kaufvertrags in der Variante des Werklieferungsvertrags die kaufmännische Untersuchungspflicht nach der Lieferung vor (allerdings eine Pflicht, nicht ein Recht des Kunden).

Weil die Unterschiede nicht groß sind und die Einordnung in der Rechtsprechung noch nicht geklärt ist, verwende ich im Folgenden den Begriff »Werk(lieferungs)vertrag«. Wer will, kann das als Werkvertrag lesen, wer will als Kaufvertrag in der Variante des Werklieferungsvertrags.

Die Auftragnehmerseite spricht häufig von »Dienstleistungsverträgen« und meint damit Dienstverträge. Die Auftragnehmerseite möchte die Abnahme und das Risiko vermeiden, dass ein »Erfolg« geschuldet werde und sie deswegen stärker haften würde. Das zusätzliche Risiko wird allerdings weit überschätzt *[Kapitel 5.1]*.

Weiterhin besteht das verbreitete Missverständnis, einen Festpreis mit einem Werk(lieferungs)vertrag und Vergütung nach Aufwand mit einem Dienstvertrag gleichzusetzen *[Kapitel 5.1]*.

Im Bereich der Programmierung kommen auch Arbeitnehmerüberlassungsverträge *[Kapitel 5.6 zur Abgrenzung]* und Dienstverträge in Betracht *[zu Verträgen über die Erstellung von Vorstufen zu Programmen siehe ergänzend Kapitel 5.3]*.

Die Abgrenzung zwischen Werk(lieferungs)vertrag und Dienstvertrag kann Schwierigkeiten bereiten *[siehe Kapitel 5.1, wo die Erstellung von Programmen in die Abgrenzung der Vertragstypen einbezogen wird]*.

Ist die Aufgabenstellung bei Programmerstellung zum Zeitpunkt des Abschlusses des Vertrags erst vage beschrieben, liegt deswegen noch nicht ein Dienstvertrag vor; es besteht dann ein vager Maßstab für das geschuldete Ergebnis, sodass unterschiedliche Ergebnisse vertragsgemäß sind. Die Behauptung (seitens IT-Fachleuten), dass ein Werk(lieferungs)vertrag nur dann vorliege, wenn die Leistungen »genau definiert« worden sind, ist überzogen.

> **Beispiel**
>
> Manche berühmte Persönlichkeit war schon mit dem Portrait, das sie bei einem modernen Künstler als Werkvertrag in Auftrag gegeben hatte, sehr unzufrieden.

Gibt der Kunde hingegen die Vorgaben Stück für Stück vor, dürfte eher gemeinsame Arbeit, also ein Dienstvertrag, vorliegen. Dienstverträge kommen am ehesten in Betracht, wenn die Vertragspartner das Programm in einem gemeinsamen Team entwickeln.

Bei einem Werk(lieferungs)vertrag ist der Auftragnehmer für die Gestaltung des Ergebnisses zuständig, z. B. entscheidet er, wenn nichts vereinbart ist, welche Entwicklungs- und Dokumentationsrichtlinien er sachgerechterweise anwendet. Bei einem Dienstvertrag muss er mit dem Kunden klären, welche Entwicklungs- und Dokumentationsrichtlinie das Team anwenden soll.

Wenn man einen Vertrag in der Praxis einordnen muss, sollte man vom Werk(lieferungs)vertrag ausgehen und fragen, ob dieser ausscheidet:

- Soll der Auftragnehmer ein Ergebnis abliefern, das er (!) erstellt hat? Bei gemeinsamer Arbeit liegt ein Dienstvertrag vor, weil der Auftragnehmer für das Ergebnis nicht alleine verantwortlich sein kann.
- Kann man ausnahmsweise dem Auftragnehmer trotzdem nicht zumuten, für das Erreichen des Ergebnisses zu haften?

Erforderliche lieferungs-**vom Anwendungsgebiet:** Welche Fachkenntnisse der Auftragnehmer haben muss, hängt vom Vertragsgegenstand ab. Wenn der Auftragnehmer von einer endgültig definierten Aufgabenstellung ausgehen darf, braucht er keine speziellen Fachkenntnisse zu haben.

9.1   Die Erstellungsphase: Konkretisierung der Aufgabenstellung

Je gröber die Aufgabenstellung abgefasst ist, desto weiter ist der Rahmen für die Lösung und desto größer ist die Zahl möglicher Realisierungen. Manche sind als vertragsgemäß einzustufen, manche als mangelhaft. Dementsprechend ist zu unterscheiden:

Die Sachmängelproblematik
Was kann der Kunde aufgrund der – grob definierten – Aufgabenstellung als geschuldete Verwendbarkeit erwarten? Welche Realisierungen muss er als tauglich hinnehmen, welche kann er also als mangelhaft ablehnen?

Die Festpreisproblematik
Nach welchen Grundsätzen ist die – grob definierte – Aufgabenstellung in ein Programm umzusetzen, wenn von vornherein ein Festpreis vereinbart worden ist? Wie verläuft der Konkretisierungsprozess? Wie viel Leistung muss der Auftragnehmer erbringen? Welche Einflussnahme des Kunden muss er sich gefallen lassen?

Die Sachmängelproblematik: Wenn nichts Spezifisches vereinbart ist, hat der Auftragnehmer nach der Rechtsprechung ein Programm zu liefern, das – ausgehend von der Darstellung der Aufgabenstellung im Vertrag hinsichtlich Qualität und Quantität – einen »mittleren Ausführungsstandard« hat. Dabei gibt es in der Praxis verschiedene Standards.

Die Festpreisproblematik: Der Kunde möchte nicht nur irgendeine taugliche Realisierung erhalten, sondern eine, die seinen spezifischen Anforderungen möglichst nahekommt. Bei Vergütung nach Aufwand ist der Auftragnehmer bereit, das zu liefern, was der Kunde haben will, soweit er die technische Verantwortung dafür tragen kann. Bei Vereinbarung eines Festpreises gibt es allerdings massive Interessengegensätze zwischen den Vertragspartnern.

Konstellationen in der Praxis: Es kommen verschiedene Konstellationen vor, je nachdem, wie grob die Aufgabenstellung im Vertrag abgefasst worden ist und wie sie konkretisiert werden soll. In Abbildung 9–1 sind die im Folgenden behandelten Konstellationen beispielhaft formuliert *[zur Erstellung auf der Grundlage von Rohlingssoftware siehe Kapitel 9.6]*:

Gemeinsame Konkretisierung
Die Vertragspartner wollen die Aufgabenstellung ausdrücklich noch gemeinsam verfeinern *[Kapitel 9.1.1]*. Der Kunde geht davon aus, dass die Aufgabenstellung noch nicht programmierreif beschrieben ist.

Angeblich definierte Aufgabenstellung
Der Kunde meint, die Aufgabenstellung bereits ausreichend definiert zu haben, und der Auftragnehmer stimmt dem zu *[Kapitel 9.1.2]*. Tendenziell denkt der Kunde, dass er nach Vertragsabschluss bei der Konkretisierung durch den Auftragnehmer noch erheblich mitzureden habe.

Erkennbar offene Aufgabenstellung
Aus dem geringen Detaillierungsgrad der Aufgabenstellung ergibt sich, dass sie noch stark konkretisiert werden muss. Häufig wird ergänzt *[was nach dem Stand der Technik ohnehin gilt, Kapitel 9.1.2 und 9.1.3 (1)]*, dass der Auftragnehmer eine Konkretisierung der Aufgabenstellung vorlegen und der

Kunde diese genehmigen soll. Tendenziell denkt der Kunde noch stärker als bei der vorher dargestellten Konstellation, dass er nach Vertragsabschluss bestimmen könne, wie zu konkretisieren sei.

Programmerstellungsvertrag

1.1 – 1.6 ... (einzelne Funktionen der Programme)

1.7   Die erforderlichen/Diverse/Geeignete Statistiken sind zu programmieren.
        (Die Adjektive sind verschiedenen Verträgen entnommen.)

2.   Die Vergütung ist ein Festpreis in Höhe von _____ Euro.

Konstellation: **Gemeinsame Konkretisierung**

Der Auftragnehmer wird in engster Zusammenarbeit mit dem Kunden eine fachliche Spezifikation erarbeiten und dem Kunden zur Genehmigung vorlegen. Die genehmigte Spezifikation ersetzt die bisherige Aufgabenstellung.

Konstellation: **Angeblich definierte Aufgabenstellung**

--------------- (keine weitere Regelung)

Konstellation: **Erkennbar offene Aufgabenstellung**

Der Auftragnehmer wird mit Unterstützung des Kunden ein Pflichtenheft erarbeiten und durch den Kunde genehmigen lassen.

Abb. 9–1   *Programmerstellungsvertrag*

9.1.1   Gemeinsame Konkretisierung der Aufgabenstellung bei Festpreis

Die Vertragspartner können vereinbaren, die Konkretisierung gemeinsam vorzunehmen. Die rechtliche Analyse muss dem gerecht werden, dass es hier nicht nur um die Detaillierung von etwas geht, was bereits im Vertrag festgelegt ist, sondern dass erhebliche Gestaltungsräume bestehen, die die Vertragspartner gemeinsam füllen wollen.[30]

Die Vertragspartner beschließen also, erst einmal zu diesem Zweck zusammenzuarbeiten. Wäre der Vertrag nur für die Dauer der Spezifikationsphase geschlossen worden, wäre er wahrscheinlich ein Dienstvertrag. Der Vertrag lässt sich schlecht als Vorvertrag einordnen, weil in Erfüllung dieses Vertrags schon erheblich gearbeitet und dafür gezahlt werden soll. Es liegt ein Werk(lieferungs)vertrag mit einer dienstvertraglichen Anfangsphase vor.

Die Vertragspartner sind sich zunächst nur über das Ansteuern dieses Zwischenziels sowie über die Vergütung für die Gesamtleistung einig. Sie müssen sich hinsichtlich dieses Zwischenziels zusammenraufen. Insofern nehmen sie von vornherein die Möglichkeit in Kauf, dass sie sich nicht einigen. Dass diese Einordnung richtig ist, zeigt die in der Praxis häufig verwendete Formulierung: »Die detaillierte Aufgabenstellung wird gemeinsam erarbeitet und wird dann Vertrags-

---

30. Da die Vertragspartner gemeinsam arbeiten, kann § 315 oder § 316 BGB (= der Auftragnehmer kann seine Leistung nach Treu und Glauben bestimmen) auch nicht analog angewendet werden.

bestandteil.« Einigen sich die Vertragspartner nicht, entfällt der Vertrag mit Wirkung für die Zukunft. Dieser Zeitpunkt kann bei enger Zusammenarbeit jederzeit eintreten, nicht erst mit der Vorlage der vollständigen Spezifikation.

Die Vertragspartner sind verpflichtet, sich um Einigung zu bemühen. Die Einhaltung dieser Verpflichtung lässt sich nicht exakt beurteilen. Maßstab dürfte entsprechend § 162 BGB sein, dass ein Vertragspartner den Vertrag verletzt, wenn er den Eintritt der Einigung gegen Treu und Glauben verhindert, d.h., wenn der Kunde zu viel verlangt bzw. der Auftragnehmer zu wenig Realisierung abliefern will. Für die anschließende Realisierung ist die Spezifikation die verbindliche Vorgabe.

Vorlage der Spezifikation als Dokument: Es ergibt sich bereits aus der Zielsetzung der Zusammenarbeit, dass die Spezifikation schriftlich zu erstellen ist. Dabei schuldet der Auftragnehmer dieses Dokument nicht als Ergebnis, sondern übernimmt nur die Funktion des Formulierungs- und Schreibdienstes für die gemeinsam erarbeiteten Ergebnisse *[vgl. Kapitel 5.3].*

Behandlung von zusätzlichen Anforderungen: Wann ist eine Anforderung, die der Kunde bei der gemeinsamen Spezifikation stellt, eine zusätzliche Anforderung, deren Realisierung durch den Festpreis nicht abgedeckt ist? Das ist der Fall, wenn eine Anforderung vom Auftragnehmer als über Treu und Glauben hinausgehend zurückgewiesen werden kann, insbesondere weil sie nicht in der ursprünglichen Zielvorstellung liegt. Wenn in der Aufgabenstellung ausdrücklich darauf hingewiesen worden ist, dass ein Punkt noch offen sei, kann kaum von einer zusätzlichen Anforderung gesprochen werden *[vgl. Kapitel 9.1.2 (5.3)].* Eine Ablehnung kann aber auch dann berechtigt sein, wenn der Kunde bei jedem Punkt mit seinen Wünschen bis an die Grenze von Treu und Glauben geht und damit kein gegenseitiges Geben und Nehmen mehr vorliegt.

Hier dürften die Vertragspartner *[anders als bei Konkretisierung durch den Auftragnehmer, Kapitel 9.1.2 (4)]* davon ausgehen, dass (gemeinsame) Festlegungen im Prozess des gegenseitigen Gebens und Nehmens endgültig sein sollen. Der Auftragnehmer dürfte jeweils (nur) eine kurze Überlegungsfrist haben, ob er Gegenforderungen geltend machen will *[Kapitel 9.2.2 (2)].* Wenn er das tut und der Kunde die betreffende Anforderung daraufhin zurückschraubt, dürfte jede Seite ihren Aufwand für die erneute Konkretisierung selbst zu tragen haben. Denn solche Wiederholungen gehören zum Risiko dieser Vorgehensweise.

Auch der Faktor Zeit stellt ein solches Risiko dar: Der Auftragnehmer muss mit solchen Wiederholungen rechnen und muss sie im Rahmen des Üblichen in einen verbindlichen Terminplan einkalkulieren.

Vergütung bei Scheitern der Zusammenarbeit: Wenn die Vertragspartner während der Konkretisierung auseinandergehen, ohne dass eine Seite sich auf treuwidriges Verhalten der anderen berufen kann, steht dem Auftragnehmer m.E. ein dem geleisteten Teil der Arbeit entsprechender Anteil an der Vergütung zu.

9.1.2   Konkretisierung einer groben Aufgabenstellung bei Festpreis

Wie in Abbildung 9–1 *[Kapitel 9.1]* in der Konstellation »Erkennbar offene Aufgabenstellung formuliert, soll der Auftragnehmer die Aufgabenstellung in einem Dokument konkretisieren und der Kunde dieses genehmigen. Die Konstellation »Angeblich definierte Aufgabenstellung« läuft genauso, weil die beiden Schritte gemäß Rechtsprechung ebenfalls durchzuführen sind; das Konfliktpotenzial ist allerdings größer.

(1)   Problemstellung

Es treten vor allem vier Probleme bei der Konkretisierung der Aufgabenstellung auf:

- Die Aufgabenstellung drückt teilweise nicht das aus, was der Kunde formulieren wollte oder was er wirklich benötigt. Teilweise ist das aufwandsneutral und wird später in der Spezifikation korrekt ausgedrückt. Teilweise ist es das nicht *[Kapitel 9.2.2]*.
- Es bestehen auch bei deutlich formulierten generellen Zielen erhebliche Gestaltungsspielräume; oft ist konzeptionelle Arbeit sogar gewollt: Es geht nicht um eine 1:1-Übernahme von Aufgaben in die IT-gestützte Erledigung, sondern (erst einmal) um die Erarbeitung eines Sollkonzepts als Grundlage für die IT-gestützte Erledigung und für die Verbesserung des betrieblichen Informationssystems.
- Je gröber eine Anforderung im Vertrag angegeben ist, desto mehr Spielraum besteht bei der Auslegung. Der Kunde legt sie weit aus: Er wünscht aus der Sicht des Auftragnehmers ein Programm, das alle Anforderungen seines Betriebes vollständig, mit hoher Benutzerfreundlichkeit und mit gutem Leistungsverhalten abdeckt; dabei lernt der Kunde im Laufe der Konkretisierung, was er alles programmgestützt machen kann. Der Auftragnehmer wolle hingegen aus der Sicht des Kunden etwas liefern, was »IT zu Fuß« sei.
- Die Aufgabenstellung hat eine Lücke, die geschlossen werden muss, sei es, damit das Programm überhaupt sachgemäß eingesetzt werden kann, oder sei es, damit es das tut/unterstützt, was der Kunde sich vorstellt.

Hat der Kunde die Aufgabenstellung formuliert, kann der Auftragnehmer einen Vorschlag zur Realisierungsweise, also einen Lösungsvorschlag, in sein Angebot aufnehmen (schon um sich als geeigneter Auftragnehmer darzustellen). Damit wird das Angebot zu einem wichtigen Hilfsmittel bei der Ermittlung des geschuldeten Ergebnisses *[vgl. Kapitel 2.3.2]*.

(2) Maßstab für die Konkretisierung bei Anwendungsprogrammen

Das Programm soll die spezifischen Anforderungen des Kunden abdecken. Diese Anforderungen ergeben sich aus dem spezifischen Betrieb/dem spezifischen Prozess des Kunden. Der Betrieb ist historisch gewachsen und hat ein nur schwer festzumachendes Geflecht formeller und informeller Regeln, die nunmehr formalisiert werden sollen. Wäre die Situation nicht so spezifisch, könnte der Kunde sich ja ein kostengünstiges Softwareprodukt beschaffen.

Das bedeutet, dass die spezifische Situation des Kunden ermittelt werden muss, damit sie im Programm abgebildet werden kann. Es bleibt ein erheblicher Spielraum hinsichtlich des Automatisierungsgrades, der zusätzlichen Anforderungen, insbesondere in Bezug auf die Verbesserung des betrieblichen Informationssystems, und der Benutzerfreundlichkeit. Die Spezifikation ist so zu erstellen, dass ihre Umsetzung ein Programm »in einem mittleren Ausführungsstandard« (BGH) ergibt *[Kapitel 9.1.6 (1)]*. Das Ergebnis darf aber nicht hinter dem Stand der Technik zurückbleiben.

(3) Zuständigkeit für die Konkretisierung

Grundsätzlich ist es Sache des Auftragnehmers, das Ergebnis auf der Grundlage der Aufgabenstellung im Vertrag zu gestalten. Er ist also für die Istanalyse und für das Ausfüllen der Gestaltungsspielräume verantwortlich. Dabei muss er die Maßstäbe nach (2) beachten und sich mit dem Kunden abstimmen. Letzteres gilt insbesondere für die Benutzeroberfläche, d.h. die Gestaltung der Bildschirmmasken und der Listbilder für Ausdrucke (das ist relativ aufwandsneutral).

Der Kunde hat die Aufgabe, Informationen zu liefern *[Kapitel 9.1.4]*. Das heißt nicht, dass er bestimmen darf, was der Auftragnehmer zu tun hat. Der Gestaltungsspielraum des Auftragnehmers *kann* allerdings so gering sein, dass Informationen nur die verbindlichen Vorgaben widerspiegeln.

Beispiel

Vorgabe, wie ein rechnungsspezifischer Rabatt zu ermitteln ist.

(4) Durchführung und Dokumentation der Konkretisierung

Durchführung: Die Konkretisierung ist entsprechend dem Stand der Technik im Normalfall in einer Phase für die gesamte Aufgabenstellung durchzuführen *[zur Genauigkeit der Spezifikation vgl. Kapitel 9.1.3 (3)]*. Bei großen Projekten kann es sachgerecht sein, erst einmal nur eine mittelfeine Spezifikation insgesamt zu erstellen und diese dann jeweils vor der Realisierung der einzelnen Programmbereiche endgültig zu konkretisieren.

Vorlage einer schriftlichen Spezifikation: Diese gehört zum Stand der Technik. Legt der Auftragnehmer keine schriftliche Spezifikation vor, kann der Kunde auf der Vorlage eines Dokuments bestehen und ablehnen, das trotzdem erstellte Programm installieren zu lassen. – Weil die Spezifikation als Maßstab für die Vertragsgemäßheit des Programms so wichtig ist, kann der Kunde sie anfangs immer noch fordern, selbst wenn er die Installation zugelassen hat. Einen Verzicht auf dieses Recht sollte man erst dann annehmen, wenn der Kunde erklärt, was aus seiner Sicht am Programm noch zu ändern und zu ergänzen sei, um ein vertragsgemäßes Programm zu schaffen *[zur Nachfristsetzung siehe Kapitel 9.2.4 (3)]*.

Behandlung von zusätzlichen Anforderungen: Der Kunde kann – in der Regel durch seine Mitarbeiter, die Informationen geben sollen – unbewusst oder bewusst Wünsche äußern, die Änderungen oder Zusätze beinhalten und zu Mehraufwand führen.

Das kann nur dann als Auftrag angesehen werden, wenn sich der entsprechende Wille eindeutig aus dem Zusammenhang ergibt. Typischerweise sind diejenigen Mitarbeiter, die im Rahmen ihrer Befragung durch den Auftragnehmer Anforderungen aus ihrer Sicht schildern, sich des Auftragsumfangs aber nicht bewusst (sie sollen Informationen und aus ihrer Sicht Wünsche liefern) *[Kapitel 9.1.4]*.

Konkretisiert der Auftragnehmer die Aufgabenstellung umfangreicher als geschuldet, kann sich später herausstellen, dass die Lösung aufwendiger als geplant wird. Wenn der Kunde dann auf die teurere Variante verzichtet, müssen Teile der Spezifikation wahrscheinlich überarbeitet werden. Es fragt sich, wer diesen Aufwand trägt. Der Kunde ist zwar Auslöser für den Mehraufwand. Der Auftragnehmer ist aber für die Konkretisierung verantwortlich und musste sie lenken. Meines Erachtens ist folgendermaßen zu differenzieren: Sollten die Mitarbeiter des Kunden Informationen darüber geben, was sie brauchen würden, und hat der Auftragnehmer diese (im Hinblick auf die geschuldete Leistung) unkritisch verarbeitet, dürfte er das auf sein eigenes Risiko getan haben. Andersherum liegt es, wenn der Kunde über seinen Projektleiter Anforderungen vorgegeben hat.

Prototyping: Es gehört zum Stand der Technik, die Konkretisierung zur Genehmigung vorzulegen, wobei sie z.T. im Prototyp verkörpert sein kann. Es kann aber auch vereinbart sein, den Prototyp Stück für Stück zu entwickeln, indem immer wieder ein Teil der Aufgabenstellung konkretisiert und umgesetzt wird. Dann dürfte eher ein Dienstvertrag (und kaum ein Festpreisauftrag!) vorliegen.

(5)   Auslegung der Aufgabenstellung im Einzelnen

Es geht um die unter (1) aufgeworfenen Probleme, dass die Aufgabenstellung in kostenträchtiger Weise für den Kunden unpassend, vage oder lückenhaft formuliert sein kann. Die Frage lautet, inwieweit der Festpreis den sich daraus ergebenden Mehraufwand abdeckt. Wovon muss und darf der Auftragnehmer bei der Preisfindung ausgehen?

> **Beispiel zur Fakturierung**
>
> Wird über den Zeitpunkt der Rechnungsstellung nichts angegeben, muss Fakturierung zu jedem Zeitpunkt möglich sein, also vor, bei und nach Lieferung. – Dafür, ob bei Fakturierung bei Lieferung der Lieferschein entfallen soll, gibt es keine Regel.

(5.1)   Formulierung der Aufgabenstellung durch den Kunden

In diesem Fall rechnet der Auftragnehmer damit, dass der Kunde die eigene Situation unvollständig und in seiner betrieblichen Begriffswelt beschrieben hat. Der Auftragnehmer weiß, dass er *nach* Vertragsabschluss die wirklichen Anforderungen ermitteln und im Programm realisieren muss (im Interesse des Projekterfolgs und rechtlich unbeschadet von Gegenansprüchen). *Bei* Vertragsabschluss ist aber nicht klar, was der Auftragnehmer der Findung des Festpreises zugrunde legen soll. Wenn der Kunde seine Formulierung zum Vertragsgegenstand machen will, muss sie auch für die Preisfindung maßgeblich sein. Der Auftragnehmer müsste sonst vor Vertragsabschluss beim Kunden detailliert ermitteln, was dieser mit seinen Formulierungen wirklich meinen würde. Er müsste vor Vertragsabschluss erhebliche Teile der Spezifikation erarbeiten, die doch erst in Ausführung der vertraglichen Pflichten gegen Vergütung erarbeitet werden soll. – Der Auftragnehmer könnte auch einen plausiblen, also sehr hohen Risikozuschlag einkalkulieren. Wenn darüber verhandelt werden würde, wäre der Kunde wohl empört: Der Auftragnehmer solle das realisieren, was in der Aufgabenstellung stehe und nicht mehr. – In diesem Sinne darf die Aufgabenstellung dann ausgelegt werden!

Andererseits wird der Auftragnehmer als Fachfirma hinzugezogen. Der Kunde erwartet vom Auftragnehmer, dass dieser erkennt, wo er den Aufwand schlecht abschätzen kann. Es liegt nach Treu und Glauben nahe, dass der Auftragnehmer in seinem Angebot entweder grundsätzlich klarstellt, dass er bei der Preisfindung genau vom Wortlaut der Aufgabenstellung ausgegangen ist oder dass er punktuell Annahmen zu seiner Preisfindung erklärt. Schweigen des Auftragnehmers kann also ausnahmsweise einen vorweggenommenen Verzicht auf Vergütung des Mehraufwands bedeuten, wenn sich die wirkliche Aufgabenstellung herausschält.

Kunde ist Laie: Einem solchen Kunden ist gar nicht oder nicht ausreichend bewusst, wie schlecht sich seine Formulierung zur Preisfindung eignet. Hier liegt es näher, das Schweigen des Auftragnehmers als Verzicht auf Nachforderungen zu behandeln.

Auslegung von Begriffen: Die Aufgabenstellung soll in der Regel Anwenderanforderungen wiedergeben. Dementsprechend sind Begriffe für die Preisfindung so auszulegen, wie Anwender sie üblicherweise verstehen, und nicht danach, was IT-Fachleute sich vorstellen. Bei der Auslegung ist der Gesamtzusammenhang des Vorhabens zu berücksichtigen.

Manche Begriffe verweisen auf die betriebliche Situation des Kunden. Wenn dieser formuliert, dass bestimmte Daten »rechtzeitig« zur Verfügung gestellt werden müssen, heißt das, dass sie entsprechend den betrieblichen Anforderungen zeitgerecht zur Verfügung zu stellen sind. Der Auftragnehmer trägt also das Risiko, wenn er sich die Beschreibung nicht vor Vertragsabschluss präzisieren lässt bzw. nicht seinerseits in seinem Angebot (Lösungsvorschlag) formuliert, was er unter »rechtzeitig« versteht.

Sind Begriffe erkennbar unterschiedlich verwendet, trägt der Auftragnehmer die Folgen, wenn er nicht Klärung verlangt.

Auslegung einer Anforderung unter dem Gesichtspunkt ihres Leistungsbedarfs: Es kommt vor, dass der Kunde eine Anforderung nachträglich in einer Weise konkretisiert, dass sie einen hohen Leistungsbedarf an die IT-Anlage stellt. Die Leistungsfähigkeit der bereits vorhandenen oder parallel bei einem Dritten bestellten IT-Anlage kann dafür sprechen, dass nicht diese Konkretisierung vertragsgemäß ist, sondern eine solche, die weniger Kapazität fordert (und zugleich auch mit geringerem Aufwand umgesetzt werden kann). Wenn die IT-Anlage parallel beim Auftragnehmer bestellt wird, kann der Kunde hingegen argumentieren, dass sie bei hohem Kapazitätsbedarf ausreichend leistungsfähig sein müsse.

(5.2)   Formulierung der Aufgabenstellung durch den Auftragnehmer

Es geht um die Konstellation, dass der Auftragnehmer die Aufgabenstellung vor Vertragsabschluss nur umreißen sollte/wollte, damit er einen Festpreis nennen konnte. Der Kunde hatte dafür seine Anforderungen also nur mündlich, d.h. meist schlechter als bei schriftlicher Darstellung *[siehe (5.1)]*, mitgeteilt. Der Auftragnehmer wusste, dass die Aufgabenstellung letztlich komplizierter sein würde. Er konnte aber höchstens ansatzweise abschätzen, wo die Aufgabenstellung ihm zu einfach geschildert worden ist. Die Ausführungen zu (5.1) gelten entsprechend. Allerdings darf der Kunde davon ausgehen, dass der Auftragnehmer alle Begriffe so verwendet hat, wie das in seinem Betrieb geschieht, bzw. dass bei nicht einheitlicher Praxis diese nunmehr einheitlich wie definiert verwendet werden.

(5.3)   Lücken in der Aufgabenstellung

Weitgehend unabhängig davon, wer die Aufgabenstellung formuliert hat, gilt: Ein Festpreis deckt alle Leistungen ab, die zur Herstellung des in der Aufgabenstellung beschriebenen Programms erforderlich sind. Dafür wird ein Preis vereinbart, der von dem Leistungsumfang, der tatsächlich zur Herstellung erforderlich wird, rechtlich weitgehend unabhängig ist. Der Auftragnehmer übernimmt diejenigen Risiken, die man als Ausführungsrisiko zusammenfassen kann *[zu den Grenzen siehe Kapitel 9.3.3]*.

Ausdrückliche Lücke in der Aufgabenstellung: Weitgehend unabhängig davon, wer die Aufgabenstellung formuliert hat, geht es hier darum, dass in dieser eine Funktion oder ein Datenbestand mit dem Hinweis angesprochen worden ist, dass diese bzw. dieser noch unvollständig sei. Der Sache nach geht es um den Hinweis, dass dieser Teil deutlich weniger als die übrige Aufgabenstellung konkretisiert ist.

> **Beispiel**
> »Die erforderlichen Daten müssen noch ermittelt werden.«

Meines Erachtens bedeutet das vom Ansatz her, dass der Auftragnehmer nicht vom »Normalen« ausgehen darf, sondern mit einer spezifischen Situation rechnen muss (typischerweise mit einer komplexen und unklaren, weil der Kunde sonst seine »Hausaufgaben« wahrscheinlich besser erledigt hätte). Das entspricht m. E. der in (5.1) bzw. (5.2) zur Verwendung von Begriffen dargestellten Rechtslage: Der Auftragnehmer ist selbst schuld, wenn er sich bei einer solch riskanten »Definition« auf einen Festpreis einlässt, ohne den Umfang der zu füllenden Lücke einzugrenzen.

Erkennbar unvollständig definierte Einzelforderung: Die Aufgabenstellung kann in dem Sinne formal lückenhaft sein, dass Selbstverständlichkeiten bezüglich der gewöhnlichen Verwendbarkeit fortgelassen worden sind. Es gibt aber auch die Fälle, in denen etwas Wichtiges nicht aufgeführt worden ist, auf das es nach der erkennbaren Absicht des Kunden in dessen Situation ankommt.

> **Beispiele für unvollständige Anforderungen**
> Bei einem Projekt über Prozessdatenverarbeitung heißt es: »Zulässiger Ausschuss: 5 Stück.« Bezogen auf welche Losgröße: die Gutmenge oder die Gutmenge plus dem Ausschuss?
> *Siehe Kapitel 6.3.4 zu fehlenden Angaben zu einer Dimension.*

Ansatzweise kann man die Anforderung im Wege der ergänzenden Vertragsauslegung erschließen: Kunden haben in der Regel hohe Anforderungen (auch wenn sie bei einem Festpreis nur Anspruch auf einen mittleren Ausführungsstandard haben). Es bleibt aber häufig eine Spanne sachgerechter Konkretisierungen. Dann dürfte vom Ansatz her gelten, dass derjenige, der die Formulierung abgefasst hat, Unklarheiten zu seinen Lasten hinnehmen muss. Der Auftragnehmer dürfte aber, wenn er als Fachmann das Problem erkennt, weitgehend zu einem Hinweis vor Vertragsabschluss verpflichtet sein.

Nicht erkennbare Lücke: Zu berücksichtigen ist, dass bei funktionalen Aufgabenbeschreibungen sich manche Anforderung aus deren Zusammenhang ergeben kann, insbesondere dass eine nicht aufgeführte Funktion zwingend vorhanden sein muss, damit eine beschriebene genutzt werden kann. Außerdem gehört auch zur geschuldeten Leistung, was als gewöhnliche Verwendbarkeit selbstverständlich ist *[vgl. Kapitel 6.3.1 (1)]*.

> **Beispiel**
>
> Elementare Plausibilitätskontrollen; Vermeidung eines negativen physischen Lagerbestandes, sofern nicht ausdrücklich vom Kunden vorgesehen.

Darüber hinaus kann dem Kunden nur die ergänzende Vertragsauslegung ausnahmsweise helfen: Wäre die Anforderung ohne Änderung des Preises (und des Termins) in den Vertrag aufgenommen worden, wenn die Vertragspartner sie angesprochen hätten?

(5.4)   Änderungen in vorhandenen Programmen

Damit das zu erstellende Programm in das Gesamtsystem des Kunden integriert werden kann, kann sich während der Vertragsdurchführung herausstellen, dass es erforderlich ist, beim Kunden vorhandene Programme zu ändern. Das kann sich auf die Übergabe von Daten an das zu erstellende Programm oder auf die Übernahme von Daten aus diesem beziehen. Das kann aber auch Eingriffe in die Verarbeitungslogik anderer Programme erfordern.

   Der Auftragnehmer kann überhaupt nur verlangen, dass Änderungen (gleich von wem) durchgeführt werden, wenn sie für den Kunden zumutbar sind. Das heißt vor allem, dass sie bei vernünftiger Vorgehensweise in den Programmen des Kunden vorgenommen werden. Änderungen in fremden (im Quellcode vorhandenen) Softwareprodukten, für die Vollpflege mit anderen Lieferanten vereinbart ist, dürften kaum zumutbar sein. Der Umstand, dass dadurch aufwendige Maßnahmen in dem zu erstellenden Programm vermieden werden können, hat nur einen geringen Stellenwert,

   Der Auftragnehmer trägt bei einem Festpreis auf jeden Fall die Kosten. Dann ist die Frage, inwieweit der Auftragnehmer berechtigt ist, die Änderungen selbst vorzunehmen. Die anderen Programme können von demselben Auftragnehmer erstellt worden sein, aber auch vom Kunden selbst oder von Dritten. Der Kunde kann selbst über IT-Fachleute verfügen, die die anderen Programme abändern könnten; er kann aber auch Laie sein. Weiterhin kann für die Entwicklungsumgebung einer der folgenden drei Umstände zutreffen: Sie kann mit derjenigen identisch sein, mit der der Auftragnehmer arbeitet; sie kann sich von dieser unterscheiden, der Auftragnehmer kann sie aber dennoch beherrschen; der Auftragnehmer kennt sie nicht. Je besser der Auftragnehmer in der Lage ist, die Änderungen vorzunehmen und je weniger es der Kunde ist und je geringer die Änderungen sind, desto eher dürfte der Auftragnehmer zu deren Durchführung berechtigt sein.

Die Aussagen gelten entsprechend für Änderungen in der Parametrierung anderer Programme.

(6)   Beweislast

Der Auftragnehmer trägt die Beweislast dafür, dass die Lösung innerhalb der Aufgabenstellung liegt (Sachmängelproblematik) *[Kapitel 9.1]*. Innerhalb dieses Rahmens kann der Kunde die Genehmigung ablehnen, wenn die Konkretisierung nicht angemessen mit ihm abgestimmt worden ist. Also trägt der Auftragnehmer die Beweislast dafür, dass die Abstimmung erfolgt ist.

Der Auftragnehmer, der von sich aus eine Lücke geschlossen hat und eine zusätzliche Vergütung verlangt, trägt die Beweislast, dass das fertiggestellte Programm umfangreicher als das ursprünglich beschriebene ist, also auch dafür, dass er eine nicht bereits in der Aufgabenstellung vorgesehene Leistung erbracht hat. Der Kunde trägt dann die Beweislast, dass diese Leistung aufgrund des Verhaltens des Auftragnehmers dennoch nicht gesondert vergütet werden muss *[Kapitel 9.2.2 (2)]*.

(7)   Fortschreiben der Aufgabenstellung wie im Vertrag definiert

Wenn sich die Aufgabenstellung in dem Detaillierungsgrad, in dem sie im Vertrag beschrieben worden ist, in der Konkretisierungsphase ändert, braucht sie nicht fortgeschrieben zu werden *[Kapitel 9.1.3 (2)]*. Ist das aber vereinbart worden, fragt sich, welcher Vertragspartner dafür zuständig ist, falls das nicht bestimmt ist, und wie er das zu tun hat.

Wenn das Dokument vom Auftragnehmer stammt, ist die Fortschreibung dessen Aufgabe; er hat Änderungen in »sein« Dokument einzuarbeiten.

Wenn das Dokument vom Kunden eingebracht worden ist, kommt es auf die Umstände an. Handelt es sich um einen Änderungs-/Zusatzwunsch, ist der Kunde ohnehin verpflichtet, diesen zu konkretisieren, und zwar in dem Detaillierungsgrad, in dem er die Aufgabenstellung abgefasst hat *[vgl. Kapitel 9.2.2 (2)]*. Dann entscheidet er erst einmal durch die Art der Darstellung, ob er ein zusätzliches Dokument erstellt oder das ursprüngliche Dokument fortschreibt. Droht die Aufgabenstellung wegen mehrerer Änderungen/Erweiterungen unklar zu werden, kann der Auftragnehmer aber eine integrierte Fortschreibung verlangen.

Ist vereinbart, dass der Auftragnehmer das Dokument des Kunden fortschreibt, kann der Kunde die integrierte Fortschreibung nur verlangen, wenn der

Auftragnehmer die erforderlichen Hilfsmittel und Kenntnisse zu dessen Änderung hat. Gegebenfalls muss der Kunde ihn dazu technisch in die Lage versetzen.

9.1.3   Die Genehmigung der Spezifikation

Die Parteien können neben der Endabnahme die Abnahme von Teilendergebnissen, also Teilabnahmen, vereinbaren. Davon ist die Genehmigung der Spezifikation bzw. von Teilen von ihr zu unterscheiden. Denn bei der Konkretisierung der Aufgabenstellung bestehen oft unvermeidbar oder gewollt Entscheidungsräume, die in Abstimmung oder zusammen mit dem Kunden gefüllt werden müssen *[Kapitel 9.1.1 und 9.1.2]*. Es geht weniger um die Bildung von Ergebnissen als um die Ermittlung und die Festlegung dessen, was eigentlich bei Vertragsabschluss schon hätte festliegen sollen, also um die Erledigung einer Aufgabe, die auch für den Kunden bestand. Insoweit kann der Kunde ein erhebliches Interesse daran haben, die Spezifikation zu überprüfen. Es geht aber auch darum, den Prozess des gegenseitigen Gebens und Nehmens, der in der Regel stattgefunden hat, zu »besiegeln«.

Wegen dieser unterschiedlichen Zielsetzung wird hier von der Genehmigung der Spezifikation und nicht von deren Abnahme gesprochen.

(1)   Genehmigungspflicht

Zum Stand des Projektmanagements *[siehe IT-PM, Kapitel 3.3.4.2]* gehört nicht nur der formale Abschluss einer jeden Phase (unbeschadet der Rückkehr zu ihr), sondern auch die Überprüfung und Freigabe von deren Ergebnissen durch die Auftraggeberinstanz (im Sinne des Projektmanagements) *[zur Überprüfbarkeit siehe (3)]*. Wenn diese keine interne Instanz, sondern bei einem Vertrag der Kunde ist, schränkt das den Grundsatz (Überprüfung und Freigabe) nicht ein. Für die Genehmigungspflicht spricht entscheidend, dass der Prozess des gegenseitigen Gebens und Nehmens eine »Besiegelung« verlangt.

(2)   Wirkung der Genehmigung

Inwieweit ersetzt die Spezifikation die Aufgabenstellung laut Vertrag: Hier sind zwei Fälle zu unterscheiden:

a) Ist nicht vereinbart worden, dass die im Vertrag formulierte Aufgabenstellung in deren Detaillierungsgrad fortgeschrieben werden soll, wird die Spezifikation durch deren Genehmigung die neue verbindliche Aufgabenstellung:

- Die Wirklichkeit des Kunden ist im Hinblick auf das zu erstellende Programm umfassend und richtig dargestellt.
- Die gewählte Zielsituation entspricht den Wünschen des Kunden.
- Entscheidungsräume des Kunden sind wunschgemäß gefüllt worden.
- Kürzungen werden genehmigt (wie der Auftragnehmer Erweiterungen durch deren Aufnahme in die Spezifikation akzeptiert).

Beispiel

In der Aufgabenstellung zum Zeitpunkt des Vertragsschlusses steht: »Antwortzeit im Dialog maximal 3 sec.« In der Spezifikation sei das von »maximal 2 sec« bis »maximal 5 sec« fallgruppenspezifisch differenziert worden. Der Kunde muss die Überschreitung von 3 sec hinnehmen, insbesondere da die Differenzierung ja auch Vorteile für ihn hat.

Die Genehmigung bezieht sich nur auf die Teile der Aufgabenstellung laut Vertrag, die in der Spezifikation angesprochen werden.

Beispiel

Anforderungen im Vertrag an die Dokumentation oder an das Zeitverhalten brauchen in der Spezifikation nicht angesprochen zu werden, wenn sich kein Konkretisierungsbedarf ergibt.

Der Kunde sagt sinngemäß: »Das will ich!« Und wenn der Auftragnehmer eine Verbesserung der Vertragsbedingungen, insbesondere eine Erhöhung des Festpreises, verlangt: »Nein, denn auf das (definierte Programm) habe ich Anspruch.« Er sagt nicht – wie bei einer Abnahme – vorrangig: »Das habe ich geprüft, das ist fehlerfrei (im Verhältnis zur Vorgabe).«

b) Ist vereinbart worden, dass die Aufgabenstellung maßgeblich bleiben soll, heißt das, dass die Spezifikation deren Detaillierung sein soll, soweit die Spezifikation reicht. Wenn die Aufgabenstellung in der Detaillierung nunmehr von der ursprünglichen abweicht, muss die ursprüngliche auch als Dokument fortgeschrieben werden *[Kapitel 9.1.2 (7)]*, damit sie maßgeblich bleiben kann. Ein grundsätzlicher Unterschied zum Fall a) ist trotzdem nicht zu sehen. Denn es ist davon auszugehen, dass die Aufgabenstellung extra fortgeschrieben wird, damit sie auf höherer Ebene der Spezifikation entspricht. Allerdings dient die fortgeschriebene Aufgabenstellung stärker der Interpretation der Spezifikation (weil sie extra fortgeschrieben worden ist).

Systemtechnische Festlegungen: Die Genehmigung bezieht sich grundsätzlich nur auf die Aufgabenstellung, nicht auch auf implizite Festlegungen zum technischen Entwurf (Beispiel: Die Daten sind bereits in IT-technischer Struktur dargestellt). Hat der Auftragnehmer ausdrücklich Festlegungen IT-bezogener Art getroffen, wünscht er, dass diese wie Weisungen genehmigt werden. Der Kunde kann das ablehnen. Sein Schweigen – innerhalb der Genehmigung insgesamt – dürfte aber, wenn er ein Profi-Kunde ist, als Zustimmung anzusehen sein; denn ein solcher kann Weisungen sehr wohl wollen. Insbesondere aus den Entwicklungs- und Dokumentationsrichtlinien kann sich ergeben, dass die Spezifikation bereits für bestimmte Punkte IT-bezogene Festlegungen, also Weisungen, enthalten soll.

Ist der Kunde IT-Laie, kann grundsätzlich nicht angenommen werden, dass er IT-bezogene Weisungen erteilen will.

(3)   Anforderungen an die Spezifikation

Konkretisierungsgrad: Die Spezifikation soll als Vorlage für den Entwurf und für die Programmierung dienen. Ideal wäre es, wenn der Entwickler sie in seine Werkstatt (die auch beim Kunden eingerichtet sein kann) mitnehmen und dort mit einzelnen Rückfragen umsetzen könnte. In diese Richtung soll die Spezifikation zielen. Bei einer auch nur etwas umfangreichen Aufgabenstellung lässt sich das Ziel aber nicht erreichen. Das heißt, dass auch die Spezifikation tendenziell eine im Detail noch nicht ausreichende Lösung beschreibt. Der Kunde kann noch etwas mehr verlangen *[Kapitel 9.1.6 (1)]*. Das befreit den Auftragnehmer aber nicht davon, eine möglichst detaillierte Spezifikation zu erstellen.

Darstellung: Die Spezifikation muss so abgefasst sein, dass sie den Kunden befähigt, sie zu verstehen und hinsichtlich der Auswirkungen auf den eigenen Betrieb zu beurteilen. Sie soll in der Regel der Benutzerschaft die künftige Lösung vorstellen. Dementsprechend muss sie für diese verständlich sein, bei Anwendungssoftware also in der Regel für IT-Laien. Das bedeutet, dass sie näher an der Benutzerdokumentation sein soll als am (IT-)Entwurf.

Entwicklungswerkzeuge für die Erstellung des Dokuments können die Verständlichkeit fördern, aber auch behindern. Der Auftragnehmer darf bei der Erstellung von Anwendungssoftware Werkzeuge nur einsetzen, wenn das vereinbart worden ist. Ist das der Fall, kann der Kunde aber auch nur noch eine entsprechend dem Werkzeug verständliche Darstellung verlangen.

Kunden tun sich oft mit der Überprüfung der Spezifikation schwer. Der Abgleich mit der Aufgabenstellung gemäß Vertrag wird erleichtert, wenn sie wie jene gegliedert wird. Die Spezifikation soll aber die Geschäftsprozess- oder Funktionsstruktur (und Datenstruktur) darstellen, wie sie realisiert werden sollen. Der Kunde hat also keinen Anspruch auf die identische Gliederung.

(4)   Auslegung der Spezifikation

Die Spezifikation ist gegen den Auftragnehmer auszulegen: Soweit er Begriffe verwendet, die in der Praxis des Kunden in einem bestimmten Sinne benutzt werden, darf der Kunde davon ausgehen, dass der Auftragnehmer diese Begriffe ebenso versteht.

Soweit die Spezifikation teilweise erkennbar pauschal gehalten ist, kann das Verschiedenes bedeuten, insbesondere

■ dass – unausgesprochen – auf ein anderes, insbesondere früheres Dokument zur Ausfüllung dieses Punktes Bezug genommen/verwiesen werden soll oder
■ dass sich die Realisierung (praktisch) nach den bekannten betrieblichen Anforderungen des Kunden richten soll. Das ist dann anzunehmen, wenn es nur um die Umsetzung bereits bestehender Anforderungen geht und das künftige Verfahren nicht erst noch gestaltet werden muss (Stichwort: Sollkonzept

insoweit nicht nötig). Das dürfte weitgehend in dem Fall einschlägig sein, dass
Statistiken aufgezählt werden. Soweit die Statistiken verbessert werden können, weil zusätzliche Daten zur Verfügung stehen, wird eine angemessene Verbesserung geschuldet. Oder

▓ dass die Konkretisierung später nachgeholt werden soll. Dann bedarf die spätere Konkretisierung der Genehmigung. Der Kunde darf m.E. davon ausgehen, dass die spätere Konkretisierung aus Sicht des Auftragnehmers für ihn
unproblematisch sein wird, dass er also das bekommen soll, was sich daraus
ergeben wird, wie er die pauschal gebliebene Anforderung fairerweise auslegen wird.

(5)   Verzögerung der Genehmigung der Spezifikation

Wie ist die Rechtslage, wenn die Genehmigung ausbleibt? Die Genehmigung ist
ein wichtiger Schritt. Es ist für den Auftragnehmer nicht zumutbar, dass er ohne
sie auf ungesicherter Basis weiterarbeitet *[siehe IT-PM, Kapitel 3.3.4.2 unter
»Unterschrift des Kunden...«]*. Denn wenn der Kunde später – innerhalb seines
zulässigen Spielraums – nicht zustimmt, sondern Änderungen verlangt, entsteht
Mehraufwand zulasten des Auftragnehmers. Weiterhin: Würde der Auftragnehmer weiterarbeiten, könnte der Kunde seinen Lernprozess während der weiteren
Realisierung als zusätzliche Anforderungen einbringen, die er in die ursprüngliche Aufgabenstellung hineininterpretiert. Der Auftragnehmer wäre dem Kunden
dann bis zur Fertigstellung des Programms ausgeliefert.

   Der Auftragnehmer muss aber im Rahmen seiner Schadensminderungspflicht
dafür sorgen, dass die Leerzeiten seiner Mitarbeiter und damit die Mehrkosten
gering bleiben. Also hat er unverzüglich die Weisung des Kunden einzuholen,

▓ ob er das Projektteam zusammenhalten (und Leerzeiten schaffen) soll oder
nicht. Das kann nur der Kunde entscheiden, weil nur dieser überblicken kann,
wie lange die Verzögerung voraussichtlich dauern wird,

▓ und für den Fall, dass das Team zusammengehalten werden soll, mit welchen
Arbeiten er das Team beschäftigen soll (wo sind Änderungen am wenigsten zu
erwarten?).

Wenn der Kunde am Projekt mitarbeitet, könnte daraus eine unausgesprochene
Genehmigung abgeleitet werden. Dabei ist anfangs Vorsicht geboten, denn der
Kunde kann ja die Genehmigung berechtigterweise zurückhalten und mitarbei-
ten, um die vom Auftragnehmer zu tragenden Leerzeiten zu verringern.

9.1.4   Information durch den Kunden über seine Anforderungen

*Zur Mitwirkung des Kunden insgesamt siehe Kapitel 9.2.3.1; zur Pflicht des Auf-
tragnehmers, den Kunden bei Verletzung der Mitwirkungspflicht zu warnen,
siehe Kapitel 6.2 und 9.2.3.2.*

Da der Auftragnehmer in weiten Bereichen der kommerziell/administrativen IT nur wenige Anforderungen des Kunden durch Beobachtung erfahren kann, ist er auf Information angewiesen.

Das, was der Kunde an Detaillierung seiner Anforderungen gemäß Vertrag nicht mitteilt, kann der Auftragnehmer nicht berücksichtigen und braucht das deshalb auch nicht zu tun. Das eigentliche Problem liegt also darin, inwieweit der Auftragnehmer zu Fragen verpflichtet ist. Die Auftragnehmerseite ist oft der Meinung, dass der Auftragnehmer das Fachgebiet nicht zu kennen brauche; also brauche er auch nicht nachfragen zu können. Diese Auffassung ist falsch, wenn auch die Erarbeitung der Spezifikation zum Auftrag gehört *[siehe Kapitel 9 unter »Erforderliche Fachkenntnisse«].*

Art und Weise, die Informationspflicht zu erfüllen: Informationen sind Holschulden, aber nicht »Suchschulden«. Der Kunde hat sie zur Abholung bereitzustellen; der Auftragnehmer muss den Kunden darin einweisen, wie dieser das zu tun hat. Die Frage stellt sich, inwieweit der Auftragnehmer den Kunden einspannen darf, die geschuldeten Informationen selbst zu erarbeiten und geordnet (schriftlich) zu liefern. Sie wird in der Praxis wegen des Eigeninteresses des Kunden und wegen des Interesses des Auftragnehmers, das Projekt voranzubringen, nur selten zugespitzt gestellt.

Je nach Aufgabenstellung, Wissen und Vorgehenskompetenz des Kunden kann dieser dazu verpflichtet sein, seine Detailinformationen schriftlich in geordneter Form zu liefern. Im Extremfall kann das teilweise schon die erste Fassung der Spezifikation sein.

Verbindlichkeit von Informationen: Wenn der Auftragnehmer sich die benötigten Informationen (betriebliche Regeln/Anforderungen an die Benutzeroberfläche usw.) bei verschiedenen Mitarbeitern des Kunden holt, fragt sich, ob die Informationen unabhängig davon verbindlich sind, wer sie ihm mitgeteilt hat. Da es um die Konkretisierung der Aufgabenstellung geht, sind die Mitarbeiter normalerweise nicht für Änderungen einschließlich Einschränkungen der Anforderungen zuständig *[vgl. Kapitel 9.1.2 (4)].* Wenn der Auftragnehmer die Informationen, die er von einem Mitarbeiter des Kunden erhalten hat, diesem schriftlich mitteilt, darf er nur eine Stellungnahme erwarten, ob seine Darstellung die Informationen korrekt wiedergibt, nicht aber die Genehmigung von Änderungen bzw. Einschränkungen.

Soweit die Informationen, die die Mitarbeiter des Kunden gegeben haben, Detaillierungen der Anforderungen enthalten, sind sie verbindlich. Der Auftragnehmer trägt die Beweislast dafür, dass er die genannten Informationen umgesetzt hat. Wenn er sich absichern will, muss er die vorgenannte Darstellung dem Mitarbeiter des Kunden zur Bestätigung schicken.

Wenn der Auftragnehmer diese Informationen dem Projektleiter des Kunden mitteilt, darf er ebenso eine Stellungnahme erwarten, ob deren Darstellung den vertraglichen Anforderungen entspricht. Das gilt allerdings erst einmal nur isoliert, d.h., dass der Projektleiter noch nicht entscheidet, ob diese Anforderungen mit anderen (bereits konkretisierten oder noch zu konkretisierenden) verträglich sind. Denn die Abstimmung ist erst Sache der Stellungnahme zur Spezifikation insgesamt. Diese Einschränkung gilt nicht, insoweit der Auftragnehmer in seiner Darstellung bereits auf die Frage der Verträglichkeit eingeht. Außerdem ist der Kunde von vornherein nach Treu und Glauben verpflichtet, den Auftragnehmer auf mögliche künftige Konflikte, soweit sie bereits zu erkennen sind, hinzuweisen (was der Auftragnehmer zu beweisen hätte).

Darüber hinaus darf der Auftragnehmer, wenn er eine Änderung/Erweiterung/Minderung behauptet, auch eine Entscheidung erwarten.

9.1.5 Richtlinien zu Entwicklung, Dokumentation und Qualitätssicherung

Wenn beide Vertragspartner Richtlinien haben und nicht vereinbart worden ist, wessen Richtlinien gelten sollen, kommt es vor allem auf die folgenden zwei Umstände an:

- Je stärker der Kunde mit der Pflege befasst sein wird, desto wichtiger ist es, dass seine Richtlinien verwendet werden. Umso eher hat er also Anspruch auf deren Einhaltung. Besonders deutlich wird dies bei einem IT-Hersteller als Kunde, der das Programm später über viele Geschäftsstellen gegenüber vielen Kunden betreuen muss.
- Wird nichts geregelt, spricht das dafür, dass der Auftragnehmer diejenigen Richtlinien einhalten soll, die für die einzusetzende Entwicklungsumgebung gelten. Denn diese Umgebung (Werkzeuge!) ist auf diese Richtlinien – zumindest ansatzweise – abgestimmt.

Die Frage, welche Richtlinien verwendet werden, stellt sich gleich zu Beginn der Arbeit. Wenn der Auftragnehmer nach seinen Richtlinien gegenüber dem Kunden vorgeht, gibt dieser sich erkennbar damit zufrieden, wenn er dem nicht widerspricht.

Einbeziehung des Kunden: Auch wenn ein Softwareanbieter ein Projekt (zur Produktentwicklung) intern durchführt, gibt es eine Auftraggeberinstanz *[vgl. Kapitel 9.1.3 (1)]*. Die Richtlinien sprechen an, wie diese Instanz am Entwicklungsprozess zu beteiligen ist. Bei einem Auftragsprojekt wird die Auftraggeberinstanz verselbstständigt. Sie muss aber ebenso mitwirken. Das bedeutet, dass dem Kunden Pflichten zur

- Mitwirkung,
- Stellungnahme und
- Genehmigung

entstehen.

Wenn der Auftragnehmer dem Kunden seine Richtlinien vor Vertragsabschluss nicht zur Kenntnis gibt, braucht dieser nicht mit außergewöhnlichen Pflichten zu rechnen.

Zertifizierung des Auftragnehmers nach DIN EN ISO 9001:2000: Erklärt der Auftragnehmer, nach DIN EN ISO 9001:2000 zertifiziert zu sein, heißt das, dass er ein System an Richtlinien für die Entwicklung und die Dokumentation hat, das durch ein umfangreiches QS-System ergänzt und abgesichert ist. Selbst wenn ein solcher Auftragnehmer nicht dafür sorgen sollte, dass diese Richtlinien im Vertrag vereinbart werden, drückt er damit aus, dass diese für die Zusammenarbeit verbindlich sein sollen.

Wenn ein Auftragnehmer Qualitätssicherung nach diesen Normen betreiben *soll*, muss der Kunde im Interesse der Qualitätssicherung von hohen Pflichten für sich selbst ausgehen.

9.1.6 Die Behandlung der Aufgabenstellung nach der Genehmigung der Spezifikation

(1) Anspruch des Kunden auf Feinanpassung

Die Spezifikation enthält tendenziell eine im Detail noch nicht ausreichende Lösung *[vgl. Kapitel 9.1.3 (3)]*. Der Kunde hat hingegen Anspruch auf einen mittleren Ausführungsstandard *[Kapitel 9.1.2 (3)]*. Die Differenz kann er also nach Genehmigung der Spezifikation noch geltend machen.

Diese lässt sich nur abstrakt und eher durch Ausgrenzung bestimmen. Das heißt erst einmal, dass der Kunde nicht – dank seines Lernprozesses – vorbringen darf, was er in der Spezifikationsphase auch nicht hätte vorbringen dürfen. Das wird für den Kunden dadurch abgemildert, dass der Auftragnehmer die Beweislast dafür trägt, dass er dessen Anforderungen ordnungsgemäß erfragt hat *[Kapitel 9.1.2 (6)]*.

Forderungen nach funktioneller Feinanpassung, die nicht in die Programmkonstruktion eingefügt werden können, sondern verlangen, dass Teile noch einmal programmiert werden müssen, sind grundsätzlich ausgeschlossen.

Insoweit den Auftragnehmer ein Verschulden trifft, er insbesondere seiner Fragepflicht nicht ausreichend nachgekommen ist, darf der Kunde nachträglich solche Anforderungen – im Rahmen der Aufgabenstellung im Vertrag – stellen. Dann muss der Auftragnehmer auch die Nachteile von Strukturänderungen tragen.

Andersherum braucht sich der Kunde geringes Verschulden nicht entgegenhalten zu lassen. Dieses dürfte allerdings meist nur zu echter Feinanpassung führen, also keine erheblichen Meinungsverschiedenheiten verursachen.

Soweit die Spezifikation noch offen ist, ist diese kundenfreundlich nachzukonkretisieren *[Kapitel 9.1.3 (4)]*.

(2) Vorlage weiterer Zwischenergebnisse

Im Laufe der Projektdurchführung geht es zunehmend darum, dass der Auftragnehmer Zwischenergebnisse von sich aus vorlegt und der Kunde die Richtigkeit der Ergebnisbildung prüfen und u.U. auch bestätigen soll (damit der Auftragnehmer auf spätere Kritik antworten kann, dass der Kunde das hätte monieren müssen). Daneben kann es auch um die Fortschreibung der Spezifikation gehen.

An der Überprüfung hat der Kunde im Zweifel ein eigenes Interesse (IT-technische Qualitätssicherung, aber auch interne Rückkoppelung: Lernprozess!); die Prüfungspflicht und die Billigung fallen ihm hingegen schwer, insbesondere weil er u.U. nicht alles überschauen kann und weil er keine Verantwortung für den Lösungsweg des Auftragnehmers übernehmen will.

Auch wenn der Kunde ein Zwischenergebnis gebilligt hat, hat er, wenn sich später Lükken oder sonst sachliche Mängel zeigen, Anspruch auf Lückenfüllung oder sonstige Mängelbeseitigung. Entsprechend § 442 BGB verliert er diesen Anspruch nur, wenn er den Mangel zum Zeitpunkt der Billigung gekannt hat. Hat der Kunde im Vertrag aber eine Prüfungspflicht übernommen, hat er bei deren schuldhafter Verletzung, also schon bei Fahrlässigkeit, dem Auftragnehmer den Schaden (= den Mehraufwand bei späterer Mängelbeseitigung) zu ersetzen; Mitverschulden des Auftragnehmers ist zu berücksichtigen.

(3) Weisungen des Kunden

Außerdem kann der Kunde im Laufe der Projektdurchführung Weisungen erteilen. Dazu kann der Auftragnehmer Vorschläge machen. Weisungen sind rechtlich wie Genehmigungen zu behandeln.

(4) Fortschreibung der Spezifikation und weiterer Zwischenergebnisse

Wird der Inhalt eines Dokuments geändert, das an den anderen Vertragspartner geht und später noch von diesem gebraucht wird, sei es als Maßstab für das geschuldete Ergebnis oder als Teil der Dokumentation, so ist es fortzuschreiben *[vgl. Kapitel 9.1.2 (7) zur Aufgabenstellung gemäß Vertrag sowie Kapitel 9.2.2 (2)]*.

> **Negativbeispiel**
>
> Wird vereinbart, dass der Kunde den systemtechnischen Entwurf zur Stellungnahme bekommt, braucht dieser nicht aufgrund der Stellungnahme formell fortgeschrieben zu werden.

Art der Fortschreibung: Einzelheiten dazu, insbesondere ob die Fortschreibung über Zusätze zum jeweiligen Dokument oder durch Einarbeiten in das Dokument geschieht, ergeben sich aus den Richtlinien für Entwicklung und Dokumentation und aus den gemäß diesen einzusetzenden Entwicklungswerkzeugen. Der Werkzeugeinsatz soll das Einarbeiten ermöglichen und verlangt es weitgehend, damit

Ergebnisse einer Entwicklungsphase wenn möglich direkt, zumindest aber einfach (übersichtlich) in die nächste Phase übernommen werden können. Einzelheiten ergeben sich weiterhin aus den Richtlinien für Qualitätssicherung; bei diesen spielt das Konfigurationsmanagement, also das Buchführen über die Zustände von Dokumenten im Zeitablauf, eine wichtige Rolle *[Kapitel 9.2.1 (4)]*. Vieles kann sich aus dem Vorgehen der Vertragspartner mittelbar ergeben.

Einarbeitung der Feinanpassung in die Spezifikation gemäß (1): Letztere braucht (auf ihrem Niveau) durch die Feinanpassung nicht unrichtig zu werden. Sie repräsentiert nur nicht mehr die gesamte Konkretisierung. In der Schlussdokumentation wird diese Detaillierung oft nur innerhalb des Quellprogramms selbst dokumentiert (was für Pflegezwecke ausreichen kann). Der Auftragnehmer dürfte nur ausnahmsweise zur Fortschreibung durch Einarbeitung verpflichtet sein.

9.1.7   Spezifikation liegt bereits vor

Legt der Kunde die Spezifikation bei Vertragsabschluss bereits vor, darf der Auftragnehmer grundsätzlich von deren Richtigkeit ausgehen. Da er im Rahmen der folgenden Entwurfsphase und später auch in der Realisierungsphase die Vorgabe auf Vollständigkeit (innerhalb des erkennbaren Rahmens) und Konsistenz intensiv überprüft *[Kapitel 9.2.1]*, dürfte er eine vorweggenommene Prüfung am Anfang nicht schulden.

Hinsichtlich der Auslegung der Spezifikation darf der Auftragnehmer davon ausgehen, dass der Kunde die Phase der subjektiven Beschreibung der Aufgabenstellung überwunden hat *[vgl. Kapitel 9.1.2 (5.1)]*. Der Auftragnehmer kann also davon ausgehen, dass er die Spezifikation ganz normal verstehen darf.

Auch hier gilt, dass die Spezifikation tendenziell eine im Detail noch nicht ausreichende Lösung beinhaltet und der Kunde noch zur Feinanpassung berechtigt ist *[Kapitel 9.1.6 (1)]*.

Die Spezifikation soll wahrscheinlich fortgeschrieben werden *[vgl. Kapitel 9.1.6 (4)]*. Das ist im Zweifel Sache des Auftragnehmers. Er braucht die Fortschreibung formal aber nur dann in die Spezifikation einzuarbeiten, wenn der Kunde ihn technisch dazu in die Lage versetzt.

9.1.8   Erstellung gegen Vergütung nach Aufwand

(1)   Ausgangssituation

Nach dem Stand der Technik besteht kein erheblicher Unterschied zwischen Projekten gegen Vergütung nach Aufwand und solchen gegen Festpreis. Auch bei Vergütung nach Aufwand sind Phasen zu bilden und die endgültige Konkretisierung der Aufgabenstellung ist zu dokumentieren. Der rechtliche Unterschied liegt darin, dass der Kunde bei einem Festpreis die Konkretisierung teilweise nur über

Änderungswünsche beeinflussen kann *[Kapitel 9.2.2]*. Bei Vergütung nach Aufwand braucht er nicht mit dem Auftragnehmer zu diskutieren, ob sein Wunsch zusätzlichen Aufwand verursacht oder nicht. Denn er bezahlt diesen sowieso. Entsprechendes gilt für den Zeitbedarf.

(2)   Mitverantwortung des Auftragnehmers für das Budget

Vergütung nach Aufwand heißt nicht, dass beliebig viel Geld für die Entwicklung zur Verfügung steht *[siehe IT-PM, Kapitel 2.1.2.2 unter »Vergütung nach Aufwand ist kein Ruhekissen«]*. Es ist bereits dargelegt worden, dass die Mitarbeiter des Kunden, die den Auftragnehmer über ihre Situation (Istzustand, Wünsche) informieren sollen, dabei nicht an den Realisierungsaufwand zu denken brauchen *[Kapitel 9.1.2 (4)]*. Der Auftragnehmer ist bei Vergütung nach Aufwand verpflichtet, gegenüber dem Projektleiter des Kunden auf den Realisierungsaufwand hinzuweisen, wenn von einem Mitarbeiter hohe Anforderungen gestellt wurden.

Offen ist, ob der Zeit- und Arbeitsplan, den der Auftragnehmer zu Beginn der Arbeit aufstellen muss *[Kapitel 9.2.1]*, auch den – unverbindlich – zu schätzenden Aufwand beinhalten muss.

9.2   Die Erstellungsphase im Übrigen

9.2.1   Vorgehen bei der Realisierung

Projektleitung: Der Auftragnehmer ist zur Projektleitung für seine Leistungen und zur Planung und Kontrolle der Mitwirkung des Kunden verpflichtet. Das gilt auch bei Vergütung nach Aufwand. Die Organisation und das Vorgehen können weitgehend durch die Richtlinien zu Entwicklung, Dokumentation und Qualitätssicherung bestimmt sein *[Kapitel 9.1.5]*. Zum Stand der Technik gehört, dass der Auftragnehmer – innerhalb der vereinbarten Termine – einen Zeit- und Arbeitsplan aufstellt.

Pflicht des Auftragnehmers, die Anforderungen zu überprüfen: *Zur Pflicht, die Anforderungen des Kunden vor Vertragsabschluss zu überprüfen, siehe Kapitel 9.7 bzw. zu Projektbeginn Kapitel 9.1.7.*

Funktionen: Wenn bei Vertragsabschluss noch keine endgültige Spezifikation vorliegt, überprüft der Auftragnehmer die Aufgabenstellung zwangsläufig innerhalb von deren Konkretisierung. Wegen des Umfangs der Überprüfung braucht er das erst dann zu tun. Hat der Auftragnehmer von vornherein Zweifel an der Richtigkeit, muss er diese mitteilen (Fürsorgepflicht). Erkennt der Auftragnehmer nachträglich Fehler in der Vorgabe, muss er diese dem Kunden mitteilen, wenn er Haftungsrisiken vermeiden will *[Kapitel 9.5.1 (2)]*.

Systemtechnische Vorgaben: Es geht um die künftige systemtechnische Zielumgebung (= Einsatzumgebung), um Entwicklungs- und Dokumentationsrichtlinien *[Kapitel 9.1.5]* und um die Entwicklungsumgebung. Hier liegt es fachlich nahe, dass der Auftragnehmer die beschriebene Zielumgebung auf Tauglichkeit als Grundlage für die Nutzung des Programms überprüft, abgeschwächt auch die Entwicklungsumgebung für die Entwicklung. Die Fortschreibung der beschriebenen Zielumgebung gehört zum IT-technischen Entwurf. Es liegt nahe, dass der Auftragnehmer diese überprüft, wenn er mit der Erstellung des Entwurfs beginnt.

Dementsprechend ist grundsätzlich eine Pflicht zur Überprüfung dieser Vorgaben zu bejahen. Hinsichtlich ihres Umfangs kommt es darauf an, welche Möglichkeiten der Auftragnehmer bei Wahrung des Grundsatzes der Verhältnismäßigkeit des Aufwands hat. Das hängt zum einen von den möglichen Maßnahmen ab. Sind diese beschränkt, darf der Auftragnehmer es im Wesentlichen bei einer Plausibilitätsprüfung belassen. Je stärker der Kunde Fachmann ist, desto mehr darf sich der Auftragnehmer auf die Richtigkeit der Vorgaben verlassen.

Hinsichtlich der Entwicklungsumgebung dürfte die Überprüfungspflicht gering sein: Wenn der Kunde eine solche Umgebung definiert, darf der Auftragnehmer sich grundsätzlich darauf verlassen, dass jener das als Fachmann sachgerecht und genau getan hat. – Dabei kann der Kunde seine Entscheidung nach übergeordneten Gesichtspunkten getroffen haben. Die Entwicklungsumgebung kann also für das konkrete Projekt suboptimal sein. Das muss der Auftragnehmer bis zu deren mittleren Güte hinnehmen.

Pflicht des Auftragnehmers zum Testen: Grundsätzlich ist es Sache des Auftragnehmers zu testen. Er muss die nötige Testumgebung (das Testbett) und die Testdaten schaffen. Der Kunde ist dazu nach der Rechtsprechung kaum verpflichtet *[Kapitel 9.2.3.1]*, kann sich aber durch die Vereinbarung der Richtlinien des Auftragnehmers dazu verpflichten.

Konfigurationsmanagement: Qualitätssicherung nach DIN EN ISO 9001:2000 verlangt ein sehr weitgehendes Konfigurationsmanagement. Wenn im Vertrag nichts geregelt ist, dürfte keine Pflicht zu einem solch umfangreichen Konfigurationsmanagement bestehen.

Systemtechnische Betreuung des zu erstellenden Programms: Während der Programmentwicklung ergeben sich hinsichtlich der Systemsoftware einige Aufgaben. Der Auftragnehmer ist für diese zuständig, wenn er auch die Systemsoftware liefert oder eine eigene Entwicklungsumgebung einsetzt *[zu den Fällen, dass der Kunde die Systemsoftware zur Verfügung stellt, siehe www.zahrnt.de, Kapitel 9.2.1].*

9.2.2   Änderungs- und Zusatzwünsche, Zusatzleistungen

(1)   Problemstellung

Jeder Änderungswunsch bzw. jeder Zusatzwunsch (Sonderfall des Änderungswunsches) zur Aufgabenstellung bedarf der Vereinbarung, um verbindlich zu
werden. Der Auftragnehmer ist nach Treu und Glauben zur Zustimmung zu
einem Änderungswunsch des Kunden verpflichtet. Die Pflicht liegt nahe, wenn
der Wunsch aufwands-, termin- und risikoneutral[31] ist. Bei Programmerstellung
dürfte der Auftragnehmer auch bei weiter gehenden Wünschen tendenziell zur
Zustimmung verpflichtet sein, weil die Art des Vertrags (insbesondere durch noch
nicht endgültige Konkretisierung der Aufgabenstellung, Lerneffekt des Kunden)
solche Änderungswünsche fast zwingend mit sich bringt. Das dürfte in der Spezifikationsphase stärker gelten als danach; denn der Auftragnehmer muss auch einmal die Möglichkeit haben, das Projekt abzuschließen (z. B. durch Verschiebung
von nicht unbedingt erforderlichen Zusätzen auf die Phase nach Abschluss des
Auftrags). Die Grenze bildet auf jeden Fall die Leistungsfähigkeit des Auftragnehmers (fachlich und von der Verfügbarkeit seines Personals her).

Detaillierungen durch den Kunden: Diese enthalten der Definition nach keine
Änderung; sie können aber tatsächlich eine Erweiterung beinhalten. Dann gelten
die Ausführungen zu (2) auch für sie.

Zusatzleistungen: Darunter sollen insbesondere die Übernahme von Aufgaben
des Kunden abweichend von der vereinbarten Aufgabenteilung (z. B. Erstellung
von Testdaten) und zusätzliche Unterstützung (z. B. Schulung) verstanden werden, soweit nicht deren Erbringung gegen Vergütung nach Aufwand von vornherein vorgesehen ist *[zur PM-Seite siehe IT-PM, Kapitel 3.3.4.3]*. Die Ausführungen
unter (2) bis (4) gelten weitgehend auch für sie.

(2)   Ansprüche des Auftragnehmers

Der Auftragnehmer kann seine Zustimmung von der Anpassung aller Vertragsbedingungen abhängig machen. Im Vordergrund stehen zwar Termine und Preise;
es geht aber auch um Zahlungsbedingungen, möglicherweise auch um andere
Punkte (z. B. Übernahme von Testaufgaben oder Dokumentationsaufgaben durch
den Kunden, weil die Kapazität des Auftragnehmers nach dem vorgesehenen Pro-
jektende schon belegt ist).

---

31. Zur Risikoneutralität gehört, dass der Kunde, um Aufwandsneutralität zu erreichen, nicht auf
     etwas verzichten darf, was er wahrscheinlich braucht und später als notwendige Leistung for-
     dern wird; in solchen Fällen kann der Auftragnehmer auf einen Zusatzauftrag bestehen.

»Bagatellgrenze«: Ein rechtlicher Grund, kleinere Änderungswünsche als durch einen Festpreis abgegolten anzusehen, ist über die Feinanpassung der Spezifikation hinaus *[Kapitel 9.1.6 (1)]* nicht zu erkennen. Der Auftragnehmer muss mit diesen rechnen. Sie lassen sich aber nicht kalkulieren.

Ermittlung des genauen Wunsches: Der Auftragnehmer hat Anspruch darauf, dass ihm der Wunsch auf derjenigen Detaillierungsebene mitgeteilt wird, auf der die Aufgabenstellung bei Vertragsabschluss definiert war. Wenn er es übernimmt, den groben Wunsch bis auf diese Ebene zu konkretisieren, hat er Anspruch auf Vergütung (§ 632 BGB). Denn es geht hier noch nicht um den Aufwand, ein Angebot für die Übernahme eines Auftrags zu erstellen. Allerdings kann dieser Vergütungsanspruch bei Schweigen verloren gehen *[siehe (3)]*, insbesondere weil es naheliegt, dass er diesen Aufwand in den – allerdings nur im Falle der Beauftragung – zu zahlenden Aufpreis einkalkuliert.

Zum ordnungsgemäßen Vorgehen gehört nach Beauftragung die Fortschreibung aller bis zu dem Zeitpunkt der Geltendmachung des Änderungswunsches erstellten Dokumente, die durch den Änderungswunsch berührt und noch gebraucht werden *[Kapitel 9.1.2 (7) und 9.1.6 (4)]*.

Bestimmung des angemessenen Ausgleichs: Der Auftragnehmer hat Anspruch auf fairen Ausgleich. Dabei ist zu berücksichtigen, dass der erforderliche Aufwand schwer zu ermitteln ist. Das gilt sowohl im Vorhinein für die Preisfindung, insbesondere wenn bei der Änderung von Anforderungen, die noch nicht abgearbeitet worden sind, der *Aufwand* für die Anforderungen *nicht gesondert geschätzt* worden war. Vergütung nach Aufwand ist dann kaum die angemessene Vergütungsform. Das gilt auch im Nachhinein: Der Mehraufwand lässt sich während der Durchführung aus demselben Grund oft nicht gesondert erfassen.

Hat der Auftragnehmer auf der Basis der ursprünglichen Aufgabenstellung einen Festpreis akzeptiert, ist ihm auch jetzt grundsätzlich zuzumuten, einen Festpreis für die Änderung anzubieten. Denn er hat ja von vornherein »Kalkulierbarkeit« des Auftrags behauptet. (Er trägt den Aufwand für die Kalkulation des neuen Festpreises.) Ist die Konkretisierung nicht innerhalb eines Gesamtfestpreises erfolgt, sondern wurde dieser erst für die folgenden Phasen vereinbart, kann der Auftragnehmer verlangen, die Konkretisierung nach Aufwand durchzuführen. Für die weiteren Phasen muss er im Normalfall einen Festpreis anbieten. – Wenn der Auftragnehmer einen Festpreis anzubieten verpflichtet ist, hat er auch Anspruch darauf, dass ein solcher vereinbart wird.

Bei Zusatzwünschen (einschließlich Änderungen von bereits realisierten Anforderungen) ist die »Kalkulierbarkeit« ebenfalls niedrig. Hier ist der tatsächlich anfallende Aufwand hingegen ein einigermaßen guter Ansatzpunkt für die Bestimmung des erforderlichen Mehraufwands. Das gilt abgeschwächt auch für Änderungen, deren Bezugspunkt (die Anforderung) *gesondert kalkuliert,* aber noch nicht umgesetzt worden ist. – Bei Zusatzwünschen kann der Kunde zwar auch das Argument anführen, dass der Auftragnehmer einen Festpreis für die ursprüngliche Aufgabenstellung akzeptiert hat (von vornherein oder nach Konkretisierung). Hier kann der Auftragnehmer aber eher dagegenhalten, dass der Zusatzwunsch nicht so gut kalkulierbar sei. Außerdem kann er – wie ausgeführt – darauf verweisen, dass Vergütung nach Aufwand durchaus sachgerecht sei. – Fraglich ist, ob der Kunde auf einen Festpreis verzichten und Vergütung nach Aufwand verlangen kann.

Bestimmungsrecht des Auftragnehmers: Können sich die Parteien über die Auswirkungen eines Änderungswunsches auf die Vertragsbedingungen nicht einigen, haben sie aber vereinbart, dass der Änderungswunsch auf jeden Fall realisiert werden soll, steht es gemäß § 316 BGB dem Auftragnehmer zu, die Auswirkungen nach Treu und Glauben zu bestimmen.

(3) Beauftragung, insbesondere bei Schweigen des Auftragnehmers

Unklar ist, ob der Auftragnehmer, der Änderungswünschen zustimmt (gleich ob ausdrücklich erklärt oder bei Schweigen unterstellt), noch Gegenforderungen geltend machen kann, nachdem er mit deren Realisierung begonnen hat. Einerseits spricht das Schweigen des Auftragnehmers zu diesen Punkten dafür, dass es bei den bisherigen Abmachungen bleiben soll. Andererseits gilt eine Vergütung nach § 632 BGB als »stillschweigend« vereinbart, wenn die Herstellung des zusätzlichen oder unter Mehraufwand geänderten Teils des Werks den Umständen nach nur gegen eine (zusätzliche) Vergütung zu erwarten ist. Es macht auch durchaus Sinn, sich erst einmal über die technische Seite zu einigen. Besonders kritisch ist die Situation bei Änderungswünschen, bei denen der Kunde plausiblerweise keinen oder keinen erheblichen Mehraufwand sieht. Außerdem nimmt der Auftragnehmer durch sein Schweigen dem Kunden die Möglichkeit, die ohnehin schwierige Feststellung des Mehraufwands *[siehe (2)]* zu kontrollieren. Deswegen liegt es nahe, im Schweigen einen Verzicht zu sehen; es sei denn, dass die Änderungen einen erheblichen Umfang haben.

Mangelt es an der Beauftragung, hat der Auftragnehmer Ansprüche auf Vergütung aus ungerechtfertigter Bereicherung (§§ 812 ff. BGB), wenn die zusätzlichen Leistungen notwendig waren und der Kunde sie anderenfalls selbst oder durch einen Dritten hätte erbringen müssen. Das gilt allerdings nur, wenn der Auftragnehmer nicht (durch schlüssiges Handeln oder ausdrücklich aus Kulanz) zugestimmt hat.

Schriftformklausel: Sie gilt auch zulasten des Auftragnehmers, der eine zusätzliche Vergütung fordert. Mündliche Aufträge sind möglich; ihre Erteilung muss aber bewiesen werden *[Kapitel 2.1.6]*.

9.2.3 Mitwirkung des Kunden

9.2.3.1 Umfang

Der Umfang der Mitwirkung des Kunden ist schwer zu bestimmen. Er kann sich weitgehend aus den Richtlinien zur Entwicklung und zur Qualitätssicherung (weniger aus denen zur Dokumentation) ergeben *[Kapitel 9.1.5]*. Der Kunde trägt die Kosten für seine Mitwirkung selbst.

Zur Information über Anforderungen des Kunden siehe Kapitel 9.1.4; zur Kontrolle der Spezifikation siehe Kapitel 9.1.3 (1), zu der weiterer Zwischenergebnisse Kapitel 9.1.6 (2).

Bereitstellung von Unterlagen über Entwicklungs- und Zielumgebung: Der Kunde muss bei Bedarf eine systemtechnische Dokumentation der Entwicklungs- bzw. der Zielumgebung, die er beistellt, mitliefern.

Testen: Es geht um die Frage, inwieweit der Kunde verpflichtet ist,

- Testfälle zu stellen und
- das Programm selbst (vor der Abnahmeprüfung, wenn eine solche vereinbart ist) zu testen.

Je mehr die (ggf. vereinbarte) Abnahmeprüfung nur noch der Bestätigung der Vertragsgemäßheit, nicht aber dem Testen dienen soll, desto stärker kommt in Betracht, den Kunden zur Lieferung von Testfällen in der Entwicklungsphase für verpflichtet zu halten. Stellt der Kunde Testfälle, spart das Kosten und erhöht die Zuverlässigkeit des Programms. Bei Vergütung nach Aufwand ist es Sache des Kunden, den Aufwand zu steuern, also auch zu entscheiden, ob er Testfälle bereitstellt *[wenn der Kunde nicht aufgrund der Besonderheit der Situation zum Testen verpflichtet ist, siehe www.zahrnt.de, Kapitel 9.2.1]*.

Wenn der Kunde bereits maschinenlesbare Datenbestände hat, dürfte er – unter Berücksichtigung des Datenschutzes – verpflichtet sein, dem Auftragnehmer deren Benutzung zu erlauben.

Bei Verträgen über die Weiterentwicklung eines vorhandenen Programms darf der Auftragnehmer nach dem Stand der Technik davon ausgehen, dass ein Testdatenbestand vorliegt *[Kapitel 9.3.1 (2)]*. Bei solchen Verträgen kann der Kunde verpflichtet sein zu testen, ob die Weiterentwicklung sich in die gesamte Programmumgebung des Kunden einfügt.

Dass der Kunde selbst testet, insbesondere bei dialogorientierter Datenverarbeitung, kann eine Form der Bereitstellung von Testfällen sein. Auch wenn Massentests mit Echtdaten sinnvoll sind, kann daraus in dem Fall keine Testpflicht zulasten des Kunden abgeleitet werden, dass auch der Auftragnehmer diese Daten nutzen kann.

Es liegt nahe, beide Themen im Vertrag zu regeln, insbesondere in den Richtlinien zur Entwicklung und zur Qualitätssicherung. Ist das nicht geschehen, kann
eine Pflicht zur Stellung von Testdaten nach bisheriger Rechtsprechung nur vorsichtig bejaht werden.

Die Feinanpassung der Spezifikation *[Kapitel 9.1.6 (1)]* erfordert in der
Sache, dass der Kunde je nach Art des Programms bereits vor Übergabe des Programms mehr oder weniger intensiv mittestet. Denn nur so kann die Aufgabenstellung richtig konkretisiert werden. Der Kunde kann sein Recht darauf u.U. nur
so sachgerecht erfüllen. Verzichtet er darauf, kann er nach der Ablieferung des
Programms keine Feinanpassung mehr verlangen.

Mängel in der beigestellten Entwicklungsumgebung: Auch wenn Programme
praktisch nicht mängelfrei sein können, heißt das nicht, dass der Auftragnehmer
nicht wenigstens Anspruch auf normale Mängelfreiheit der ihm beigestellten Entwicklungsumgebung und ansatzweise Anspruch auf so schnelle Mängelbeseitigung hat, wie sie von ihm erwartet wird. Bei der Systemsoftware muss allerdings
berücksichtigt werden, dass die Mängelbeseitigung seitens des Softwareanbieters
relativ lange dauert, falls nicht schon eine Korrekturmaßnahme bekannt ist *[vgl.
Kapitel 8.4.3 (2)]*.

*Zur Frage, wer für die Beseitigung solcher Mängel zu sorgen hat, siehe
www.zahrnt.de, Kapitel 9.2.1. Die Ausführungen dort gelten entsprechend auch
für Hardware und sonstige Anwendungsprogramme, die der Kunde beistellt.*

Wenn Mängel sich auf das zu erstellende Programm auswirken, muss der Auftragnehmer diese Mängel erforderlichenfalls nach entsprechender Beauftragung
durch Maßnahmen in seinem Programm ausgleichen.

9.2.3.2   Unzulängliche Mitwirkung

Wenn der Kunde eine *Leistungspflicht*, z.B. eine Zahlung, nicht termingerecht
erfüllt, kommt er in Schuldnerverzug *[Kapitel 3.3.1]*.

Die *Mitwirkung* des Kunden ist im Gesetz nicht als Leistungspflicht ausgestaltet: Es ist also Sache des Kunden zu entscheiden, ob er mitwirken will oder
nicht. Tut er es nicht, muss er die Nachteile tragen, die daraus entstehen, dass der
Auftragnehmer das Programm nicht oder nicht ordnungsgemäß fertigstellen
kann. Ein solches Tun im eigenen Interesse wird *Obliegenheit* genannt.

Unterlässt der Kunde die ihm obliegende Mitwirkung oder erbringt er sie fehlerhaft, kommt der Kunde gemäß § 642 BGB in Verzug mit der Annahme des (in
diesem Fall noch nicht fertiggestellten) Programms. Voraussetzung ist dafür
gemäß den Vorschriften zum Annahmeverzug, dass der Auftragnehmer den Kunden zur Mitwirkung aufgefordert hat oder der Termin dafür sich aus dem Pro-
jektplan ergibt *[Kapitel 3.11]*. Der Auftragnehmer kann dann eine angemessene
Entschädigung dafür fordern, dass er Arbeitskraft und -mittel unproduktiv

bereithält. Verschulden des Kunden ist nicht Anspruchsvoraussetzung. Dieser Anspruch besteht neben dem Anspruch auf Vergütung, wenn das Programm doch noch hergestellt wird; er besteht auch dann, wenn der Auftragnehmer den Vertrag wegen der unterlassenen Mitwirkung kündigt. Außerdem kommt der Auftragnehmer nicht in Verzug mit der Lieferung des Programms, weil er die Verzögerung nicht zu vertreten hat *[Kapitel 3.3.2 und 9.2.4 (2)]*.

Der Auftragnehmer kann auch nach § 643 BGB eine angemessene Nachfrist mit Kündigungsandrohung setzen; nach deren nutzlosem Ablauf gilt der Vertrag als aufgehoben; der Auftragnehmer kann unabhängig von Verschulden des Kunden (nur noch) Vergütung des geleisteten Teils gemäß § 645 BGB verlangen, nicht auch Ersatz des entgangenen Gewinns und der Leerzeiten seiner Mitarbeiter. Bei Verschulden des Kunden kann der Auftragnehmer aber vollen Ausgleich als Schadensersatz verlangen.

Die Parteien können die Mitwirkung auch als Pflicht des Kunden vereinbaren, sodass dieser bei Pflichtverletzung normal aufgrund von Schuldnerverzug haftet *[Kapitel 3.3.1]*.

Beispiel

Der Auftragnehmer eines Auftrags über die Erstellung eines Konzepts benötigt bestimmte Prognosen seitens des Kunden, z.B. über die Belastung des geplanten Systems. Ist nur vereinbart, dass der Kunde solche Aussagen treffen wird (Obliegenheit), kann der Auftragnehmer in dem Fall, dass der Kunde die Informationen nicht gibt, entweder die Prognosen alleine aus eigener Sachkunde machen und läuft – in erster Linie tatsächlich – Gefahr, dass der Kunde später die Richtigkeit der Prognosen anzweifelt. Oder der Auftragnehmer kann nach entsprechender Nachfristsetzung aus dem Projekt aussteigen.

Ist die Lieferung solcher Informationen als Pflicht des Kunden vereinbart, kann der Auftragnehmer die Erfüllung dieser Pflicht verlangen. Er kann also abwarten, bis der Kunde die Informationen liefert und seinen Mehraufwand (Wartezeit) als Verzugsschaden geltend machen. Er braucht sich also nicht darauf einzulassen, die Prognosen nur aufgrund eigener Annahmen zu bilden. Steigt er aus dem Vertrag hingegen aus, hat der Auftragnehmer Schadensersatzansprüche, die auch dahin gehen können, dass dem Auftragnehmer Einnahmen aus der anderweitigen Verwertung der Programme entgehen.

Pflicht des Auftragnehmers, den Kunden zu unterstützen: Die Rechtsprechung hält den Auftragnehmer weitgehend dazu für verpflichtet, wenn der Kunde mit der Durchführung der eigenen Aufgaben nicht klarkommt, ihm (entgeltliche) Unterstützung bei der Mitwirkung anzubieten *[vgl. auch Kapitel 6.2]*.

Höhe der Entschädigung für Mehraufwand: Aus § 645 Abs. 2 BGB ist zu schließen, dass der Auftragnehmer Anspruch auf seinen normalen Stundensatz als Entschädigung hat (und nicht nur auf die Personal- und sonstigen Kosten).

Die Frage, inwieweit der Auftragnehmer mit kleineren Verletzungen vertragstypisch rechnen muss und diese durch einen Pauschalpreis abgegolten sind, ist bisher nicht geklärt. Der Auftragnehmer ist verpflichtet, den Schaden aufgrund von Mitwirkungsverletzungen gering zu halten. Er dürfte wegen deren Üblichkeit sogar verpflichtet sein, das Projekt so zu planen, dass kleinere Mitwirkungsverletzungen möglichst ohne Mehraufwand abgefangen werden können.

9.2.4 Terminvereinbarungen und Verzug

(1) Terminvereinbarungen

Siehe Kapitel 6.2.2 zu Terminvereinbarungen bei der Lieferung von IT-Systemen.

Ist kein Liefertermin vereinbart, bestimmt er sich gemäß § 271 BGB nach dem Zeitbedarf für die zügige Programmerstellung unter Berücksichtigung der Umstände des Einzelfalls *[vgl. Kapitel 8.3.1 (7)]*. Das lässt einen Spielraum dafür, wie viele Mitarbeiter der Auftragnehmer einsetzt. Schon von einer geringen Teamgröße an nimmt die Effizienz des Einsatzes eines jeden weiteren Mitarbeiters – zunehmend – ab. Ein Hinweis im Vertrag auf die geplante Größe des Teams gibt also wesentlichen Aufschluss.

Der Kunde hat auf jeden Fall Anspruch auf Nennung eines Plantermins, nachdem die Spezifikation erstellt worden ist. Im Rahmen des für den Auftragnehmer Zumutbaren *[vgl. Kapitel 9.2.2 (1)]* kann der Kunde gegen gesonderte Vergütung eine Beschleunigung durch verstärkten Einsatz von Mitarbeitern verlangen.

Der Kunde muss auch die Möglichkeit haben, den Auftragnehmer in Verzug zu setzen, um Druck ausüben zu können. Er hat Anspruch darauf, dass der Auftragnehmer einen Liefertermin gemäß den Umständen berechnet, sobald dieser dazu in der Lage ist. Wenn der Auftragnehmer auf sein Verlangen nach Berechnung eines vertragsgemäßen Termins nicht eingeht, darf er den Liefertermin einseitig vertragsgemäß bestimmen.

Wenn der Auftragnehmer einen Zeit- und Arbeitsplan erstellt und der Kunde dem nicht widerspricht, stimmt er diesem zu.

Anforderungen an die Mängelfreiheit zum vereinbarten Liefertermin: Der Maßstab für die erforderliche Mängelfreiheit hängt davon ab, ob der Kunde das Programm nach dem Liefertermin sofort produktiv einsetzen oder erst einmal testen will. Im ersten Fall (sofortiger produktiver Einsatz) haben die Vertragspartner eine klare Vereinbarung getroffen, dass die Einsatzreife bereits bei Lieferung gegeben sein soll.

Im zweiten Fall soll der Auftragnehmer noch die Möglichkeit haben, während des Testzeitraums Mängel zu beseitigen. Auch wenn der Auftragnehmer ordnungsgemäß getestet hat, können Mängel alsbald auftreten und damit erkannt werden, wenn der Kunde mit seiner Bedienungsweise und seinen Testdaten das Programm testet *[siehe auch Kapitel 9.2.3.1]*. Solche Mängel können u.U. sehr schnell beseitigt werden. Das bedeutet, dass die Einsatzreife zum Zeitpunkt der Lieferung noch nicht ganz erreicht zu sein braucht. Das Testen des Kunden soll im Übrigen aber nicht der Mängelsuche dienen, sondern die Einsatzreife bestätigen. Es ist Sache des Auftragnehmers, den Kunden vor der Bereitstellung zur Abnahme in den Testbetrieb einzubinden.

Treten also zu Beginn der Testphase beim Kunden Mängel auf, die nicht mehr auftreten sollten oder die die sinnvolle Durchführung des Testens wesentlich behindern, kann der Kunde die Erklärung des Auftragnehmers, dass das Programm zum Testen (zur vereinbarten Abnahmeprüfung) bereit sei, zurückweisen.

(2)   Anspruch des Auftragnehmers auf Terminverschiebung

Insoweit der Auftragnehmer wegen Änderungswünschen *[Kapitel 9.2.2]* oder wegen mangelnder Mitwirkung seitens des Kunden *[Kapitel 9.2.3]* Gegenansprüche hat, können sich diese auch auf die Verschiebung von Terminen beziehen. Dogmatisch wird die Lösung des Problems daran festgemacht, ob der Auftragnehmer die Nichteinhaltung von Terminen wegen Einwirkungen aus der Kundensphäre nicht vertreten muss (§ 286 Abs. 4 BGB).

Soweit der Auftragnehmer wegen Verletzung von Mitwirkungspflichten/-obliegenheiten *[Kapitel 9.2.3.2]* Anspruch auf zusätzliche Vergütung und auf angemessene zusätzliche Lieferzeit hat, muss er den Mehraufwand und den Zeitbedarf konkret vortragen.

(3)   Nachfristsetzung bei Verzug

Bei Teilverzug können sich zwei Probleme ergeben:

Nach-Nachfrist: Wenn der Kunde die Lieferung wegen vieler Mängel zurückweist und eine Nachfrist für die ordnungsgemäße Lieferung setzt, kann es dem Auftragnehmer unterlaufen, dass er einige dieser Mängel nicht vollständig beseitigt. Er hat dann u.U. Anspruch auf eine Nach-Nachfrist für die Restarbeiten *[Kapitel 9.5.2]*.

Bezeichnung von ausstehenden Teilen: Die Frage, wie genau ausstehende Teile bezeichnet werden müssen, ist im Ansatz zugunsten des Kunden dahingehend zu beantworten, dass der Auftragnehmer selbst wissen muss, was er nach dem Vertrag schuldet. Es gibt aber durchaus Fälle, in denen die Vertragspartner unterschiedlicher Meinung sein können, sodass der Auftragnehmer Klarheit braucht, worauf der Kunde besteht. Der Auftragnehmer muss die Chance haben, das zu realisieren, auch wenn der Vertrag diese Leistung nach seinem Verständnis nicht enthält (wofür er später ggf. eine Vergütung verlangen kann).

Rechtsfolgen bei Lösung vom Vertrag: Bei Teilverzug stellt sich die Frage, ob der Kunde insgesamt vom Vertrag zurücktreten darf *[Kapitel 3.3.2 (2)]*. Es ist für ein anderes Entwicklungsteam aufwendig, sich in eine fremde Programmentwicklung einzuarbeiten, um diese fertigzustellen, und für den Kunden ist es riskant: Der neue Auftragnehmer könnte vorhandene Mängel beim Testen leicht übersehen oder eigene machen, weil dessen Programmierstil nicht voll zu dem des ersten Teams passt. Es kommt also nur ausnahmsweise in Betracht, dass der Kunde nicht insgesamt vom Vertrag zurücktreten darf.

Beispiel

Ein Teilprogramm mit einer dokumentierten Schnittstelle wird bereits produktiv eingesetzt, dieses ist ordentlich dokumentiert und eine gut eingeführte Entwicklungsumgebung ist verwendet worden.

9.2.5   Freies Kündigungsrecht des Kunden

Der Kunde braucht sich – nach den Vorstellungen des Gesetzgebers – ein Ergebnis nicht aufdrängen zu lassen, wenn er sein Interesse daran verloren hat. Deswegen kann er nach § 649 BGB jederzeit den Vertrag kündigen. Diese Vorschrift dürfte einen allgemeinen Rechtsgrundsatz verkörpern und damit bei Programmerstellung entsprechend anwendbar auf der Basis sein, dass sie als Werklieferungsvertrag eingeordnet wird. – Der Kunde bleibt allerdings zur Zahlung der vereinbarten Vergütung verpflichtet. Er kann nur das abziehen, was der Auftragnehmer an Kosten tatsächlich erspart (der Auftragnehmer muss seine Mitarbeiter weiterhin bezahlen) bzw. was der Auftragnehmer anderweitig durch den Einsatz seiner Mitarbeiter erwirbt bzw. zu erwerben böswillig unterlässt (siehe Abb. 9–2). Der Kunde trägt zwar die Beweislast, der Auftragnehmer muss aber seine Situation darlegen *[Kapitel 1.2 (3)]*.

Der Anspruch des Auftragnehmers auf die Vergütung des noch nicht erbrachten Teils der Leistung entfällt allerdings, wenn der Kunde den Vertrag wegen eines Verhaltens des Auftragnehmers gekündigt hat, das den Vertragszweck gefährdet hat *[Kapitel 3.1.5]*.

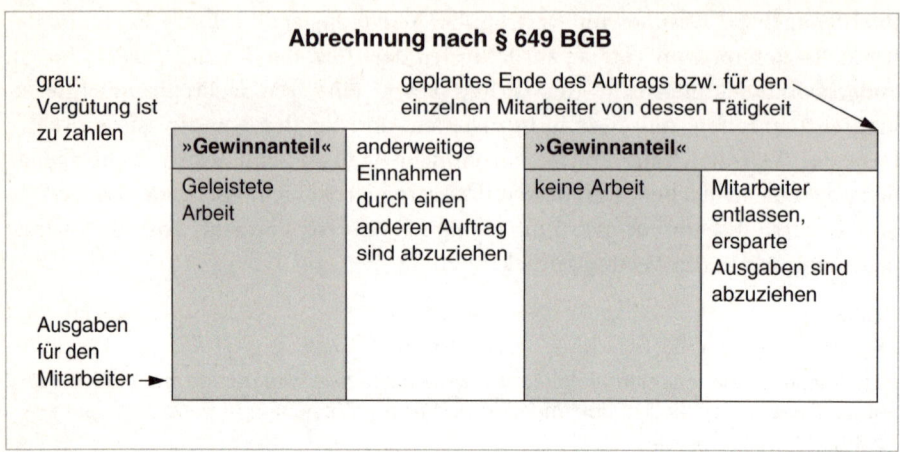

Abb. 9–2   *Abrechnung nach § 649 BGB*

9.3   Sonstige Leistungsfragen

9.3.1   Leistungsumfang

Ein Festpreis gilt alle Leistungen ab, die notwendig sind, auch wenn diese im Angebot nicht enthalten sind.

(1)   Geschuldete Formen des Programms und Erstellungshilfsmittel

Die Frage nach der geschuldeten Sprachform des Programms stellt sich unabhängig von der Frage, in welchem Umfang urheberrechtliche Nutzungsrechte eingeräumt werden:

▪ Was hat der Auftragnehmer zu liefern?
▪ Inwieweit darf der Kunde das nutzen?

Umfang: Das Programm ist vollständig als Quellprogramm zu liefern, sodass der Kunde es selbst pflegen kann. Das gilt auch für Standardbausteine, die der Auftragnehmer – ohne einschränkende Vereinbarung – einfügt.

Hinsichtlich der Entwicklungsumgebung heißt das, dass solche Programme (Werkzeuge) nicht geliefert werden müssen, die *üblicherweise* von demjenigen auf dem Markt beschafft werden, der ein Programm erstellen und ändern will (insbesondere Compiler).

Hauptpflicht: Wenn schon die Lieferung der Benutzerdokumentation als Hauptpflicht angesehen wird *[Kapitel 6.2.1 (1)]*, muss die des Quellprogramms erst recht als solche angesehen werden.

Wenn das Quellprogramm an einen Laien-Anwender nicht ausgeliefert wird, weil der Auftragnehmer die Pflege übernimmt, merkt Laien-Anwender gar nicht, dass ihm etwas fehlt. Es ist auch durchaus sinnvoll, dass er nur das Objektprogramm hat und nicht nach jeder kleinen Änderung (nach jeder Mängelbeseitigung) eine neue Version des Quellprogramms erhält. Außerdem hat er aus Kostengründen meist nicht die erforderliche Entwicklungsumgebung erworben, sodass er selbst mit dem Quellprogramm gar nichts anfangen könnte. Deswegen kann grundsätzlich nicht Verwirkung *[Kapitel 3.10 (4)]* angenommen werden, wenn der Kunde das Quellprogramm nicht anfordert, solange der Auftragnehmer das Programm für ihn pflegt.

Zeitpunkt: Der Kunde hat Anspruch auf Lieferung spätestens zum Beginn einer vereinbarten Abnahmeprüfung (denn die IT-technische Qualität des Quellprogramms und erst recht die der systemtechnischen Dokumentation sind Gegenstand der Abnahmeprüfung), sonst vor Zahlung.

(2)   Dokumentation

Zur rechtlichen Einordnung des Fehlens der Dokumentation siehe Kapitel 6.2.1 (2).

Benutzerdokumentation: Diese ist im Ansatz wie bei Softwareprodukten *[Kapitel 6.2.1 (2)]* erforderlich. Hier kommt aber bei Projektverträgen mit großen Kunden in Betracht, dass der Auftragnehmer nur Material für die Benutzerdokumentation zu liefern hat und der Kunde diese selbst fertigstellt. Es kommt auch in Betracht, dass solche Kunden die Dokumentation selbst – als Teil einer Gesamtdokumentation – erstellen.

Bei Vergütung nach Aufwand wird häufig keine Benutzerdokumentation erstellt. Hier dürfte sie bei kleineren Programmen eher nur geschuldet sein, wenn der Kunde sie ausdrücklich beauftragt.

Systemtechnische Dokumentation: Diese wird stets geschuldet. Umfang und Inhalt werden in erster Linie durch die vereinbarten Richtlinien zur Entwicklung und vor allem zur Dokumentation bestimmt *[Kapitel 9.1.5]*, kaum durch die zur Qualitätssicherung.

Deswegen macht die Formulierung, dass die Dokumentation DIN EN ISO 9001:2000 zu entsprechen habe, wenig Sinn. Diese Norm behandelt u.a. die Dokumentation des Entwicklungsganges, aber nicht die des Entwicklungsergebnisses; im Übrigen ist sie zu allgemein.

Testdokumentation: Sie ist zu erstellen und zu übergeben. Das folgt zum einen aus dem Grundsatz »kein Test ohne Protokoll« und zum anderen daraus, dass die Testfälle bei der Weiterentwicklung des Programms benötigt werden. Es darf nicht sein, dass bei einer späteren Änderung des Programms unverhältnismäßig viele Testfälle erstellt werden müssen, um durch die Änderung möglicherweise verursachte Fernwirkungen auszuschließen. Einzelheiten können sich aus den vereinbarten Entwicklungs- und Dokumentationsrichtlinien ergeben.

(3)   Einweisung und Schulung

Im Ansatz gilt für die Einweisung dasselbe wie bei Softwareprodukten *[Kapitel 6.2.1 (5)]*. Die Umstände des Einzelfalls können hier aber noch stärker als bei der Benutzerdokumentation hereinspielen. So braucht der Auftragnehmer in dem Fall, dass es wesentlich mehr Benutzer gibt, als er in einem Durchgang einweisen oder schulen kann, nur Instruktoren zu schulen, die ihr Wissen später an die Benutzer weitergeben sollen.

9.3.2   Preisvereinbarungen

(1)   Überblick

Fälligkeit der Vergütung: Die Vergütung wird mit der Abnahme fällig, wenn diese vereinbart ist (§ 641 BGB), sonst etwas vorher mit der vollständigen Erbringung der Leistung. Das gilt auch bei Vergütung nach Aufwand.

Es kann vereinbart werden, dass die Vergütung teilweise vor der Abnahme fällig wird, d.h., dass Vorauszahlungen vereinbart werden. Werden diese an bestimmte sachliche Voraussetzungen des Arbeitsfortschritts geknüpft, spricht man von Abschlagszahlungen. Teilvergütungen im strengen Sinne gibt es nur als Vergütung für Teilleistungen, die dann jeweils für sich abgenommen werden (Teilabnahmen).

Leistungsabdeckungsklausel: Sie beinhaltet, dass der Auftragnehmer alle erforderlichen Leistungen zu erbringen hat, um den Vertragszweck zu erreichen, auch wenn diese im Vertragsdokument nicht aufgeführt sind. Das gilt sowieso *[vgl. Kapitel 9.3.1 am Anfang]*.

Preisabdeckungsklausel: Es wird ergänzend vereinbart, dass nur diejenigen Leistungen zu vergüten sind, für die das ausdrücklich im Vertrag vorgesehen ist, und zwar in der im Vertrag vorgesehenen Weise.

(2)   Vergütung nach Aufwand

Der Aufwand für das Testen und die anschließende Beseitigung von Mängeln ist grundsätzlich zu vergüten *[Kapitel 9.2.1 und 9.5.2]*. *Zur Vergütung von Unterstützungsleistungen siehe ergänzend Kapitel 6.2.3. Zur Höhe bei Änderungswünschen siehe Kapitel 9.2.2 (2)*. – Monatliche Abrechnung ist in der Praxis üblich.

Welche Tätigkeiten im Einzelnen abgerechnet werden können und welche durch den vereinbarten Stundensatz abgegolten sind, ist teilweise strittig *[siehe im Detail www.zahrnt.de, Kapitel 9.3.2]*.

Ein Personentag versteht sich als 8 Arbeitsstunden. Es wird üblicherweise nach der tatsächlich geleisteten Zahl der Stunden abgerechnet. Der Kunde darf davon ausgehen, dass der Mitarbeiter des Auftragnehmers die gesetzlichen Pausenregelungen einhält. Das heißt bei einem normalen Arbeitstag, dass der Mitarbeiter bei 8 Stunden Arbeit zusätzlich eine halbe Stunde Pause macht. Der Kunde darf davon ausgehen, dass der Auftragnehmer die Pausenzeiten den Mitarbeitern nicht vergütet, sodass auch er diese Zeiten nicht gegenüber dem Auftragnehmer zu vergüten braucht.

(3) Beschränkungen der Vergütungspflicht bei Vergütung nach Aufwand

Kostenanschlag (auch Kostenvoranschlag): Dieser bindet den Auftragnehmer nicht an eine bestimmte Höhe der Vergütung, sondern gibt dem Kunden nur das Recht zur Kündigung für den Fall, dass der Kostenanschlag wesentlich überschritten wird. Für die Wesentlichkeit kommt es insbesondere auf die Verlässlichkeit der Kalkulationsgrundlage an.

> **Beispiel**
>
> In einem Angebot heißt es: »Wir schätzen den Aufwand auf xxx Tage.« In einem anderen heißt es: »Bei unserem derzeitigen Kenntnisstand Ihrer Aufgabenstellung schätzen wir den Aufwand unverbindlich auf xxx Tage.« Im letzteren Fall muss die Überschreitung doppelt so hoch wie im ersten sein, um wesentlich zu sein.

Je mehr der zusätzliche Aufwand durch Zusatzwünsche des Kunden verursacht wird, desto höher muss die Überschreitung sein, um wesentlich zu sein.

Der Auftragnehmer ist zur Information verpflichtet, sobald eine wesentliche Überschreitung des Kostenanschlags droht. Verletzt er diese Pflicht schuldhaft, ist er schadensersatzpflichtig: Er hat den Kunden so zu stellen, wie dieser gestanden hätte, wenn dieser rechtzeitig informiert worden wäre (und dann was? gemacht hätte).

Schon die fahrlässige Falschschätzung bei Abgabe des Kostenanschlags führt zur Schadensersatzpflicht wegen Verletzung von Pflichten bei Vertragsverhandlungen, wenn bereits ein Vertrauensverhältnis besteht *[Kapitel 7.1]*. Das ist kaum der Fall, wenn ein Bieter nur ein Angebot abgibt. Auch hier bestimmt sich der Schaden danach, was der Kunde bei sachgerechter Beratung getan hätte.

Obergrenze und Zirkapreis: Bei der Obergrenze wird der Aufwand nur vergütet, bis diese erreicht ist. Der Auftragnehmer muss das Programm dann auf seine Kosten fertigstellen *[zu den Risiken für den Auftragnehmer siehe IT-PM, Kapitel 2.1.2.2 unter »Vergütung nach Aufwand mit Obergrenze«]*. Im Zweifelsfall fallen auch die Reisekosten unter die Obergrenze.

Der Zirkapreis, auch »Schätzpreis« genannt, ist eine Vereinbarung über Vergütung nach Aufwand nicht nur mit Obergrenze, sondern theoretisch auch mit Untergrenze, beispielsweise: »+/- 10 %«. Ungeklärt ist, wie groß das Intervall (in beide Richtungen) ist, wenn es nicht definiert worden ist. Die Auftragnehmerseite versteht darunter häufig so etwas wie einen Festpreis, den sie in bestimmtem

Umfang anpassen darf. Dabei ist meist nicht klar, in welchem Umfang und auf welcher Grundlage das zulässig sein soll. Die Auftragnehmerseite rechnet aber entgegen ihrem Ansatz typischerweise nur nach Aufwand ab und erledigt damit die Frage, was gewollt war.

Obergrenze und Schätzpreis stehen unter dem Vorbehalt, dass sich die Aufgabenstellung nicht erweitert oder sonstwie ändert (soweit die Obergrenze oder der Schätzpreis dieses Risiko nicht ausnahmsweise abdecken soll). Der Kunde wird also nicht vor sich selbst geschützt. Der Auftragnehmer ist allerdings für die von ihm behauptete Leistungsmehrung beweispflichtig.

Budgetpreis: Mit diesem nicht offiziellen Begriff ist die Vereinbarung gemeint, dass der Auftragnehmer das festgesetzte Budget des Kunden nicht überschreiten darf, aber bei dessen Erschöpfung nicht mehr weiterzuarbeiten braucht. Er muss den Kunden (wie beim Kostenanschlag) frühzeitig warnen, wenn droht, dass das Budget nicht ausreicht. Der Kunde ist zu Änderungen der Planung berechtigt, um doch ein einsatzfähiges – abgemagertes – Programm zu erhalten. Die Belastung des Auftragnehmers liegt vor allem darin, dass es geschäftspolitisch peinlich ist, eine unfertige »Baustelle« zu verlassen, wenn das Budget erschöpft ist.

(4)   Vergütung von Nebenkosten

Unter Nebenkosten sollen verstanden werden: Reisekosten (Fahrtkosten, Spesen, Übernachtungskosten), Kosten für Reisezeiten, Maschinenkosten, Leitungskosten für Telekommunikation.

Auch bei Festpreisen werden bestimmte Nebenkosten manchmal gesondert vergütet. Das setzt eine entsprechende Vereinbarung voraus.

Bei Vergütung nach Aufwand ist die Vergütung von Reisezeiten und Reisekosten zumindest weitverbreitet, wenn nicht sogar üblich. Für Reisezeiten werden zunehmend reduzierte Vergütungssätze vereinbart.

(5)   Leistungsverweigerungsrecht

Zu dem schwierigen Thema des Leistungsverweigerungsrechts *[vgl. Kapitel 3.12]* eines jeden Vertragspartners soll nur auf IT-spezifische Besonderheiten eingegangen werden. Auch wenn die Leistung des Auftragnehmers mangelhaft ist, besteht kein Leistungsverweigerungsrecht des Kunden für Voraus- oder Abschlagszahlungen, wenn die Mängel sich im üblichen Rahmen halten.

Der Auftragnehmer ist zwar vorleistungspflichtig. Wenn Abschlagszahlungen vereinbart sind, wird die Vorleistungspflicht aber in der Regel insoweit aufgehoben, dass der Auftragnehmer bei Zahlungsverzug im Normalfall ein Leistungsverweigerungsrecht hat.

9.3.3   Störung der Geschäftsgrundlage bei Programmerstellung zum Festpreis

Grundsätzlich übernimmt der Auftragnehmer beim Festpreis das Risiko, dass die Erstellung des Programms einen höheren Aufwand als geplant und dem Vertrag zugrunde gelegt erfordert (Realisierungsrisiko). Diese Risikoübernahme hat nach Treu und Glauben aber eine Grenze: Wenn eine wesentliche Vorstellung der Vertragspartner, die zur Grundlage des Vertrags geworden ist, sich als falsch herausstellt, ist die Geschäftsgrundlage des Vertrags gestört *[Kapitel 3.6]*.

Es kommt also darauf an, ob die Angemessenheit des Preises bei Abschluss des Vertrags eine wesentliche Vorstellung beider Vertragspartner war. Dies ist desto eher der Fall, je unmittelbarer die Aufwandsschätzung in den Festpreis eingegangen ist und je stärker der Kunde zu dieser beigetragen hat. Rechtlicher Ausgangspunkt ist, dass gegenseitige Verträge auf der Grundlage abgeschlossen werden, dass der Sachleistung ansatzweise eine gleichwertige Vergütung gegenübersteht. Die Vertragspartner können das Risiko aber auch anders verteilen.

Wenn sich im Laufe der Vertragsabwicklung herausstellt, dass – wie immer unter Berücksichtigung aller Umstände – ein krasses Missverhältnis zwischen Leistung und Gegenleistung besteht, ist die Vertragsgrundlage gestört und verlangt nach Anpassung. Der belastete Auftragnehmer kann vom Kunden die Anpassung des Vertrags verlangen. Das kann in Richtung Erfüllung unter Erhöhung der Vergütung (und unter Verlängerung der Fristen) gehen, aber auch in Richtung Verringerung des Umfangs oder Rücktritt.

Im Falle der üblichen Fehleinschätzung bei IT-Projekten muss man davon ausgehen, dass der Auftragnehmer ein erhebliches Risiko tragen soll. Die Grenze dürfte dort zu ziehen sein, wo sie auch sonst gezogen wird, wenn ein Vertragspartner das Risiko *weitgehend* tragen soll. Für den Bereich der Programmerstellung muss man davon ausgehen, dass das Risiko von Fehleinschätzungen erheblich höher ist als bei Bauverträgen, dass der Auftragnehmer also ein höheres Risiko übernehmen soll. Liegt eine Schätzung nicht offen zugrunde, sollte der Auftragnehmer vorsichtshalber davon ausgehen, dass die Grenze des Zumutbaren erst bei einer Mehrbelastung in Höhe des zweifachen Festpreises überschritten wird.

Bei der Höhe ist zu berücksichtigen, in welchem Umfang man dem Auftragnehmer einen Anspruch auf Erhöhung der Vergütung einräumt: Je mehr der Auftragnehmer vom Mehraufwand tragen muss, desto niedriger muss man seine »Schmerzgrenze« ansetzen.

Einzelheiten sind unter www.zahrnt.de, Kapitel 9.3.3 dargestellt.

9.3.4 Verteilung der Rechte an den Arbeitsergebnissen und Geheimhaltungspflichten

(1) Problemstellung

Bei der Verteilung der Rechte an dem zu erstellenden Programm stellen sich grundsätzlich dieselben Fragen wie beim Kauf von Softwareprodukten *[Kapitel 8.2.1]*. Allerdings sind diese Fragen hier nicht auf der Grundlage der Überlassung von Vervielfältigungsstücken zu beantworten, sondern auf der der Einräumung urheberrechtlicher Nutzungsrechte.

Die Zusammenarbeit von Kunde und Auftragnehmer kann dazu führen, dass eine Urheberrechtsgemeinschaft entsteht *[Kapitel 4.3.2]*. Selbst wenn Mitarbeiter des Kunden in erheblichem Umfang Miturheber werden, dürfte das letztlich die Verteilung aus urheberrechtlicher Sicht nicht beeinflussen: Die Vertragspartner messen der rein juristisch konstruierten Urhebergemeinschaft bei der Verteilung der Rechte keine Bedeutung zu.

Die Frage stellt sich in erster Linie dahingehend, was der Kunde mit dem erstellten Code (= der urheberrechtlich geschützten Darstellung) machen darf bzw. was der Auftragnehmer nicht machen darf, damit der Kunde die beabsichtigten Vorteile hat (es ist möglich, dass bestimmte Nutzungsmöglichkeiten stillgelegt werden sollen). Zusätzlich ist außerhalb des Urheberrechts zu fragen, ob ein Vertragspartner *schuldrechtlich* verpflichtet ist, das Know-how, das neu entwickelt worden ist oder das er beim anderen kennengelernt hat, geheim zu halten. Insoweit geht es mehr um den Schutz des Kunden und weniger um den des Auftragnehmers.

Ermittelt man die Rechte und Pflichten der Vertragspartner für den *konkreten* Vertrag nach dem 4-Stufen-Schema *[Kapitel 1.3]*, hat man auf der ersten Stufe (Auslegung des Dokuments) oft die Schwierigkeit, dass die Vereinbarungen sich ausdrücklich nur auf eine der beiden angeführten Fragen beziehen. Aber sie können Anhaltspunkte für die Beantwortung der anderen geben.

Bei der dritten Stufe (Gesetz) ist hinsichtlich der urheberrechtlichen Nutzungsrechte gemäß § 31 Abs. 5 UrhG die Zweckübertragungstheorie des Urheberrechts zu berücksichtigen *[Kapitel 4.1]*: Es ist davon auszugehen, dass dem Kunden nur Rechte eingeräumt werden sollen, die für die Erreichung des Vertragszwecks erforderlich sind. Was der Vertragszweck ist, ist nach Treu und Glauben zu ermitteln. Die Antworten hängen von den Umständen ab.

(2) Schutz des Kunden im Einzelnen

Zu einem IT-Anbieter als Kunden siehe www.zahrnt.de, Kapitel 9.3.4 (2).

Die Interessen des Kunden können sein:

- Sein spezielles fachliches Know-how, das in die Programme eingeflossen ist, soll geheim gehalten werden.
- Der Kunde strebt durch die Investition einen Wettbewerbsvorsprung (unabhängig vom Know-how) an.
- Der Kunde möchte an den durch anderweitige Nutzung erzielten Einnahmen beteiligt werden: Dem Auftragnehmer sollen zwar weitestgehende Nutzungsmöglichkeiten verbleiben, er soll aber dafür den Kunden an den Einnahmen beteiligen. Ist das im Vertrag nicht angesprochen, besteht kein ausreichender Ansatzpunkt für eine solche Beteiligung auf der Grundlage der ergänzenden Vertragsauslegung.

Urheberrechtliche Seite: Der Umfang, in dem der Kunde die Programme einsetzen darf, ist normalerweise nicht beschränkt *[siehe aber auch (4)]*. Ausnahmsweise kann sich bei sehr genauer und damit enger Definition des Anwendungszwecks gemäß der Zweckübertragungstheorie ein enger Zweck ergeben, für den der Kunde die Programme einsetzen darf.

Die Begründung dafür, dass der Kunde Anspruch auf das Quellprogramm (zur Ermöglichung von Änderungen) hat *[Kapitel 9.3.1 (1)]*, spricht zwingend dafür, dass er das Programm ändern darf *[Kapitel 4.3.3.3]*.

Der Kunde dürfte im Normalfall auch ohne Übertragung ausschließlicher Nutzungsrechte berechtigt sein, das Programm an andere Unternehmen der eigenen Unternehmensgruppe weiterzugeben. Problematisch ist, ob der Kunde das Programm auch an andere Dritte weitergeben darf, etwa an befreundete Unternehmen. Die Zweckübertragungstheorie spricht eher dagegen.

Angesichts dessen, dass die Beteiligten weniger urheberrechtlich an die Herrschaft über die Darstellung als wirtschaftlich an die Herrschaft über die Lösung denken, ist von Folgendem auszugehen: Auch wenn der Kunde ausschließliche Nutzungsrechte erhält, darf der Auftragnehmer Teile des Programms, insbesondere neu erstellte Standardbausteine, anderweitig nutzen, solange das die Interessen des Kunden an der Verwertung der Lösung nicht beeinträchtigt *[zu Anpassungsprogrammierung siehe Kapitel 8.3.1 (5)]*.

Ergänzende schuldrechtliche Pflichten: Soweit Know-how des Kunden in das Programm eingeflossen ist, stellt sich die Frage, inwieweit der Auftragnehmer zu dessen Geheimhaltung verpflichtet ist. Er kann schuldrechtlich, also nicht urheberrechtlich, daran gehindert sein, ein ähnliches Programm (das als freie Bearbeitung/Umgestaltung urheberrechtlich unbedenklich ist) zu erstellen *[Kapitel 4.3.3.3: Im Urheberrecht stellt sich diese Frage nicht]*. Das Geheimhaltungsinteresse braucht die anderweitige Verwendung des Programms nur für bestimmte Zwecke auszuschließen.

Beispiel

Eine Erdölraffinerie hat sich ein Programm für die Trennung von Ölen erstellen lassen. Der Auftragnehmer darf das Programm nicht der Konkurrenz anbieten, wohl aber in eine Lösung für die Trennung von Fetten in der Molkereiwirtschaft einbringen.

Wenn der Auftragnehmer fachliches Know-how erst entwickeln soll, sollen nach den Branchenvorstellungen beide Vertragspartner berechtigt sein, das zu nutzen; es sei denn, dass besondere Geheimhaltungsinteressen des Kunden dem entgegenstehen. Der Schutzbedarf des Auftragnehmers liegt vor allem darin, dass er nicht durch einen Auftrag daran gehindert wird, weitere ähnliche Aufträge durchzuführen. Es liegt für ihn nahe, für die Durchführung weiterer Aufträge das dank des letzten Auftrags angereicherte Know-how und Teile der erstellten Programmkonstruktionen einzusetzen.

Daneben kann es erhebliche Geheimhaltungsinteressen des Kunden bezüglich Informationen geben, die dem Auftragnehmer anlässlich der Vertragsdurchführung bekannt geworden sind.

Beispiel für Know-how über das Unternehmen

Informationen, die der Auftragnehmer für die weitere Nutzung des Know-hows oder des Programms nicht braucht, z.B.: Umsatzzahlen, Geschäftsverbindungen, die Planung eines neuen Produkts bei der Entwicklung eines Systemprogramms für eine neue Anlage.

---

(3) Rechte an Vorstufen

Bei der Verteilung der Rechte an den Vorstufen und den diesbezüglichen Geheimhaltungspflichten dürfte dasselbe wie hinsichtlich der Endergebnisse gelten.

Der Kunde ist berechtigt, (später) auf der Grundlage dieser Dokumente eine neue Realisierung zu erstellen. Er darf diese in dem Umfang nutzen, wie er das vom Auftragnehmer erstellte Programm nutzen durfte. Fraglich ist für einen Kunden, ob er die Dokumente auch für die Erstellung eines Programms nutzen darf, das er darüber hinaus verwenden (= verbreiten) will.

Beispiel

Ein IT-Anbieter hat ein Programm für einen Endkunden erstellen lassen und möchte jetzt ein solches Programm als Softwareprodukt auf den Markt bringen. – Ein Anwender möchte jetzt mit befreundeten Firmen eine neue, modernere Lösung erarbeiten lassen.

Soweit im Wesentlichen Know-how des Kunden in die Dokumente eingeflossen ist, wird man kaum etwas dagegen sagen können. Das gilt erst recht, wenn ein IT-Anbieter die Neuerstellung eines Programms auf moderner Technologie beauftragt hat.

Zur Rechtslage bei Verträgen über die Erstellung von Vorstufen siehe Kapitel 5.3.

(4) Einbeziehung von vorhandenen Bausteinen und Softwareprodukten

Unter Bausteinen soll alles bereits Vorhandene verstanden werden, was der Auftragnehmer nicht als Softwareprodukt gesondert auf dem Markt anbietet.

Bausteine: Es dürfte nicht gewollt sein, dass der Kunde auch an einbezogenen Bausteinen ausschließliche Nutzungsrechte erhält, wenn er solche am Programm insgesamt erwerben soll. Zugunsten des Auftragnehmers dürfte die Klausel »sämtliche Rechte am Programm beim Kunden« dahingehend zu verstehen sein, dass der Kunde sämtliche Rechte an der Lösung erhalten soll. Der Auftragnehmer darf also diese Lösung nicht anderweitig verwenden, wohl aber die eingebrachten Bausteine. Der Kunde darf sie eher nicht innerhalb anderer Lösungen einsetzen.

Softwareprodukte: Werden Softwareprodukte einbezogen, kommt es darauf an, ob der Auftragnehmer sie im Vertrag aufführt oder nicht. Tut er das nicht, dürfte dasselbe wie bei Bausteinen gelten. Tut er das (und sorgt nicht – zumindest über eine Angabe des Preises – für eine Regelung der Nutzungsrechte), ist davon auszugehen, dass der Kunde diese Standardteile nur innerhalb der Lösung, aber darin uneingeschränkt, einsetzen darf.

Zu beachten ist, dass die Softwareprodukte als Teil der Zielumgebung definiert sein können. In diesem Fall braucht der Auftragnehmer den Einsatz – ohne zusätzliche Vergütung – nur auf denjenigen Anlagen zuzulassen, auf denen die Lösung installiert werden sollte. Das liegt erst recht nahe, wenn die Softwareprodukte von Vorlieferanten stammen (entweder ausdrücklich so angegeben oder aufgrund der Bekanntheit des Softwareprodukts dem Kunden bekannt).

9.4 Abnahme

(1) Problemstellung

Der Werklieferungsvertrag, unter den die Programmerstellung fällt *[Kapitel 9 am Anfang]*, kennt nicht die Abnahme im Sinne des Werkvertragsrechts *[Kapitel 5.1.1 (2)]*. Wenn die Vertragspartner allerdings die Abnahme ausdrücklich vereinbaren, meinen sie damit wahrscheinlich nicht die Entgegennahme wie bei einem Werklieferungsvertrag, sondern die Abnahme im Sinne des Werkvertragsrechts. Also soll diese Vereinbarung bei Bedarf durch die Vorschriften zur Abnahme im Werkvertragsrecht ergänzt werden. Die Vertragspartner dürften mit einer solchen Vereinbarung die kaufmännische Untersuchungs- und Rügepflicht *[Kapitel 6.3.11]* ausschließen.[32]

(2) Abnahmevoraussetzungen

Der Kunde ist zur – vereinbarten – Abnahme verpflichtet, wenn das Programm vertragsgemäß hergestellt ist. Alle Leistungen, die Voraussetzung für die Abnahmeprüfung sind, müssen erbracht sein. Das gilt insbesondere für die Einweisung und für die Lieferung der Dokumentation *[vgl. Kapitel 6.3.12 (2)]*.

Hat das Programm mehr als unwesentliche Mängel, braucht der Kunde dieses gemäß § 640 Abs. 1 Satz 2 BGB noch nicht abzunehmen und kann Nacherfüllung verlangen *[zur Abnahmereife siehe Kapitel 9.2.4 (1) unter »Anforderungen ...«]*.

Vereinbarungen zur Abnahmeprüfung und Abnahmepflicht: Es kommt darauf an, was die Vertragspartner vereinbaren *[in www.zahrnt.de, Kapitel 9.4 werden einige Auslegungsprobleme behandelt]*.

Unvollständige Testmöglichkeiten des Auftragnehmers: Werden bereits im Vertrag die Möglichkeiten des Auftragnehmers, seine Lieferung auszutesten, eingeschränkt, ist davon auszugehen, dass der Kunde die Abnahmeprüfung nur auf dieser Basis durchführen darf. Unbeschadet dessen bezieht sich seine Haftung wegen Mängeln auf sein Programm, wie es anschließend in die vollständige Zielumgebung integriert wird.

Wenn die Abnahmeverpflichtung allerdings an den späteren Test durch den Kunden innerhalb der gesamten Zielumgebung geknüpft wird, muss der Auftragnehmer die sich daraus ergebende Verschiebung und Erschwerung hinnehmen.

Pflicht des Kunden, seine Testfälle vorab bekanntzugeben: Sie ist zu verneinen. Die Abnahmeprüfung dient auch der Qualitätssicherung. In deren Interesse sind voneinander unabhängige Tests vorzuziehen.

(3) Pflicht des Auftragnehmers zur Unterstützung

Durchführung der Abnahmeprüfung: Die Abnahmeprüfung ist Sache des Kunden. Wenn der Kunde dabei überfordert ist, stellt sich die Frage, ob der Auftragnehmer aufgrund von Treu und Glauben zur Unterstützung verpflichtet ist und, wenn ja, ob diese gesondert zu vergüten ist. Zu bedenken ist, dass die Vertragspartner die Abnahme ausdrücklich vereinbart haben. Wenn sie die Unterstützung nicht geregelt haben, dürften sie diese eher nicht gewollt haben. Nach Treu und Glauben muss der Auftragnehmer sie bei Bedarf trotzdem soweit wie zumutbar gegen gesonderte Vergütung erbringen.

---

32. Bei Anwendung des Werkvertragsrechts würde es keine solche Pflicht geben.

Erstellung einer Abnahmespezifikation: Der Auftragnehmer ist zur Erstellung und Lieferung einer Testdokumentation verpflichtet *[Kapitel 9.3.1 (2)]*. Die Erstellung weiterer Vorgaben für die Abnahmeprüfung ist Sache des Kunden, soweit nichts anderes vereinbart ist. Die Pflicht des Auftragnehmers zur Erstellung dieser Spezifikation kann sich aus den vereinbarten Richtlinien ergeben *[Kapitel 9.1.5]*.

(4) Abnahmeerklärung, insbesondere durch Gebrauch als schlüssiges Handeln

Die Billigung kann insbesondere durch Zahlung der Vergütung erklärt werden. – Wenn der Kunde das Programm produktiv nutzt, kann das die Abnahmeerklärung beinhalten. Da die Abnahme hier aufgrund einer Vereinbarung erfolgt, kommt es besonders stark darauf an, was die Vertragspartner mit ihr bezwecken. Bei Programmen ist zu berücksichtigen, dass das Testen auch in *beschränkter* Form durch produktive Nutzung erfolgen kann und dann normaler Teil der Abnahmeprüfung ist; die Verwendungsfähigkeit des Programms zeigt sich erst nach einiger Zeit, sodass die eingeschränkte Nutzung noch nicht auf den Abnahmewillen schließen lässt. Wird das Programm uneingeschränkt produktiv genutzt, heißt das, dass die Testphase abgeschlossen ist oder auf sie verzichtet wird. Wenn bald nach Beginn der produktiven Nutzung Mängel gemeldet werden, beinhaltet die weitere Nutzung die Abnahmeerklärung erst dann, wenn diese (und ggf. weitere gemeldete Mängel) korrigiert worden sind.

9.5 Haftung für Sachmängel

Da der Vertrag über die Erstellung als Werklieferungsvertrag einzustufen ist, gilt dasselbe wie bei einem Systemvertrag *[Kapitel 6.3]*. Insbesondere unterliegt der kaufmännische Kunde der kaufmännischen Untersuchungs- und Rügepflicht *[Kapitel 6.3.11]*; es sei denn, dass die Abnahme vereinbart worden ist *[Kapitel 9.4 (1)]*. Im Folgenden werden nur einige Besonderheiten angesprochen, die sich aus dem spezifischen Vertragsgegenstand ergeben.

Zur systemtechnischen Betreuung während der Verjährungsfrist siehe www.zahrnt.de, Kapitel 9.2.1.

9.5.1 Mängel

Primärer Maßstab für das Vorliegen von Mängeln ist die Spezifikation *[Kapitel 9.1]*, vorausgesetzt, dass sie erstellt und genehmigt worden ist und dass nicht ausnahmsweise vereinbart worden ist, dass die – fortgeschriebene – Aufgabenstellung auf höherer Ebene maßgeblich bleiben soll *[siehe Kapitel 9.1.3 (2), zur Ergänzung bei unzulänglicher Konkretisierung siehe Kapitel 9.1.3 (4)]*. Ist die Spezifikation fortgeschrieben worden, ist die fortgeschriebene der Maßstab.

Hat der Kunde auf die Erstellung der Spezifikation verzichtet, muss er beweisen, dass er bestimmte Funktionen oder sonstige Eigenschaften verlangt hat, soweit er nicht Änderungswünsche vorbringt, mit denen ein Auftragnehmer, der die Erstellung einer Spezifikation unterlässt, rechnen muss *[Kapitel 9.1.2 (4)]*.

(1)   Gewöhnliche Verwendbarkeit

Ergänzend darf der Kunde erwarten, dass das Programm sich für die gewöhnliche Verwendbarkeit eignet. Dafür ist bezüglich der Funktionalität aber neben der Spezifikation nur wenig Raum.

Funktionalität *[vgl. Kapitel 6.3.2]*: Alle Fälle, auch Sonderfälle, müssen überhaupt verarbeitet werden können. Bei seltenen Sonderfällen ist dem Kunden manuelle Vorarbeit zuzumuten.

Benutzerbezogene Qualität *[vgl. Kapitel 6.3.3]*: In der Praxis führt die zunehmende Berücksichtigung ergonomischer Anforderungen bei Softwareprodukten dazu, dass auch die Erwartungen bei Individualprogrammen steigen. Ein Individualprogramm kann aber zu einem akzeptablen Preis kaum dasselbe bieten. Allerdings wird zunehmend mit Hilfsmitteln gearbeitet, die die Schaffung einer guten Benutzeroberfläche erleichtern.

Hinsichtlich der Aufgabenangemessenheit können sich gegenüber Softwareprodukten sogar höhere Anforderungen ergeben.

Die Frage, welche Benutzerfreundlichkeit der Kunde erwarten kann, hängt maßgeblich vom Umfang des Einsatzes des Programms bzw. vom Umfang des Mengengerüstes, das von ihm bearbeitet werden soll, ab. Das gilt entsprechend für die einzelnen Funktionen eines Programms.

Beispiel

Sollen z. B. Listen ausgegeben werden, die abgearbeitet werden sollen (z. B. Mahnlisten, Auflistungen von Eingabefehlern), bedarf es keiner Sortierung nach Sachbearbeitern, wenn nur ein Sachbearbeiter zuständig ist. Bei zwei Sachbearbeitern kann man über die Erforderlichkeit einer Sortierung nach Sachbearbeitern streiten. Bei vielen Sachbearbeitern und vielen Fällen ist eine Aufgliederung unverzichtbar.

Sonstige IT-technische Qualität *[vgl. Kapitel 6.3.5]*: Das Problem der Mängelhäufigkeit als Grund für eine Vertragslösung liegt parallel zur Situation bei Softwareprodukten *[Kapitel 6.3.8]*. Bei Individualprogrammen dürfen aber anfangs mehr Mängel als bei einem Softwareprodukt vorkommen.

(2) Fehlerhafte Anforderungen

Der Auftragnehmer schuldet ein taugliches Programm und wird erst dann von der Untauglichkeit wegen fehlerhafter Anforderungen des Kunden befreit, wenn dieser nach Rückfrage auf seinen Anforderungen besteht. Der Auftragnehmer darf sich nicht darauf verlassen, dass Anforderungen fehlerfrei sind, selbst wenn sie von einem Fachmann erstellt worden sind (außer wenn der Auftragnehmer vereinbarungsgemäß kaum fachliche Kenntnisse zu haben braucht).

(3) Nicht ausreichende Zielumgebung des Kunden

Zur Pflicht des Auftragnehmers, die Tauglichkeit der Zielumgebung des Kunden zu Beginn seiner Arbeit zu überprüfen, siehe Kapitel 9.2.1. Zu Mängeln in der Zielumgebung siehe Kapitel 9.2.3.1.

Ausgangspunkt: Beeinträchtigt die vorgegebene Zielumgebung die Realisierung, z.B. die des geschuldeten Zeitverhaltens, oder reicht sie nicht aus oder ist sie fehlerhaft, ist das in Analogie zu einer fehlerhaften Weisung des Kunden zu behandeln *[vgl. unter (2)]*. Das bedeutet, dass der Auftragnehmer den Kunden auf die mangelnde Eignung aufmerksam machen muss, wenn er sie entdeckt. Problematisch sind Defizite in der Sollbeschaffenheit der Zielumgebung, insbesondere fehlende Funktionen. Der Auftragnehmer muss beweisen, dass er eine von ihm benötigte Funktion als zur gewöhnlichen Verwendbarkeit der Zielumgebung gehörig betrachten durfte. Der Kunde kann den Gegenbeweis antreten, dass der Auftragnehmer wusste, dass diese Funktion nicht vorhanden war.

Der Kunde muss Abhilfe schaffen, sei es dadurch, dass der Lieferant der Systemsoftware Fehler beseitigt, sei es, dass er die Zielumgebung ergänzt oder sonstwie ändert oder dass er den Auftragnehmer beauftragt, das Defizit programmseitig auszugleichen.

Verantwortung des Auftragnehmers für Defizite: Grundsätzlich liegt die Verantwortung für die nicht ausreichende Zielumgebung beim Kunden *[zum Beratungsverschulden des Auftragnehmers siehe Kapitel 9.7]*. Der Auftragnehmer kann allerdings die Gesamtverantwortung übernehmen. Dann gehen Defizite zu seinen Lasten; er hat insbesondere die sich aus der anwenderseitigen Pflege der Systemsoftware ergebenden Aufgaben *[siehe www.zahrnt.de, Kapitel 9.2.1]* auf eigene Kosten zu übernehmen.

Der Auftragnehmer trägt aber nicht die Folgen, wenn der Lieferant der fehlerhaften Systemsoftware gemeldete Fehler (Defizite) nicht beseitigt. Wenn jener Lieferant die Pflicht zur Fehlerbeseitigung allerdings ausgeschlossen hat und der Auftragnehmer das zum Zeitpunkt des Vertragsabschlusses weiß, gehen Fehler wiederum beschränkt zu seinen Lasten: Er muss schwerwiegende Fehler der Systemsoftware in dem von ihm erstellten Programm umgehen *[Kapitel 8.4.1 (2)]*.

Wenn der Auftragnehmer im Vertrag zusätzlich erforderliche Software (u.U. auch Hardware) benennt, ist das im Regelfall nur als Aufforderung an den Kunden zu verstehen, die Zielumgebung zu ergänzen. Ausnahmsweise kann es sinngemäß bedeuten: »Das ist ein Teil der Lösung, den der Kunde beschaffen möge.« Bei dieser Formulierung übernimmt der Auftragnehmer die Verantwortung für die Eignung (wie bei Gesamtverantwortung).

9.5.2   Rechtsfolgen

Unerhebliche Mängel: Soweit Abweichungen von der Spezifikation vorliegen (z.B. Anordnung der Daten in Listen), dürfte gewollt sein, dass der Auftragnehmer alle Abweichungen zu beseitigen hat. Denn die endgültige Detaillierung soll ganz und gar verbindlich sein. Der Auftragnehmer dürfte ohnehin kaum von seiner Pflicht zur Nacherfüllung befreit sein *[Kapitel 6.3]*.

Kostenerstattung durch den Kunden bei Vergütung nach Aufwand: Ausgangspunkt ist, dass der Auftragnehmer die Kosten für das Finden (Testen) und die Beseitigung von *üblichen* Mängeln in der Erstellungsphase bei Vergütung nach Aufwand nicht zu tragen hat. Die Gründe dafür sind so stark, dass deswegen der Grundsatz eine Ausnahme erfährt, dass der Auftragnehmer die Kosten für die Mängelbeseitigung nach der Lieferung trägt. Der Kunde hat den Aufwand auch dann zu bezahlen, wenn *übliche* Mängel erst nach Ablieferung entdeckt und beseitigt werden. Das ist Juristen aber nur schwer klarzumachen *[siehe deswegen ausführlich www.zahrnt.de, Kapitel 9.5.2]*.

Vertretenmüssen als Anspruchsvoraussetzung für Schadensersatzansprüche: Der Auftragnehmer hat im Normalfall Verschulden zu vertreten *[Kapitel 3.1 (3)]*. Längst nicht jeder Programmmangel ist verschuldet. Da Verschulden vermutet wird, muss sich der Auftragnehmer entlasten. Mängel sind bei auch nur einigermaßen komplexen Programmen selbst bei äußerster Sorgfalt nicht zu vermeiden. Ebenso können trotz gründlichsten Testens nicht alle Mängel entdeckt werden. Geschuldet wird nur die verkehrsübliche Sorgfalt, bezogen auf das konkrete Programm. Diese wird von den Beteiligten stark nach der Art des drohenden Schadens differenziert, vorrangig danach, ob Personenschäden oder nur sonstige Schäden drohen. Innerhalb der sonstigen Schäden wird nach der Höhe des drohenden Schadens differenziert. Es gibt also für den Auftragnehmer Chancen, sich zu entlasten.

Verschulden des Auftragnehmers an einem latenten Mangel, den der Kunde durch eine Änderung aktiviert, scheidet nicht schlechthin aus; denn der Mangel kann vermeidbar sein; er kann auch durch andere Maßnahmen der Qualitätssicherung als durch Testen entdeckbar sein.

Ersatzvornahme/Selbstvornahme: Sie ist nur im Werkvertragsrecht vorgesehen *[Kapitel 5.1.1 (3)]*; sie setzt dort die Setzung einer Nachfrist voraus, nicht aber dass der Auftragnehmer den Mangel zu vertreten hat. Wenn der Auftragnehmer die Verzögerung zu vertreten hat, kann der Kunde nach nutzloser Fristsetzung die Erstattung seines Aufwands als Schaden verlangen. Damit besteht im Ergebnis nur ein beschränkter Unterschied zum Werkvertrag.

Nach-Nachfrist: Der Auftragnehmer kann Anspruch auf eine Nach-Nachfrist haben (die der Kunde von vornherein – ausdrücklich – in seine Nachfristsetzung einbeziehen kann): Wenn der Kunde wegen aufgetretener Mängel eine Nachfrist setzt, kann dem Auftragnehmer trotz aller Anstrengungen unterlaufen, dass er die Mängel nicht vollständig beseitigt (seine Korrekturmaßnahmen punktuell mangelhaft sind). Beim Testen durch den Kunden können schwerwiegende Störungen auftreten, die der Auftragnehmer in seiner Testumgebung kaum entdecken konnte, die aber schnell beseitigt werden können. Wenige solcher Mängel sind nach dem Stand der Technik akzeptabel. Je eher sich diese Situation nach der Lieferung ergibt, desto eher muss der Kunde für deren Beseitigung eine kurze Nach-Nachfrist einräumen *[vgl. Kapitel 9.2.4 (3)]*.

Erneute Nachfristsetzung als Voraussetzung für die Erstattung des Aufwands für die Beseitigung von weiteren Mängeln: *Siehe www.zahrnt.de, Kapitel 9.5.2.*

9.6   Besonderheiten bei Erstellung aus Rohlingssoftware

Konkretisierung der Aufgabenstellung: Der Auftragnehmer geht davon aus, dass er die gewünschte Lösung im Wesentlichen bereits erstellt hat *[Kapitel 8.4.2 zur Abgrenzung zu ähnlichen Projekten auf der Basis von Softwareprodukten]*. Typischerweise wird vor der Vereinbarung eines Festpreises nur eine grobe Istaufnahme durchgeführt. Der Auftragnehmer geht von einem Basispreis aus, der einen Teil der Vorinvestition für die Rohlingssoftware amortisieren soll, und von einem Zuschlag, der den Anpassungsaufwand in etwa abdecken soll. Gewisse Überschreitungen des tatsächlichen Aufwands sind für ihn nicht schlimm; denn oft führt das zu Erweiterungen der Rohlingssoftware, die er für andere Kunden wiederverwenden kann.

Die Erstellungsphase im Übrigen: Schon bei Projekten, bei denen Softwareprodukte erheblich angepasst werden sollen, liegt es nahe, diese wie Erstellungsprojekte durchzuführen. Hier gilt dies auf jeden Fall. Da die Rohlingssoftware nach den Richtlinien des Auftragnehmers erstellt worden ist, dürften diese auch für die Anpassungsprogrammierung gelten. Allerdings dürfte mit dieser punktuellen Geltung noch nicht viel dazu ausgesagt sein, inwieweit diese Richtlinien im Übrigen, insbesondere hinsichtlich der Mitwirkung des Kunden, gelten sollen.

Sonstige Leistungsfragen: Wie auch sonst hat der Auftragnehmer das Programm auch als Quellprogramm zu liefern *[Kapitel 9.3.1 (1)]*. Es gibt keinen Grund, dass nicht auch eine systemtechnische Dokumentation zu liefern ist. Fraglich ist allerdings, wie umfangreich diese zu sein hat. Denn es ist höchstwahrscheinlich, dass der Auftragnehmer die Pflege übernimmt und der Kunde also eine ausführliche Dokumentation nicht brauchen wird.

9.7   Verletzung von Aufklärungs- und Beratungspflichten vor Vertragsabschluss

Die Frage, inwieweit der Auftragnehmer vor Vertragsabschluss zur Aufklärung oder Beratung verpflichtet ist, spielt eine geringere Rolle als bei der Lieferung von Systemen *[Kapitel 7.1]*, weil hier IT-Laien nur beschränkt als Auftraggeber für die Erstellung von Programmen auftreten.

Gegenüber IT-Laien kommen Aufklärungspflichten dahingehend in Betracht,

- dass sie in erheblichem Umfang am Erstellungsprozess mitwirken müssen,
- dass sinnvollerweise erst einmal ein Auftrag über die Erarbeitung der Spezifikation erteilt und durchgeführt wird, wenn der Kunde einen Festpreis verlangt,
- dass es wahrscheinlich eine Lösung auf dem Markt auf der Basis eines anzupassenden Standardprogramms gibt.

Eine allgemeine Pflicht zur Überprüfung der Aufgabenstellung ist abzulehnen. Eine solche hinsichtlich der Entwicklungs- und Zielumgebung kann auch nur ausnahmsweise angenommen werden, wenn der Kunde über IT-Fachleute verfügt. Denn diese Überprüfung gehört erst an den Beginn der Arbeit *[Kapitel 9.2.1]*.

Eine Beratungspflicht entsteht, wenn der Auftragnehmer Empfehlungen zur Entwicklungs-/Zielumgebung gibt.

9.8   Vorverträge und vorläufige Verträge

Wenn der Auftragnehmer schon vor Abschluss des geplanten schriftlichen Vertrags mit der Arbeit anfängt, kommt es hinsichtlich der Vergütungspflicht darauf an, ob die Vertragspartner die Arbeit noch als Arbeit des Auftragnehmers an seinem Angebot oder bereits als Projektarbeit sehen *[Kapitel 2.1.8 (3)]*. Angesichts dessen, dass der Entwicklungsprozess ein Kontinuum ist, kann man kaum sagen, dass dieses oder jenes noch zur Angebotserstellung gehöre. Im Grunde ist alles bereits Projektarbeit und wird bei Vergütung nach Aufwand selbstverständlich bezahlt. Man denke nur daran, wie intensiv die Fachseite des Kunden bereits mitarbeitet. Wird bei Vergütung nach Aufwand der Vertrag erst nach Arbeitsaufnahme geschlossen, soll er in der Regel rückwirkend mit Arbeitsbeginn in Kraft treten. Bei Festpreisen kalkuliert der Auftragnehmer seinen Aufwand auch ab Arbeitsbeginn mit ein, bekommt ihn im Falle des Vertragsabschlusses also auch vergütet.

Der Auftragnehmer arbeitet also nur dann noch an seinem Angebot, wenn er die Aufgabenstellung ermittelt, um sie in seinem Angebot darstellen oder um seinen Aufwand bei einem Festpreis kalkulieren zu können, bzw. nach Vorlage eines Angebots, um es aufgrund von Einwendungen seines Interessenten zu verbessern.

Es liegt also ziemlich nahe, dass der Auftragnehmer anderenfalls nicht auf sein Risiko arbeitet.

9.9   Pflege von Individualprogrammen

(1)   Ansatz für den Pflegevertrag

Mit Ablauf der Verjährungsfrist für Ansprüche wegen Mängeln aus dem Erstellungsvertrag erlischt der Anspruch des Kunden auf Mängelbeseitigung nicht; der Auftragnehmer kann dem Anspruch aber Verjährung dieser Ansprüche entgegenhalten und sich zur Mängelbeseitigung nur gegen Vergütung bereit erklären *[Kapitel 6.3.12 (1)]*.

Der Auftragnehmer, der nach Ablauf der Verjährungsfrist Mängel ohne eine solche Forderung beseitigt, kann dafür *nachträglich* keine Vergütung verlangen; er hat eben auf die Einrede der Verjährung verzichtet und seine Pflicht erfüllt. Besteht kein Pflegevertrag, muss der Auftragnehmer sich also vor Arbeitsaufnahme einen Auftrag zur Mängelbeseitigung (gegen Vergütung des Aufwands) erteilen lassen, wenn er seine Leistung vergütet haben will.

Wird ein Pflegevertrag geschlossen, wird meist die Pflicht zur Mängelbeseitigung gegen Vergütung vereinbart und ein Rahmen für Aufträge zur Weiterentwicklung geschaffen.

(2)   Pflegepflicht

Ob der Auftragnehmer zum Abschluss eines Pflegevertrags verpflichtet ist, hängt im Wesentlichen davon ab, ob er dem Kunden Programme als Quellprogramm zur Verfügung gestellt hat *[wozu er grundsätzlich verpflichtet ist; siehe Kapitel 9.3.1 (1)]*. Hat er das getan, besteht kein technisches Monopol. Ein Anspruch auf Pflege kommt dann nur beschränkt in Betracht.

Wenn der Auftragnehmer das Quellprogramm vereinbarungsgemäß nicht zur Verfügung zu stellen braucht, erklärt er damit, dass er die Pflege übernehmen will. Er dürfte dann zumindest für die übliche Einsatzdauer der von ihm erstellten Programme zur Pflege verpflichtet sein. Je länger die Geschäftsbeziehung betreffend der Weiterentwicklung dauert, desto stärker dürfte der Kunde sich auf weitere Betreuung verlassen können. Der Auftragnehmer dürfte auch über die übliche Einsatzdauer von Softwareprodukten hinaus dazu verpflichtet bleiben, solange er die personellen und sachlichen Mittel hat, die Pflege fortzuführen. Im Übrigen dürfte er verpflichtet sein, die Einstellung der Pflege frühzeitig anzukündigen, damit der Kunde sich darauf einstellen kann.

(3) Mängelbeseitigung

Wird die Beseitigung von Mängeln vereinbart, will der Auftragnehmer keinesfalls die Verjährungsfrist aus dem Erstellungsvertrag verlängern, sondern Schadensersatzansprüche wegen bereits vorhandener Mängel ablehnen können. Die Pflicht zur Mängelbeseitigung ist hier geschuldete Leistung und erfolgt nicht aus Haftung wegen Mängeln. Erst wenn der Auftragnehmer die Pflicht zur Mängelbeseitigung verletzt, haftet er auf Schadensersatz.

(4) Pflichten des Auftragnehmers bei der Pflege

Die im Folgenden behandelten Pflichten gelten weitgehend unabhängig davon, ob ein formeller Pflegevertrag geschlossen worden ist oder nicht.

Qualitätssicherung: Da die Weiterentwicklung noch fehlerträchtiger ist als die Erstentwicklung, ist der Auftragnehmer gesteigert zur Qualitätssicherung, insbesondere zum Testen, verpflichtet. Der Kunde dürfte eher als bei einem Erstellungsvertrag auch seinerseits zur Überprüfung, insbesondere zum Testen, verpflichtet sein *[Kapitel 9.2.3.2]*.

Beratungspflichten des Auftragnehmers: Die Weiterentwicklung wird zwar durch Aufträge des Kunden angestoßen. Der Auftragnehmer kann aber verpflichtet sein, den Kunden auf Bedarf an Weiterentwicklung hinzuweisen, damit diese rechtzeitig durchgeführt werden kann. Der Änderungsbedarf kann sich beispielsweise aus Änderungen der Rechtsvorschriften ergeben, die ein Programm zu berücksichtigen hat, oder aus veränderten Pflegebedingungen für die Systemsoftware, die ein Programm benötigt *[vgl. Kapitel 12.2.1]*. Die Beratungspflicht bezieht sich dann auch auf den Zeitbedarf für das Weiterentwickeln und die Verfügbarkeit der dafür erforderlichen Kapazität beim Auftragnehmer.

10 Outsourcing-Verträge

10.1 Vertragsgegenstand und rechtliche Einordnung

Der Begriff Outsourcing wird als Modebegriff beliebig verwendet, beispielsweise auch für Verträge über Personaleinsatz, wie sie in den *Kapiteln 5* und *9* abgehandelt werden. In diesem Kapitel geht es nur um Verträge, die einem Anwender ermöglichen, sich für die Durchführung seiner Informationsverarbeitung eines IT-Systems und/oder des für dessen Einsatz erforderlichen Personals zu bedienen, das nicht unter seiner Herrschaft steht.

Diese Verträge werden weitgehend, aber nicht stets, im Wege der Telekommunikation erbracht. Der Auftragnehmer erbringt dann Teledienste *[siehe www.zahrnt.de, Kapitel 4.2.1.1]*.

Der Auftragnehmer kann darüber hinaus auch Telekommunikationsdienste nach dem Telekommunikationsgesetz erbringen.

(1) Vertragsform

Aufgrund der schnellen technischen Entwicklung in den letzten Jahrzehnten und damit auch der der Kosten (sowie der gemachten Erfahrungen) wechseln die Vertragsinhalte ständig.

Wegen der engen Zusammenarbeit der Vertragspartner gibt es fast keine Streitigkeiten vor Gericht außer solchen über die Beendigung der Zusammenarbeit. Damit gibt es kaum Urteile und dementsprechend auch fast keine juristische Literatur.

Das Spektrum reicht von der Betreuung eines IT-Systems des Kunden bei diesem bis zur Übertragung von Aufgaben des Kunden. Es gibt beliebige Mischungen aus der Bereitstellung von IT-Systemen einerseits und Dienstleistungen andererseits. Das Spektrum ist so breit wie das bei der Beschaffung von IT-Systemen *[Kapitel 6.1 (1)]*, wobei hier noch Pflege und u.U. Wartung hinzukommen. Die benötigten IT-Produkte können selbst dann vom Kunden gestellt werden, wenn sie beim Auftragnehmer installiert werden.

Dementsprechend gibt es keinen Vertragstyp Outsourcing, nicht einmal den Typ eines Rechenzentrumsvertrags. Auch der ASP-Vertrag (Application Service Providing) oder der SaaS-Vertrag (Software as a Service) beinhalten mehr ein Marketing- und Geschäftskonzept, das bestimmte technische Möglichkeiten voraussetzt, als ein einigermaßen definiertes Leistungsbündel.

(2)   Rechtliche Einordnung

Soweit es um die Bereitstellung von IT-Systemen, wenn auch nur zur Mitbenutzung durch den Kunden, geht, ist weitgehend Mietvertragsrecht anzuwenden. Dieses verpflichtet den Auftragnehmer zur Beseitigung von Mängeln und zur Weiterentwicklung *[Kapitel 7.2 (1)]*. Das Mietrecht sieht vor, dass der Kunde das IT-System einen Dritten nur mit Zustimmung des Auftragnehmers mitnutzen lassen darf.

Soweit es um Dienstleistungen geht, fallen diese entweder unter Dienstvertragsrecht oder unter Werkvertragsrecht. Im zweiten Fall muss das Werkvertragsrecht dahingehend abgewandelt werden, dass ein Dauerschuldverhältnis vorliegt *[vgl. Kapitel 11.3.1]*. Die beschränkten Unterschiede zwischen Dienstverträgen und Werkverträgen nehmen damit noch weiter ab. Selbstverständlich soll der Auftragnehmer nur dafür bezahlt werden, dass er Ergebnisse, die er schaffen soll, auch erreicht.

Je umfangreicher die Dienstleistungen sind, desto näher liegt es, die Pflichtenstellung des Auftragnehmers zu betonen, sei es durch die ergänzende Anwendung des Auftragsrechts oder durch die des Konzepts des komplexen Langzeitvertrags *[Kapitel 6.1 (3)]*.

Ein BPO-Vertrag (Business Process Outsourcing) unterliegt weitgehend dem Recht des Geschäftsbesorgungsvertrags *[siehe (3)]*.

In der Regel hängen alle Leistungen zusammen, sodass der Kunde bei der Verletzung einer Leistungspflicht den Vertrag insgesamt außerordentlich kündigen bzw. bei Lieferverzug insgesamt von diesem zurücktreten kann *[Kapitel 6.4]*.

Es ist weitgehend nur eine akademische Frage, ob der Kunde ein Benutzungsrecht an der Software benötigt. Es wird ihm ggf. automatisch im Umfang der vereinbarten Nutzung eingeräumt. Die Frage stellt sich nur, wenn der Auftragnehmer nicht berechtigt ist, die eingesetzte Fremdsoftware zu vermieten.

(3)   Grundzüge des Auftragsrechts/der Geschäftsbesorgung

Das BGB unterscheidet zwischen dem Auftrag und dem Geschäftsbesorgungsvertrag. Beim Auftrag gemäß §§ 662 ff. BGB übernimmt es der Auftragnehmer, ein Geschäft für den Auftraggeber unentgeltlich zu besorgen. Dieser Vertragstyp ist für das Geschäftsleben also wenig bedeutsam. Der Begriff wird im Geschäftsleben häufig allgemein im Sinne eines Vertrags über gegenseitige Leistungen verwendet.

Der Geschäftsbesorgungsvertrag ist ein entgeltlicher Vertrag. § 675 BGB regelt ihn so, dass erklärt wird, dass der Geschäftsbesorgung ein Dienstvertrag oder ein Werkvertrag zugrunde liegt. Das schafft die Grundlage für die Vergütungspflicht. Über die üblichen Pflichten bei einem solchen Dienst- oder Werkvertrag hinaus ist der Auftragnehmer besonders verpflichtet, die Interessen des Kunden wahrzunehmen. Beispielsweise hat der Architekt aufgrund eines Werkvertrags bzw. Dienstvertrags die Aufgabe, einen Entwurf zu machen und die Bauaufsicht zu führen. Wenn er darüber hinaus auch Verhandlungen mit anderen Auftragnehmern führt, liegt insoweit Geschäftsbesorgung vor. Unter den Geschäftsbesorgungsvertrag fallen typischerweise Aufträge an Rechtsanwälte, Bankgeschäfte oder Baubetreuungsverträge.

Der Auftragnehmer ist besonders verpflichtet, Informationen zu geben und Weisungen einzuholen.

10.2 Durchführung

10.2.1 Allgemeines

Einführungsphase: Am Anfang muss je nach Leistungsbündel eine mehr oder weniger umfangreiche Einführungsphase durchgeführt werden. Bei der Inanspruchnahme von Anwendungssoftware entspricht diese weitgehend der bei der Beschaffung von IT-Systemen *[siehe Kapitel 6.2 bzw. Kapitel 8.3 hinsichtlich der Anpassungsprogrammierung]*.

Nutzungsphase: Je nach Leistungsbündel entspricht die Nutzungsphase mehr oder weniger der bei der Nutzung von IT-Systemen *[Kapitel 6.5 und 7.2 (1)]* unter besonderer Berücksichtigung der Ansprüche auf Weiterentwicklung der Anwendungssoftware *[Kapitel 12.2]*. Insoweit Geräte beim Kunden stehen, geht es auch um deren Wartung *[Kapitel 11]*.

Mängelbeseitigung: Sie gehört zur Leistung; sie wird also nicht wegen einer Pflichtverletzung geschuldet *[Kapitel 7.2 (1); vgl. Kapitel 12.3.1]*. Soweit nichts anderes vereinbart wird, sind die Reisekosten und -zeiten für erforderliche Einsätze beim Kunden durch die pauschale Vergütung abgegolten.

Auftragsdatenverarbeitung: Eine besondere Bedeutung hat der Datenschutz. Soweit der Auftragnehmer personenbezogene Daten für den Kunden verarbeitet, greift das Bundesdatenschutzgesetz (BDSG) ein. Dann liegt Datenverarbeitung im Auftrag nach § 11 BDSG vor. Der Kunde ist für die Einhaltung der datenschutzrechtlichen Vorschriften verantwortlich. Dementsprechend muss er die datenschutzrechtlichen Anforderungen im Auftrag gegenüber dem Auftragnehmer festlegen. § 11 Abs. 2 Satz 2 BDSG sieht vor, dass der Auftrag schriftlich zu erteilen ist, »wobei die Datenerhebung, -verarbeitung oder -nutzung, die technischen

und organisatorischen Maßnahmen und etwaige Unterauftragsverhältnisse festzulegen sind«. Der Vertrag muss also entsprechend detailliert abgefasst werden. –
Weiterhin hat der Kunde sich »von der Einhaltung der beim Auftragnehmer
getroffenen technischen und organisatorischen Maßnahmen zu überzeugen«.
Dementsprechend muss er sich im Vertrag ein solches Kontrollrecht einräumen
lassen (wobei sich dieses hilfsweise aus der ergänzenden Vertragsauslegung
ergibt, wenn der Vertrag schweigt).

Aus dem Vorstehenden ergibt sich, dass der Auftragnehmer die Daten nur
gemäß Auftrag verarbeiten darf.

Vergütung: In der Praxis geht es im Wesentlichen darum, diejenigen Leistungen
genau zu definieren, die durch eine pauschale Vergütung abgegolten werden sollen.

In dem Fall, dass die pauschale Vergütung zeitabhängig vereinbart wird, stellt
sich die Frage nach dem Beginn der Vergütungspflicht, wenn die Einführungsphase längere Zeit dauert. Dass die Zahlungspflicht mit Beginn der Einführungsphase beginnt, liegt nahe,

- wenn der Auftragnehmer die IT-Anlage schon frühzeitig bereitstellen muss
  und
- wenn die Einführungsleistungen durch die zeitabhängige Vergütung abgegolten werden sollen.

Beendigung: Der Kunde kann den Vertrag nach herrschender Meinung zwar vor-
zeitig kündigen *[vgl. Kapitel 9.2.5]*. Er bleibt aber verpflichtet, die Vergütung zu
bezahlen. Der Auftragnehmer muss sich nur das abziehen lassen, was er an Kosten tatsächlich erspart bzw. durch den Einsatz seiner Ressourcen anderweitig
erwirbt (oder zu erwerben böswillig unterlässt).

Auch wenn der Kunde jahrelang für die Nutzung der Software gezahlt hat,
hat er keinen Anspruch auf Überlassung der Software gegen einen Vorzugspreis.

Der Kunde hat Anspruch auf Überlassung seiner Daten derart, dass er sie
anderweitig nutzen kann. Dieser Anspruch besteht nicht erst bei Nutzungsende,
sondern jederzeit, also bereits dann, wenn der Kunde diese für die Vorbereitung
der Umstellung benötigt.

10.2.2   Insbesondere Web-Housing

Zur Vorbereitung des Internetauftritts siehe www.zahrnt.de, Kapitel 8.3 (12).

Beim Web-Housing stellt der Auftragnehmer den Server und in der Regel die
Basissoftware, auf deren Grundlage der Web-Auftritt des Kunden programmiert
wird.

Das Thema Haftung des Access-Providers, insbesondere die strafrechtliche
Verantwortung seiner Geschäftsführung, ist in den letzten Jahren hochgespielt
worden.

§ 11 Teledienstegesetz (TDG) bestimmt, dass Access-Provider nicht verantwortlich sind, sofern

» 1. sie keine Kenntnis von der rechtswidrigen Handlung oder der Information
haben und ihnen im Falle von Schadensersatzansprüchen auch keine Tatsachen oder Umstände bekannt sind, aus denen die rechtswidrige Handlung
oder Information offensichtlich wird oder

2. sie unverzüglich tätig geworden sind, um die Information zu entfernen oder
den Zugang zu ihr zu sperren, sobald sie diese Kenntnis erlangt haben«.

Im Übrigen bestimmt § 8 Abs. 2 TDG, dass Access-Provider nicht verpflichtet
sind,

»die von ihnen übermittelten oder gespeicherten Informationen zu überwachen
oder nach Umständen zu forschen, die auf eine rechtswidrige Tätigkeit hinweisen.
Verpflichtungen zur Entfernung oder Sperrung der Nutzung von Informationen
nach den allgemeinen Gesetzen bleiben auch im Falle der Nichtverantwortlichkeit
... unberührt«.

10.2.3   Haftung des Auftragnehmers

Soweit die Pflichtverletzung sich auf die Bereitstellung von IT-Systemen bezieht,
ist Mietvertragsrecht anzuwenden, soweit sie sich auf die Dienstleistungen
bezieht, eher Dienstvertragsrecht oder Werkvertragsrecht unter Berücksichtigung, dass ein Dauerschuldverhältnis vorliegt *[Kapitel 10.1 (2)]*.

Wesentliche Unterschiede sind nicht zu sehen. Bei der Haftung auf Schadensersatz steht der Auftragnehmer bei Miete schlechter, weil er Mängel, die bereits
bei Abschluss des Vertrags vorhanden waren, unabhängig von Verschulden zu
vertreten hat *[Kapitel 7.2 (3)]*.

Soweit die Leistung nicht zur Verfügung gestellt wird, kann der Kunde die
pauschale Vergütung unabhängig von Vertretenmüssen kürzen (mindern). Auch
insofern kommt es nicht auf den Vertragstyp an (beim Dienstvertrag gibt es zwar
keine Minderung; bei dienstvertraglichen Leistungen dominiert aber, dass die
Gesamtleistung während der vereinbarten Dauer zur Verfügung zu stellen ist
bzw. zu bestimmten Terminen zu erbringen ist).

Zeiten, während der das IT-System wegen planmäßiger Arbeiten an ihm nicht
zur Verfügung steht, gelten nicht als Ausfallzeiten, soweit sie sich im angemessenen Rahmen halten.

Haftung bei Telekommunikationsdienstleistungen: Soweit der Auftragnehmer
solche Leistungen erbringt, ist seine Haftung für Vermögensschäden gemäß § 7
Telekommunikationsgesetz (TKG) begrenzt.

Der Auftragnehmer hat nicht zu vertreten, wenn das Telekommunikations-
netz zwischen ihm und dem Kunden nicht verfügbar ist (er hat nur die sorgfältige
Auswahl zu vertreten).

11 Wartung von Hardware

11.1 Vertragsgegenstand und -formen

Zur Rechtslage nach Ablauf der Verjährungsfrist für Mängelansprüche aus dem Beschaffungsvertrag siehe Kapitel 12.1 am Anfang.

Hardware und Software werden vom Ansatz her getrennt behandelt: Für die Hardware kann ein Wartungsvertrag, für die Softwareprodukte ein Pflegevertrag geschlossen werden *[siehe auch www.zahrnt.de, Kapitel 11.1]*.

Leistungen: Unter Wartung von Hardware fällt eine Reihe von Tätigkeiten:

- die Instandsetzung/Störungsbeseitigung/Reparatur,
- die Instandhaltung/vorbeugende Wartung (die nur eine geringe Rolle spielt),
- die Übertragung von Änderungen in der Bauweise von Geräten auf die bereits installierten Geräte, die nur noch eine untergeordnete Rolle spielt, und
- die telekommunikative Beratung bei Schwierigkeiten (»Hotline«), die aber nicht so wichtig wie bei Software ist.

Die Begriffe werden anders als in DIN 31051 verwendet, in der Instandhaltung der Oberbegriff ist und Wartung im Sinne von vorbeugender Wartung verstanden wird. Die öffentliche Hand spricht bisher normgerecht von den EVB-IT Instandhaltung (aber unklar in den EVB-IT System von »Wartung«).

Je stärker sich die Leistung auf die Instandsetzung beschränkt, desto stärker entspricht sie der Pflicht zur Mängelbeseitigung während der Verjährungsfrist für diese Ansprüche aus dem Projektvertrag, insbesondere wenn dort eine Haltbarkeitsgarantie gegeben worden ist *[Kapitel 6.3.10 (2)]*.

Vertragsformen: Im Vordergrund stehen Vollwartung und Reparatur nach Einzelauftrag, letztere bei Projektverträgen oft auf der Basis eines Rahmenvertrags.

Vollwartung beinhaltet die Erbringung der vorgenannten Leistungen gegen pauschale Vergütung. Alternativ wird ein Rahmen vereinbart, innerhalb dessen die *Wartung auf der Basis von Zeit und Material* (time and material) beauftragt oder abgerufen wird. Berechtigterweise werden Kunden mit Vollwartungsvertrag gegenüber solchen, die Einzelaufträge erteilen, zeitlich vorrangig behandelt. Denn die Pauschale enthält auch einen Kostenansatz für das Vorhalten von Personalkapazität.

Die Vollwartung beinhaltet auch die Beseitigung von Mängeln, bei denen der Kunde nicht nachweisen kann, dass sie schon bei Gefahrübergang im Ansatz vorhanden waren *[vgl. zur Haltbarkeitsgarantie Kapitel 6.3.10 (2)]*. Insoweit benötigt der Kunde sie zu seiner Absicherung bereits von der Installation der Hardware an. Die Wartungsvereinbarung kann auch von vornherein dazu dienen, eine hohe Wartungsbereitschaft, auch vor Ort, und Reaktionszeiten zu erreichen, die kürzer sind, als es die Haftung für Sachmängel verlangt.

Service Level Agreement (SLA) bezeichnet die Vereinbarung innerhalb eines Wartungsvertrags oder eines sonstigen Vertrags, wie schnell der Auftragnehmer auf eine Störungsmeldung hin reagieren soll und wie schnell er, wenn die Störung nicht in der vorgesehenen Frist beseitigt worden ist, diesen Zustand innerhalb seiner Organisation nach oben »eskalieren« soll; bei Hardware sehen SLAs auch oft Wiederherstellungszeiten vor. – Wenn Sanktionen für die Verletzung eines SLA vereinbart werden, sind diese im Zweifel unabhängig von Verschulden zu zahlen *[Kapitel 11.3.3 (3)]*.

11.2 Allgemeine Rechtsfragen zum Wartungsvertrag

(1)   Die Wartungsverpflichtung des Auftragnehmers bzw. des Herstellers

Als Rechtsgrund für die Wartungspflicht ist zu unterscheiden *[vgl. Kapitel 12.2 (1)]*:

- der Beschaffungsvertrag, insbesondere die Übernahme der Wartungspflicht aufgrund von Treu und Glauben,
- das technische Monopol des Herstellers (mit eigenem Wartungsnetz) oder des Auftragnehmers.

Der Kunde kann davon ausgehen, dass der Auftragnehmer oder der Hersteller bei technisch hochkomplizierten Leistungen umso eher gemäß § 20 Gesetz gegen Wettbewerbsbeschränkungen (GWB) zur Wartung verpflichtet ist, je weniger andere Wartungsunternehmer diese Leistung aus technischen Gründen übernehmen können. Die Pflicht beinhaltet die Wartung gegen angemessene Bedingungen.

Soweit der Auftragnehmer ausnahmsweise – aber für den Kunden nicht offensichtlich – zur Wartung nicht verpflichtet ist, kommt die Verletzung einer Aufklärungspflicht in Betracht.

(2)   Dauer der Wartungsverpflichtung

Zur Dauer der Wartungsverpflichtung ist IT-spezifische Rechtsprechung bisher nicht bekannt geworden. Wenn der Auftragnehmer erst einmal Vollwartung anbietet, könnte zu differenzieren sein zwischen

- der Frist, während der der Auftragnehmer Vollwartung akzeptieren muss, und
- der sich anschließenden Frist, während der der Auftragnehmer Wartung wenigstens gegen Zeit und Material erbringen muss. Dabei dürfte der Auftragnehmer nicht mehr verpflichtet sein, Ersatzteile vorzuhalten.

Die Mindestwartungsdauer dürfte – anders als bei der Pflege *[Kapitel 12.2.3]* – nicht für alle Kunden erst zu laufen beginnen, wenn sie für den letzten Käufer beginnt. Denn Ersatzteile können knapp werden; das gilt auch für das Personal, das spezielle Kenntnisse über die alten Geräte hat.

Einzelreparatur: Hier weist der Auftragnehmer u.U. schon nach zwei Jahren darauf hin, dass er Ersatzteile nicht mehr beschaffen könne. Der Produktzyklus sei so kurz; Neubeschaffung sei wirtschaftlicher. Allgemein ist ein Hersteller verpflichtet, Ersatzteile während der üblichen Nutzungszeit einer Maschine (oder eines Autos) verfügbar zu machen. Die Pflicht bezieht sich zwar nicht nur auf Verschleißteile, aber andererseits nicht auf Teile, die üblicherweise eine längere Lebensdauer als die Maschine haben. Wirtschaftliche Überlegungen können zu einer kürzeren Dauer führen. Das gilt insbesondere für Billigprodukte.

(3)   Übertragung des Vertrags auf einen anderen Wartungsunternehmer

Bei Software bestehen erhebliche Bedenken dagegen, dass der Auftragnehmer den Pflegevertrag während der Mindestpflegedauer auf einen anderen Lieferanten übertragen darf *[Kapitel 12.2.5 (2)]*. Das Argument, dass die spezifischen Kenntnisse der Mitarbeiter des (bisherigen) Vertragspartners sehr wichtig seien, entfällt bei der Wartung weitgehend. Es bleibt aber das Argument, dass der Kunde berechtigtes Interesse daran hat, seinen Vertragspartner zu behalten und dieser sich unschwer des neuen Wartungsunternehmers als Erfüllungsgehilfen bedienen kann.

11.3 Rechtsfragen zur Vollwartung

11.3.1 Allgemeine Fragen

Rechtliche Einordnung: Der Vollwartungsvertrag wird als Werkvertrag mit dauerschuldrechtlichem Charakter eingeordnet. Grundlage dafür ist, dass die einzelne Instandsetzung einen Werkvertrag darstellt *[Kapitel 11.4]*. Die vorbeugende Wartung allein mag zwar als Dienstvertrag einzuordnen sein *[Kapitel 11.4]*. Verbunden mit der Instandsetzung – und das z.T. untrennbar – dient aber auch sie dazu, eine möglichst hohe Verfügbarkeit zu schaffen.

Verhältnis zum Projektvertrag: Der Wartungsvertrag kann mit der Haftung für Sachmängel aus dem Projektvertrag während der Verjährungsfrist parallel laufen *[Kapitel 11.1]*. Der Kunde kann Ansprüche auf Mängelbeseitigung aus dem Projektvertrag und aus dem Wartungsvertrag ableiten. Er trägt die Beweislast, wenn er sich auf Haftung für Sachmängel stützt (weil er die Instandsetzung kostenlos haben oder vom Projektvertrag zurücktreten will).

Nach Ablauf der Verjährungsfrist liegt es fern, den Wartungsvertrag als Fortsetzung der Haftung für Sachmängel anzusehen. Denn der Auftragnehmer will nicht darauf verzichten, sich auf die Verjährung der Ansprüche wegen Mängeln aus dem Projektvertrag berufen zu können. Er übernimmt die Pflicht, die Hardware betriebsbereit zu halten. Das geht teilweise über die Haftung für Sachmängel hinaus (Beseitigung auch von Störungen, die durch Abnutzung entstanden sind) und bleibt teilweise dahinter zurück (kaum Beseitigung von Mängeln bezüglich der Sollbeschaffenheit) *[Kapitel 11.3.2 (1)]*.

Abhängigkeit vom Projektvertrag: Wird der Projektvertrag zwischen den Vertragspartnern nachträglich wieder aufgehoben, entfällt auch der zwischen denselben Parteien geschlossene Wartungsvertrag rückwirkend.

Der Kunde muss eine Nutzungsentschädigung zahlen. Diese dürfte entsprechend der Gebrauchsfähigkeit des gelieferten Systems aus Hardware und ggf. auch Software anzusetzen sein. Auch wenn die Hardware ordnungsgemäß gewartet worden ist, sie aber wegen verspäteter oder mangelhafter Lieferung der Software nur einen Bruchteil des Nutzens ermöglicht hat, ist nur ein entsprechender Bruchteil der Wartungskosten zu zahlen.

Anwendbarkeit von Werkvertragsrecht: Im Hinblick auf die Ausgestaltung der Vollwartung als Dauerschuldverhältnis dürften einige werkvertragsrechtliche Regelungen nicht anwendbar sein, z.B. § 641 BGB hinsichtlich der Fälligkeit der Vergütung, § 649 BGB hinsichtlich der vorzeitigen Beendigung/Kündigung.

Wie auch bei anderen Dauerschuldverhältnissen *[Kapitel 7.2 (1) und (2)]* hat der Anwender bei Pflichtverletzungen nicht das Recht auf Rücktritt, sondern das auf außerordentliche Kündigung *[Kapitel 3.1 (5)]*. Dieses kann durch Schadensersatzansprüche ergänzt werden.

Beginn der Wartungs- und der Zahlungspflicht: Wie einleitend dargestellt hängt der Bedarf nach einem Wartungsvertrag anfangs weitgehend davon ab, was der Kunde über die normale Beseitigung von Mängeln hinaus beauftragen will. Es liegt nahe, dass der Kunde während der Verjährungsfrist für Mängelansprüche weniger als die normale Wartungspauschale zahlen will.

Soll der Wartungsvertrag mit der Lieferung des IT-Systems beginnen, ist die vollständige Lieferung Voraussetzung für den Beginn der Zahlungspflicht, insbesondere also auch die der Software *[Kapitel 6.3.12 (2)]*; es sei denn, dass die Hardware als Teillieferung vereinbart wird.

Beendigung: Haben die Parteien nichts vereinbart, dürfte die Kündigung entsprechend § 621 BGB bei monatlicher Pauschale spätestens am fünfzehnten eines Monats für den Schluss des Kalendermonats zulässig sein. Wenn die Vergütung in längeren Abschnitten vereinbart ist, dürfte abweichend vom Dienstvertragsrecht innerhalb eines Zahlungsabschnitts nicht gekündigt werden können [vgl. Kapitel 7.2 (4)].

Wird die Hardware zerstört, endet der Wartungsvertrag, wenn kein Vertragspartner die Zerstörung zu vertreten hat. Wenn der Kunde die Zerstörung zu vertreten hat, muss er weiterhin zahlen. Hat der Auftragnehmer sie zu vertreten, hat der Kunde einen Schadensersatzanspruch in Geld. Eine Verpflichtung des Kunden zur Ersatzbeschaffung dürfte nicht bestehen. Beschafft der Kunde keinen Ersatz, endet der Wartungsvertrag. Anderenfalls dürfte der Wartungsvertrag bis zur Inbetriebnahme der neuen Hardware ruhen.

Außerordentliche Kündigung durch den Kunden wegen Nutzungseinstellung: Hier ist zu unterscheiden, ob die Kündigung während einer vereinbarten Mindestwartungsdauer ausgesprochen oder nach deren Ablauf nur die Kündigungsfrist bzw. die Verlängerungsperiode (häufig ein Jahr) abgekürzt werden soll.

Stellt der Kunde die Hardware während der vereinbarten Mindestfrist außer Dienst, dürfte er sich nur ganz ausnahmsweise auf die Störung der Geschäftsgrundlage berufen können [siehe auch Kapitel 11.3.4]. Wenn er allerdings nach Ablauf der vereinbarten Mindestfrist nur eine alte Anlage (endgültig) stilllegen will, muss ihm der Auftragnehmer die Möglichkeit einräumen, zum Ende eines beliebigen Monats zu kündigen, weil sich der genaue Umstellungstermin nicht mittelfristig festlegen lässt. Der Kunde muss die Stilllegung aber vorher (zum letzten ordentlichen Kündigungstermin) ankündigen; der Auftragnehmer hat für eine verkürzte Laufzeit Anspruch auf eine höhere Pauschale.

11.3.2   Leistungspflichten des Auftragnehmers

(1)   Störungsbeseitigung und Schaffung hoher Verfügbarkeit

Die Wartung zielt nicht allein auf die Beseitigung von Störungen, sondern – in Verbindung mit der Instandhaltung und der Wartungsbereitschaft – auf die Schaffung einer hohen Verfügbarkeit der Hardware. Deshalb muss die Frage nach der Haftung des Auftragnehmers daran anknüpfen, ob er die dafür erforderlichen Maßnahmen getroffen hat [Kapitel 11.3.3 (1)]. Hohe Verfügbarkeit wird zwar geschuldet, aber mangels spezieller Vereinbarung nicht garantiert. Haftung auf Schadensersatz setzt also Verschulden des Lieferanten voraus.

Fraglich ist, welche Störungen zu beseitigen sind. Erst einmal sind es alle diejenigen, die zu einer Verschlechterung der Verfügbarkeit im Verhältnis zum Beginn der Wartung führen. Dazu gehören auch Auswirkungen altersbedingter Abnutzung und mangelhafter Qualität. Hinsichtlich der nach Beginn des Wartungsvertrags auftretenden Störungen dürfte die Grenze wie bei einer Haltbarkeitsgarantie *[Kapitel 6.3.10 (2)]* zu ziehen sein: Es sind alle Störungen zu beseitigen, die ihre Ursache in der Hardware haben. Viele Auftragnehmer betonen, dass die Installations- und Aufstellungsbedingungen beibehalten werden müssen. Das dürfte sich von alleine verstehen. Wenn die vertraglich vorausgesetzte Verwendung aber auf Einsatz unter belastenden Bedingungen gerichtet war, darf diese in der Wartungsphase beibehalten werden.

Die Beseitigung von Mängeln bezüglich der Sollbeschaffenheit, die (vorher) der Haftung für Sachmängel unterlegen haben, wird nur dann geschuldet, wenn sie die Verfügbarkeit betreffen.

Beseitigung der Auswirkungen von Störungen: Es geht um Schadensersatz, insbesondere wegen der Zerstörung von Datenbeständen. Ein Anspruch auf (Unterstützung bei der) Wiederherstellung ergibt sich nicht automatisch als Leistung aus dem Wartungsvertrag.

Ansprüche setzen eine Pflichtverletzung voraus, die der Wartungsunternehmer zu vertreten hat. Dabei wird vermutet, dass der Wartungsunternehmer die Ursache zu vertreten hat *[Kapitel 3.1 (3)]*. – Schadensersatzansprüche wegen Zerstörung von Daten können am vollständigen Mitverschulden des Kunden wegen unterlassener oder fehlerhafter Datensicherung scheitern *[Kapitel 6.5.2]*.

(2) Pflicht zur Übertragung von Verbesserungen der Bauweise von Geräten

Wartung durch den Hersteller: Der Wartungsunternehmer ist verpflichtet, den Zustand der Hardware, wie er bei Beginn der Wartung gewesen ist, möglichst aufrechtzuerhalten. Die Beseitigung von Konstruktionsfehlern fällt grundsätzlich nicht unter die Wartung. Sie fällt auch nicht unter den Begriff der Instandhaltung nach DIN 31051.

Verbessert der Hersteller von sich aus die Bauweise der Gerätetypen, von denen Geräte unter die Vollwartung fallen, fragt sich, ob er zur Übertragung dieser Verbesserungen verpflichtet ist. Das ist stärker zu bejahen für Verbesserungen, die der Erhöhung der Verfügbarkeit der Geräte oder der Beseitigung von Mängeln dienen, als für funktionale Verbesserungen.

Allerdings stellt sich die Frage, ob die Wartungspauschale die Kosten für die Verbesserungsmaßnahme und den Arbeitsaufwand für den Einbau abdeckt. Erhebliche Leistungen werden seitens der Kunden nicht erwartet und sind auch nicht einkalkuliert. Der unentgeltliche Einbau kommt am ehesten in Betracht, wenn das verbesserte Teil gegen das alte Teil anlässlich eines ohnehin erforderlichen Technikerbesuchs ausgetauscht werden kann.

Der Wartungsunternehmer ist nach Treu und Glauben zu einer Warnung verpflichtet, wenn er einen schwerwiegenden Konstruktionsfehler nicht beseitigen will (gleich, ob er dies überhaupt kann oder nicht). Wenn der Wartungsunternehmer einen solchen Mangel nicht beseitigen will, kann der Kunde, der von diesem Mangel betroffen wird, den Wartungsvertrag außerordentlich (= fristlos) kündigen.

Wartung durch den Auftragnehmer: Soweit der Hersteller auch selbst Anwendern Vollwartung anbietet, erwartet die Anwenderseite, dass sie vom Auftragnehmer (oder von einem selbstständigen Wartungsunternehmer) dieselben Leistungen erhält, die der Hersteller gegenüber den eigenen Kunden erbringt. Das bedeutet, dass auch solche Verbesserungen übertragen werden müssen, die der Hersteller zugunsten seiner eigenen Wartungskunden vornimmt.

Problematisch sind die Fälle, in denen der Hersteller aufgrund seines Vertrags mit dem Auftragnehmer Austauschteile liefert, die Verbesserungen enthalten. Wenn der Vertrag zwischen dem Auftragnehmer und dem Kunden auch die Übertragung von Verbesserungen, die der Hersteller zur Verfügung stellt, abdeckt, fällt der Arbeitsaufwand unter die Pauschale. – Dann liegt es nahe, dass der Auftragnehmer solche Verbesserungen, die der Hersteller nur gegen gesonderte Vergütung zur Verfügung stellt, gesondert berechnen darf.

Wenn die Übertragung im Vertrag nicht angesprochen ist, liegt es nahe, dass alles gesondert zu vergüten ist. Denn eine Verkehrssitte, dass diese Leistung automatisch unter die Pauschale fällt, dürfte nicht bestehen.

(3) Durch die Pauschale abgedeckter Leistungsumfang

Hier geht es im Wesentlichen um die Frage, inwieweit benötigtes Material als Verbrauchsmaterial bzw. als solches Wartungsmaterial einzustufen ist, das der Anwender selbst zu stellen hat. Es geht also nicht nur um typisches Verbrauchsmaterial wie Farbbänder oder Toner, sondern auch darum, dass der Anwender einige Teile der Wartungssache selbst ersetzen und auf jeden Fall außerhalb der Pauschale bezahlen soll.

Als Ansatzpunkt für die Beantwortung, was verkehrsüblich ist, eignet sich die Frage, wer das Material üblicherweise einsetzt. Das hängt maßgeblich von der Konstruktion der Hardware ab. Wenn sie nicht so konstruiert ist, dass der Kunde dieses Material einsetzen kann, liegt es nahe, dass die Lieferung des Materials unter die Wartungspauschale fallen soll.

Der Umkehrschluss ist hingegen unzulässig: Es gibt Konstruktionen, bei denen der Kunde sogar Platinen selbst wechseln kann (um das Gerät schneller wieder einsatzfähig zu machen).

Dass etwas dem Verschleiß unterliegt, macht es nicht automatisch zu solchem Wartungsmaterial. Denn die pauschale Vergütung soll vom Ansatz her den Austausch von Verschleißteilen abdecken. Auch wenn manche nur langsam verschleißen, so verschleißen sie doch fast alle, und so viele sollen nicht aus der Pauschale ausgenommen werden.

(4) Beseitigung von Störungen außerhalb der Pauschale

Der Auftragnehmer ist soweit zumutbar zur Hilfeleistung – gegen gesonderte Vergütung – verpflichtet *[vgl. Kapitel 6.2.4].*

11.3.3   Haftung des Auftragnehmers

(1)   Haftung wegen mangelhafter Wartung

Instandsetzungen können erforderlich werden, weil der Auftragnehmer mangelhaft gewartet hat. Die Kosten dafür spielen kaum eine Rolle, weil der Kunde die Wartung sowieso über eine periodische Pauschale bezahlt. Die Problematik, ob der Auftragnehmer *auch* wegen einer zu vertretenden Pflichtverletzung tätig werden muss, spielt allerdings eine Rolle bei den Fragen, unter welchen Voraussetzungen der Kunde

- den Vertrag aus wichtigem Grund kündigen,
- die Wartungspauschale mindern,
- unentgeltliche Beseitigung von alsbald nach Vertragsende auftretenden Störungen, die auf mangelhafte Wartung zurückzuführen sind, verlangen oder
- Schadensersatz fordern

kann.

Ansatz Instandsetzung: Der minimale Ansatz geht dahin, dass die einzelne Instandsetzung werkvertraglichen Charakter hat. Wird sie nicht ordnungsgemäß ausgeführt, hat der Kunde folgende Rechte:

Er kann eine Nachfrist setzen und nach Fristablauf Minderung der Vergütung für die laufende Periode verlangen. Es ist oft schwierig, die Höhe der Minderung zu bestimmen.

Er kann Schadensersatz wegen mangelhafter Reparatur (bei Vertretenmüssen) verlangen; der Anspruch auf Reparatur bleibt als Leistungsanspruch erhalten.

Er kann das Dauerschuldverhältnis Wartung nach den allgemeinen Vorschriften (§ 314 BGB) außerordentlich kündigen *[Kapitel 3.1 (5)]*.

Der Kunde kann auch nach Vertragsende die Korrektur von mangelhaften Wartungsleistungen verlangen. Die Verjährungsfrist läuft bei diesem Ansatz von der betroffenen Wartungsleistung an und beträgt zwei Jahre ab Ende der Reparatur.

Ansatz Verfügbarkeit: Schuldet der Auftragnehmer hohe Verfügbarkeit, macht es wenig Sinn, werkvertragliches Haftungsrecht für Mängel anzuwenden. Der Vorwurf geht dann insbesondere dahin, dass der Auftragnehmer erforderliche Maßnahmen unterlassen hat, um die hohe Verfügbarkeit sicherzustellen *[Kapitel 11.3.2 (1)]*. Man muss für die Lösung dieser Frage auf die allgemeine Anspruchsgrundlage der Pflichtverletzung in der Form der Schlechtleistung zurückgreifen *[Kapitel 3.1 (2)]*.

Die Wartungspflicht ist verletzt, wenn die Hardware durch ungenügende Wartungsarbeiten in einen Zustand geraten ist, in dem Störungen zu erwarten (oder bereits eingetreten) sind. Die auftretende Störung selbst ist nicht Schlechtleistung, sondern deren Folge. Der Anspruch auf die Beseitigung der konkreten Störung bleibt als Leistungsanspruch bestehen.

Der Kunde dürfte wie beim vorhergehenden Ansatz zur außerordentlichen Kündigung nach nutzloser Nachfristsetzung berechtigt sein, wenn keine ausreichende Verfügbarkeit erreicht wird.

Der Kunde dürfte berechtigt sein, die Wartungspauschale entsprechend der Differenz zwischen der tatsächlichen Ausfallzeit wegen Störungen und der üblicherweise unvermeidbaren Ausfallzeit (jeweils einschließlich Instandhaltung) bezogen auf die geplante Nutzungszeit zu mindern.

Hinsichtlich Störungen, die alsbald nach Vertragsende auftreten, liegt die Pflichtverletzung nicht nur in mangelhaften Reparaturen, sondern auch darin, dass der Auftragnehmer eine nicht alterungsbedingt geringe Verfügbarkeit bewirkt hat (weil Komponenten nicht ausreichend ausgetauscht worden sind).

Verjährungsfrist: Da in diesem Fall Ausgangspunkt die allgemeine Schlechterfüllung ist, gilt die normale Verjährungsfrist von drei bzw. zehn Jahren *[Kapitel 3.10 (2)]*. Besteht die Vertragsverletzung in einer Unterlassung des Auftragnehmers, liegt diese nicht nur in der Vergangenheit, sondern setzt sich bis in die Gegenwart fort (oder endet durch die Nachholung der unterlassenen Handlung und – bei Bedarf – dem Ausgleich der Auswirkungen des Unterlassens). Der Fristbeginn wird dann dadurch ausgelöst, dass der Kunde die hohe Ausfallrate erkennt oder grob fahrlässig nicht erkannt hat.

(2)   Minderung bzw. Fortfall der Vergütungspflicht bei Nichterbringung von Wartungsleistungen

Wenn der Auftragnehmer bestimmte Leistungen wie vorbeugende Wartung unterlässt, kann der Kunde die Wartungspauschale angemessen mindern.

(3)   Vereinbarte Reaktionszeit

Die Vereinbarung einer (maximalen) Reaktionszeit für den Beginn der Instandsetzung ist dahingehend zu verstehen, dass der Auftragnehmer nach Ablauf der Reaktionsfrist ohne Mahnung und unabhängig von Verschulden Schadensersatz dafür zahlen muss, dass der Kunde die Hardware vom Ablauf der Reaktionszeit bis zum Beginn der Instandsetzung nicht nutzen konnte.

11.3.4   Leistungspflichten des Kunden

Die Mitwirkungspflichten sind in Kapitel 6.3.7 (1) und (2) beschrieben.

Verjährungsfrist: Für den Anspruch auf Zahlung der Wartungspauschale gilt die normale Verjährungsfrist *[Kapitel 3.10 (2)]*.

Vergütungspflicht bei Nichterforderlichkeit bzw. Nichtinanspruchnahme von Wartungsleistungen: Dass Wartung nicht erforderlich ist, insbesondere weil der Kunde sie nicht in Anspruch nimmt, ist für die Zahlungspflicht unerheblich. Nur wenn Leistungen nicht erbracht werden, die erforderlich sind, mindert sich die Vergütungspflicht *[Kapitel 11.3.3 (2)]*.

Pflichtverletzungen seitens des Kunden: Angesichts der – typischen – Abhängigkeit des Kunden von der Wartung sind hohe Anforderungen an ein Leistungsverweigerungsrecht des Auftragnehmers bei Zahlungsverzug *[Kapitel 3.12]* zu stellen.

11.4 Rechtsfragen zur Wartung nach Zeit und Material

Rechtliche Einordnung: Die Einordnung von Aufträgen über vorbeugende Wartung alleine als Dienstverträge oder als Werkverträge ist umstritten.

Aufträge über Reparaturen sind Werkverträge. Wenn es sich um den Austausch eines Teils handelt, dessen Wert den Arbeitsaufwand weit übersteigt, liegt ein Kaufvertrag vor.

Wirtschaftlichkeit der Maßnahme: Der Auftragnehmer ist grundsätzlich zur Aufklärung verpflichtet, wenn die Reparatur unwirtschaftlich ist.

12 Pflege von Softwareprodukten

Bei der Pflege kommt es entscheidend auf den Anbieter (Hersteller) an, der seine Softwareprodukte weiterentwickelt. Dieser braucht nicht zugleich der Auftragnehmer zu sein. Zum einfacheren Verständnis für den Leser wird im Folgenden sprachlich darauf abgestellt, dass der Auftragnehmer zugleich der Anbieter ist. Ist der Auftragnehmer Vertriebspartner, ist er unmittelbar gegenüber seinen Kunden zur Pflege verpflichtet. Er ist das dann im Normalfall wie ein Anbieter und muss seinerseits dafür sorgen, dass er den Anbieter zu entsprechenden Leistungen ihm gegenüber verpflichtet.

Einige Fragen beziehen sich auf den Fall, dass der Auftragnehmer und der Anbieter verschiedene Organisationen sind. In diesen Fällen wird von Vertriebspartner und Anbieter gesprochen.

Ausgangspunkt für den Pflegevertrag ist zum einen, dass der Auftragnehmer die Beseitigung von Mängeln nach dem Ablauf der Verjährungsfrist für Ansprüche wegen Mängeln aus dem Projektvertrag ablehnen kann *[Kapitel 3.10 (1)]*, und zum anderen, dass der Kunde wünscht, dass die Softwareprodukte kostengünstig weiterentwickelt werden.

12.1 Vertragsgegenstand und -formen

(1)   Vertragsgegenstand

Wegen der beträchtlichen Unterschiede der Maßnahmen bei Hardware und bei Software hat sich in der Praxis die Verwendung unterschiedlicher Begriffe durchgesetzt, nämlich Wartung von Hardware bzw. Pflege von Software. Häufig sind Auftragnehmer aber achtlos: Sie verwenden diese Begriffe oder auch andere beliebig und durcheinander.

Leistungen: Unter die Pflege von Programmen fällt eine Reihe von Tätigkeiten (gleich ob sie bei Individualsoftware vom Anwender intern oder bei Softwareprodukten vom Auftragnehmer extern vorgenommen werden). Über deren Benennung und Gliederung besteht bei IT-Fachleuten wenig Übereinstimmung.

Hilfreich ist zu unterscheiden,

- welche Leistungen gegen eine pauschale Vergütung und
- welche Leistungen darüber hinaus gegen gesonderte Vergütung erbracht werden.

Diese Unterscheidung klingt beispielsweise darin an, dass manche Auftragnehmer die Leistungen auf Pflegeverträge (mit einer pauschalen Vergütung) und auf Supportverträge aufteilen.

Begriffe zu neuen Programmständen im Zeitablauf: Es besteht Bedarf, das Ausmaß der Änderung in neuen Programmständen zu charakterisieren *[vgl. auch unter (2) zu Upgrade-Pflege]*. Zum einen soll abgegrenzt werden, was an Weiterentwicklung innerhalb einer Pauschale geliefert wird, und zum anderen, für welchen Programmstand Leistungen innerhalb der Pflegepauschale oder überhaupt erbracht werden.

Korrekturversionen enthalten typischerweise nicht nur die Zusammenfassung bisheriger Korrekturmaßnahmen, sondern auch kleinere Verbesserungen. Die Anbieterseite will sich aber nur ausnahmsweise auf einen definierten Umfang an Verbesserungen festlegen lassen (weder von der Entwicklungspflicht noch von der Abgeltung her).

Version wird im Folgenden als Begriff für einen neuen Programmstand verwendet, der erheblich weiterentwickelt worden ist. Das dient der leichteren Verständlichkeit.

Generation: Von einer neuen Generation spricht man, wenn das Softwareprodukt in einem Zug (zumindest im Wesentlichen) neu programmiert worden ist. Es geht dem Anbieter darum, neue Entwicklungsmethoden und -werkzeuge einzusetzen und/oder das Softwareprodukt auf den Einsatz auf neuen Systemplattformen auszurichten. Neue Generationen werden typischerweise durch eine Abänderung (oder Ersetzung) des Produktnamens gekennzeichnet.

(2)   Vertragsformen in der Praxis

Für die Anbieterseite kommt es darauf an, ein Grundpaket an Pflegeleistungen zu definieren, das durch eine Pauschale abgegolten wird.

Vollpflege beinhaltet gegen Zahlung einer laufenden Pauschale die Lieferung aller weiterentwickelten Programmstände, die telefonische Unterstützung und die Mängelbeseitigung auf eine Mängelmeldung hin, soweit sie außerhalb der Lieferung neuer Programmstände übernommen wird. Im Folgenden geht es im Wesentlichen um diese Form der Pflege.

Upgrade-Pflege: Die Pauschale deckt nur die Lieferung von neuen Programmständen mit etwas Weiterentwicklung (oft »Updates« genannt) ab, nicht aber die von Programmständen mit viel Weiterentwicklung (oft »Upgrades« genannt). Will der Kunde einen neuen Programmstand mit viel Weiterentwicklung haben, soll er diesen bestellen (in der Regel gegen einen Aufpreis bzw. Vorzugspreis). Die Abgrenzung zwischen etwas und viel Weiterentwicklung ist problematisch. Der Auftragnehmer bestimmt die Einordnung. – Die Upgrade-Pflege enthält letztlich nur wenige rechtliche Unterschiede zur Vollpflege (hauptsächlich hinsichtlich der Vergütung).

(3)   Miete und Pflege

Der Vermieter schuldet automatisch die Pflege in dem Umfang, dass er die Einsatzfähigkeit des Softwareprodukts erhalten muss. Typischerweise geht der Vermieter einen Schritt weiter und sieht Leistungen wie bei Vollpflege vor. Im Folgenden wird auf die Darstellung der Besonderheiten der eingeschränkten Pflege bei reiner Miete verzichtet.

12.2   Pflegepflicht des Auftragnehmers für Softwareprodukte ohne Anpassungsprogrammierung

(1)   Ansatz

Die Pflicht zur Pflege entsteht meist dadurch, dass der Auftragnehmer seine Bereitschaft zur Pflege in der Akquisitionsphase ankündigt. Anderenfalls ist auf Treu und Glauben als Ansatzpunkt abzustellen (was die Pflegepflicht nicht automatisch begründet) [vgl. Kapitel 11.2 (1)],

- weil alleine der Auftragnehmer aufgrund seines technischen Monopols (Verfügen über das Quellprogramm) die Leistungen überhaupt erbringen kann, insbesondere die Mängelbeseitigung; das gilt auch bei Lieferung des Quellprogramms, wenn der Kunde dieses Dritten nicht zur Kenntnis geben darf [Kapitel 8.2.2.4], zumindest dann, wenn der Kunde ein IT-Laie ist;
- weil alleine der Auftragnehmer diese Leistungen, insbesondere die Weiterentwicklung, wirtschaftlich sinnvoll oder sachlich und/oder zeitlich machbar erbringen kann.

Je stärker das Bedürfnis nach Weiterentwicklung eines Softwareprodukts besteht und je teurer es ist, desto eher enthält das Angebot, dieses zu verkaufen, unausgesprochen auch das Angebot, es auch zu pflegen. Der Softwareanbieter hat nichts dagegen, Leistungen zu erbringen, solange das für ihn ein Geschäft ist. Es kommt ihm auf die Bedingungen an, plausiblerweise insbesondere auf den Umfang der durch die Pflegepauschale abgedeckten Leistungen und die Möglichkeit, die Pflege für ältere Versionen einzustellen oder sonst zu beschränken. Manche Auftragnehmer wollen sich allerdings die Möglichkeit offenhalten, die Pflege aus geschäftlichen Gründen nach wenigen Jahren plötzlich überhaupt einzustellen.

Der Auftragnehmer ist im Normalfall berechtigt, die Pflegepflicht bei Abschluss des Projektvertrags ausdrücklich abzulehnen.

(2)   Umfang der Pflegepflicht

Die Frage nach dem Umfang der Pflichten stellt sich, wenn der Pflegevertrag erst nach dem Projektvertrag überhaupt abgeschlossen ist oder wenn er nur vage Regelungen enthält.

Bei Vollpflege zahlt der Kunde den deutlich überwiegenden Anteil an der Pflegepauschale für die Weiterentwicklung. Er darf also einiges an Weiterentwicklung erwarten und muss damit einiges an Inkompatibilität hinnehmen. Entscheidend ist, dass die Weiterentwicklung der Kundschaft insgesamt dienen soll. Diese ist auch im Interesse der Weiterentwicklung bereit, einiges an Defiziten in der Aufwärtskompatibilität hinzunehmen – wobei der einzelne Kunde dennoch stöhnt, wenn ihn die Konsequenzen zur Unzeit treffen. Die Kunden werfen Geld in einen Topf, der die Weiterentwicklung finanzieren soll. Der einzelne Kunde darf nur erwarten, dass ein Minimum seiner spezifischen Interessen geschützt wird.

Die Kundschaft zahlt dafür, dass der Auftragnehmer seine Softwareprodukte nicht nur einsatzfähig hält (wie bei einem Mietvertrag), sondern auf dem Stand der Zeit, d.h. »verkaufsfähig«. Der einzelne Kunde soll zumindest im überwiegenden Teil des Zeitraums, während dessen der Auftragnehmer zur Pflege verpflichtet ist, wie ein Kunde stehen, der laufend neue Softwareprodukte beschafft.

Zum Verhältnis vom Auftragnehmer zum Kunden stellen sich Fragen, die bisher nicht einmal ansatzweise geklärt sind (wichtiger ist die Frage, wie groß der Topf ist):

- Darf die Kundschaft erwarten, dass der Auftragnehmer Mittel (aus dem Produktverkauf) in den Topf hineingibt, weil die Weiterentwicklung ihm ermöglicht, seine Softwareprodukte verkaufsfähig zu halten?
- Was darf der Auftragnehmer als Gewinn aus dem Topf herausnehmen?

(3)   Dauer der Pflegepflicht

Auf Auftragnehmerseite ist bei Vollpflege intern der Grundsatz weit verbreitet, dass jede Generation eines teuren Softwareprodukts (in deren jeweils neuesten Version) sechs Jahre ab letztem Verkauf gepflegt wird. Rechtlich dürften bisher fünf Jahre anzusetzen sein, soweit nichts anderes vereinbart wird. Wenn für PC-Programme Vollpflege vereinbart wird, dürfte die Frist etwas kürzer sein. Es besteht eine starke Wechselwirkung mit der Frage, inwieweit der Auftragnehmer seine Leistungen auf die jeweils neueste Version oder sogar Generation beschränken darf. Je stärker das der Fall ist *[Kapitel 12.2.2]*, desto eher ist ihm eine lange Mindestpflegepflicht zuzumuten *[siehe im einzelnen Kapitel 12.2.3]*.

(4)   Nur bei Einsatz auf freigegebenen IT-Anlagen

Der Auftragnehmer kann als Voraussetzung für seine Mängelhaftung aus dem Projektvertrag verlangen, dass das Softwareprodukt auf einer dafür freigegebenen IT-Anlage eingesetzt wird *[Kapitel 8.2.4]*. Dieser Gesichtspunkt setzt sich dahingehend fort, dass der Auftragnehmer die Pflege davon abhängig machen darf, dass das Softwareprodukt weiterhin auf einer dafür freigegebenen IT-Anlage eingesetzt wird.

(5)   Angemessene Bedingungen

Jeder Vertragspartner hat Anspruch auf angemessene Bedingungen. Ungeklärt ist, welche Mindestlaufzeit der Auftragnehmer seinerseits standardmäßig (= in AGB) verlangen kann.

Vom Umfang her kann der Auftragnehmer ein erhebliches Interesse daran haben, dass alle eingesetzten Softwareprodukte oder zumindest alle, die zu einem Anwendungsbereich gehören, in die Pflege einbezogen werden. Denn insoweit diese zusammenwirken, können deren Schnittstellen nur im Gleichklang weiterentwickelt werden. Das gilt sowohl für Anwendungsprogramme untereinander als auch für ihre Verträglichkeit mit der Systemsoftware. Außerdem spielt ein gewisser Ausgleich der Kosten eine Rolle: Der Auftragnehmer wird unterschiedlich viel in die Weiterentwicklung der einzelnen Produkte investieren (ohne dass das so gut wie bei einem Lohnprogramm vorhersehbar ist). Er plant die Weiterentwicklung über alle Produkte für alle Kunden hinweg.

Recht des Auftragnehmers, die Bedingungen anzupassen: Auch wenn kein Vorbehalt aufgenommen worden ist, dürfte der Auftragnehmer berechtigt sein, das Leistungsbündel qualitativ abzuändern, um dem Stand der Technik folgen zu können, soweit das für die Kundschaft positiv ist und den einzelnen Kunden nicht unzumutbar belastet. Das gibt dem Auftragnehmer nur beschränkt die Möglichkeit, die beiderseitigen Leistungen abzuändern. Nach Ablauf der Mindestpflegedauer *[siehe (3)]* dürfte der Auftragnehmer weiter gehend berechtigt sein, die Bedingungen anzupassen, nämlich an das, was er bei neuen Pflegeverträgen allgemein durchsetzt.

Recht des Auftragnehmers, »Altkunden« schlechter zu behandeln: Der Auftragnehmer dürfte nicht berechtigt sein, sein Kündigungsrecht gegenüber Kunden, für die die Mindestpflegedauer abgelaufen ist (»Altkunden«), dahingehend auszuüben, dass er diesen schlechtere Bedingungen als Neukunden auferlegt (oder der Einfachheit halber das ohne Kündigung tut).

Wenn der Auftragnehmer mit Neukunden vereinbart, dass diese ohne Aufpreis während der Mindestpflegedauer auf eine neue Generation des Softwareprodukts umsteigen dürfen, aber auch müssen, fragt sich, ob der Auftragnehmer von Altkunden einen Aufpreis für die Bereitstellung der neuen Generation verlangen darf. Eigentlich ist es seine Sache, dass er den Neukunden dafür einen Vorteil gibt, dass diese auf die Mindestpflegedauer für die erworbene Generation verzichten. Die Altkunden müssen nach Ablauf der Mindestpflegedauer damit rechnen, dass sie eine neue Generation erwerben müssen. Sie haben den Kaufpreis über die Mindestpflegedauer hin bereits amortisieren können. Trotzdem bestehen erhebliche Bedenken aufgrund der Praxis: Der Auftragnehmer (Anbieter) verwendet erfahrungsgemäß in den letzten zwei Jahren, während er die alte Generation vertreibt, die Pflegeeinnahmen kaum noch für deren Weiterentwicklung, sondern vor allem für die Entwicklung der neuen Generation. Entsprechend verwendet er nach Freigabe einer neuen Generation die Pflegeeinnahmen aus der alten Generation, während er diese noch pflegt (bevor er den Umstieg auf die neue Generation verlangt), für die Vervollständigung der neuen Generation. Soweit die Altkunden zur Schaffung der neuen Generation beigetragen haben, ist das bei der Bestimmung des Aufpreises angemessen zu berücksichtigen.

12.2.1 Umfang hinsichtlich in Objektcode gelieferten Softwareprodukten

(1) Mängelbeseitigung, insbesondere Geschwindigkeit

Wenn der Auftragnehmer im Projektvertrag die Pflicht zur Mängelbeseitigung nicht eingeschränkt hat, kann er das auch nicht im Pflegevertrag tun. Die Pflicht zur Mängelbeseitigung besteht auch für den Vertriebspartner, der das Quellprogramm selbst nicht zur Verfügung hat, wenn er im Projektvertrag für die Dauer der Verjährungsfrist die Mängelbeseitigung übernommen hat (eine Bemühensklausel führt zur Begründung einer entsprechenden eingeschränkten Pflegepflicht). Es ist Sache des Vertriebspartners, sich bei seinem Anbieter abzusichern.

Geschwindigkeit: Die entscheidende Frage in der Praxis ist nicht das Ob der Mängelbeseitigung, sondern das Wann: Überspitzt ausgedrückt möchte der Auftragnehmer Mängelkorrekturen am liebsten nur innerhalb neuer Programmstände, ggf. Korrekturversionen, ausliefern; Kunden, die komplexe Softwareprodukte mehrfach einsetzen, möchten das am liebsten auch so haben, wenn der Auftragnehmer nur alsbald mitteilt, wie aufgetretene Mängel sich in zumutbarer Weise umgehen oder vermeiden lassen. Zumindest bei Mängeln mit niedriger Priorität reicht Mängelbeseitigung im Rahmen der Lieferung eines neuen Programmstands aus *[vgl. Kapitel 8.4.3 (2)]*. Bei Mängeln mit höherer Priorität ist der Auftragnehmer zur baldigen Abhilfe verpflichtet.

(2) Anpassen an geänderte Rechtsvorschriften

Bei Vollpflege besteht die Pflicht zum Anpassen an geänderte Rechtsvorschriften aufgrund der Zielsetzung, das Softwareprodukt verkaufsfähig zu halten, weitestgehend innerhalb der Pauschale *[vgl. (4)]*. Sie ist auch zu bejahen, wenn Änderungen nicht als typisch zu erwarten sind. Zu bedenken ist, dass der Auftragnehmer, will er das Produkt weiterhin anbieten, ohnehin die Änderungen realisieren muss. Interessengegensätze gibt es fast nur hinsichtlich der Geschwindigkeit der Realisierung. Weil die Anwenderseite von dieser Weiterentwicklung abhängig ist, besteht die Pflicht für die gesamte Mindestpflegedauer.

Ein neues Gesetz kann neue Anforderungen innerhalb des Aufgabenbereichs bringen, den das Softwareprodukt unterstützt, die aber außerhalb von dessen bisherigen Funktionen liegen; im Extremfall kann es sich sogar um Anforderungen handeln, die nur innerhalb des Aufgabenbereichs der Softwarefamilie liegen. Auch dann ist die Pflicht zum Anpassen oder sogar zur Ergänzung der Softwarefamilie bis zur Grenze des Zumutbaren zu bejahen.

Es fragt sich aber, in welchem Umfang solche Anforderungen innerhalb der Pauschale eingearbeitet werden müssen. Wenn der Auftragnehmer das Softwareprodukt wesentlich ändern muss, kommt in Betracht, dass er eine zusätzliche Vergütung verlangen kann, bei Neuerstellung (wegen des Umfangs der Änderungen oder wegen Ergänzung) ist das stets der Fall. In der Praxis ist von folgendem Korrektiv auszugehen: Wenn der Auftragnehmer für die zusätzliche Funktionalität keine neue Position in seine Preisliste aufnimmt, kann er keine gesonderte Vergütung von seinen Altkunden verlangen.

(3)   Anpassen an geänderte Fremdprodukte, insbesondere Systemsoftware

Anpassen an Änderungen von Fremdprodukten mit Pflege: Ausgangspunkt ist, dass Anbieter von Fremdsoftware, insbesondere der Systemsoftware, mit der die Softwareprodukte des Auftragnehmers zusammenwirken sollen, ihre Software im Interesse des Fortschritts inkompatibel weiterentwickeln. Sie unterstützen nach kurzer Zeit nur noch den neuesten Programmstand *[vgl. Kapitel 12.2.2].*

Die Anwenderschaft erwartet, dass der Auftragnehmer seine Softwareprodukte kurzfristig an die geänderten Schnittstellen anpasst, damit sie den neuen Programmstand einsetzen kann, und mittelfristig, dass er die Möglichkeiten des neuen Programmstands für seine Softwareprodukte nutzt. Das gilt insbesondere für Kunden mit IT-Anlagen, auf denen Softwareprodukte verschiedener Anbieter eingesetzt werden. Im Interesse der effizienten Verwendung des Gesamtsystems muss jedes Produkt auf demjenigen Entwicklungsstand stehen, der durch die Systemsoftware bestimmt wird. Der Wille beider Seiten geht dahin, dass die Auftragnehmerseite sich daran ausrichtet – wenn auch u.U. mit etwas Verzögerung.

Das kann erfordern, dass der einzelne Kunde zusätzliche oder neue Betriebsmittel erwerben muss. Der Auftragnehmer soll also die Balance zwischen Nutzung der neuen Möglichkeiten und zusätzlichen Kosten wahren *[Kapitel 12.2.2].*

Weiterhin fragt sich, inwieweit das Anpassen durch die Pflegepauschale abgedeckt ist, wenn der Anbieter der Systemsoftware diese weitreichend ändert. An das, was dieser Anbieter an Weiterentwicklung innerhalb von dessen Pflegepauschale liefert, dürfte der Auftragnehmer sein Softwareprodukt ohne gesonderte Vergütung anzupassen verpflichtet sein. An alles, was der Anbieter an Systemsoftware als neue Generation auf den Markt bringt, braucht der Auftragnehmer seine Softwareprodukte nur gegen gesonderte Vergütung anzupassen.

Anpassen an neue Generationen von Fremdprodukten ohne Pflege: Bei Fremdprodukten ohne Pflege bringt deren Anbieter alle paar Jahre ein stark weiterentwickeltes Nachfolgeprodukt auf den Markt *[Kapitel 12.1 (1)]*. Die folgenden Überlegungen gehen von einer Periodizität in der Größenordnung von drei bis vier Jahren aus.

Die Weiterentwicklung der Fremdprodukte erfolgt hier in großen Schritten. Häufig verlangen neue Betriebssysteme neue Hardware. Die Kunden wünschen deren Einsatz trotzdem, also die Anpassung der zu pflegenden Softwareprodukte an die neue Generation und die Nutzung von deren neuen Möglichkeiten – wobei jeder einzelne Kunde wünscht, dass deren Einführung in sein Migrationskonzept zeitlich und damit kostengünstig passt. Die Kundschaft darf im Normalfall davon ausgehen, dass der Auftragnehmer eine an die neue Generation angepasste Fassung auf den Markt bringt, um seine Softwareprodukte verkaufsfähig zu halten.

Hier ist besonders darauf abzustellen, wie viel Aufwand der Auftragnehmer hat, um seine Softwareprodukte an die neue Generation der Fremdsoftware anzupassen. Weiterhin ist zu berücksichtigen, dass die Anpassung mit dem Recht des Auftragnehmers korrespondiert, das Zusammenwirken seiner Softwareprodukte mit der alten Generation der Fremdsoftware aufzuheben *[Kapitel 12.2.2 (2)]*. Die Kundschaft darf erwarten, dass der Auftragnehmer sich konsequent verhält, das heißt letztlich, dass er seine Softwareprodukte stets anpasst. – Dabei dürfte er einen erheblichen Spielraum haben, wie schnell er das macht. Schließlich soll er nach dem Willen eines Teils der Kunden das Zusammenwirken mit der alten Generation der Fremdsoftware nicht so schnell aufheben *[Kapitel 12.2.3]*.

Wenn der Anbieter eines Fremdprodukts ohne Pflege verbesserte Stände (z.B. Service Packs) bereitstellt (z.B. im Internet), gilt für diese dasselbe wie für neue Programmstände von Fremdprodukten mit Pflege.

(4) Sonstige funktionelle Weiterentwicklung

Bei Vollpflege stellt sich wieder die Frage, was an Weiterentwicklung zwingend ist, damit das Softwareprodukt verkaufsfähig bleibt *[Kapitel 12.2 (2)]*. Das ist entsprechend der Änderung von Rechtsvorschriften *[unter (2)]* zumindest dann zu bejahen, wenn Umweltvorgaben, auf die das Softwareprodukt ausgerichtet ist, sich ändern. Deutlich wird das, wenn Daten, die ursprünglich als Teil des Softwareprodukts oder zusammen mit ihm geliefert worden sind, geändert werden, z.B. Preisdateien von Großhändlern, Pflegesätze oder Tarife und ggf. die Struktur von diesen selbst. Die Umweltvorgaben müssen in etwa so zwingend wie Rechtsvorschriften sein, oder das Softwareprodukt muss ausdrücklich auf sie eingehen.

Beispiele

Die Erweiterung der Postleitzahlen von vier auf fünf Stellen im Jahre 1993 musste eingebaut werden, und zwar erst einmal in die Dateistruktur. Das wirkte sich auch auf Auswertungsprogramme aus, die auf der Postleitzahl aufbauten, sowie auf Programme, die die Postleitzahl ausgaben (ausdruckten). Eine zusätzliche Routine, um den vorhandenen Datenbestand in das vergrößerte Feld zu überspielen *[zu Umstiegshilfen siehe Kapitel 12.3.2 (3)]*, wäre einfach zu erstellen, aber nutzlos gewesen. Denn die alten Postleitzahlen mussten auf die neuen umgestellt werden. Da es sich um Kundendaten handelte, konnte vom Auftragnehmer keine Umstiegshilfe innerhalb der Vollpflege erwartet werden.

Das Kreditgewerbe hat wiederholt die Richtlinien für einheitliche Zahlungsträger geändert.

Die Pflicht zur Weiterentwicklung ist weiterhin zu bejahen, wenn eine neue Funktion in konkurrierenden Softwareprodukten üblicherweise enthalten ist *[vgl. Kapitel 6.3.2.1]*.

Gegen Ende der Mindestpflegedauer (für den als letzten hinzugekommenen Kunden) nimmt die Pflicht zur Aufrechterhaltung der Verkaufsfähigkeit ab (weil der Auftragnehmer in seiner Entscheidung frei wird, ob er das Softwareprodukt weiterhin verkaufen will, vor allem aber, weil er sinnvollerweise einen Teil der Mittel für die Entwicklung einer neuen Generation verwendet).

12.2.2   Maßgeblicher Programmstand, Kompatibilität und Zusatzkosten

(1)   Problemstellung

Die Auftragnehmerseite verfolgt weitgehend die Geschäftspolitik, einen alten Programmstand auf einer höheren Ebene (z. B. Version) nach der Freigabe eines neuen Programmstands auf derselben Ebene (oder einer neuen Generation) »einzufrieren«, d. h. nicht mehr weiterzuentwickeln und Mängelbeseitigung und telefonische Unterstützung nur noch während einer gewissen Schonfrist zu erbringen. Nach deren Ablauf ist die Auftragnehmerseite nur noch zur Unterstützung der Kunden gegen Vergütung nach Aufwand bereit. Diese Politik der Herabstufung kann differenzierter definiert sein.

Es geht um immanente Schranken der Vollpflege: Es kann nicht deren Sinn sein, dass der Auftragnehmer verschiedene funktionelle Stände, abgestellt auf verschiedene historische Stände der Systemsoftware, betreut und womöglich jeden von diesen Ständen an geänderte Rechtsvorschriften anpasst. Erhebliche Einschränkungen liegen also im Konzept der Vollpflege.

Aus Gründen der Weiterentwicklung kann sich ergeben, dass die neue Version zur bisher eingesetzten für die Kunden inkompatibel ist und also nicht so einfach übernommen werden kann. Die Durchbrechung der Kompatibilität ist in einem gewissen Umfang unvermeidbar, damit die Softwareprodukte weiterentwickelt werden können *[zum Anpassen an geänderte Systemsoftware siehe Kapitel 12.2.1 (3)]*. Funktionelle Verbesserungen verlangen noch stärker Inkompatibilität, weil der alte Rahmen nicht beliebig erweitert werden kann.

Das heißt für den einzelnen Kunden, dass Eigenschaften der Softwareprodukte, die im Projektvertrag vereinbart worden sind, abgeändert werden dürfen, sofern sie nicht definitiv festgeschrieben worden sind *[siehe Kapitel 12.3.1 (1) zur Frage, ob Mängel bezüglich der Sollbeschaffenheit noch beseitigt werden müssen]*.[33]

(2)   Lösungsansatz bei Vereinbarung von Vollpflege

Zumutbares Defizit an Aufwärtskompatibilität: Die Pflege soll der Kundschaft dienen. Diese will Weiterentwicklung und ist damit mit eingeschränkter Aufwärtskompatibilität einverstanden, soweit sie diese einigermaßen gut verkraften kann. Der einzelne Kunde schließt einen Vertrag über die Chance, dass die Weiterentwicklung seinen Interessen entspricht. Er geht freiwillig ein Risiko ein. Dementsprechend ist ihm zuzumuten, dass das Defizit an Aufwärtskompatibilität ihn im Einzelfall überdurchschnittlich belastet.

Die Kunden akzeptieren im Grundsatz, dass der Bedarf an Betriebsmitteln wächst oder sogar andere Betriebsmittel erforderlich werden. Denn sie wünschen mehr Funktionalität mit besserem Leistungsverhalten und besserer Ergonomie.

Anpassen an Fremdsoftware mit Pflege: So wie es in *Kapitel 12.2.1 (3)* primär um die Pflicht zum Anpassen geht, geht es hier um das Recht des Auftragnehmers dazu. Da das Anpassen zu den wichtigsten Aufgaben des Auftragnehmers gehört, darf er vom einzelnen Kunden erwarten, dass dieser stets die neueste Version der Fremdsoftware einsetzt (und ggf. von dieser den neuesten Korrekturstand, damit die Einsatzsicherheit des Softwareprodukts erhöht wird). Abzustellen ist darauf, ob der daraus resultierende Aufwand für den typischen Kunden zumutbar ist.

Anpassen an Fremdsoftware ohne Pflege: Die Sprünge sind bei der Anpassung an solche Fremdprodukte, für die es alle paar Jahre eine neue Generation gibt, wesentlich größer. Die Kunden erwarten, dass der Auftragnehmer seine Softwareprodukte im Laufe der Zeit an neue Generationen von Fremdprodukten durch einen neuen Programmstand oder eine neue Generation anpasst. Dann fragt sich, ob der Auftragnehmer in einem neuen Programmstand die Kompatibilität zur alten Generation der Fremdprodukte aufheben darf und eventuell sogar soll *[vgl. Kapitel 12.2.3]*. Denn der Kundschaft liegt daran, dass die Mittel im Pflegetopf bald nur noch für den neuen Programmstand, der die neue Generation des Fremdprodukts nutzt, eingesetzt werden. Das gilt, auch wenn nicht gleich ein technischer Zwang dazu besteht *[zu den Einzelheiten siehe www.zahrnt.de, Kapitel 12.2.2]*.

---

33. *Zur Zusammenarbeit mit Anwendervereinigungen siehe www.zahrnt.de, Kapitel 12.2.2 (1).*

Ablehnung durch den Kunden: Lehnt der Kunde es ab, einen neuen Programmstand zu übernehmen, kann der Auftragnehmer seinerseits die Pflege des immer noch eingesetzten Programmstands nach Ablauf der Schonfrist *[siehe (4)]* einstellen oder beschränken. Ein Anspruch auf Ruhen der Pflicht zur Zahlung der Pauschale ist nicht anzuerkennen. Denn eines Tages will der Kunde eine neue Version einsetzen; die Pauschale dient im Wesentlichen der – von diesem Kunden verzögert in Anspruch genommenen – Weiterentwicklung.

Wenn die Übernahme für den einzelnen Kunden unzumutbar oder sogar unmöglich ist, dürfte er Anspruch auf weitere Unterstützung gegen Vergütung nach Aufwand haben. Das gilt aber nur, soweit das für den Auftragnehmer zumutbar ist (das dürfte für die Ansprüche auf Mängelbeseitigung und auf notwendige Weiterentwicklung der Fall sein; der Anspruch auf echten Hotline-Service dürfte entfallen, ein allgemeiner Anspruch auf Beratung bestehen bleiben). – Außerdem dürfte der Kunde berechtigt sein, den Pflegevertrag außerordentlich zu kündigen, wenn die Wiederaufnahme der Pflege nicht in Betracht kommt.

(3)   Hilfe beim Wechsel auf einen inkompatiblen neuen Programmstand

Der Auftragnehmer ist weitgehend dazu verpflichtet, Umstellungshilfen hinsichtlich Daten und Parametrierung zur Verfügung zu stellen, um die Defizite an Aufwärtskompatibilität abzumildern oder auszugleichen *[Kapitel 12.3.2 (3)]*. Dafür soll er Geld aus dem Topf ausgeben.

Hinsichtlich historischer Daten kommt es darauf an, ob für die Kunden der Zugriff zwecks Kenntnisnahme genügt oder ob die Daten für Statistiken noch ausgewertet werden sollen. Im zweiten Fall muss der neue Programmstand alte und neue Daten integriert auswerten können.

(4)   Übergangszeit nach Freigabe einer inkompatiblen neuen Version

In der Übergangszeit geschuldete Leistungen: Angesichts dessen, dass Mängelkorrekturen eher geordnet in neuen Programmständen auf höherer Ebene ausgeliefert werden sollen, liegt es nahe, die Pflicht zur Mängelbeseitigung in dem bisher eingesetzten Programmstand auf höherer Ebene weitgehend einzuschränken. Es sollen nur noch schwerwiegende Mängel beseitigt werden, d.h. solche, die auch dann, wenn sie in dem aktuellen Programmstand aufgetreten wären, umgehend und nicht erst im nächsten Programmstand zu beseitigen wären. Im Übrigen soll sich der Auftragnehmer um mittelschwere Mängel kümmern, also entweder Umgehungsmaßnahmen aufzeigen oder Korrekturen (die in dem neuen Programmstand schon vollzogen sind) bereitstellen, wenn er das verantworten kann (= nicht damit rechnen muss, dadurch Mängel an anderer Stelle hervorzurufen). Darüber hinaus soll er nichts aus dem Topf mit den Pflegeeinnahmen entnehmen.

Telefonische Unterstützung ist auch dann für den alten Programmstand zu gewähren, wenn der neue eine andere Einsatzumgebung benötigt. Denn der Auftragnehmer muss die alte Einsatzumgebung wegen der Pflicht zur Mängelbeseitigung ohnehin aufrechterhalten. Allerdings braucht die Hotline-Abteilung die alte Einsatzumgebung wohl nicht im direkten Zugriff zu haben.

Weiterentwicklung wird im Normalfall nicht geschuldet.

Dauer der Übergangszeit: Diese hängt davon ab, wie viel Zeit ein durchschnittlicher Kunde benötigt, um die Umstellung durchzuführen und die Inkompatibilität der neuen Version zu verarbeiten. Das hängt wiederum insbesondere von der Art und dem Ausmaß der Inkompatibilität ab. Gibt der Anbieter von Systemsoftware einen inkompatiblen Programmstand frei, muss der Auftragnehmer ansatzweise den Zeitbedarf dafür einberechnen, dass andere Lieferanten von Anwendungssoftware diese an den inkompatiblen Programmstand anpassen müssen, bevor der Kunde diesen Programmstand einsetzen kann (Faulheit anderer Lieferanten geht allerdings nicht zu seinen Lasten) *[vgl. Kapitel 12.2.1 (3)].*

12.2.3   Dauer der Pflegepflicht im Einzelnen

Das Thema ist in Kapitel 12.2 (3) einleitend behandelt worden. Zur Kündigung unter Verweisung auf einen anderen Auftragnehmer (Anbieter oder anderen Vertriebspartner) siehe Kapitel 12.2.5 (2). Zur Änderung der Bedingungen siehe Kapitel 12.2 (5).

Die tatsächliche Einsatzzeit eines Softwareprodukts mit Pflege oberhalb der PC-Ebene beträgt normalerweise mehr als fünf Jahre, die Dauer des Vertriebs einer Generation (mit Pflege) ebenfalls. Der Kunde muss aber davon ausgehen, dass er das Softwareprodukt kaum gleich nach dessen Freigabe erwirbt. Außerdem dient Treu und Glauben nicht dem maximalen, sondern nur dem angemessenen Schutz. Deswegen dürfte von einer Mindestpflegepflicht von nur fünf Jahren auszugehen sein. Das gilt auch zugunsten des letzten Kunden, wenn nichts anderes vereinbart wird.

Der Auftragnehmer bleibt nach Treu und Glauben den anderen Kunden gegenüber zur Pflege verpflichtet, solange er dem letzten Neukunden gegenüber dazu verpflichtet ist. Denn er ist dadurch kaum belastet und erhält Einnahmen, die seinen zusätzlichen Aufwand weit übersteigen (er kann also die Altkunden nicht über eine Kündigung zum Umstieg auf die neue Generation zwingen). Dieser letzte Neukunde braucht den Zeitraum von fünf Jahren allerdings nicht auszuschöpfen.

Beginn der Mindestpflegedauer: Es liegt nahe, die Frist zu dem Zeitpunkt beginnen zu lassen, von dem an die Pflegeleistungen zu vergüten sind *[Kapitel 12.3.1 (2)].* Wenn diese allerdings während der Verjährungsfrist für Ansprüche wegen Mängeln in den Kaufpreis einkalkuliert sind, dürfte auf deren Beginn abzustellen sein.

Dauer bei Zukauf: Der Zukauf kann sich auf die Erweiterung des Einsatzumfangs bereits erworbener Softwareprodukte oder auf zusätzliche Produkte der Softwarefamilie beziehen. Wie sich der Zukauf auf die Mindestpflegedauer auswirkt, ist ähnlich schwierig wie bei der Erweiterung eines gemieteten IT-Systems zu bestimmen *[Kapitel 7.2 (4)]*; die Rechtslage unterscheidet sich insofern, als es hier um die Bindung nur des einen der beiden Vertragspartner geht.

Einschränkungen der normalen Dauer aus technischen Gründen: Diese Einschränkungen können zulässig sein und sich auf die Kunden insgesamt oder auf einen Teil von ihnen beziehen. Sie sind desto eher zulässig, je geringer der betroffene Teil ist. Denn die anderen Kunden sind desto weniger bereit, die Kosten für Sonderbehandlungen einzelner zu tragen. Bevor die Frage nach dem Minderheitenschutz gestellt wird, ist allerdings zu prüfen, ob der Auftragnehmer die Sonderbehandlung aufgrund von Zusagen schuldet. Dann muss er die Sonderbehandlung erbringen und den Aufwand selbst tragen.

Die Ablösung der Softwareprodukte durch eine neue Generation trifft alle Altkunden. Der Auftragnehmer könnte dazu berechtigt sein, wenn er diese unentgeltlich liefert. Tendenziell ist der Umstieg auf eine neue Generation zwar aufwendiger als der auf eine neue Version. Eines Tages soll dieser aber (wahrscheinlich) ohnehin erfolgen. Der überwiegende Teil der Kunden wünscht solche Entwicklungssprünge (allerdings ein jeder nur zu einem für ihn günstigen Zeitpunkt). Sie sind deswegen ausnahmsweise zulässig. Sehr kritisch wird es, wenn die neue Generation andere Betriebsmittel benötigt *[vgl. Kapitel 12.2.2 (2)]*.

Einfluss von Systemsoftware: Siehe www.zahrnt.de, Kapitel 12.2.3.

Mindestpflegedauer nach Migration oder Portierung *innerhalb* **einer Generation:** *Siehe www.zahrnt.de, Kapitel 12.2.3.*

Mindestpflegedauer einer neuen Generation: Die Mindestpflegedauer hängt davon ab, wie viel der durchschnittliche Kunde investieren muss, um die neue Generation einsetzen zu können (Aufpreis, Kosten für den Umstieg sowie für neue Systemsoftware und Hardware). Da sachgerecht auf die Kundschaft abzustellen ist, ist ein einheitlicher Beginn der Mindestpflegedauer anzunehmen. Dieser kann im Normalfall in dem Termin der Aufforderung zum Einsatz der neuen Generation zuzüglich eines durchschnittlichen Zeitbedarfs für den Umstieg gesehen werden.

Vorzeitige Einstellung der Pflege und Verweisung auf ein anderes Softwareprodukt: In Betracht kommt, dass der Auftragnehmer, wenn er die Pflege einstellt, zugleich ein anderes Softwareprodukt anbietet oder seine Kunden auf ein anderes Softwareprodukt verweist, für das er oder dessen Anbieter gewisse Umstellungshilfen zur Verfügung stellt. Die Frage ist, inwieweit die Kunden das hinnehmen müssen. Man darf die Frage nicht so zurückhaltend beantworten wie die, inwieweit der Kunde die Erstlieferung eines anderen Softwareprodukts ablehnen darf *[Kapitel 8.1 (5)]*. Denn dem Auftragnehmer steht ein erheblicher Spielraum bei der Weiterentwicklung zu. Außerdem ist auf den Kundenstamm abzustellen. Der einzelne Kunde kann das Angebot nur unter den Bedingungen ablehnen, unter denen er die Übernahme einer neuen Generation ablehnen kann *[Kapitel 12.2.2 (2)]*.

Haftung bei Einstellung der Pflege während der Mindestdauer: Dem Kunden entsteht Aufwand für den Erwerb eines neuen Softwareprodukts und für den Umstieg auf dieses. Die Kunden, für die die Mindestpflegedauer noch nicht abgelaufen ist, haben Anspruch auf Schadensersatz. Die anderen haben keinen; denn sie leiten ihren Anspruch auf Pflege nach Ablauf der Mindestpflegedauer nur als Reflex aus dem Anspruch der Neukunden ab *[Kapitel 12.2.3 am Anfang]*. Der Auftragnehmer kann mit den Neukunden aber jederzeit die Beendigung seiner Pflegepflicht gegenüber diesen vereinbaren, sodass der reflexartige Anspruch entfällt. Die Altkunden können m. E. auch nicht Ansprüche aus dem Fall ableiten, dass der Auftragnehmer die Mindestpflegedauer gegenüber den Neukunden nicht einhält.

Der Auftragnehmer kann sich gegenüber Neukunden kaum darauf berufen, dass sie nicht umzusteigen bräuchten und also keinen Schaden hätten, weil das Softwareprodukt ohne Pflege noch einsatzfähig bleiben würde. Denn die Neukunden haben Anspruch auf Weiterentwicklung gegen Zahlung (in einen Topf, von dem jeder Kunde annehmen darf, dass dieser einigermaßen gefüllt wird).

Im Normalfall hat der Auftragnehmer nur denjenigen Anteil an den gesamten Umstiegskosten zu ersetzen, der dem fehlenden Anteil an der Mindestpflegedauer entspricht. Denn zu deren Ende hätte der Auftragnehmer die Neukunden ohnehin zu einer Ersatzbeschaffung zwingen können. Die Neukunden erhalten durch den Erwerb eines anderen Softwareprodukts den Vorteil, dass sie einen Anspruch gegen den neuen Anbieter auf eine neue Mindestpflegedauer bekommen. Im Einzelfall kann sich allerdings ergeben, dass ein Kunde kein Interesse an einer neuen langen Mindestpflegedauer hat. Dann muss die Höhe des Schadens spezifisch ermittelt werden.

Pflicht, weitere Pflegeleistungen nach Kündigung seitens des Kunden zu erbringen: Wenn der Kunde einen Pflegevertrag mit pauschaler Vergütung kündigt, stellt sich die Frage, ob er noch einzelne Leistungen gegen Vergütung nach Aufwand verlangen kann. Der Anspruch auf Mängelbeseitigung und auf Beratung dürfte bestehen bleiben, solange der Auftragnehmer noch die dafür erforderliche Entwicklungsumgebung uneingeschränkt einsatzbereit hat; dabei braucht dieser aber keine hohe Priorität einzuräumen und darf andere Mitarbeiter als die der Entwicklungsabteilung einsetzen.

12.2.4   Verschobener Beginn oder Unterbrechung seitens des Kunden

Wenn der Kunde die Pflege erst zu einem späteren Zeitpunkt als dem normalen *[Kapitel 12.3.1 (2)]* beauftragt, ändert das grundsätzlich nichts an der Pflegepflicht. Meines Erachtens besteht der Anspruch auf (Wieder-)Aufnahme für die Dauer, für die der Kunde Anspruch auf Pflege ab dem normalen Beginn hatte. Das bedeutet zugunsten des Auftragnehmers, dass die Mindestpflegedauer von diesem Zeitpunkt an zu berechnen ist.

Der Auftragnehmer kann verlangen, dass der Kunde zu Beginn der Pflege den neuesten freigegebenen Programmstand einführt. Der Kunde trägt sämtliche Kosten für den Umstieg. Technische Probleme gehen zu seinen Lasten (der Auftragnehmer braucht sich vorher nicht darauf einzurichten, dass der Kunde die Pflege u.U. wieder aufnehmen will).

Vergütung für den neuesten Programmstand: Der Auftragnehmer kann für diesen eine angemessene Vergütung verlangen. Für dessen Bepreisung berücksichtigen die Auftragnehmer mangels einer Vereinbarung den Betrag, den der Kunde in der Zwischenzeit an Pflegepauschale gespart hat. Denn mit dem neuen Programmstand werden dem Kunden die Pflegeleistungen weitgehend nachgeliefert (Weiterentwicklung, Mängelbeseitigung). Der Kunde hat zwar telefonische Unterstützung nicht in Anspruch genommen; der Auftragnehmer musste die Hotline aber insgesamt vorhalten. Es ist also plausibel, dass der Auftragnehmer mindestens 70 % des ersparten Betrags als Nachzahlung verlangen kann.

Erneute Beauftragung nach Unterbrechung: Die Ausführungen zum späteren Beginn dürften entsprechend gelten.

12.2.5   Verweisung auf den Anbieter oder einen Dritten

(1)   Der Auftragnehmer als Vertriebspartner lehnt die Übernahme ab

Hat ein Vertriebspartner, der Auftragnehmer ist, bei Abschluss des Projektvertrags die Pflege nicht angesprochen, fragt sich, ob er den Kunden für die Pflege auf den jeweiligen Anbieter der Softwareprodukte verweisen darf *[Kapitel 12.2 (1)]*. Das hängt davon ab, um welche Pflegeleistungen es geht. Neben dem Grundpaket aus Weiterentwicklung und Mängelbeseitigung kann es um die Pflege von Anpassungsprogrammierung, um die Aufrechterhaltung des Zusammenwirkens mit anderen Softwareprodukten, die der Vertriebspartner geliefert hat, und um weitere Unterstützungsleistungen gehen.

Wenn es im Wesentlichen nur um das Grundpaket geht, lässt sich die Pflicht des Vertriebspartners zur Übernahme der Pflege nur daraus ableiten, dass er den Anbieter repräsentiert. Letzterer kann dieses Grundpaket erbringen, sodass wenig Grund für eine Pflicht des Vertriebspartners besteht. Mögliche Nachteile sind zu beachten. Dazu zählt kaum die – durchschnittlich – größere Entfernung zum Anbieter. Denn der Kontakt zum Pflegepartner findet ohnehin weitestgehend über Telekommunikation statt. Der Kunde braucht allerdings keine Sprachbarriere hinzunehmen. Auch ein anderer Vertriebspartner des Anbieters mit entsprechender Kompetenz kann als Auftragnehmer zumutbar sein.

Je mehr aber weitere der oben genannten Leistungen hinzukommen, desto wichtiger wird es, dass der Kunde einen Pflegepartner hat, der seine Situation betreuen kann. Wenn sein Auftragnehmer auch Softwareprodukte weiterer Anbieter geliefert hat, ist zu erwarten, dass diese die Schnittstellen ihrer Softwareprodukte ändern. Als Pflegepartner muss der Auftragnehmer dafür sorgen, dass solche Änderungen zwischen den Anbietern abgestimmt werden *[vgl. Kapitel 12.2.1 (3)]*. Der Verweis auf den Anbieter ist deswegen für den Kunden nur zumutbar, wenn die kompatible Weiterentwicklung sichergestellt ist. – Außerdem hat der Kunde den Nachteil, nunmehr verschiedene Ansprechpartner zu haben, wenn eine Störung auftritt *[vgl. Kapitel 6.4.1 (1)]*.

Mindestvoraussetzung für den Verweis auf den Anbieter ist, dass dieser diejenigen Pflichten zu übernehmen bereit ist, die sonst den Auftragnehmer treffen. Es muss eine Vereinbarung bestehen, dass Schnittstellen zwischen den Softwareprodukten anderer Anbieter und denen dieses Anbieters nur einverständlich geändert werden.

(2)   Kündigung des Pflegevertrags und Verweisung auf den Anbieter

Kündigt der Auftragnehmer die Pflege vor Ablauf der Mindestpflegezeit, ist die Interessenlage grundsätzlich dieselbe wie bei der Ablehnung, die Pflege zu übernehmen. Die spezifische Situation des Kunden kann an Umfang zugenommen haben, sodass deren Beherrschung ggf. noch wichtiger ist. Das Interesse des Kunden, dass sein Auftragnehmer sein Pflegepartner bleibt, kann also noch wachsen.

Die Verweisung kommt im Wesentlichen in Betracht, wenn der Vertriebsvertrag zwischen dem Anbieter und dem Vertriebspartner beendet wird. Hält man die Verweisung für unzulässig, verpflichtet man damit den Anbieter, noch jahrelang Pflegeleistungen an den Vertriebspartner zu erbringen. Das klingt erst einmal bedenklich. Doch ist zu berücksichtigen, dass der Anbieter von vornherein weiß, dass sich sein Vertriebspartner durch den Verkauf seiner Produkte selbst auf Jahre bindet. Er wirkt an der Schaffung des Vertrauenstatbestands mit, auf den sich der Kunde stützt. Dementsprechend ist dem Kunden die Verweisung nur zuzumuten, wenn sie ihn nur unerheblich belastet.

Erste Voraussetzung dafür ist, dass der angebotene Pflegepartner kompetent ist. Wenn der Anbieter einen anderen Vertriebspartner benennt (der die Kunden des Vertriebspartners übernehmen soll), kommt es darauf an, ob er sich rechtzeitig Kenntnis von der spezifischen Situation des Kunden schaffen kann, z. B. durch Einstellung der zuständigen Mitarbeiter des Vertriebspartners. Zweite Voraussetzung ist, dass der andere Vertriebspartner als Unternehmen ersatzweise zumutbar ist. Denn schließlich kann der alte Pflegeunternehmer als Vertragspartner die

Aufgaben im Unterauftrag durch einen kompetenten Dritten durchführen lassen. Der Kunde braucht sich niemanden aufdrängen zu lassen.

Wenn es allerdings um die Pflege eines Softwareprodukts geht, das der Vertriebspartner in eine Lösung auf der Grundlage eines eigenen Softwareprodukts integriert hat, ist kaum zu sehen, wie ein anderer Auftragnehmer in der Lage sein soll, dessen Aufgabe zu übernehmen.

Nach Ablauf der Mindestpflegezeit *[Kapitel 12.2.3]* ist der Auftragnehmer zur Kündigung und Verweisung berechtigt, außer wenn er einzelne Kunden dadurch diskriminieren würde

12.2.6   Pflegepflicht bei Lieferung des Quellprogramms

Die Lieferung des Quellprogramms macht den Profi-Anwender etwas weniger abhängig vom Auftragnehmer, den Laien-Anwender dagegen nicht, insbesondere nicht, wenn er das Quellprogramm Dritten nicht zur Kenntnis geben darf *[Kapitel 8.2.2.4]*. Die Lieferung des Quellprogramms kann als Indiz dafür, dass der Auftragnehmer keinen Pflegevertrag anbieten will, höchstens dann angesehen werden, wenn das Softwareprodukt typischerweise von Profi-Anwendern erworben wird.

Anpassungsprogrammierung durch den Kunden: Hat der Kunde Anpassungen programmiert, belastet ihn die Beschränkung der Pflege auf den neuesten Programmstand entsprechend dem Aufwand, seine Anpassungsprogrammierung in den neuen Programmstand zu übernehmen. Hier schafft allerdings der Kunde von vornherein einen Zielkonflikt, wenn er einerseits – alleine – das Softwareprodukt ändern will, aber andererseits weiterentwickelte Programmstände einsetzen will. Dementsprechend braucht der Anbieter keine Rücksicht auf solche Schwierigkeiten zu nehmen.

12.3   Rechtsfragen zum Pflegevertrag

Bei den folgenden Ausführungen geht es im Wesentlichen um das Grundpaket an Pflegeleistungen bei Vollpflege *[Kapitel 12.1 (2)]*.

12.3.1   Allgemeine Fragen

Wie die Vollpflege vertragstypologisch einzuordnen ist, ist erst einmal für die Beseitigung von Mängeln wichtig: Wird sie als vereinbarte Leistung oder als Nacherfüllung wegen Verletzung der Pflicht zur mangelfreien Lieferung *[zu dem Gegensatz siehe Kapitel 3.1 (1)]* geschuldet?

Im zweiten Fall bezieht sich die Pflichtverletzung auf die jeweils letzte Version, nicht auf die in Erfüllung des Projektvertrags gelieferte.[34] Der Auftragnehmer ist dann berechtigt, die Kosten für die Fehlerbeseitigung in die Pflegepauschale einzukalkulieren; er kann allerdings den Aufwand nicht gesondert berechnen, der für Reisen zum Kunden zwecks Fehlerbeseitigung anfällt (diesen kann er in die Pauschale einkalkulieren). Dieser Ansatz hat für die Kundenseite auch den Vorteil, dass nach dem AGB-Recht die Verjährungsfrist nicht unter ein Jahr abgekürzt werden kann. Die Pflicht zur Mängelbeseitigung besteht bei dieser Einordnung also für jeden Programmstand für die Dauer von mindestens einem Jahr.[35]

Noch geht die Praxis davon aus, dass die Pflicht zur Fehlerbeseitigung eine geschuldete Leistung ist, sodass solche Kosten gesondert berechnet werden können.

Die Unterstützung, insbesondere die telefonische Kurzberatung, ist als dienstvertragliche Leistung einzuordnen.

(1)   Begriff des Mangels

Anders als bei der Wartung von Hardware *[Kapitel 11.3.2 (1)]* geht es hier fast nur um die Beseitigung von Konstruktionsmängeln. Maßstab ist nicht der Zustand des Softwareprodukts zu Beginn der Pflege (der sich grundsätzlich nicht verschlechtern würde). Maßstab ist vielmehr, was das Softwareprodukt gemäß jeweils aktueller Produktbeschreibung, hilfsweise aus sich heraus erkennbar (insbesondere aus der Benutzerdokumentation), können soll *[Kapitel 12.2.2 (1)]*. Dazu gehört automatisch, dass es die jeweils gewöhnliche Verwendbarkeit hat. Allerdings darf der Auftragnehmer die Eigenschaften nur in dem Ausmaß ändern, wie das für die Kundschaft zumutbar ist *[Kapitel 12.2.2]*.

Wenn im Projektvertrag mit dem einzelnen Kunden eine bestimmte Verwendbarkeit vereinbart worden ist, stellen Abweichungen davon im neuen Programmstand keine Mängel dar. Denn während der Pflege soll jeder Kunde dieselben Standardleistungen erhalten, soll also nur korrigiert werden, was für die Kundschaft einen Mangel beinhaltet. Diese Einschränkung gilt dann nicht, wenn sich der Auftragnehmer ausdrücklich verpflichtet hat, diese bestimmte Verwendbarkeit unverändert beizubehalten, z.B. indem zu einer Funktion ergänzende Anpassungsprogrammierung vereinbart worden ist.

Der Kunde kann auch die Beseitigung von solchen Mängeln bezüglich der Istbeschaffenheit als geschuldete Leistung verlangen, die er unter dem Projektvertrag nicht rechtzeitig *[Kapitel 6.3.11]* oder überhaupt nicht gerügt hat. Denn

---

34. Sonst würde die Verjährungsfrist für Mängelansprüche aus dem Projektvertrag verlängert werden. Das würde dem Vertragstyp widersprechen. Denn der Auftragnehmer soll laufend neue Versionen liefern und Fehler in der jeweils neuesten beseitigen, aber nicht mehr in veralteten Versionen.

35. Da ein Auftragnehmer das Thema standardmäßig, also in AGB, abhandeln muss, greift die Inhaltskontrolle ein *[Kapitel 1.1.4 (4)]*, die nach der derzeitigen Erfahrung mit der Rechtsprechung praxisgerechte Ergebnisse kaum zulässt.

insoweit diese die gewöhnliche Verwendbarkeit beeinträchtigen, ist der Auftragnehmer ohnehin gegenüber den anderen Kunden zu deren Beseitigung verpflichtet *[Kapitel 12.3.2 (1)]*.

(2)   Beginn der Pflege

Mit Ausnahme der Mängelbeseitigung, die bereits für die Dauer der Verjährungsfrist aus dem Projektvertrag geschuldet wird, benötigt der Kunde die Pflegeleistungen vom Zeitpunkt der Installation an *[wie beim Wartungsvertrag für die Hardware, Kapitel 11.1]*. Die Weiterentwicklung der Softwareprodukte und damit die Bereitstellung weiterentwickelter Versionen erfolgt zeitlich unabhängig von der Installation beim einzelnen Kunden. Dafür zahlen die Kunden eine zeitproportionale Vergütung. Diese ist dementsprechend von der Installation an in der Sache plausibel. Kunden wünschen oft, dass die Pflegepauschale während der genannten Verjährungsfrist herabgesetzt wird (was bei Vollwartung sachlich plausibel ist). Es gibt keinen Rechtsgrund dafür *[siehe auch IT-PM, Kapitel 2.3.5 unter » Wie wirkt sich ... aus«]*.

Wenn Mängel während der Verjährungsfrist für Mängelansprüche aus dem Projektvertrag auftreten, verlängert sich dadurch zwar die Verjährungsfrist für Ansprüche wegen dieser Mängel, nicht aber die Verjährungsfrist insgesamt. Falls eine Vorzugsperiode vereinbart ist, während der der Kunde nur eine verringerte Pflegepauschale zu zahlen braucht, wird diese also wegen Mängeln nicht verschoben. Dementsprechend liegt es auch weniger nahe, dass eine Vereinbarung über die Verlängerung der Verjährungsfrist aus dem Projektvertrag zugleich auch eine solche Vorzugsperiode verlängern soll.

Bei Erweiterung des Benutzungsrechts an einem Softwareprodukt fragt sich, ob es überhaupt eine gesonderte Verjährungsfrist für Mängelansprüche und damit eine besondere Vorzugsperiode geben soll. Formal ist davon zumindest dann auszugehen, wenn ein neuer Originaldatenträger geliefert wird (was typischerweise mit einer eher niedrigen Rabattgewährung verbunden ist). Je stärker die Erweiterung im ursprünglichen Projektvertrag bereits geregelt ist und je höher der Preisnachlass ist, desto weniger wollen die Vertragspartner eine besondere Vorzugsperiode vereinbaren *[siehe auch Kapitel 12.3.4]*.

(3)   In den Pflegevertrag einbezogene Softwareprodukte

In *Kapitel 12.2 (5)* ist die Frage abgehandelt worden, ob der Auftragnehmer verlangen kann, dass alle von ihm gelieferten Softwareprodukte in den Pflegevertrag einbezogen werden. Hier wird die Frage gestellt, ob die Vertragspartner bei nachträglicher Erweiterung des Einsatzrechts oder Überlassung weiterer Softwareprodukte unausgesprochen von der Einbeziehung ausgehen. Das liegt umso näher, je stärker der Auftragnehmer Einbeziehung verlangen kann. Bei einer Erweiterung des Einsatzrechts ist davon auszugehen. Bei Erwerb zusätzlicher Softwareprodukte liegt das umso näher, je stärker sie mit den bereits vorhandenen integriert sind oder wenigstens mit diesen zusammenwirken sollen.

(4) Beendigung der Pflege

Zur Kündigungsfrist und zur Abhängigkeit des Pflegevertrags vom Fortbestehen des Projektvertrags siehe Kapitel 11.3.1.

Der Auftragnehmer darf nicht während der Mindestpflegedauer kündigen *[Kapitel 12.2 (3) und 12.2.3]*.

Der Kunde darf keine Teilkündigung aussprechen, soweit der Auftragnehmer verlangen kann, dass alle Softwareprodukte der Pflege unterliegen *[Kapitel 12.2 (5)]*. Stellt der Kunde die Nutzung der Softwareprodukte ein, berechtigt ihn das kaum, den Pflegevertrag außerordentlich zu kündigen *[Kapitel 11.3.1; siehe Kapitel 12.3.4 (2) zur ordentlichen Kündigung bei Verringerung des Umfangs des Einsatzes]*. – Setzt der Kunde eine weiterentwickelte Version nicht ein, weil das für ihn unzumutbar ist, kann er den Pflegevertrag u.U. außerordentlich kündigen *[Kapitel 12.2.2 (2)]*.

12.3.2 Abwicklung der Leistungen des Auftragnehmers

In *Kapitel 12.2* ist der Umfang der Leistungspflichten abgehandelt worden. Hier geht es ergänzend um deren Abwicklung.

(1) Umfang der Mängelbeseitigungspflicht

Zur Geschwindigkeit siehe Kapitel 12.2.1 (1).

Der Auftragnehmer ist nicht verpflichtet, von sich aus nach Mängeln zu suchen.

Mitteilung bekannt gewordener Mängel: Offen ist, inwieweit der Auftragnehmer verpflichtet ist, einen bei einem Kunden aufgetretenen Mangel den anderen Kunden mitzuteilen, um sie vor Schaden zu bewahren. Bei schwerwiegenden Mängeln ist das anzunehmen. Bei sehr schwerwiegenden dürfte ein Dienst (Internet) dafür, bei dem der Kunde Informationen abrufen muss, nicht ausreichen.

Weiterleitung von bereits erstellten Korrekturmaßnahmen: Ausgangspunkt ist, dass Korrekturmaßnahmen für die Beseitigung von weniger gewichtigen Mängeln jeweils für eine bestimmte Periode gebündelt mitgeteilt werden dürfen *[Kapitel 12.2.1 (1)]*. Die Frage ist, ob der Auftragnehmer bei schwerwiegenden Mängeln einzelne Korrekturmaßnahmen vorab bereitstellen muss, und zwar insbesondere dann, wenn er sie einem Kunden (der den Mangel gemeldet hat) zur Verfügung stellt. Auch hier spielt eine wesentliche Rolle, in welcher Form man die Bereitstellung verlangt.

> **Beispiel**
>
> Ein Programm berechnet den auszuzahlenden Lohn zu hoch. Der Arbeitgeber hat nur kurze Zeit Anspruch auf Rückzahlung.

Bei solchen Mängeln ist der Auftragnehmer ohnehin gegenüber dem Kunden, der den Mangel gemeldet hat, zur schnellen Erarbeitung einer Korrekturmaßnahme verpflichtet. Dann liegt es nahe, dass er verpflichtet ist, auch die anderen Kunden damit zu versorgen. Sollte er den Mangel selbst entdeckt haben, kann nach Treu und Glauben nichts anderes gelten.

Ort für die Mängelbeseitigung: In der Praxis wird die Abwicklung oft dadurch beeinflusst, dass die Vertragspartner den Einsatz von Telekommunikationsmitteln vereinbaren.

Eine ordentliche Mängelmeldung wird geschuldet, weil die Kundschaft den Topf mit der Pflegevergütung nicht durch Reisen vor Ort belastet haben will. Wenn Reisen vor Ort dennoch erforderlich werden, muss der Auftragnehmer zum Kunden kommen *[Kapitel 6.3.7 (2)]*. Wenn nichts vereinbart ist, darf der Kunde davon ausgehen, dass der Auftragnehmer die Kosten tragen muss; denn nur so kann er seine Leistungspflicht erfüllen.

Hinsichtlich der Geschwindigkeit dürfte der Auftragnehmer in Abhängigkeit von der Schwere des Mangels berechtigt sein, Reisezeiten zu optimieren.

Sofern Korrekturmaßnahmen nicht über Telekommunikationsmittel eingespielt werden, soll der Kunde das im Interesse der Kostenminimierung für die Kundschaft möglichst selbst tun. Der Auftragnehmer ist verpflichtet, dafür Hilfen zur Verfügung zu stellen *[Kapitel 6.3.7 (2)]*.

Ende der Pflicht bei Kündigung: Mit dem Vertragsende soll nach Auffassung beider Marktseiten die Pflicht zur Beseitigung von Mängeln enden. Rechtlich macht es Schwierigkeiten, die Verjährungsfrist für die Beseitigung von Mängeln in der zuletzt freigegebenen Version so zu begrenzen. Man kann argumentieren, dass der Anspruch auf Mängelbeseitigung begrenzt sein soll: Der ausgeschiedene Kunde soll nicht besser gestellt werden als die Noch-Kunden, die Korrekturen der meisten Mängel im Rahmen der Überlassung neuer Programmstände erhalten; darauf soll der ausgeschiedene Kunde keinen Anspruch mehr haben. Der Auftragnehmer braucht nur noch solche Mängel zu beseitigen, die so schwer sind, dass sie nicht nur innerhalb der Lieferung eines neuen Programmstands beseitigt werden müssen. Diese Pflicht besteht nur dann, wenn der Kunde das Softwareprodukt weiterhin nutzen will. Rechtsprechung dazu ist noch nicht bekannt.

(2)   Lieferung neuer Programmstände

*Zur ausstehenden Weiterentwicklung bei Vertragsende siehe www.zahrnt.de,
Kapitel 12.3.2 (2).*

Neue Programmstände sind bei Vollpflege automatisch zu liefern. Es bestehen
keine Bedenken, wenn der Auftragnehmer erst einmal nur über deren Freigabe
informiert und den Kunden auffordert, diese abzurufen. Kunden ziehen vielfach
vor, den Termin für die Installation selbst zu bestimmen. – Es reicht aus, die
neuen Programmstände zum Download bereitzustellen, wenn der Kunde den
neuen Programmstand selbst installieren kann.

Werden Daten als Teil eines Softwareprodukts, z.B. Tarife, geliefert, muss
auch die fortgeschriebene Fassung dieser Daten innerhalb der Pauschale geliefert
werden.

Weiterentwickelte Versionen enthalten typischerweise auch zusätzliche oder
wesentlich erweiterte Funktionen. Deswegen bedarf es der Abgrenzung, was der
Auftragnehmer bei umfangreichen Weiterentwicklungen als Zusatzentwicklungen ansehen darf, für die er eine gesonderte Vergütung neben der Pauschale verlangen kann. Üblicherweise wird alles als Zusatz angesehen, was als zusätzliche
Position in die Preisliste aufgenommen wird. Wenn der Auftragnehmer, ohne eine
Abgrenzung vereinbart zu haben, innerhalb der Vollpflege nur noch die neue Version mit integrierten Zusatzentwicklungen pflegen will, muss er sie innerhalb der
Pauschale liefern *[siehe auch Kapitel 12.2.1 (2) zur Weiterentwicklung wegen
geänderter Gesetze]*.

Datenträger: Wegen der Legitimationswirkung eines Originaldatenträgers fragt
sich, ob der Kunde Anspruch darauf hat, eine neue Version auf einem Originaldatenträger zu erhalten. Die Legitimationswirkung kann auch vom ursprünglich
gelieferten Originaldatenträger weiterhin erfüllt werden (wenn sie nicht ausdrücklich auf den ursprünglichen Programmstand beschränkt wird). Der Aufwand für den Austausch (Rückgabe des alten Datenträgers) ist – insbesondere
hinsichtlich Korrekturversionen – für beide Seiten ziemlich hoch.[36] Der Anspruch
dürfte deswegen abzulehnen sein.

(3)   Einführung neuer Versionen

Information über Änderungen in neuen Versionen: Der Auftragnehmer ist verpflichtet, diejenigen Maßnahmen schriftlich aufzuführen, die der Kunde als Einsatzvorbereitung für den neuen Programmstand treffen muss. Er dürfte auch im
Normalfall verpflichtet sein, diejenigen Punkte mitzuteilen, in denen der neue

---

36. Der neue Datenträger müsste den Umfang des Benutzungsrechts wiederholen oder konkret auf
den bisher gelieferten Bezug nehmen (dann würde die Rückgabe entfallen; der Kunde müsste
aber zwei Originaldatenträger aufbewahren). Würde eine Urkunde verwendet werden, müsste
die Bezugnahme ebenso konkret erfolgen.

Programmstand für die Benutzer gegenüber dem alten inkompatibel ist. Die Fortschreibung der Benutzerdokumentation ist zwar erforderlich, reicht dafür aber nicht aus.

Liegt es im Zielbereich des Vertrags, dass der Kunde das Softwareprodukt ändert oder ergänzt, dürfte dieser auch über die programmtechnische Seite der Änderungen zu informieren sein, um eventuelle Anpassungsprogrammierung auf den neuen Programmstand übertragen zu können. Ob der Auftragnehmer mitzuteilen hat, welche Teile des Quellprogramms geändert worden sind, oder ob er die Änderungen funktional beschreiben muss oder ob er beides tun muss, ist bisher nicht geklärt. Ist ein neuer Programmstand massiv geändert worden, kann diese Informationspflicht hinsichtlich Funktionen und Quellprogramm entfallen. Denn der Kunde muss dann ohnehin den neuen Programmstand testen und sich ein Konzept machen, wie er diese einsetzt und wie er seine Anpassungsprogrammierung in diese (funktional) einbringt.

Gegen die Informationspflicht spricht, dass der Kunde seine Anpassungsprogrammierung sowieso »anfassen« muss. Anpassungsprogrammierung kann zwar über Weiterentwicklungen an anderen Stellen des Softwareprodukts eine andere Bedeutung bekommen, sodass der Kunde an entsprechendem Wissen äußerst interessiert wäre. Da der Auftragnehmer die Anpassungsprogrammierung der verschiedenen Kunden aber nicht kennt, kann er kaum sinnvolle Informationen liefern. Soweit der einzelne Kunde die Dateistruktur ergänzt hat, kann er deren Änderungen im Rahmen der Weiterentwicklung durch Abgleich mit der alten relativ leicht erkennen. Soweit er Masken eingeschoben hat, muss er die Einschubstelle ohnehin überprüfen. Wenn allerdings Benutzerausgänge geändert werden, darf er sich darauf verlassen, dass er darüber informiert wird.

Installierbarkeit: Der Kunde dürfte Anspruch darauf haben, dass sich ein neuer Programmstand nicht vermeidbar umständlicher als der zuerst gelieferte installieren lässt.

Umstellungshilfen: Die Information über Änderungen in dem neuen Programmstand stellt die erste Umstellungshilfe dar. Sodann geht es um die Anleitung zur Ergänzung oder sonstigen Änderung der Parametrierung. Die Umstellung von Daten kann mehr oder weniger algorithmisierbar sein und dementsprechend mehr oder weniger programmgestützt durchführbar sein.

Beispiel

Die Umrechnung von DM in Euro in der Buchhaltung geht bereits über die reine Umrechnung hinaus. Denn es müssen Rundungsdifferenzen zusätzlich gebucht werden. – Bei Preislisten sollen die neuen Preise stark gerundet werden. Hier kann ein Umstellungsprogramm dem Kunden ermöglichen, eine Umrechnungstabelle zu definieren, die der programmgestützten Umrechnung zugrunde gelegt wird.

Je vorteilhafter die programmgestützte Umstellung für die Kundschaft wirtschaftlich gesehen ist, desto stärker wird sie geschuldet. Kunden stehen oft unter starkem Zeitdruck. Sie wünschen, dass hierfür Mittel aus dem Topf mit den Pflegeeinnahmen aufgewendet werden *[Kapitel 12.2.2 (3)]*.

Wirtschaftlichkeit darf nicht so verstanden werden, dass ein Euro Zeitaufwand seitens des Auftragnehmers einem Euro ersparten Zeitaufwands auf Kundenseite gleichzusetzen wäre. Das erwarten die Kunden nicht. Hier spielt herein, wie groß der Topf mit Mitteln für die Pflege insgesamt ist *[Kapitel 12.2 (2)]*: Bei einer großen Zahl von Kunden spricht die Wirtschaftlichkeit für weitreichendere Hilfen als bei einer kleinen Zahl. Dann stehen auch mehr Mittel zur Verfügung.

Unterstützung: Sie ist bei Bedarf zu erbringen. Der Aufwand ist grundsätzlich gesondert zu vergüten *[vgl. Kapitel 6.2.1 (3)]*.

Die Unterstützung muss – insbesondere bei Anpassung an gesetzliche Änderungen – innerhalb eines kurzen Zeitraums erfolgen. Je mehr Unterstützungsaufwand als erforderlich zu erwarten ist, desto mehr muss sich der Auftragnehmer bemühen, die Unterstützung zeitgerecht erbringen zu können *[vgl. Kapitel 12.4.2 (3)]*. Insbesondere muss er Umstellungstermine möglichst frühzeitig abstimmen. Die Kunden müssen sich ihrerseits frühzeitig auf Umstellungstermine festlegen.

(4) Hotline = Unterstützung über Fernkommunikation

Die Unterstützung über Telefon oder ein anderes Telekommunikationsmittel (»Hotline«) ist für beide Seiten in der Praxis problematisch *[siehe auch Kapitel 6.5.1 (5)]*: Welche Leistungen sind durch die pauschale Vergütung abgegolten, und wie schnell muss der Auftragnehmer diese erbringen? Wenn ein Benutzer Hilfe braucht, dann braucht er sie meist dringend.

Wenn der Leistungsumfang bei pauschaler Vergütung nicht speziell definiert ist, fallen die Klärung von Fragen zur Handhabung des Softwareprodukts sowie die Entgegennahme von Fehlermeldungen unter die Hotline. Zur geschuldeten Leistung gehört auf keinen Fall organisatorische Beratung, aber auch nicht sonstige Einsatzvorbereitung (»Wie kann ich die und die Auswertung bekommen?«). Dazu gehört die Aufklärung von Bedienungsfehlern in dem Umfang, in dem die Hotline-Mitarbeiter helfen können *[siehe auch hier unter (5) am Ende und Kapitel 6.2.4]*.

Sind die Servicezeiten nicht definiert, bilden die Geschäftszeiten des Auftragnehmers die üblichen Servicezeiten, wenn der Unterstützungsbedarf des Kunden unproblematisch ist. Das heißt in der Praxis: Wenn beide Partner in etwa dieselben Arbeitszeiten haben. Je stärker der Kunde eine stets voll funktionierende Anwendungssoftware braucht, desto näher liegt es, dass die Servicezeiten ausgedehnt sein sollen. Andererseits fragt sich umso mehr, wie die Hotline überhaupt bei Softwarefehlern helfen soll und warum der Kunde seinen Bedarf nicht im Vertrag festgelegt hat (die Kunden sprechen die Anforderung häufig an, verzichten auf sie aber meist wegen der Kosten).

Wenn die Hotline als Adressat vereinbart ist, fallen nur Kontaktaufnahmen mit der Hotline unter die Pauschale, nicht auch solche beim (zuständigen) Kundenberater. Wenn die Hotline allerdings den Kundenberater informiert und dieser (ohne Hinweis auf die Vergütungspflicht) zurückruft und über das geschuldete Maß hinaus berät, kann das nicht in Rechnung gestellt werden.

Ist der Umfang der Leistungen wie oben beschrieben begrenzt vereinbart, kann der Auftragnehmer darüber hinausgehende Hilfe nur in Rechnung stellen, wenn sein Mitarbeiter vor Beginn der Überziehung auf die Vergütungspflicht hingewiesen hat.

Datenschutz: Der Auftragnehmer kann im Zusammenhang mit Pflegearbeiten auf personenbezogene Daten des Kunden Zugriff haben. Aus seiner Sicht betreibt er zwar nicht Auftragsdatenverarbeitung. § 11 Bundesdatenschutzgesetz definiert das allerdings als solche, wenn der Zugriff nicht ausgeschlossen werden kann. Also unterliegt der Auftragnehmer den Vorschriften über Auftragsdatenverarbeitung *[siehe Kapitel 10.2.1 unter »Auftragsdatenverarbeitung«].*

(5)   Sonstige Fragen

Einsatzort: Gegen dessen Wechsel bestehen keine grundsätzlichen Bedenken. Soweit Leistungen von ihm abhängen (Reaktionszeiten für das Erscheinen vor Ort, Reisekosten), sind die diesbezüglichen Vereinbarungen anzupassen.

Problematischer ist die teilweise Verlagerung, sei es eines Teils des Einsatzrechts an einem Softwareprodukt (ohne Überschreitung des Rechts) oder sei es eines einzelnen Softwareprodukts, wenn die von ihm unterstützte Funktion des Betriebs des Kunden ausgelagert worden ist. Dadurch verursachter Mehraufwand ist wahrscheinlich zu erstatten. Das Problem des Auftragnehmers dürfte darin liegen, dass dieser Mehraufwand meist in kleinen Einheiten anfällt, die sich schlecht in Rechnung stellen lassen.

Erfüllungsort: Dieser richtet sich nach den Vereinbarungen *[bezüglich der Mängelbeseitigung siehe (1)].* Der Erfüllungsort aus dem Projektvertrag dürfte nicht mehr maßgeblich sein. Wo der Erfüllungsort für die Lieferung neuer Programmstände ist, ergibt sich insbesondere aus den Regelungen, ob Korrekturmaßnahmen oder neue Programmstände nur zum Abruf bereitzustellen bzw. zu übersenden oder auch zu installieren sind. Für die ergänzende Vertragsauslegung dürften dieselben Überlegungen wie bei Mängelhaftung gelten *[Kapitel 6.3.7 (2)].*

Beseitigung der Auswirkungen von Mängeln: Sie gehört genau genommen nicht zur Mängelbeseitigung, sondern zum Schadensersatz *[Kapitel 6.3.7 (4)].* Es fragt sich aber, ob der Auftragnehmer die Leistungspflicht (und nicht »nur« die Schadensersatzpflicht) hat, dann zur Beseitigung der Auswirkungen beizutragen, wenn er das mit programmtechnischen Mitteln tun kann *[siehe auch Kapitel 11.3.2 (1)].*

Aufklärung von Bedienungsfehlern: Diese Leistung wird von Auftragnehmerseite nur selten im Pflegevertrag angesprochen, aber als selbstverständlich im Rahmen des Zumutbaren erbracht (sie wird notgedrungen und damit automatisch erbracht, wenn der Kunde fälschlich einen Mangel meldet). Sie wird aber nicht ausdrücklich zugesagt, um sich nicht unfähigen oder faulen Kunden auszuliefern.

Die Leistung ist bei Vereinbarung von Hotline-Unterstützung entsprechend dem Umfang, in dem Hilfe zur Bedienung der Software zu leisten ist, durch die pauschale Vergütung abgegolten *[siehe (4)]*. Das dürfte darüber hinaus auch für die erste Prüfung seitens der Entwicklungsabteilung gelten, ob ein Mangel im Programm vorliegt.

Ersatzlieferung einer Kopie der Softwareprodukte: Wenn der Auftragnehmer die Pflege übernimmt, muss er nahezu unvermeidbar eine Kopie der Softwareprodukte vorhalten (auch bei fremden Softwareprodukten), um seine Pflichten erfüllen zu können (telefonische Unterstützung, Mängelbeseitigung). Dann ist er auch zur Ersatzlieferung gegen Erstattung seines Aufwands verpflichtet *[Kapitel 6.5.1 (4)]*. Zumindest kann er sich bei fremden Softwareprodukten eine Ersatzkopie von seinem Vorlieferanten gegen Vergütung des Aufwands beschaffen. Das gilt ohne Berücksichtigung des Themas Originaldatenträger.

Wenn der Auftragnehmer Anpassungsprogrammierung durchgeführt hat, ist die Vorhaltung zwingend (Mängelbeseitigung).

Ob das Quellprogramm oder das Objektprogramm ausgeliefert worden ist, dürfte kaum einen Unterschied ausmachen.

(6)   Einsatz qualifizierter Mitarbeiter

Der Sinn der Pflege durch den Auftragnehmer liegt ganz wesentlich darin, dass er Mitarbeiter zur Verfügung hat und einsetzt, die das Softwareprodukt gut kennen. Das gilt ganz besonders für die Hotline. Schnelle Reaktion ist also zu erwarten. Diese kann aber nur jemand erbringen, der gut eingearbeitet ist.

Daraus ist ein außerordentliches Kündigungsrecht für den Kunden abzuleiten, wenn diejenigen Mitarbeiter des Auftragnehmers, die für die Pflege zuständig waren, nicht mehr zur Verfügung stehen (z.B. sobald sie sich als Team selbstständig gemacht haben). Dann kann der Auftragnehmer die geschuldete Leistung nicht mehr erbringen. Die erforderliche Einarbeitung neuer Mitarbeiter dauert Monate.

(7)   Einsatz einer qualifizierten Entwicklungsumgebung

Ist ein Softwareprodukt für den Einsatz unter verschiedenen Betriebssystemen, Datenbankverwaltungssystemen oder anderen Systemsoftwareprodukten ausgelegt, stellt sich die Frage, inwieweit der Auftragnehmer diese in seiner Entwicklungsumgebung zur Verfügung haben muss. Im Prinzip muss er alle haben. Die Frage stellt sich in besonderer Weise, wenn die von ihm eingesetzte Entwicklungsumgebung die Schnittstellen zu diesen Fremdprodukten automatisch erzeugt. Sie spitzt sich noch zu, wenn es um Familien von Fremdprodukten geht, z. B. um Unix-Betriebssysteme oder um SQL-Datenbankverwaltungssysteme, die laut Herstellerangaben Standards folgen. Wenn der Auftragnehmer ein Freigabekonzept befolgt *[Kapitel 8.2.4]*, liegt nahe, dass er diese Fremdprodukte in normalem Zugriff haben muss. Je besser die Fremdprodukte aber den Standard (nach eigenen Erfahrungen des Auftragnehmers) einhalten, um so eher reicht es aber aus, wenn der Auftragnehmer nur bei Bedarf Zugriff auf solche Produkte hat.

12.3.3 Haftung des Auftragnehmers

Haftungsansprüche bauen auf der vertragstypologischen Einordnung der Vollpflege auf, die bisher nicht geklärt ist *[Kapitel 12.3.1 am Anfang]*.

(1) Bezüglich der Mängelbeseitigung

Der Auftragnehmer schuldet die Beseitigung von Mängeln, die ein Kunde gemeldet hat, innerhalb einer gewissen Zeit *[Kapitel 12.2.1 (1)]*. Der Anspruch bezieht sich auf alle Mängel im aktuellen Programmstand, also auch auf solche, die schon in früheren Programmständen vorhanden waren. Der Kunde kann ggf. die Erstattung seines Verzugsschadens verlangen.

Hat ein neuer Programmstand neue Mängel, ist der Auftragnehmer zu deren Beseitigung verpflichtet *[Kapitel 12.3.1 (1)]*. Die Kunden berufen sich üblicherweise nicht darauf, dass sie bei den neuen Mängeln einen für sie finanziell etwas günstigeren Anspruch auf Mängelbeseitigung haben könnten (z. B. hinsichtlich Erstattung der Telekommunikationskosten).

Außerordentliche Kündigung: Der Kunde kann den Pflegevertrag unter den Voraussetzungen des § 314 BGB aus wichtigem Grund kündigen *[Kapitel 3.1 (5)]*.

Haftung auf Schadensersatz: Die Haftung wegen Mängeln wird unter (2) abgehandelt. Für den im Rahmen des Projektvertrags gelieferten Programmstand bildet der Projektvertrag die Anspruchsgrundlage.

Haftung auf Schadensersatz kommt in Betracht, wenn der Auftragnehmer seine Pflichten verletzt, die Kundschaft über bekannt gewordene schwere Fehler zu informieren bzw. ihr Korrekturmaßnahmen zur Verfügung zu stellen *[Kapitel 12.3.2 (1)]*.

(2) Bezüglich der Lieferung neuer Versionen

Verzug: Voraussetzung für Verzug ist, dass eine Pflicht des Auftragnehmers besteht, eine weiterentwickelte Version zu liefern, und dass sich ein Termin für die Erfüllung dieser Pflicht bestimmen lässt. Letzteres kann, z. B. bei einem Lohnprogramm wegen gesetzlicher Änderungen, im Wesentlichen mit dem Datum angesetzt werden, zu dem die Kunden die neue Version spätestens brauchen. Dabei ist allerdings zu berücksichtigen, dass die Anpassung des Softwareprodukts an geänderte Rechtsvorschriften so kompliziert sein kann und u.U. so kurzfristig erfolgen muss, dass den Kunden erst einmal zugemutet werden kann, bestimmte behelfsmäßige Maßnahmen zu ergreifen, z.B. bei einem Lohnprogramm Abschlagszahlungen zu leisten.

Andererseits ist zu berücksichtigen, dass die Einführung einer neuen Version des Softwareprodukts Zeit kosten kann. Je stärker der Auftragnehmer mitwirken muss, umso mehr muss er diesen Zeitbedarf – soweit möglich – in die Terminierung des Vorlaufs einkalulieren *[vgl. zur Übertragung von Anpassungsprogrammierung Kapitel 12.4.2 (3)]*.

Schwieriger ist der Zeitpunkt zu bestimmen, zu dem die Anpassung an neue Versionen von interoperablen Produkten oder die sonstige Weiterentwicklung abgeschlossen sein müssen.

Mängelhaftung: Der Auftragnehmer haftet auf Schadensersatz wegen neuen (zu vertretenden) Mängeln, gleich ob man Kaufrecht direkt oder analog anwendet oder auf die allgemeine Haftungsvorschrift in § 280 BGB zurückgreift *[Kapitel 3.1 (2)]*.

Problematisch ist »nur« die Frage nach der Verjährungsfrist für Schadensersatzansprüche. Es liegt nahe, die Vorschriften über die kurze Verjährungsfrist bei Mängeln (zwei Jahre ab Lieferung) entsprechend anzuwenden; denn es ist nicht plausibel, dass die Frist länger als die beim Projektvertrag ist. – Dann stellt sich die Frage, wann die Frist für einen Mangel beginnt, der schon in einem früheren Programmstand enthalten war: Mit dem Programmstand, in dem er erstmals enthalten war, oder mit jedem neuen erneut, wenn dieser das gesamte Programm umfasste? Im zweiten Falle würde die Verjährungsfrist im Ergebnis verlängert werden. Das stünde im Widerspruch zur Anwendung der verkürzten Frist und scheidet damit aus.

Testpflicht des Anwenders: Wer die Haftung auf Schadensersatz für Mängel in einem neuen Programmstand bejaht, muss auch bejahen, dass die kaufmännische Untersuchungs- und Rügepflicht gemäß § 377 HGB eingreift, soweit es um Schadensersatzansprüche und das Recht auf außerordentliche Kündigung geht *[vgl. Kapitel 12.3.1 (1)]*. – Weil die Gefahr besteht, dass eine neue Version neue Mängel enthält, weil der Kunde sich bei Inkompatibilität der neuen Version mit dieser beschäftigen muss *[vgl. Kapitel 12.2.2]* und weil er inzwischen das Softwareprodukt kennt und es besser testen kann, dürften hier höhere Anforderungen an die Untersuchungspflicht als zum Zeitpunkt der ersten Lieferung bestehen.

(3)   Allgemeine Nichterfüllung

Die Kunden zahlen die Pflegevergütung vor allem für die Chance, weiterentwickelte Versionen zu erhalten; sie haben nur beschränkt Anspruch auf bestimmte Leistungen *[vgl. Kapitel 12.2]*. Wenn der Auftragnehmer aber das Softwareprodukt praktisch nicht weiterentwickelt, stellt sich die Frage, ob – teilweise – Nichterfüllung vorliegt und die Kunden die Pflegepauschale kürzen können. Es macht allerdings keinen Sinn, eine bestimmte Menge an Versionen zu verlangen, weil das nichts über den Umfang der Weiterentwicklung aussagt. Außerdem wünscht die Kundschaft im Normalfall eher wenige neue Versionen (manchmal verlangt sie die Begrenzung auf eine Version pro Jahr!), weil jede neue Version Aufwand und Unruhe verursacht. Die Situation ist mit der eines Dienstvertrags vergleichbar, wenn der Auftragnehmer das geschuldete Minimum erbringt: Es ist das Risiko des Kunden, wen er sich als Vertragspartner ausgesucht hat.

Bei Telefonunterstützung rechtfertigen permanent unzumutbar lange Reaktionszeiten eine Minderung – was aber schwer zu konkretisieren und zu beweisen ist.

(4)   Schadensersatzansprüche auf Lieferung des Quellprogramms

Üblicherweise gehen Schadensersatzansprüche auf Geld. Der Kunde braucht allerdings das Quellprogramm zur Selbsthilfe, wenn er nicht auf ein anderes Softwareprodukt wechseln will. Ausnahmsweise werden auch Schadensersatzansprüche auf eine Ersatzleistung zugebilligt.

Bei Einstellen der Pflege: Wenn der Auftragnehmer die Pflege während der Mindestpflegedauer vollständig einstellt, verletzt er den Vertrag und macht sich schadensersatzpflichtig *[Kapitel 12.2.3]*. Aus der Sicht des Auftragnehmers hat das Quellprogramm normalerweise einen Wert, der den Kaufpreis um ein Vielfaches übersteigt. Das völlige Einstellen der Pflege zeigt aber an, dass der Auftragnehmer kein Interesse mehr an der Investition hat. In diesem Fall ist ihm die Leistung von Schadensersatz durch Lieferung des Quellprogramms zuzumuten.

> **Beispiel**
>
> Ein Auftragnehmer eines Datenbankverwaltungssystems bereinigt seine Palette an Varianten für Unix-Betriebssysteme, indem er diejenigen nicht mehr pflegt,
>
> ▪ deren Betriebssystemvariante von deren Hersteller eingefroren worden ist oder wird,
> ▪ die nur einen geringen Marktanteil haben, weil das entsprechende Betriebssystem marktschwach ist.
>
> Der Auftragnehmer verletzt zwar seine Pflicht, stellt die Pflege des Produkts aber nicht völlig ein.

Der Kunde könnte den Schaden mindern, wenn er ein ähnliches Softwareprodukt von einem Dritten erwerben würde, der dieses pflegen würde. Eine solche Pflicht zur Schadensminderung dürfte nicht zumutbar sein, wenn der Auftragnehmer die Pflege vollständig eingestellt hat.

Bei Verletzung der Pflegepflichten: Kommt der Auftragnehmer seinen Pflichten nur punktuell nicht nach, ist der Schaden tendenziell geringer. Er hat auch weiterhin erhebliches Interesse an der Geheimhaltung. Ein Anspruch auf Lieferung des Quellprogramms ist kaum zu bejahen.

12.3.4 Zahlungspflichten des Kunden

Zur Zahlungspflicht bei Nichterforderlichkeit bzw. Nichtinanspruchnahme siehe Kapitel 11.3.4. Zur Erhöhung der Pflegepauschale ohne Preisvorbehalt siehe www.zahrnt.de, Kapitel 12.3.4 (1).

Pflegepauschale bei verringertem Kaufpreis: Es gibt unklare Situationen, wenn die Pflegepauschale im Vertrag nicht als Betrag angegeben ist. Wenn der Kunde einen kundenspezifischen Nachlass auf den Kaufpreis erhalten hat, gilt dieser nicht automatisch auch für die Pflegepauschale. Das gilt auch für den Fall, dass ein Softwareprodukt ohne Vergütung überlassen worden ist.

Ist die Pflegepauschale als Prozentsatz des Kaufpreises angegeben, kommt es auf die Formulierung an. Diese kann so auszulegen sein, dass der rabattierte Kaufpreis maßgeblich sein soll. Ist im Vertrag ein Preisvorbehalt vorgesehen, der sich auf den jeweils aktuellen Kaufpreis bezieht, wird der Preisvorbehalt nicht ausgeschlossen. Wahrscheinlich soll der Preisvorteil auf die Pflegepauschale mit der nächsten Erhöhung des Kaufpreises nicht gänzlich aufgehoben werden, sondern die Pauschale soll nur entsprechend der Erhöhung des Kaufpreises angehoben werden können, im Zweifelsfall nur proportional und nicht absolut.

Wenn der Auftragnehmer dem Kunden im Kaufvertrag für die künftige Erweiterung des Einsatzrechts einen Nachlass eingeräumt hat, darf der Kunde nicht automatisch erwarten, dass ihm auch ein entsprechender Nachlass auf die Pflegevergütung eingeräumt wird *[siehe auch Kapitel 12.3.1 (2)]*.

Recht zur Erhöhung der Pflegepauschale: Die Auftragnehmerseite geht teilweise davon aus, dass sie nach Ablauf der vereinbarten *Mindestlaufzeit* stets zur Kündigung berechtigt sei und von da an jederzeit Preiserhöhungen durchsetzen könne, auch wenn kein Preisvorbehalt vereinbart ist. Die Konsequenzen dieses Irrtums muss der Auftragnehmer wohl für die *Mindestdauer der Pflegepflicht* tragen. Nach deren Ablauf gibt es aber keinen Grund mehr, ihm das Recht auf eine Änderungskündigung zu verweigern. Denn er ist nur noch deswegen zur Pflege verpflichtet, weil er das Neukunden gegenüber ist. Dann sollen die Altkunden aber auch nicht weniger als diese zahlen *[siehe auch Kapitel 12.2 (5)]*.

Ordentliche Kündigung in Bezug auf einen Teil des Benutzungsrechts: Es kommt in Betracht, dass der Kunde den Umfang des Einsatzes eines Softwareprodukts einschränken will. Hängt die Pflegevergütung vom Umfang des Benutzungsrechts ab, dürfte der Kunde berechtigt sein, die Pflege für den nicht mehr benötigten Teil des Benutzungsrechts *ordentlich* zu kündigen.

Der Kunde verliert den Teil des Benutzungsrechts an der bisher eingesetzten Version nicht. Er darf das Softwareprodukt in diesem (seltenen) Fall weiternutzen (weil das nur dann für den Auftragnehmer zumutbar ist), wenn sichergestellt ist, dass keine Pflegeleistungen für diesen Teil verwendet werden. Der Kunde kann die Benutzung wieder ausdehnen und die Pflege gemäß *Kapitel 12.2.4* wieder beauftragen.

12.4 Pflege von durch den Auftragnehmer angepassten Softwareprodukten

12.4.1 Pflicht des Auftragnehmers

(1) Pflegepflicht überhaupt

Die Frage nach der Pflicht zur Pflege angepasster Softwareprodukte ist grundsätzlich wie bei Softwareprodukten zu beantworten *[Kapitel 12.2.1, wenn der Kunde das Quellprogramm nicht erhalten hat, bzw. Kapitel 12.2.6, wenn das der Fall ist]*.

Je umfangreicher die Anpassungsprogrammierung ist, desto weniger kommt Vollpflege in Betracht (Erweiterungen sind weniger problematisch). Hat der Auftragnehmer das Softwareprodukt erheblich angepasst, kann er den Kunden nicht mehr auf Vollpflege verweisen, sondern muss das angepasste Softwareprodukt auf Verlangen des Kunden gegen Vergütung nach Aufwand pflegen.

Vereinbaren die Vertragspartner allerdings Vollpflege, sind hinsichtlich der für die Pflege maßgeblichen Version *[Kapitel 12.2.2]* zwei Fälle danach zu unterscheiden, wer die Anpassungen übertragen soll. Ist das der Kunde (der ggf. den Auftragnehmer damit beauftragen soll), gilt nichts Besonderes *[Kapitel 12.3.2 (3)]*.

Soll der Auftragnehmer dafür zuständig sein, fragt sich, ob der Kunde wegen der Anpassungskosten berechtigt ist, einzelne neue Versionen zu überspringen und zwischendurch Mängelbeseitigung gegen Vergütung nach Aufwand zu verlangen. Meines Erachtens ist das umso eher zu bejahen, je umfangreicher die Anpassungen sind; denn Pflege nach Aufwand ist die für diese Konstellation nahe liegende Pflegeform. Die Vertragspartner versuchen, trotz umfangreicher Anpassungsprogrammierung den anderen Weg zu gehen. Gelingt das nicht, kann der Kunde verlangen, dass auf dem nahe liegenden Weg weiterverfahren wird. Allerdings muss er dann die Pflegepauschale im Wesentlichen nachzahlen, wenn er eine neue Version einsetzen will *[Kapitel 12.2.4]*.

Aufklärungspflicht seitens des Auftragnehmers über den Aufwand: Die Pflege eines angepassten Softwareprodukts wird entsprechend dem Umfang der Anpassungsprogrammierung und der eingesetzten Technik schnell teuer. In der Praxis unterbleibt deswegen häufig der Einsatz weiterentwickelter Versionen, um die hohen Kosten für die Übertragung der Anpassungsprogrammierung zu sparen. Meines Erachtens besteht eine Aufklärungspflicht des Auftragnehmers gegenüber einem Laien-Kunden, wenn er Anpassungsprogrammierung bei – geplanter oder vereinbarter – Vollpflege anbietet, dass die Pflege der Anpassungsprogrammierung teuer werden kann.

(2) Automatische Einbeziehung in die Pflege der Softwareprodukte

Häufig führt der Pflegevertrag des Auftragnehmers nur die Softwareprodukte auf (Standardvertrag!). Meines Erachtens umfasst der Pflegevertrag dann automatisch auch die Anpassungsprogrammierung. Es fragt sich dann »nur« noch, ob deren Pflege gesondert zu vergüten ist.

Je geringfügiger die Anpassungsprogrammierung ist und je enger der zeitliche und dokumentmäßige Zusammenhang von Vereinbarung der Anpassungsprogrammierung und der Pflege ist, desto stärker erweckt der Auftragnehmer den Eindruck, dass die Pflege der Anpassungsprogrammierung durch die Pauschale für die Pflege des Standards abgegolten sein soll. Oft genug werden Anpassungen ohnehin in die nächste Version des Softwareprodukts aufgenommen. »Projektpreis einschließlich Anpassungen« dürfte auch Pflegepauschale einschließlich Anpassungen bedeuten.

(3) Dauer der Pflegepflicht

Wenn der Kunde die Anpassungen zur Nutzung des Softwareprodukts braucht, muss der Auftragnehmer sie zumindest für die Mindestpflegedauer für das Softwareprodukt pflegen. Das bedeutet für Anpassungsprogrammierung, die erst nach Lieferung des Softwareprodukts beauftragt wird, dass die Mindestpflegedauer kürzer ist.

Sodann ist zu bedenken, dass der Auftragnehmer die Pflege des Softwareprodukts fortsetzen muss, solange er dieses noch für einen anderen Kunden pflegen muss *[Kapitel 12.2.3 an Anfang]*. Dies wird ihm wegen der geringen Belastung zugemutet. Bei Anpassungsprogrammierung ist diese größer, auch wenn der zusätzliche Aufwand bezahlt wird, sodass der Kunde eher nicht verlangen kann, dass der Auftragnehmer auch die Anpassungen weiterhin pflegt. Wenn allerdings Releasefähigkeit zugesagt ist, heißt das, dass der Auftragnehmer diese Leistung auf Dauer erbringen will. Das liegt m.E. auch nahe, wenn er die Anpassungsprogrammierung gegen eine Pauschale pflegt (dafür hat er die Einnahmen sicher).

Wenn Anpassungsprogrammierung in eine neue Generation des Softwareprodukts übertragen werden muss, kann das einer Neuprogrammierung der

Anpassungen nahe kommen. Der Auftragnehmer dürfte deswegen nur dann berechtigt sein, den Kunden während der Mindestpflegedauer auf den Einsatz einer neuen Generation zu verweisen, wenn er den Aufwand übernimmt, der dem noch nicht abgelaufenen Teil der Mindestpflegedauer entspricht *[vgl. Kapitel 12.2.3]*.

(4)   Pflicht zur Vornahme von weiterer Anpassungsprogrammierung

Der Auftragnehmer dürfte nur ausnahmsweise verpflichtet sein, erstmals im Rahmen der Pflege Aufträge über Anpassungsprogrammierung zu übernehmen, und auch das nur, wenn der Kunde das Quellprogramm nicht zur Verfügung hat (bzw. es zwar hat, aber Laie ist und es Dritten nicht bekannt geben darf): Der Kunde hat nun einmal Standard gekauft. Anpassungsprogrammierung ist fehlerträchtig: Sie muss u.U. in neue Versionen des Standards übertragen werden. Der Auftragnehmer hat gute Gründe, das vermeiden zu wollen.

Wenn der Auftragnehmer allerdings von vornherein Anpassungsprogrammierung vorgenommen hat, dürfte er auch weiterhin zur Übernahme solcher Aufträge im Rahmen seiner Leistungsfähigkeit verpflichtet sein.

12.4.2   Durchführung

(1)   Praxis

Das Praxisproblem liegt darin, ein sachgerechtes Leistungsbündel zu definieren. Der Problempunkt ist bereits angesprochen worden, ob Anpassungsprogrammierung überhaupt auf neue Versionen des Softwareprodukts übertragen werden soll, sodass eine modifizierte Vollpflege vereinbart werden kann, oder ob das angepasste Softwareprodukt hinsichtlich der Pflege wie ein Individualprogramm behandelt werden soll *[Kapitel 12.4.1 (1)]*. Wenn Vollpflege die Grundlage sein soll, ist zu klären, wie sie hinsichtlich der Pflege der Anpassungsprogrammierung ergänzt werden soll. Es bieten sich zwei Formen an:

- Vergütung nach Aufwand oder
- Pauschale in Anlehnung an die für das betroffene Softwareprodukt. Dann ist der Umfang der Pflegeleistungen zu bestimmen, der durch die Pauschale abgedeckt ist.

(2)   Geschuldete Leistungen bei Vereinbarung einer Pauschale

Wenn der Umfang der durch die Pauschale abgegoltenen Pflegeleistungen nicht festgelegt ist, sollen ansatzweise dieselben Leistungen wie bei Vollpflege erbracht werden:

Mängelbeseitigung: Der Auftragnehmer braucht Korrekturmaßnahmen für weniger schwere Mängel erst mit der nächsten Version des Standards bereitzustellen.

Telefonunterstützung: Vom Ansatz her bleibt es bei dieser Leistung (wenn bei Vollpflege vereinbart). Ein eigenständig organisiertes Hotline-Team braucht aber nicht in der Lage zu sein, zu den Anpassungen Unterstützung zu geben. Also ist die Unterstützung – weniger schnell – durch die Beratungsabteilung zu erbringen.

Weiterentwicklung: Da die Einsatzfähigkeit der angepassten Lösung aufrechterhalten werden soll, sind die Anpassungen wie bei Vollpflege zu behandeln: Die Anpassungen sind an gesetzliche Änderungen und an Änderungen der Betriebsmittel anzupassen. Notwendige Weiterentwicklung ist durchzuführen. Das gilt aber nur für solche gesetzlichen Änderungen und solche funktionellen Anforderungen, die auch den Standard betreffen (die der Auftragnehmer als Teil einer neuen Version zu realisieren verpflichtet ist). Denn nur für diese wird der Entwicklungsaufwand auf die gesamte Kundschaft umgelegt. Die Pflegepauschale für die Anpassungen ist im Verhältnis dazu nur ein Tropfen auf den heißen Stein.

Übertragen der Anpassungsprogrammierung auf eine neue Version des betroffenen Softwareprodukts: Diese Aufgabe fällt bei Vollpflege nicht an (es sei denn, man zieht eine Parallele zur Anpassung der Schnittstelle zwischen zwei interoperablen Softwareprodukten, wenn die Schnittstelle des einen geändert wird und die korrespondierende des anderen angepasst werden muss). Diese Aufgabe ist bei der Pflege von Anpassungsprogrammierung zwingend, sodass sie innerhalb der Pauschale geschuldet wird. – Es kann hinzukommen, dass auch die Übertragung der Daten spezifische Maßnahmen erfordert, weil sie wegen der Anpassungsprogrammierung von der Standardstruktur abweichen. Auch diese Besonderheiten sind durch die Pauschale abgedeckt. Das bedeutet, dass der Auftragnehmer die Umstellung der Daten so unterstützen muss, wie er die Umstellung der Standardstruktur unterstützt *[Kapitel 12.2.2 (3)]*.

Generationswechsel: Da dieser dahin führen kann, dass die Anpassungen neu programmiert werden müssen, deckt die Pauschale die Realisierung der Anpassungen innerhalb der neuen Generation (sofern sie noch benötigt werden) nicht ab. Insoweit der Auftragnehmer die Mindestpflegedauer nicht einhält, muss er sich an den Kosten beteiligen *[Kapitel 12.4.1 (2)]*. Nach Ablauf dieser Frist muss er sich einen angemessenen Teil der Pflegeeinnahmen für die Zeit vor dem Wechsel anrechnen lassen, weil er in dieser Zeit wahrscheinlich wenig für die Weiterentwicklung des Standards getan und sich damit den großen Teil für die Übertragung der Anpassungen in eine neue Version des Standards (oder in mehrere) erspart hat *[vgl. Kapitel 12.2 (5)]*.

(3)   Einzelheiten zur Weiterentwicklung

Realisierungszeit: Die dem Auftragnehmer zur Verfügung stehende Zeit für das Anpassen des Softwareprodukts an gesetzliche Änderungen ist oft sehr kurz; auch andere Maßnahmen stehen oft unter Zeitdruck. Der einzelne Kunde braucht die neue Fassung seines angepassten Softwareprodukts zwar meist zu demselben Zeitpunkt wie der Kunde ohne Anpassungsprogrammierung die neue Standardversion. Pflege für die Kunden ohne Anpassungsprogrammierung geht aber vor. Es ist für den Auftragnehmer auch nicht zumutbar (weil die Kunden das nicht bezahlen wollen), eine solche Mitarbeiterkapazität vorzuhalten, dass alle Anforderungen in einer Spitzenzeit zeitgerecht abgearbeitet werden können. Das bedeutet aber, dass der Auftragnehmer so früh wie möglich einplanen muss, wie er die Einsatzvorbereitung für seine Kunden insgesamt durchführen kann *[vgl. Kapitel 12.3.2 (3)]*. Andersherum ist jeder einzelne Kunde verpflichtet, sich frühzeitig auf einen Umstellungstermin festzulegen.

Hinweispflicht auf Bedarf an Weiterentwicklung: Es kann Sache des Kunden sein, auch notwendige Weiterentwicklung gesondert zu beauftragen, insbesondere bei gesetzlichen Änderungen. Zumindest wenn eine entsprechende Weiterentwicklung des betroffenen Softwareprodukts im Standard ansteht, ist der Auftragnehmer verpflichtet, den Kunden auf die erforderliche Beauftragung hinzuweisen. Außerdem besteht allgemein eine Hinweispflicht auf den Termindruck, wenn ein solcher – wie zuvor dargestellt – besteht.

12.5   Zugriff auf das Quellprogramm und Hinterlegung

Es geht dem Kunden darum, den Zugriff auf das Quellprogramm zu sichern, wenn die Pflege durch den Auftragnehmer nicht mehr sichergestellt ist, insbesondere im Falle der Insolvenz des Auftragnehmers. Der Kunde kann dann wenigstens die unverzichtbaren Maßnahmen selbst oder durch einen Dritten durchführen.

Schadensersatzansprüche gehen kaum auf Lieferung des Quellprogramms *[Kapitel 12.3.3 (5)]*. Vereinbarungen über die Bereitstellung einer Kopie konkretisieren meist Schadensersatzansprüche, können aber auch darüber hinausgehen. Im Fall der Insolvenz des Auftragnehmers versagen solche Vereinbarungen, weil sich Lieferansprüche in Schadensersatzansprüche wegen Nichtlieferung umwandeln, wenn der Insolvenzverwalter die Lieferung ablehnt. Das droht auch bei Hinterlegung bei einem Notar (oder Rechtsanwalt) des Auftragnehmers. Teilweise wird deswegen Hinterlegung bei einem Dritten als Treuhänder für beide Seiten vorgesehen, der das Quellprogramm unter bestimmten Umständen herauszugeben hat. Der Autor ist als Hinterlegungsstelle tätig. Die Insolvenzfestigkeit einer solchen Hinterlegung ist noch nicht geklärt.

Dekompilieren: Der Kunde darf das Softwareprodukt grundsätzlich nicht dekompilieren *[Kapitel 8.2.5]*. Eine Ausnahme ist anzuerkennen, wenn sich der Anspruch des Kunden auf Lieferung des Quellprogramms wegen Verletzung der Pflegepflicht aktualisiert *[Kapitel 12.3.3 (4)]* und nicht erfüllt wird.

Eine weitere Ausnahme mag bestehen, wenn der Auftragnehmer die Pflege vollständig einstellt. Die normale Einstellung nach Ablauf der Zeit, während der der Anbieter zur Pflege verpflichtet war, reicht allein nicht aus. Denn der Auftragnehmer kann insbesondere eine weiterentwickelte Fassung auf den Markt bringen, für die er Know-how-Schutz benötigt. Der Auftragnehmer muss schon solche Schritte unternehmen, die zeigen, dass das Programm seinen Charakter als Betriebsgeheimnis verloren hat.

Zu erinnern ist daran, dass das Dekompilieren nicht das ursprüngliche Quellprogramm schafft, sodass es kaum bis gar nichts dazu beiträgt, das Programm pflegen zu können.

Anhang

A   Eine kurze »Einführung in das juristische Denken«

Das juristische Denken, also die juristische Methodik, ist so wenig umfangreich und vom Ansatz her so einfach, dass es gewagt werden kann, dem interessierten Leser eine Kurzfassung zu bieten. Den großen Umfang der Rechtswissenschaft machen die Vielzahl der Lebenssachverhalte, die geregelt werden (müssen), und die mangelnde Gedankenstrenge der juristischen Methodik aus. In den letzten Jahren kommt verstärkt hinzu, dass der Gesetzgeber unbewusst oder bewusst nachlässig in der Konzeption und in der Formulierung von Gesetzen ist oder es gleich der Rechtsprechung überlässt, Detailfragen zu klären.

Damit der Leser einen korrekten Eindruck erhält, habe ich die Darstellung streng an einem Buch eines Rechtswissenschaftlers ausgerichtet. »Einführung in das juristische Denken« von Karl Engisch schien mir dafür besonders geeignet. Manches mag dem Leser nicht so wichtig, manches mag ihm etwas überbetont erscheinen. Ich habe mich bemüht, bei der (drastischen) Kürzung inhaltlich möglichst wenig zu ändern, um zu zeigen, wie ein Rechtswissenschaftler das Denken in seinem Arbeitsgebiet sieht. Die besonderen Fragen des Strafrechts (das Engisch lehrte) und des öffentlichen Rechts werden weitestgehend fortgelassen. Ergänzungen von mir sind kursiv gedruckt.

Engisch selbst hat das Hauptproblem der Juristerei wohl in dem Satz (aus der römischen Rechtswissenschaft) gesehen, den er dem Buch als Motto vorangestellt hat:

>*Die Gesetze zu verstehen bedeutet nicht, sich an ihre Worte zu halten, sondern an ihren Geist« (Scire leges non hoc est verba earum tenere, sed vim et potestatem).*[37]

Als Praktiker in der Konfrontation mit Richtern und Kollegen möchte ich das dahingehend auslegen, dass viele Juristen – aus Unsicherheit oder aus Bequemlichkeit – am Wortlaut der Gesetze kleben. Sie behandeln juristische Konstruktionen, als ob diese der höchste Maßstab wären, und vergessen, dass diese (ausge-

---

37. Die Übersetzung folgt dem Konzept von Engisch, der mehrfach vom »Geist des Gesetzes« spricht.

nommen formale Definitionen) nur Modelle/Konstruktionen für Interessenab-
wägungen sind *[vgl. Anhang B.1 (2)]*.

Jeder der folgenden Gliederungspunkte entspricht einem Kapitel des Buchs
von Engisch.

A.1   Einleitung

Viele Menschen erwarten, dass juristische Gesetze so abgesichert wie Naturge-
setze sind. Sie suchen ein »Naturrecht«, wie es sich ansatzweise in den Grund-
und Menschenrechten manifestiert, für weite Gebiete des Rechts und werden enttäuscht, dass es das nicht gibt (weil es das nicht geben kann). Bei der juristischen
Methodenlehre geht es im Wesentlichen um das Finden des richtigen Rechts im
Einzelfall auf der Grundlage der Gesetze; dabei ist logische Korrektheit zu fordern, damit das Ergebnis – aus dem Gesetz abgeleitet – möglichst eindeutig ist.

Logische Korrektheit ist allerdings nur eine notwendige und keine hinrei-
chende Bedingung. Konsistenz und Gedankenstrenge der Argumente müssen das
Ergebnis tragen.

A.2   Über Sinn und Struktur des Rechtssatzes

Recht ist weitestgehend kulturelle Regelung. Dementsprechend kann ein natürli-
cher Grundsachverhalt, wie z.B. der der ehelichen oder nichtehelichen Abstam-
mung eines Kindes, deswegen unterschiedlich begrifflich eingeordnet werden,
weil sich an die jeweilige Einordnung unterschiedliche Rechtsfolgen knüpfen.
Beispielsweise behandelt der Gesetzgeber innerhalb der Ehe geborene Kinder als
vom Vater abstammend, solange das Gegenteil nicht erwiesen ist *(er fingiert
etwas, stellt eine Fiktion auf)*. Das Gegenteil konnte früher praktisch nur durch
Zeugenaussagen bewiesen werden. Heute kann es weitgehend durch erbbiologi-
sche Gutachten erwiesen werden. Damit findet eine Annäherung der rechtlichen
an die naturgegebene Einordnung statt. Es bleibt aber maßgeblich dabei, dass der
Tatbestand nach juristischen Kriterien eingeordnet wird, nicht nach naturwissenschaftlichen. Auch heute wird ein Kind von der Rechtsordnung als ehelich behandelt, solange der Ehemann der Mutter keinen Gerichtsprozess über die Nichtab-
stammung führt.[38]

Das Entscheidende sind also die Rechtsfolgen. Rechtssätze knüpfen Folgen
an Tatbestände. Zur Vereinfachung der Formulierung von Tatbeständen verwendet das Recht zahlreiche Legaldefinitionen (gesetzliche Definitionen).

---

38. Die Rechtslage hat sich etwas geändert, der Gedankengang von Engisch behält aber seine Allge-
    meingültigkeit.

In diesem Buch wird statt von »Tatbestand« (ein strafrechtlicher Begriff) von Anspruchsvoraussetzungen gesprochen [Kapitel 1.2]. – Beispielsweise ist die Zustimmung die definitionsgemäß vorhergehende Einwilligung, die Genehmigung die nachträgliche.

Ein vollständiger Rechtssatz besteht also aus Tatbestand und Rechtsfolge. Die »Rechtsfolge« ist eine Rechtsfolgeanordnung, was sein soll. Das Recht zielt also auf gewisse Zwecke ab. Wer diesen Zwecken nicht folgt, erleidet Sanktionen. Insoweit unterscheidet sich das Recht von der Technik. Diese lehrt die Mittel zum Zweck und überlässt es der Moral, die Zwecke zu bestimmen. Die Technik ist moralisch indifferent. Sie empfängt ihre moralische Bedeutung letztendlich von der Bewertung der Zwecke, denen sie dient.

Es ist vom Ansatz her plausibel, dass man die Erfüllung eines Tatbestandes für bestimmte Rechtsfolgen als Voraussetzung und damit als Ursache für die Rechtsfolgen ansieht. Der abstrakte Tatbestand des Rechtssatzes gibt zunächst nur die Bedingungen und Umstände an, unter denen allgemein eine Rechtsfolge Platz greift. Wird nun im Einzelfall festgestellt, dass die Bedingungen und Umstände für die Rechtsfolge gegeben sind, so ist damit auch die Aktualität dieser Rechtsfolge festgestellt. Das heißt, dass die Rechtsfolge im Einzelfall eintreten soll.

Der Rechtssatz kann z.B. lauten (§ 69c in Verbindung mit § 97 UrhG): »Der Urheber eines geschützten Werks kann jedem verbieten, sein Werk zu vervielfältigen.« Es wird festgestellt: A ist Urheber eines Programms. Dieses Programm erfüllt die Anforderungen an ein geschütztes Werk. B hat ohne Erlaubnis von A eine Kopie des Programms hergestellt. Rechtsfolge: A kann von B verlangen, diese Kopie zu löschen. – Der Jurist nennt das »Subsumtion«, wovon im Folgenden ausführlich die Rede sein wird.

Man darf diese juristische Kausalität aber nicht übertreiben. Es kann auch »Doppelgründe« und »Doppelfolgen« geben. So kommt in Betracht, dass ein Vertrag, der wegen Sittenwidrigkeit nichtig ist, wegen arglistiger Täuschung angefochten werden kann. Der entsprechende Vertrag kann auch zugleich wegen eines Formfehlers nichtig sein.

Die juristische Kausalität hat also nur beschränkt etwas mit der naturwissenschaftlichen Kausalität zu tun. Insbesondere kann jemand die Rechtsfolge an diesen oder an jenen Tatbestand anknüpfen, z.B. in Abhängigkeit davon, welchen er beweisen kann. Dementsprechend kann es zu der konkreten Rechtsfolge, insbesondere durch ein gerichtliches Urteil, kommen, dass ein Vertrag von vornherein unwirksam ist oder aber wegen Anfechtung nachträglich unwirksam geworden ist oder wegen Rücktritts rückabzuwickeln ist.

A.3   Die Gewinnung konkreter juristischer Urteile aus dem Rechtssatz, insbesondere das Problem der Subsumtion

Subsumtion ist der Vorgang für den Einzelfall, ein konkretes Urteil zu gewinnen, dass eine Rechtsfolge gilt. Es geht darum zu entscheiden, ob der konkrete Lebenssachverhalt die Voraussetzungen (= die Bedingungen = den Tatbestand) des Rechtssatzes erfüllt. Diese Voraussetzungen sind als juristische Begriffe formuliert, die sich aus einzelnen Tatbestandsmerkmalen zusammensetzen. Jeder Begriff steht für eine Klasse von Fällen. Man kann darüber streiten, was alles unter eine Klasse fällt. Das wird unter *Anhang A.4* behandelt.

Hier soll erst einmal verdeutlicht werden, dass in der Gegenwart festgestellt werden muss, ob die einzelnen Tatbestandsmerkmale erfüllt sind, die meist in der Vergangenheit liegen (auch wenn sie in der Gegenwart liegen, kann es schwierig sein, ihre Erfüllung nachzuweisen). Die unmittelbar erheblichen Tatsachen (Tatbestandsmerkmale) müssen in der Regel durch mittelbar erhebliche Tatsachen, durch Indizien, bewiesen werden. Das lässt nur einen bedingt zuverlässigen Schluss auf die in der Vergangenheit liegenden Ereignisse bzw. Zustände zu *[zu Beispielen siehe Kapitel 6.3.6]*.

Diese Wahrscheinlichkeit muss in einem Strafprozess wesentlich höher als in einem Zivilprozess sein *[Kapitel 1.2 (2)]*.

A.4   Die Gewinnung abstrakter juristischer Urteile aus den Rechtssätzen – Auslegung und Verstehen der Rechtssätze

Der juristische Obersatz, unter dessen Tatbestand der konkrete Sachverhalt subsumiert wird, findet sich vom Prinzip her im Gesetz. Eine erste Schwierigkeit stellt sich dem Nichtjuristen – manchmal auch dem Juristen – darin, den Obersatz vollständig zu ermitteln. Er kann auf viele Vorschriften verstreut sein.

> *Im Beispiel unter Anhang A.2 wurde der Obersatz aus zwei Paragraphen des Urheberrechtsgesetzes gebildet. – Wenn der Praktiker danach fragt, wie etwas rechtlich geregelt ist, fragt er nach dem Obersatz.*

Wegen des Grundsatzes der Einheit der Rechtsordnung können sich einzelne Bestandteile des Obersatzes aus verschiedenen Gesetzen ergeben, sogar aus solchen, die zu anderen Rechtsgebieten gehören.

Beispiel

Der Umfang des zulässigen Dekompilierens nach § 69e UrhG wird auch durch das Wettbewerbsrecht bestimmt, auch wenn es in § 69e UrhG nicht aufgeführt wird *[siehe www.zahrnt.de, Kapitel 4.3.3.1]*.

Ist der Obersatz ermittelt, kann es im Einzelfall einfach sein zu entscheiden, ob der konkrete Sachverhalt die Voraussetzungen abdeckt. Die einzelnen Voraussetzungen können deutlich angeben, auf welche Fallgruppen sie sich erstrecken. Voraussetzungen, die an irgendeiner Stelle im Gesetz definiert sind, werden in ihre Bestandteile zerlegt, sodass die Subsumtion aus lauter Einzelentscheidungen besteht.

Häufig ist aber die Abgrenzung, was alles unter die Fallgruppe gehört, nicht eindeutig. Der Obersatz/das Gesetz muss dann ausgelegt werden. Die Juristen haben dazu im Wesentlichen vier Auslegungsmethoden entwickelt:

Ausgangspunkt ist die **Auslegung nach dem Wortsinn**: Bei den einzelnen Begriffen ist nach deren Wortsinn zu fragen. Es kann einen üblichen Wortsinn geben. Der Wortsinn kann aber auch unscharf sein.

Beispiele

Was ist z.B. das »Vervielfältigungsstück« eines Programms, von dem im Urheberrecht für Programme wiederholt gesprochen wird? Siehe dazu *Kapitel 8.1 (4)*.

Bei unbestimmten Rechtsbegriffen ist die Unschärfe bereits in dem Begriff eingebaut *[siehe Anhang A.6 und vgl. Kapitel 1.1.3]*.

Die **systematische Auslegung** fragt nach der Stellung des Rechtssatzes innerhalb des Gesetzes und innerhalb der Rechtsordnung.

> *Der Gesetzgeber hätte z.B. die EU-Richtlinie über den Schutz von Computerprogrammen in der Weise in deutsches Recht umsetzen können, dass er die einzelnen Vorgaben der Richtlinie jeweils dort eingefügt hätte, wo die entsprechenden Themen im Urheberrechtsgesetz bereits geregelt waren (Vervielfältigen, Verbreiten, Weitergabe eines erworbenen Vervielfältigungsstücks). Er hat hingegen die Vorgaben in einem eigenen Abschnitt umgesetzt. Das heißt, dass der Gesetzgeber Programme zum einen zwar als Werke, die wie Sprachwerke zu schützen sind, eingeordnet hat (§ 2 Abs. 1 Nr. 1 UrhG), dass er aber andererseits einen eigenen Abschnitt gebildet hat, weil es letztlich doch um eine eigene Werkart geht [vgl. Kapitel 4.3 am Anfang].*

Die **historische Auslegung** »kramt« in der Entstehungsgeschichte des Gesetzes *[siehe Anhang A.5 ergänzend]*.

> *Dieses Kramen ergibt hinsichtlich des Schutzes von Programmen, dass diese im einleitenden Abschnitt des UrhG (§ 2 Abs. 1 Nr. 1) als Sprachwerke eingeordnet werden mussten, um sie innerhalb des Systems weltweiter Schutzabkommen schützen zu können. Man kann daraus ableiten, dass es sich nur um eine formale Unterstellung unter Sprachwerke handelt, sodass der eigentliche Wille des Gesetzgebers darin zum Ausdruck kommt, dass er die Vorgaben der Richtlinie in einem eigenen Abschnitt zusammengefasst hat. Die Bildung eines eigenen Abschnitts*

weist darauf hin, offene Fragen des Urheberrechts an Programmen eher aufgrund von deren Natur als durch Rückgriff auf allgemeine Grundsätze des Urheberrechts zu beantworten. Man kann aber auch entgegengesetzt argumentieren, nämlich dass der Gesetzgeber es sich ohne nachzudenken nur einfach gemacht habe, indem er die EG-Richtlinie insgesamt an einer Stelle im Gesetz umgesetzt hat; dann enthält die Bildung eines eigenen Abschnitts keinen Ansatz dafür, Software nach ihren Besonderheiten zu behandeln (für die Entscheidung werden in Anhang A.5 weitere Argumente herangezogen).

Die **teleologische Auslegung** stellt auf den Zweck der Vorschrift (manchmal auch auf den Endzweck/das Ziel) ab.

Es gibt viele Beispiele dafür, dass der Wortlaut einer gesetzlichen Vorschrift oder einer vertraglichen Regelung den Gedanken zeigt, der nicht richtig ausgedrückt worden ist: Beispielsweise drückt § 69e UrhG zum Dekompilieren nicht das aus, was die Vorschrift bezweckt. Sie will sowohl verträgliche (kompatible) als auch austauschbare andere Programme behandeln, verwendet aber nur den Begriff »interoperabel« [siehe www.zahrnt.de, Kapitel 4.3.3.1]. – In einem Überlassungs- und Pflegevertrag heißt es: »Die Pflegevergütung für das erste Jahr ist in der Überlassungsvergütung enthalten. Danach beträgt die jährliche Pflegepauschale 15 % des dann gültigen Listenpreises.« Das ist nach dem Wortlaut des Vertrags der Listenpreis zu Beginn des zweiten Jahres für alle weiteren Jahre. Gemeint ist: »des jeweils bei deren Fälligkeit gültigen Listenpreises«.

Das Problem dieser Auslegungsmethode ist, dass es viele Zwecke geben kann. Insbesondere wegen des Grundsatzes der Einheit der Rechtsordnung sind u.U. auch Zwecke zu berücksichtigen, die sich aus anderen Gesetzen ergeben.

Beispiel

Nach § 25 UrhG hat der (angestellte) Programmentwickler dem Wortlaut nach den Anspruch darauf, eine Kopie der von ihm erstellten Programme zur persönlichen Verfügung zu haben *[vgl. Kapitel 4.3.3 (1)]*. § 17 UWG über die Geheimhaltung von Betriebsgeheimnissen spricht entscheidend dagegen.

Die Auslegungsmethoden gelten prinzipiell auch für vertragliche Regelungen; dabei beziehen sie sich aber nur auf die erste Stufe des Schemas, wie festzustellen ist, welche Rechte und Pflichten sich aus einem Vertrag ergeben [vgl. Kapitel 1.3].

Die Rangfolge der vier Auslegungsmethoden ist strittig. Jede hat ihre Berechtigung. Deswegen werden die Methoden vielfach kombiniert angewendet. Die teleologische Auslegung wird als die vornehmste angesehen. Sie mag insbesondere helfen, wenn man anhand der anderen Methoden keine überzeugende Lösung findet. Es darf aber nicht übersehen werden, dass die Abgrenzung insgesamt im Wesentlichen durch die anderen Methoden erfolgt.

Allerdings ist zu fragen, ob der historischen Auslegung nicht der Vorrang gebührt. Das wird unter *Anhang A.5* abgehandelt.

Festzuhalten ist, dass Richter zum Teil andersherum vorgehen: Sie wenden diejenigen Methoden an, die im Einzelfall geeignet sind, das von ihnen rechtsgefühlsmäßig als richtig empfundene Ergebnis zu begründen.

A.5   Auslegung und Verstehen der Rechtssätze, Fortsetzung: Gesetzgeber oder Gesetz?

Was soll die historische Auslegung ermitteln: Den Willen des historischen Gesetzgebers oder den »objektiv gültigen Sinn des Rechtssatzes«, der »entwicklungsfähig [ist] wie alles, was am ›objektiven‹ Geist teilhat«? Man spricht von subjektiver bzw. objektiver Theorie.

> *Unter Anhang A.4 war als Beispiel zur historischen Auslegung angeführt worden, dass der Gesetzgeber das Urheberrecht an Programmen in einem eigenen Abschnitt zusammengefasst hat. Nach subjektiver Theorie müsste man zu dem Ergebnis kommen, dass der Gesetzgeber das vor allem aus Bequemlichkeit getan hat: Die Umsetzung der EG-Richtlinie interessierte ihn nicht besonders; er war mit der Umsetzung auch bereits erheblich in Verzug. Die Zusammenfassung drückt also keinen Gestaltungswillen aus. Nach der objektiven Theorie drückt diese Zusammenfassung aus, dass es sich hier eigentlich um eine eigene Werkart handelt, die relativ unabhängig von den allgemeinen Vorschriften des Urheberrechts behandelt werden sollte. Denn vom Ansatz her geht es nicht um den Kernbereich des Urheberrechts; man kann sogar gute Gründe vorbringen, dass das Urheberrecht nicht richtig passt.*

Beispiel

Für die Softwareanbieter scheint das Verbot, dass der Kunde das Softwareprodukt nicht weitergeben darf, sehr wichtig zu sein. Wenn die Überlassung eines Softwareprodukts einen herkömmlichen Lizenzvertrag im Sinne der §§ 31 ff. UrhG beinhaltet, ist das Nutzungsrecht nur mit Zustimmung des Lizenzgebers übertragbar. Ein Weitergabeverbot in AGB wäre dann wirksam. Nimmt man hingegen an, dass der Kunde ein »Vervielfältigungsstück« erwirbt, aufgrund dessen er das Programm benutzen darf, darf er das Vervielfältigungsstück und damit das Recht zum Benutzen des Programms weiterveräußern. Die Entstehungsgeschichte zeigt, dass ursprünglich zwei Vertragstypen in der EG-Richtlinie geregelt werden sollten, nämlich Kauf und Lizenz, dass diese aber zu einem Vertragstyp zusammengefasst worden sind. Das legt nahe, dass es nur einen Typ geben soll. Nach der grammatikalischen und der systematischen Methode wäre das ein kaufartiger Typ; er hätte im Hinblick auf den Programmschutz Elemente eines Dauerschuldverhältnisses.

In gewissem Umfang ist die objektive Theorie unverzichtbar: Gesetze müssen auch auf neue Sachverhalte angewendet werden, die der Gesetzgeber nicht kannte.

Beispiel

Es gibt verschiedene Theorien, wie der Erwerb von Softwareprodukten oder die Vollpflege rechtlich einzuordnen sind.

Neue Gesetze zeigen den Willen des Gesetzgebers im Sinne seiner Einstellung, die auch bei der Auslegung älterer Gesetze zu berücksichtigen ist. Auf den ursprünglichen Gesetzgeber kann es also nicht ausschließlich ankommen.

Beispiel

Wenn der Gesetzgeber z.B. zahlreiche Vorschriften zur Verringerung von Lärm erlässt, wirkt das auch darauf zurück, wie viel Lärm ein Nachbar gemäß Nachbarrecht hinnehmen muss.

Früher konnten Rechtsanwälte ihr Honorar gegenüber auswärtigen Mandanten an ihrem Sitz als dem Erfüllungsort einklagen. Nachdem der Gesetzgeber andere Vorschriften über den Gerichtsstand im Interesse des Schuldnerschutzes abgeändert hatte, war der BGH der Auffassung (Beschluss X AR-Z 91/03 vom 11.11.2003), dass der Erfüllungsort auch in diesem Vertragsverhältnis nunmehr am Sitz des Schuldners sei (zumindest wenn dieser Verbraucher oder Arbeitnehmer ist).

Die objektive Theorie stellt weiterhin die kritische Frage, wer denn in einer parlamentarischen Demokratie überhaupt der historische Gesetzgeber sei, dessen Willen festgestellt werden könne. Schließlich würden die Gesetze im Wesentlichen von der Ministerialbürokratie formuliert werden. Das mache es teilweise unmöglich, den Willen des Gesetzgebers in Bezug auf einzelne gesetzliche Vorschriften überhaupt festzustellen. Die subjektive Theorie hält dem entgegen, dass die Gesetzesentwürfe typischerweise eine ausführliche Begründung haben würden, die sich das Parlament ggf. unausgesprochen zu eigen mache.

In der Rechtswirklichkeit gewinnt die objektive Theorie dadurch an Boden, dass die Richterschaft sich als »Dritte Gewalt« versteht. Ihr Selbstverständnis geht dahin, mehr zu tun, als nur den Willen des historischen Gesetzgebers minutiös anzuwenden.

Und der Gesetzgeber wünscht das zunehmend, insbesondere dadurch, dass er Lücken lässt [Anhang A.7 (1)].

Das Spannungsverhältnis zwischen den beiden Methoden ist nicht endgültig entschieden. Ausgangspunkt ist der Wille des historischen Gesetzgebers. Wenn dieser nicht feststellbar ist, muss der vernünftige Sinn gesucht werden.

Ein Beispiel dafür, dass es unverzichtbar sein kann, den Willen des historischen Gesetzgebers zu ermitteln, gibt § 69a UrhG. Nur dieser beantwortet die Frage, warum in § 69a UrhG die Voraussetzungen für den Urheberrechtsschutz an Programmen vom Wortlaut her praktisch wie bereits in § 2 UrhG formuliert wiederholt werden [Kapitel 4.3.1 (3)]: Derselbe Wortlaut soll hier einen anderen Sinn haben.

Außerdem muss der Sinn mit der Gesamtentwicklung der Rechtsordnung fortgeschrieben werden.

Das Bundesverfassungsgericht hat dazu in einem Beschluss vom 16.02.2006 (2 BvR 951/04 und 2 BvR 1087/04 ausgeführt: »Allerdings müssen die [das Gesetz] anwendenden und auslegenden Gerichte auch berücksichtigen, dass [dieses Gesetz] – wie andere Gesetze auch – einem Alterungsprozess unterworfen sei. Das [Gesetz] stehe in einem Umfeld sozialer Verhältnisse und gesellschaftspolitischer Anschauung, mit deren Wandel sich auch der Norminhalt ändern könne. Die Gerichte hätten vor diesem Hintergrund zu prüfen, ob das Gesetz für alle Fälle, auf die seine Regelung abziele, eine gerechte Lösung bereit halte.«

Bei beiden Theorien geht es um eine gewisse Korrektur des Sinns gegenüber dem Wortlaut. Es wird von »extensiver« bzw. von »restriktiver« Auslegung gesprochen. Für die subjektive Theorie versteht sich dieses Begriffspaar ganz einfach: Wenn der Wortlaut enger als der Wille des historischen Gesetzgebers ist, muss der Wortlaut extensiv ausgelegt werden; wenn der Wortlaut gegenüber dem Willen zu weit ist, muss der Wortlaut restriktiv ausgelegt werden. – Für die objektive Theorie geht es bei diesem Begriffspaar um zwei Fragen, nämlich erst einmal um die Frage der extensiven oder restriktiven Auslegung des Wortlautes und sodann um die Frage des weiten oder engen Anwendungsbereichs der Vorschrift.

Beispiel

Der Erwerber eines Vervielfältigungsstückes darf dieses benutzen und auch weiterveräußern, wenn es durch Veräußerung seitens des Rechtsinhabers an ihn gelangt ist. Was gilt, wenn der Auftragnehmer das Programm über Telekommunikation überspielt hat? Hat er ein Vervielfältigungsstück geliefert, hat er sogar ein Vervielfältigungsstück durch Veräußerung in den Verkehr gebracht? Wer das bejaht, muss den Wortlaut extensiv auslegen. Er bewirkt damit zugleich einen weiten Anwendungsbereich für das Recht zur Weitergabe *[Kapitel 4.3.3 (5)]*.

A.6 Juristenrecht: Unbestimmte Rechtsbegriffe, normative Begriffe, Generalklauseln, freies Ermessen

Das folgende Thema ist in Kapitel 1.1.3 bereits angesprochen worden.

In der Zeit der Aufklärung gab es die Forderung, dass Gesetze so genau gefasst werden sollten, dass absolute Rechtsklarheit und Rechtssicherheit bestehen würden. Die richterliche Gesetzesanwendung sollte wie ein logischer Automat funktionieren. Die Juristen haben dieses Ideal im 19. Jahrhundert aufgegeben, um dem, der Gesetze vollzieht, die Entscheidungsfreiheit zu geben, die erforderlich ist, um das Leben in seiner Vielgestaltigkeit und Unabsehbarkeit zu meistern. Diese Auflockerung der Bindung der Gerichte und Verwaltungsbehörden an das Gesetz begegnet uns heute in den verschiedenen Formen gesetzlicher Ausdrucksweise, wie sie in der Überschrift genannt worden sind.

Unbestimmte Rechtsbegriffe: Sie haben einen Begriffskern und einen Begriffshof, wie z.B. Dunkelheit, Lärm oder Gefahr. Der Begriffshof erlaubt eine gewisse selbstständige Entscheidung.

> **Beispiel**
>
> Ist ein Softwareprodukt als »Sache« einzuordnen, sodass die Anwendung von Kaufrecht geboten ist? *Zur Antwort siehe Anhang A.7 (1).*

Normative Begriffe: Bereits deskriptive Begriffe haben, wenn sie in einem Gesetz verwendet werden, einen gewissen normativen Charakter, sodass sie eine eigentümliche Bedeutung haben können, die sie von der entsprechenden biologischen oder physikalischen abhebt.

> **Beispiel**
>
> Das »Vervielfältigungsstück« eines Softwareprodukts.

Es gibt sodann zahlreiche Begriffe, die nur aus der Rechtsordnung heraus zu verstehen sind, z.B. Vertrag oder Ehe. Diese Begriffe können ziemlich konkret sein, z.B. »minderjährig«; sie können aber auch unbestimmt sein, z.B. »unverzüglich«, »angemessen«, »zumutbar«.

Normative Begriffe im engeren Sinne = wertausfüllungsbedürftige Begriffe: Diese bedürfen stets einer Wertung, damit im Einzelfall entschieden werden kann, ob der Begriff erfüllt ist oder nicht. Hier geht es um Begriffe wie die guten Sitten im Wettbewerb, gegen die nicht verstoßen werden darf. Der Richter darf diese Bewertung allerdings nicht nach seiner Auffassung vornehmen, sondern muss sie nach der der betroffenen Verkehrskreise unter Berücksichtigung allgemeiner Rechtsgrundsätze vornehmen.

Hier liegt eine wesentliche Ursache für die Unzufriedenheit der Praktiker mit der Rechtsprechung: Mangels Kenntnissen der Bewertung durch die Betroffenen entscheiden Richter, die nicht im Wirtschaftsleben stehen, häufig nach ihrer Lebenserfahrung unter Rückgriff auf allgemeine rechtliche Erwägungen.

Generalklauseln: Sie ergeben sich aus der Gesetzgebungstechnik, die Tatbestandsmerkmale eines Rechtssatzes allgemein sehr weit zu fassen. Den Gegensatz dazu bilden kasuistische Regelungen. Beide Gesetzgebungstechniken können auch miteinander kombiniert werden, z.B. durch »exemplifizierende Regelungen« wie: »Der Vertrag kann aus wichtigem Grund gekündigt werden. Ein wichtiger Grund liegt insbesondere vor, wenn ...«.

Beispiel

Wann endet die vertragliche Pflicht, Know-how geheim zu halten? Die Generalklausel nach § 242 BGB lässt die Geheimhaltungspflicht enden, wenn Treu und Glauben nicht mehr für die Geheimhaltung sprechen. In IT-Verträgen war es längere Zeit üblich, drei Fälle kasuistisch aufzuführen, nämlich

- wenn der Inhaber des Know-hows dieses allgemein bekannt macht,
- wenn der Verpflichtete das Know-how bereits kennt oder
- wenn der Verpflichtete es von einem Dritten erhält, der es seinerseits legal erworben hat.

In den letzten Jahren sind diese Aufzählungen bis auf sieben Einzelfälle erweitert worden. Beispielsweise soll die Pflicht auch erlöschen, wenn der Verpflichtete das Knowhow unabhängig entwickelt. Da sich aber auch noch die achte oder neunte Fallgruppe ergeben kann, macht es Sinn, eine Generalklausel voranzustellen, also eine »exemplifizierende Regelung« zu treffen.

Freies Ermessen: Verwaltungsbeamte und Richter müssen beim Gesetzesvollzug im Interesse der Praktikabilität ihrer Entscheidung eine gewisse Entscheidungsfreiheit haben. Rechtslogisch heißt das, dass die persönliche Überzeugung, insbesondere die Wertung, des zur Entscheidung Berufenen den Ausschlag dafür geben soll, welche von mehreren sich innerhalb eines »Spielraums« anbietenden Alternativen richtig ist. Es kann sich also ergeben, dass zwei gegensätzliche Entscheidungen beide richtig sind, ohne dass ein logischer Widerspruch vorliegt. Rechtlich kommt es darauf an, ob die Entscheidung vertretbar ist.

Beispiel

Ein Richter muss in bestimmten Fällen eine Klage und eine Widerklage miteinander verbinden (damit nicht widersprüchliche Entscheidungen getroffen werden) oder der Erweiterung einer bereits eingereichten Klage stattgeben. In anderen Fällen soll er das tun, wenn er »das für sachdienlich erachtet«, oder »kann« es tun.

Das Ermessen kann auch eingeschränkt sein. Eine Variante davon ist der »Beurteilungsspielraum«: Hier geht es nicht um die Freiheit in der Festlegung der Rechtsfolge, sondern um die Freiheit der Bewertung innerhalb eines Spielraums, ob die Tatbestandsmerkmale erfüllt sind, z.B. bei Prüfungsentscheidungen.

A.7 Juristenrecht, Fortsetzung: Lückenergänzung und Berichtigung fehlerhaften Rechts

Die Ergänzung von Lücken und die Berichtigung von als fehlerhaft angesehenem Recht lässt sich nicht scharf trennen. Das Feststellen und das anschließende Schließen einer Lücke kann bereits der Berichtigung dienen.

(1) Lückenergänzung

Es geht um die beiden Fragen, wann eine Lücke vorliegt und wie eine festgestellte Lücke gefüllt wird.

Vorliegen einer Lücke: Der Richter hat auf jede Rechtsfrage eine Antwort zu geben. Von daher ist die Rechtsordnung geschlossen, d.h. lückenlos. Dabei sind die Grenzen der Rechtsordnung zu anderen Gebieten, etwa der Moral, unscharf. Wenn das Recht einen bestimmten Tatbestand nicht regelt, kann das sowohl Ausdruck dessen sein, dass aus diesem Tatbestand kein Anspruch abgeleitet werden kann, als auch, dass das Recht hier gar keine rechtliche Frage sieht.

Eine Lücke im Recht wird dementsprechend enger definiert, nämlich wie folgt: Lücken sind Mängel des positiven Rechts (des Gesetzes- oder des Gewohnheitsrechts), die als Fehlen rechtlicher Regelungsinhalte dort, wo sie für bestimmte Sachverhalte erwartet sind, spürbar werden und die Behebung durch eine rechtsergänzende richterliche Entscheidung fordern und zulassen. Lücken sind also planwidrige Unvollständigkeiten. Die Nichtregelung eines bestimmten Sachverhalts kann allerdings einen Plan beinhalten. Man kann also darüber streiten, ob eine Lücke vorliegt.

Beispiel

Nach welchen gesetzlichen Vorschriften richtet sich ein Projektvertrag über Softwareprodukte mit umfangreichen Dienstleistungen gegen einmalige Vergütung? Das Kaufvertragsrecht sieht ausdrücklich nur die Montage als Dienstleistung vor. Das ist eine planwidrige Lücke, wie § 651 BGB zur Abgrenzung von Kaufverträgen zu Werkverträgen zeigt, der nämlich ausdrücklich solche Verträge nicht dem Werkvertragsrecht unterstellt *[Kapitel 6.1 (1)]*.

Manchmal sieht der Gesetzgeber bewusst Lücken vor. In der Begründung zum Gesetzentwurf heißt es dann, dass diese oder jene Frage von der Rechtsprechung geklärt werden solle.

Es ist besonders problematisch, eine Lücke festzustellen, wenn sich ein Vertragspartner gegen die Anwendung einer konkreten Vorschrift auf eine Generalklausel beruft. Generalklauseln dienen der (planmäßigen) Auflockerung der gesetzlichen Bindung, damit die Entscheidung an die besonderen Umstände des Einzelfalls angepasst werden kann. Fraglich ist, ob eine Auflockerung im konkreten Fall vom Gesetzgeber gewollt ist.

Gesetzliche Vorschriften werden nicht selten dadurch nachträglich lückenhaft, dass aufgrund ganz neuer wirtschaftlicher Phänomene (z. B. Inflation nach dem Ersten Weltkrieg) oder technischer Fortschritte rechtliche Fragen auftauchen, für die die bisherige Vorschrift nichts Befriedigendes hergibt.

Füllen einer Lücke: Es gibt mehrere Methoden, eine Lücke zu füllen. Die am meisten verbreitete Methode ist die Analogie: Für den nicht geregelten Tatbestand wird ein geregelter gesucht, der dem nicht geregelten ähnlich ist. Die Ähnlichkeit muss darin liegen, dass die rechtliche Begründung, auf der die Rechtsfolge des geregelten Tatbestandes beruht, inhaltlich auch für den nicht geregelten Fall zutrifft.

Beispiele

Der Gesetzgeber hat bei einigen Dauerschuldverhältnissen wie Miet- oder Arbeitsverträgen spezielle Kündigungsvorschriften geregelt, aber keine allgemeine Vorschrift zur Kündigung von Dauerschuldverhältnissen aufgestellt. Also muss bei gesetzlich nicht geregelten Dauerschuldverhältnissen auf möglichst passende Vorschriften aus geregelten zurückgegriffen werden.

Bei einem Wartungs- oder Pflegevertrag liegt die analoge Anwendung der Kündigung von Dienstverträgen nahe, führt aber u.U. zu unangemessen frühen Kündigungszeitpunkten *[Kapitel 11.3.1]*.

Bei einem Vertrag über den Vertrieb von Softwareprodukten kommt eher eine Analogie zur Kündigung eines Vertrags über Handelsvertretung in Betracht.

Wo die Ähnlichkeit fehlt, kommt u.U. der Umkehrschluss zum Zuge, nämlich dass die Tatbestände unterschiedlich behandelt werden sollen. Die Entscheidung für Analogie oder Umkehrschluss ist logisch nicht eindeutig.

Wenn sich der Auftragnehmer in einem Programmerstellungsvertrag verpflichtet, nach Erstellung der Spezifikation einen Festpreis für die Realisierung anzubieten, fragt sich, ob er dann auch einen festen Liefertermin anbieten muss (Analogie) oder das nicht zu tun braucht (Umkehrschluss)?

Beispiele

In einem Überlassungsvertrag ist geregelt, dass bestimmte Unterstützungsleistungen unentgeltlich erbracht werden sollen. Der Umkehrschluss liegt nahe, dass alle anderen zu vergüten sind.

In einem anderen Überlassungsvertrag ist vorgesehen, dass bestimmte Unterstützungsleistungen zu vergüten sind. Hier liegt m.E. der Umkehrschluss fern. Näher liegt die Auslegung, dass die Vergütungspflicht hier nur in einigen Fällen betont werden sollte [BGH X ZR 90/91 vom 26.01.93].

Es wird zwischen »Rechtsanalogien« und »Gesetzesanalogien« unterschieden. Der Unterschied liegt darin, dass im ersten Fall die Analogie aufgrund einer einzelnen gesetzlichen Regelung getroffen wird, während im zweiten Fall aus mehreren gesetzlichen Regelungen ein allgemeiner Gedanke als Grundsatz abgeleitet wird. Dieser hat eine breitere Basis für die Berechtigung einer Analogie.

Neben der Analogie dienen »Erst-Recht-Schlüsse« der Lückenfüllung. Sie werden teilweise als Sonderfälle der Analogie eingestuft:

a) Wenn der geregelte Tatbestand schon zu einer bestimmten Rechtsfolge führt, dann erst recht ein anderer, bei dem die Gründe für die Rechtsfolge noch stärker als für den geregelten zutreffen.

Beispiele

Wenn jemand aufgrund einer gesetzlichen Regelung einen Schadensersatzanspruch hat, kann er erst recht auch Unterlassung verlangen.

Wenn der Kunde ein Softwareprodukt in Objektcode weiterveräußern darf, darf er es erst recht bei einem Rechenzentrum-Dienstleistungsunternehmen für sich einsetzen lassen.

b) Wenn schon ein geregelter Tatbestand eine Rechtsfolge nicht hergibt, dann tut ein anderer, bei dem noch weniger Berechtigung für die Rechtsfolge vorliegt, das erst recht nicht.
c) Wenn der geregelte Tatbestand nur eine beschränkte Rechtsfolge hergibt, gibt er keine weiter gehende her.

Beispiel

§ 100 UrhG sieht nur Unterlassungsansprüche gegen den Arbeitgeber vor, wenn ein Mitarbeiter von sich aus eine Raubkopie einsetzt. Schadensersatzansprüche können also nicht auf diese Vorschrift gestützt werden *[siehe www.zahrnt.de, Kapitel 4.3.4]*.

Schließlich werden Lücken durch allgemeine Grundsätze des Rechts, insbesondere durch die »Natur der Sache«, geschlossen.

Beispiele

Der Kunde muss aus der Natur der Sache Informationen über seine Anforderungen geben *[Kapitel 9.1.4 (1)]*.

Wegen der Unvermeidbarkeit von Softwaremängeln gibt es eine Anlaufphase *[Kapitel 6.3.5; siehe auch Kapitel 8.4.1 (1)]*.

Die Rangfolge dieser Methoden zur Schließung einer Lücke ist problematisch; das Ergebnis ist damit logisch nicht zwingend.

(2) Berichtigung von Widersprüchen in Gesetzen

Eine häufige Ursache für Widersprüche liegt darin, dass neuere Gesetze mit älteren Gesetzen nicht ausreichend abgestimmt sind.

Wenn ein Begriff in verschiedenen Gesetzen mit unterschiedlicher Bedeutung verwendet wird, sehen Juristen das nicht als Widerspruch an, sondern stellen das als unvermeidbar hin.

Für den Fall, dass sich Rechtsvorschriften widersprechen, sind eine Reihe von Grundsätzen zur Auflösung von Widersprüchen entwickelt worden:

- Das höherrangige Recht geht dem niedrigrangigeren vor, z.B. das Grundgesetz einem einfachen Gesetz.
- Die spezielle Rechtsvorschrift geht der allgemeinen vor.
- Die spätere Rechtsvorschrift geht der früheren vor.

Beispiel

Ob ein Programm urheberrechtlich geschützt ist, richtet sich nach § 69a (erst 1993 und als spezielle Vorschrift eingeführt) und nicht nach § 2 UrhG (Gesetz von 1965). Für die Frage, wem die Nutzungsrechte an einem von einem Arbeitnehmer entwickelten Programm zustehen, verwies das allgemeine Urheberrecht in § 42 darauf, dass sich das aus dem Arbeitsvertrag ergeben würde. Der neue § 69b spricht die wirtschaftliche Verwertung hinsichtlich Software dem Arbeitgeber zu. Es liegt jeweils eine spezielle und zugleich spätere Norm vor.

Wertungswidersprüche liegen vor, wenn der Gesetzgeber einer von ihm selbst vollzogenen Wertung in einer gesetzlichen Regelung in einer anderen Regelung nicht treu bleibt. Sie müssen grundsätzlich hingenommen werden.

> **Beispiel**
>
> Vor der Schuldrechtsreform zum 01.01.2002 betrug die Verjährungsfrist für Verzugs-
> ansprüche bei Teilverzug 30 Jahre, die für Ansprüche wegen Mängeln 6 Monate: Die
> Auswirkungen auf die Nutzbarkeit sind oft gleich schwer. Bei einem Kaufvertrag haf-
> tete der Verkäufer trotz Verschulden nicht auf Schadensersatz; sondern nur, wenn
> eine zugesicherte Eigenschaft fehlte. Wurde ein Kaufvertrag wegen der Unterstüt-
> zungsleistungen zum Werkvertrag, reichte Verschulden aus. Aber selbst bei Fehlen
> von zugesicherten Eigenschaften hatte der Auftragnehmer bei einem Werkvertrag
> Schadensersatz nur bei Verschulden zu leisten.

Prinzipienwidersprüche sind Wertungswidersprüche auf höherer Ebene. Sie sind
Disharmonien, die in einer Rechtsordnung dadurch zutage treten, dass an ihrer
Ausgestaltung verschiedene Grundgedanken beteiligt sind, die miteinander in
Konflikt geraten können. Beispielhaft dafür sind erhebliche Umwälzungen, z.B.
der Wechsel von der nationalsozialistischen Gesetzgebung zur bundesrepublika-
nischen. Zahlreiche nationalsozialistische Gesetze waren nicht bereits wegen Ver-
stoßes gegen das Grundgesetz unwirksam geworden. Sie wurden von der Rechtsprechung aber teilweise nicht mehr oder nur noch abgeändert angewandt.

(3)   Behandlung anderer Fehler in Gesetzen

Eine Rechtsvorschrift kann zu einer höheren (nicht im Grundgesetz geregelten)
Norm in Widerspruch stehen, z.B. einen Fall umfassen, den sie nach dem Maßstab der Gerechtigkeit nicht umfassen sollte. Die Rechtsprechung ist sehr vorsichtig, Rechtsvorschriften deswegen offen zu korrigieren.

> **Beispiel**
>
> Der frühe Fristbeginn der sechsmonatigen Verjährungsfrist von Ansprüchen wegen
> Mängeln vor 2002 konnte dazu führen, dass diese Ansprüche verjährt waren, bevor
> der Kunde die Fehler überhaupt entdecken konnte. Der BGH hat abgelehnt, dieses
> Ergebnis zu korrigieren. Andererseits haben das Bundesarbeitsgericht und der BGH
> die Haftung des Arbeitnehmers auf Schadensersatz bei leichter Fahrlässigkeit erheb-
> lich eingeschränkt. Das Bundesarbeitsgericht spricht von »Rechtsfortbildung«.

Die Rechtsprechung arbeitet eher mit weniger angreifbaren Methoden, insbesondere mit der teleologischen Auslegung und der Korrektur des Wortlautes im Interesse des Willens des Gesetzes, wie sie ihn durch Auslegung gewinnt *[vgl. Anhang
A.4 und A.5]*.

> **Beispiel für Ablehnung der Korrektur**
>
> Nach § 440 Abs. 2 ZPO wird vermutet, dass ein Text von demjenigen stammt, der ihn »unterschrieben« hat (u.U. blanko). Die Banken hatten Vordrucke eingeführt, bei denen die »Unterschrift für nachstehenden Auftrag« über dem Text stand. Der BGH hat es abgelehnt, die Vermutung auf solche »Oberschriften« auszudehnen [XI ZR 107/89 vom 20.11.90].

A.8 Vom Gesetz zum Recht, von der Jurisprudenz zur Rechtsphilosophie

Hinter dem Gesetz steht etwas Höheres, das als »Rechtsgedanke« bezeichnet werden soll. Das Gesetz ist Niederschlag und Ausdruck von ihm. Er hilft, das Gesetz richtig zu verstehen und anzuwenden.

Eine erste Antwort auf das, was der Rechtsgedanke beinhaltet, gibt die »Interessenjurisprudenz«: Jeder Mensch stellt Forderungen an seine Umwelt, um sein Leben gestalten zu können. Diese Forderungen werden Interessen genannt. Sie reichen von wirtschaftlichen Interessen bis hin zu religiösen Interessen. Das Recht hat die Aufgabe, die materiellen und ideellen Interessen der Menschen zu erfassen und zu schützen, soweit sie sich als schutzwürdig darstellen. Das Recht tut dies durch die einzelnen Rechtsvorschriften. In diesen entscheidet es die Interessenkonflikte zwischen den Menschen.

Das Gesetz entscheidet dabei nicht allein nach dem Gewicht der Interessen, sondern auch nach anderen »Gründen«, z.B. der Beherrschung des Risikobereichs *[Kapitel 3.1 (3)]*, des Vertrauens, das jemand gegeben bzw. jemand in Anspruch genommen hat *[vgl. Kapitel 7.1 zur Begründung der Beratungspflicht aus der Inanspruchnahme von Vertrauen]*. So hat der Gesetzgeber den gutgläubigen Erwerb einer Sache durch einen gutgläubigen Dritten vorgesehen, wenn der Eigentümer die Sache demjenigen, der sie dem Dritten verkauft hat, übergeben hatte. Denn der Eigentümer hatte ja dadurch selbst die Gefahrenlage geschaffen. Wenn die Sache hingegen dem Eigentümer gestohlen worden ist, kann der gutgläubige Dritte vom Dieb nicht Eigentum erwerben.

Es stellt sich die Frage, nach welchen Regeln der Gesetzgeber die »Gründe« und die »Interessen« bewertet. Diese Frage muss von der Rechtsphilosophie beantwortet werden und geht über die juristische Methodenlehre hinaus. Uralter Ansatzpunkt sind die Forderungen des Rechtsgedankens nach Gerechtigkeit, Gleichheit und Zweckmäßigkeit. Diese Gesichtspunkte stehen miteinander in Konflikt. Letztlich sind streng logische Systeme nicht möglich. Die Lehre von der Topik betont, dass es bei der Rechtswissenschaft nicht um ein wahres (= logisch korrektes) System geht – was in den letzten Jahrzehnten in Anlehnung an die Entwicklung der Naturwissenschaften im Vordergrund der Überlegungen stand –, sondern um ein plausibles System.

B Schwierigkeiten für Nichtjuristen, mit dem Vertragsrecht und mit Juristen umzugehen

Dieser Abschnitt dient mehr dazu, Sie anzuregen, über Ihre Erfahrungen zu reflektieren, als dazu, Ihnen Wissen zu vermitteln.

B.1 Schwierigkeiten, mit dem Vertragsrecht umzugehen

(1) Der Nichtjurist kann Fragen des Vertragsrechts beantworten

Wenn der Nichtjurist eine vertragsrechtliche Frage behandeln soll, stellen sich häufig zwei Vorprobleme: Er muss sich erst einmal darauf einstellen, dass er sich auf die Rechtsfrage konzentrieren muss. Er kommt von der praktischen Abwicklung her und hat mit dem Wechsel Mühe *[siehe auch (2.4)]*. Sodann muss er aus der aktuellen Situation, in der er von der Interessenlage her befangen ist, einen Schritt zurücktreten und die Situation neutral analysieren. Juristen treten noch einen Schritt mehr zurück (wie sie das gelernt haben), nämlich dass sie *methodisch* an die Ermittlung des Sachverhalts und an das Auffinden der rechtlichen Lösung herangehen.[39]

Das Vertragsrecht hat sich weitgehend durch die Festlegung dessen gebildet, was die Rechtsgenossen für richtig hielten. Der Gesetzgeber hat nur beschränkt eingegriffen, um – außerhalb des Bereichs von Projektverträgen – den schwächeren Vertragspartner zu schützen *[Kapitel 1.1.2 (2)]*. Weiterhin hat der Gesetzgeber einen großen Teil aller Praxisfragen nicht durch konkrete Rechtsvorschriften beantwortet, sondern durch vage oder sogar nur durch Grundsätze wie Treu und Glauben *[Kapitel 1.1.3 (2) und (3)]*. Über Fairness kann der Rechtsgenosse selber urteilen. Dementsprechend ist es auch heute noch einem Nichtjuristem im Bereich seiner Verträge weitgehend möglich, das richtige Ergebnis zu alltäglichen Rechtsfragen zu finden.

---

39. Vgl. Hans Albrecht Hesse, Über die Einheit der juristischen Profession, Anwaltsblatt 2002, 69 ff., 72: »Distanz ... im Prozess der Klärung«. Hesse betont, dass dieser Prozess bei Juristen anhand von Texten erfolgt (lesen, selber schreiben), was »auf unvergleichliche Weise die Chance zur Nachdenklichkeit« biete.

Bei der Analyse der Rechtslage muss der Nichtjurist alle relevanten Umstände des Einzelfalls berücksichtigen und abwägen *[Kapitel 1.1.3 (1)]*. Dabei muss er davon ausgehen, dass das Gesetz vom jeweiligen Schuldner schnelle und sachgerechte Erfüllung seiner Pflichten verlangt. Er kann auch fragen, wie der Gesetzgeber, wenn er diese Frage hätte regeln wollen, diese geregelt hätte *[Kapitel 1.3]*.

Außerdem muss der Nichtjurist dazu bereit sein zu berücksichtigen, dass das Recht die Entscheidungen der Rechtsgenossen etwas systematisieren muss, um sie besser vorhersehbar zu machen. Eine gewisse »Kästchenbildung« ist unvermeidbar. Wenn man jeweils alle Fälle zu einem Problemkreis in Kästchen packt, ergibt sich automatisch, dass die Grenzfälle zweier benachbarter Kästchen zueinander näher sind als es ein jeder von ihnen zum Mittelpunkt bzw. zum Argumentationszentrum seines eigenen Kästchens ist. Daran darf man sich nicht stoßen.

Einzuräumen ist, dass die Lösung komplexer Rechtsfragen schwierig ist. Das ist nicht anders als die Konzeption von Software bei komplexen Vorgaben.

Beispiel

Wie fest ist ein Festpreis bei Überschreitung des Aufwands *[Kapitel 9.3.3]*:

- Ist es überhaupt angebracht, den Auftragnehmer nicht uneingeschränkt an dem von ihm akzeptierten Festpreis festzuhalten?
- Ab wann ist das berechtigt? Wie viel Risiko hat der Auftragnehmer übernommen?
- Welche inhaltlichen Randbedingungen sind zu beachten (z.B. sachgerechte Kalkulation am Anfang, Mehraufwand objektiv nötig)?
- Ist man überhaupt bei dem Problem, dass der Auftragnehmer den Aufwand so falsch eingeschätzt hat, und nicht bei dem, dass der Aufwand dadurch so angewachsen ist, dass der Kunde laufend kleine Änderungen gewünscht oder seine Mitwirkung unzulänglich erbracht hat?
- Wohingehend ist der Vertrag abzuändern?
- Wie (schnell) muss der Auftragnehmer das geltend machen?

Die erste große Schwierigkeit bei der Suche nach der richtigen Lösung dürfte für den Nichtjuristen darin liegen, dass das Recht nicht so logisch (besser konsistent) ist, wie er es erwartet. Das kann es teilweise nicht sein, weil es auf verschiedenen Wertungen aufbaut, die sich naturgemäß widersprechen *[siehe (2) und Anhang A.7 (2)]*. Das Recht folgt auch oft krummen Wegen, weil die Praktiker solche Wege in der Praxis gehen und dieses Vorgehen als richtig ansehen. Wenn die Praktiker aber im eigenen Interesse Recht suchen, verlangen sie plötzlich Konsistenz.

Beispiel

Im Rahmen eines Rechtsseminars stellen sich Praktiker unabhängig von ihrer Interessensituation durchweg auf den Standpunkt, dass mündliche Nebenabreden bei Vereinbarung von Schriftform unwirksam sind. In der Praxis treffen sie laufend mündliche Nebenabreden trotz vereinbarter Schriftform. Häufig wird argumentiert, dass das in heißen Projektphasen gar nicht anders gehe.

Nichtjuristen haben manchmal Schwierigkeiten, die Vernunft von Rechtsfolgen anzuerkennen. Wenn z.B. ein Kunde von einem großen Programmerstellungsvertrag – nach Nachfristsetzung – zurücktritt und alle Zahlungen zurückverlangt, halten sie das für ungerechtfertigt, wenn der neue Auftragnehmer ein Vielfaches derjenigen Zeit für die Neuerstellung benötigen wird, die der alte Auftragnehmer für die Fertigstellung noch benötigt hätte. Dem sind zwei Argumente entgegenzusetzen: Erstens bemüht sich das Recht schon sehr, Vernunft über den Begriff Treu und Glauben walten zu lassen *[Kapitel 1.1.3]*. Zweitens muss das Gesetz dem geschädigten Vertragspartner gegenüber dem vertragsbrüchigen eine gewisse Härte erlauben, um sich nicht selber infrage zu stellen. Wenn der Kunde also in dem Beispiel den für ihn unter dem Zeitaspekt nachteiligen Weg geht, muss das vom Recht akzeptiert werden.

Die zweite große Schwierigkeit besteht darin, dass es einen (nicht überwindbaren) Konflikt zwischen der Einzelfallgerechtigkeit und der Rechtssicherheit gibt: Der in einem Rechtsstreit unterlegene Vertragspartner hält das Urteil für »typisch formalistisch/juristisch«, weil es seinem Fall nicht gerecht werden würde; der andere beruft sich darauf, dass man sich auf das Recht (= die Gesetze) verlassen können müsse.

Eine Variante davon liegt darin, dass man den Gerichtsprozess ungerechterweise verloren habe, weil man sein gutes Recht nicht habe beweisen können. Damit ist die nächste Schwierigkeit angesprochen, nämlich die materielle Rechtslage und die Beweislast getrennt zu analysieren *[Kapitel 1.2]*.

Es gibt auch unechte Schwierigkeiten, die dadurch entstehen, dass der Nichtjurist die rechtliche Wahrheit verdrängt. Er lehnt sich nicht – wie gefordert – zurück und analysiert die Rechtslage nicht neutral. Einige Scheinrechtfertigungen sind:

▪ Der Auftragnehmer meint, nur für das verantwortlich zu sein, was in seiner Macht liegt, d.h., was er selber realisieren kann, obwohl es vertraglich um eine Pflicht geht, die er übernommen hat. Er will also insbesondere für Umstände aus der Sphäre seines Vorlieferanten nicht verantwortlich sein *[Kapitel 3.1]*.

Beispiel

»Ich kann für Programmfehler in Fremdsoftware nicht verantwortlich sein, weil ich das Quellprogramm nicht habe.« »Ich kann keine neue Version des Softwareprodukts liefern, die die gesetzlichen Änderungen berücksichtigt, weil mein Vorlieferant mir noch keine geliefert hat.«

- Der Fehler sei unwesentlich, weil der Auftragnehmer ihn mit geringem Aufwand hätte beseitigen können *[Kapitel 6.3]*.
- Man sei an Zusagen nicht mehr gebunden, wenn der andere Vertragspartner den Vertrag verletzt habe.
- Weil der andere Vertragspartner den Vertrag verletzt habe (und es immer noch tue), dürfe man das auch selber tun.

(2) Objektive Hindernisse, mit dem Vertragsrecht richtig umzugehen

Aber auch der wie gewünscht denkende Rechtsgenosse hat seine erheblichen Schwierigkeiten mit dem Recht. Das gilt für den US-amerikanischen Rechtsgenossen mit seinem auf Gerichtsentscheidungen aufbauenden »System« noch mehr als für den deutschen mit seinem System, das auf Gesetzen aufbaut. Dieses ist

- nicht gerade übersichtlich, nicht verständlich und nicht konkret *[Kapitel 1.1.3]*,
- hat mehr Fehler und Widersprüche als nötig,
- ist teilweise nicht plausibel.[40]

Außerdem erscheint die Rechtsordnung nicht nur nicht logisch, sondern nicht einmal so konsistent, wie IT-Fachleute als präzis denkende Menschen es wünschen, um mit den Begriffen und Funktionen sicher arbeiten zu können. Diese formale Strenge lässt sich nicht erreichen, weil widerstreitende Interessen berücksichtigt werden müssen *[das wird bei der Darstellung der juristischen Methodik im Anhang A deutlich]*. Zum Beispiel unterliegen AGB-Klauseln auch dann der Inhaltskontrolle (und können als unwirksam eingestuft werden), wenn der andere Vertragspartner sie gelesen und unterschrieben hat. Denn das Recht will den anderen Vertragspartner schützen. Wenn der andere aber mitmacht, über die AGB-Klauseln zu verhandeln und sie dadurch zu Individualvereinbarungen macht, entfällt die Inhaltskontrolle *[vgl. Kapitel 1.1.4 (1)]*. Oder: Eine überraschende AGB-Klausel bleibt auch dann unwirksam, wenn der andere Vertragspartner sie gelesen hat und also kennt. Es irritiert, dass er weiterhin geschützt wird. Denn wenn er als Käufer einen Mangel der Kaufsache kennt, entfallen Gewährleistungsansprüche und er verliert seinen Schutz. Das passt wiederum formal nicht mit dem Folgenden zusammen: Wenn in einer AGB-Klausel steht, dass Anwendungssoftware mit einer englischsprachigen Benutzerdokumentation (also mangelhaft) geliefert wird, vermittelt das die Kenntnis eines Mangels. Das müsste Haftungsansprüche entfallen lassen. Die Klausel ist aber (im Normalfall) unwirksam, sodass die Kenntnis nicht als vermittelt gilt. Der Auftragnehmer kann sein Ziel aber dadurch erreichen, dass er die englischsprachige Benutzerdokumentation (es reicht die erste Seite) vor Abschluss des Vertrags vorlegt.

---

40. Wobei daran die Gerichte ein gewisses Maß an Schuld tragen.

Nichtjuristen möchten sich gerne an juristischen Konstruktionen, die Gesetzen zugrunde liegen oder aus ihnen abgeleitet werden, festhalten. Diese sind aber nur Versuche, greifbar zu machen, um was es wirklich geht, nämlich um die Lösung von Interessenkonflikten. Das soll an der juristischen Behandlung von zwei sich vom Ablauf her stark ähnelnden Situationen verdeutlicht werden:

- Der Auftragnehmer macht ein Angebot zum Preis von 100 Einheiten. Der Kunde lehnt dieses ab und bestellt zum Preis von 95. Der Auftragnehmer führt die Bestellung aus. Der Vertrag kommt dadurch zum Preis von 95 zustande *[Kapitel 2.1]*.

- Der Auftragnehmer macht ein Angebot zu seinen Liefer-AGB. Der Kunde lehnt dieses ab und bestellt zu seinen Einkaufs-AGB. Der Auftragnehmer führt die Bestellung aus. Der Vertrag kommt zustande, wenn beide den Vertrag durchführen, aber nicht zu den Einkaufs-AGB; vielmehr gelten beide AGB, soweit diese sich nicht widersprechen *[Kapitel 1.1.4 (2)]*. Es kommt also nicht darauf an, wie lange der eine oder der andere widerspricht. Der Grund für die unterschiedliche Behandlung liegt darin, dass die Vertragspartner die AGB üblicherweise nicht so wichtig wie die individuellen Vereinbarungen nehmen und beliebig lange darauf hinweisen, dass ihre AGB gelten sollen. Dann soll nicht entscheidend sein, wer zufällig als letzter widersprochen hat.[41] Die allgemeine Konstruktion, wie ein Vertrag zustande kommt, wird hier wegen einer anderen Interessenkonstellation durchbrochen.

Das führt zur Frage, nach welchen grundlegenden Prinzipien die Gesetze Interessenkonflikte lösen *[Anhang A]*, und zur ergänzenden Frage, ob die Richter wirklich danach vorgehen oder nicht stark aus dem juristischen Bauch (dem Bemühen um Gerechtigkeit) entscheiden.

IT-Fachleute haben noch ein ganz spezifisches Problem mit dem Recht: Ihr Verständnis des Vertragsrechts ist häufig durch Verträge über Softwareprodukte von US-Anbietern geprägt. Sie lesen immer wieder dieselben langen Regelungen und gewinnen den Eindruck, dass diese erforderlich seien *[Kapitel 1.1.2 (3)]*. Hinzu kommt der Eindruck, dass das kontinuierliche Verhalten der US-Anbieter nur auf der Grundlage zu verstehen sei, dass es rechtlich erforderlich und richtig sei. So halten IT-Fachleute Schutzhüllenverträge *[Kapitel 8.1 (6)]* immer wieder für wirksam, auch wenn sie sofort Zweifel bekommen, wie diese überhaupt zustande kommen können.

---

41. Heute braucht der Antragsteller überhaupt nicht mehr zu widersprechen, um die Geltung der AGB des Antragsempfängers zu vermeiden. Er würde nur eine beliebig lange und nicht wirklich ernst gemeinte Kette von Gegenerklärungen auslösen. Die Rechtsprechung erspart ihm das.

(2.1)   Rechtsvorschriften, die häufig verkannt werden

Es gibt im Vertragsrecht nur wenige Vorschriften, die von Praktikern plausiblerweise häufig verkannt werden. Die wichtigsten sind in Abbildung B–1 aufgeführt.

---

10 Rechtsvorschriften, die häufig verkannt werden

1. Projektverträge sind nach dem Wortlaut des jetzigen Schuldrechts Kaufver-
    träge. Diese sind für den Kunden nicht wesentlich schlechter als Werkverträge.
    Insbesondere besteht der beim Werkvertrag geschuldete »Erfolg« in nicht
    mehr, als dass ein Ergebnis abzuliefern ist. Das ist stets so im Kaufrecht,
    sodass man im Kaufrecht genauso von einem geschuldeten Erfolg sprechend
    kann *[Kapitel 6.1 (1)]*.

2. Beim Rücktritt vom Vertrag geht es vor Gericht um eine Ja/Nein-Entscheidung,
    also um alles oder nichts (das macht es so verständlich, dass Gerichte in sol-
    chen Fällen auf Vergleiche drängen). Der eingeklagte Betrag (die gezahlte Ver-
    gütung) wird nur ausnahmsweise entsprechend dem Verschulden der beiden
    Vertragspartner aufgeteilt.

3. Schaden entspricht nicht den Kosten im betriebswirtschaftlichen Sinne (§ 249
    BGB) *[Kapitel 3.8]*.

4. Der Auftragnehmer braucht die wegen Verzugs verwirkte Vertragsstrafe nicht
    mehr zu zahlen, wenn der Kunde sich deren Zahlung bei der Annahme der
    Leistung nicht vorbehält (§ 341 Abs. 3 BGB) *[Kapitel 3.9 (1)]*.

5. Die Vertragsstrafe pauschaliert nicht und begrenzt nicht den Schadensersatz,
    sondern stellt nur den Mindestschaden dar. Nur der weiter gehende Schaden ist
    also zu ersetzen (§ 340 Abs. 2 BGB) *[Kapitel 3.9 (1)]*. Es kann aber eine zusätz-
    liche Vertragsstrafe vereinbart werden, die neben dem Ersatz des gesamten
    Schadens zu zahlen ist.

6. Die Abnahme ist Sache des Kunden, nicht beider Vertragspartner und schon
    gar nicht Sache des Auftragnehmers *[Kapitel 9.4]*.

7. Die Abnahme(erklärung) hat längst nicht so schlimme Konsequenzen für den
    Kunden wie befürchtet. Insbesondere kann er später immer noch vom Vertrag
    zurücktreten, wenn Mängel nicht beseitigt werden *[Kapitel 6.3.7]*.

8. Der Auftragnehmer haftet als Verkäufer auf Mängelbeseitigung auch dann,
    wenn er dazu nicht in der Lage ist *[Kapitel 3.1]*.

9. Haftung wegen Mängeln gibt es nur für versteckte Mängel. Also verjähren
    (auch) die Haftungsansprüche für versteckte Mängel innerhalb von zwei Jah-
    ren, selbst wenn sie in dieser Frist gar nicht erkannt werden konnten *[Kapitel
    6.3.12 (3)]*.

10. Der Urheberrechtsschutz an Programmen bezieht sich auf die Darstellung (Pro-
    grammkonstruktion), nicht auf die im Programm enthaltenen Ideen.

Abb. B–1   *10 Rechtsvorschriften, die häufig verkannt werden*

Daneben gibt es einige Rechtsvorschriften, die aus der Sicht eines Juristen zwar nicht überraschen sollten, die in der Praxis aber häufig verkannt werden, insbesondere weil entsprechend falsche Vorbildung vermittelt wurde.

Dazu gehören insbesondere

- die Auffassung, dass Schweigen grundsätzlich Zustimmung bedeuten würde *[Kapitel 2.1.4 und 2.2]*;
- die Auffassung, dass Werkverträge für den Auftragnehmer stets wesentlich schlechter als Dienstverträge seien und dass bei Dienstverträgen stets nach Aufwand, bei Werkverträgen hingegen ein Festpreis vergütet werde.

(2.2)   Eigener bzw. eigentümlicher juristischer Sprachgebrauch

Zum Sprachgebrauch im angloamerikanischen Recht siehe www.zahrnt.de, Anhang B.1 (2.2).

Jedes Fachgebiet hat seine Fachsprache, die Fachfremde nur wenig interessiert. Bei Projektverträgen verwenden Nichtjuristen eine Reihe von rechtlichen Begriffen und sollten diese also auch kennen. Manche Begriffe werden in der juristischen Fachsprache anders als im normalen Sprachgebrauch verwendet. Insbesondere bei den folgenden Begriffen haben Nichtjuristen häufig Verständnisschwierigkeiten.

»**AGB**«: Für den Juristen zählt dazu alles, was für den mehrfachen Gebrauch vorformuliert ist, unabhängig von ihrer Verkörperung und ihrem Inhalt, für den Nichtjuristen ist es ein Papier, das dem Vertrag beigefügt wird, in dem das »Kleingedruckte« steht.

»**Besprechen heißt noch nicht vereinbaren**«: Eine Besprechung muss nicht zu einer Vereinbarung führen. Eine Vereinbarung kann vorbesprochen werden. Besonders unklar ist das Wort »besprechen« als Einleitung zu einem geschäftlichen Bestätigungsschreiben *[Kapitel 2.2]*.

»**Dienstleistungen**« ist ein kaufmännischer Begriff, der den Gegensatz zu Waren ausdrücken soll. Damit ist nichts über den Vertragstyp gesagt (Dienst- oder Werkvertrag), wobei aber auch manche Juristen fälschlich damit nur dienstvertragliche Leistungen meinen *[Kapitel 5.1 am Anfang]*.[42]

Eigentum ist von Besitz abzugrenzen: Der Eigentümer hat ein Herrschaftsrecht an der Sache, der Besitzer hat nur tatsächlichen Besitz und benötigt ein Besitzrecht, um die Sache derzeit anstelle des Eigentümers zu besitzen, z.B. aufgrund eines Mietvertrags *[Kapitel 1.1 (5)]*.

---

42. Das öffentliche Beschaffungsrecht unterscheidet deutlich zwischen Lieferverträgen und Dienstleistungsverträgen.

»**Einbehalten**« wird von Nichtjuristen oft im Sinne von »Kürzen/Abziehen« verstanden, dürfte aber nur »(vorläufig) zurückbehalten« bedeuten.

Fälligkeit bezieht sich darauf, wann eine Rechnung gestellt werden kann. Davon ist zu unterscheiden, wie schnell der Kunde (als Schuldner) zu zahlen hat *[Kapitel 3.3.1 (1)]*.

Fixtermine sind mehr als nur feste Termine *[Kapitel 3.3.2 (2)]*.

»X Monate **Garantie**« ist eine wesentliche Verschärfung der Ansprüche des Käufers gegenüber »X Monate Gewährleistung« *[Kapitel 6.3.10 (2)]*.

Garantieren/Zusichern begründet in der Regel eine Verschärfung der Haftung gegenüber dem bloßen Vereinbaren einer Pflicht *[Kapitel 3.1 (3) und 6.3.10 (1)]*.

»**Geschäftsführungsbefugnis**« klingt gewichtig und erinnert an den Geschäftsführer, ist aber nichts anderes als die Zuständigkeit für bestimmte Aufgaben (gemäß Arbeitsplatzbeschreibung) und steht im Gegensatz zur Vollmacht *[Kapitel 2.4 (1)]*.

»**Grundsätzlich**« sagt der Jurist, um zu verdeutlichen, dass es durchaus auch Ausnahmen gibt. Nichtjuristen wollen das lieber als »in der Regel« eingestuft haben (»Grundsätze dulden keine Ausnahmen.«). »In der Regel« lässt hingegen für Juristen weniger an Ausnahmen zu.

Hemmung der Verjährungsfrist im Rechtssinn = Unterbrechung im normalen Sprachgebrauch.

Kündigung ist die Beendigung eines Vertrags mit Wirkung für die Zukunft, beispielsweise eines Mietvertrags. Bei Kaufverträgen oder anderen Lieferverträgen kann ein Vertragspartner durch die Erklärung des Rücktritts vom Vertrag rückwirkend zurücktreten. Ist der Vertrag teilweise erfüllt, kann der Rücktritt auf die Zukunft beschränkt werden und entspricht dann in der Sache der (außerordentlichen) Kündigung.

»**Leistungsbeschreibung**« ist für einen Juristen die Menge aller gegenseitigen Leistungen im Gegensatz zu den Vertragsbedingungen; für einen Nichtjuristen ist sie (meist) eingeschränkt die Beschreibung dessen, was Hardware oder ein Softwareprodukt können soll oder was Vorgabe für ein zu erstellendes Programm ist.

Lieferungen und Leistungen: Das Vertragsrecht des BGB kennt nur einen Begriff, nämlich den der Leistung. Das ist der Oberbegriff für jegliches geschuldete Tun, also auch für Lieferungen und für geschuldetes Unterlassen (§ 241 BGB). In der Praxis wird häufig von Lieferungen (von Sachen) und Leistungen gesprochen. Dabei dürfte Leistungen mit Dienstleistungen gleichzusetzen sein. Manchmal werden die Begriffe verwendet, um unterscheiden zu können, manchmal geschieht das nur gedankenlos.

Lizenz ist die unglückliche, weil unpassende Übersetzung des Wortes license *[Kapitel 8.2.1]*. Der Kunde erhält normalerweise nur ein eingeschränktes Benutzungsrecht am Softwareprodukt. Ein Distributor erhält z. B. eine Lizenz.

Mangel ist umgangssprachlich mit Fehler gleichzusetzen. Der Begriff soll zeigen, dass es um Haftung geht. Störungen *[siehe im Folgenden]* sind dann Mängel, wenn der Auftragnehmer sie verursacht hat.

Nutzungsrechte an Software sind an der Konzeption des Urheberrechts ausgerichtet. Es gibt keinen Begriff für das, was die Vertragspartner meinen (»Software einsetzen«) *[Kapitel 4.3.3.1]*.

Ausschließliche **Nutzungsrechte** sind nicht dasselbe wie *unbeschränkte* Nutzungsrechte *[Kapitel 4.3.3 (3)]*.

Nicht ausschließliche **Nutzungsrechte** können nicht beiden Vertragspartnern zustehen. Einer muss ein *ausschließliches* Nutzungsrecht haben, *innerhalb dessen* er dem anderen ein nicht ausschließliches oder beschränkt ausschließliches Nutzungsrecht einräumen kann.

Pauschalierter Schadensersatz kann von den Vertragspartnern vereinbart werden. Wahrscheinlich soll das aus juristischer Sicht nicht der definitiv zu zahlende Schadensbetrag sein, sondern es soll dem einen offenbleiben, einen höheren Schaden nachzuweisen, bzw. dem anderen, einen niedrigeren Schaden nachzuweisen.

Produkthaftung ist nicht die allgemeine vertragliche Haftung bei der Lieferung fehlerhafter Produkte, sondern die ganz spezielle außervertragliche des Herstellers. Sie deckt allerdings nur Personen- und Sachschäden, nicht auch reine Vermögensschäden ab *[Kapitel 3.7]*.

Störungen in einem Programm oder einem Gerät sind nicht dasselbe wie Fehler/Mängel. Sie sind es nur dann, wenn der Auftragnehmer sie – im Verhältnis der Vertragspartner – verursacht hat *[zu Fehlern bezüglich der Istbeschaffenheit siehe Kapitel 6.2.4]*.

»Unbeschadet«/»unberührt«: Juristen regeln etwas »unbeschadet von _____« oder ergänzen eine Regelung mit dem Satz »_____ bleibt unberührt«. Das dient der Klarstellung: Eine andere Vereinbarung oder eine Rechtsvorschrift, von der man annehmen könnte, dass sie durch diese Regelung eingeschränkt oder sogar ausgeschlossen werden könnte, soll weiterhin gelten.

»Unentgeltlich« ist meist nicht »geschenkt« und damit nicht ohne Haftung: Stellt beispielsweise der Auftragnehmer in einem Vertragsverhältnis nachträglich ein Programm unentgeltlich zur Verfügung, verfolgt er damit meist wirtschaftliche Interessen, handelt also nicht uneigennützig wie ein Schenkender; also wird seine Haftung wegen Mängeln wahrscheinlich nicht eingeschränkt *[vergleiche dazu auch Kapitel 7.1 (2) zur unentgeltlichen Beratung vor Vertragsabschluss]*.

Unterbrechung der Verjährungsfrist (z.B. der für Haftungsansprüche wegen Mängeln) im Rechtssinn = Abbruch (mit Neubeginn) im normalen Sprachgebrauch *[Kapitel 3.10 (3)]*.

Untergang einer Sache ist der rechtliche Begriff dafür, dass eine geschuldete Sache durch einen Zufall nicht mehr verfügbar ist, sei es dass sie gestohlen, verbrannt oder verloren gegangen ist, ohne dass die Ursache im Verantwortungsbereich eines Vertragspartners liegt. Es geht dann um die Frage, wer den Verlust zu tragen hat.

»Urkunde« klingt gewichtig, erinnert an die Beurkundung bei einem Notar, ist aber nichts anderes als ein Dokument (beinhaltet eine Erklärung und lässt deren Aussteller erkennen).

Verantwortung ist ein vielschichtiger Begriff: »Vier tragen das Klavier und einer die Verantwortung.« Als Rechtsbegriff bezieht er sich primär auf die Frage von Haftung und Risiko: Wann muss jemand, der eine Pflicht verletzt hat, das vertreten (= das verantworten) und dementsprechend Schadensersatz leisten *[Kapitel 3.1 (3)]*. In der Praxis soll der Begriff eher angeben, wer etwas zu tun hat oder dafür zuständig ist, dass etwas getan wird.

»Ein Vertrag« wird vom Nichtjuristen oft wie »ein Kontrakt« verstanden: diese Leistung gegen diese Gegenleistung. Andere Leistungen fallen nicht unter den Vertrag (= sind ausgeschlossen). Für den Juristen können viele weitere Leistungen unter den Vertrag (= das Vertragsverhältnis) fallen; diese sind aber gesondert zu vergüten.

Beispiele

Die Aufklärung einer unberechtigten Mängelmeldung als Bedienungsfehler fällt sehr wohl unter den Vertrag, nicht aber unter die Haftung wegen Mängeln und ist nicht durch die Pflegepauschale abgegolten.

- »Der Pflegevertrag beginnt nach Ablauf der Gewährleistungsfrist.« Wahrscheinlich soll nur die Zahlungspflicht erst später beginnen – Telefonunterstützung soll von vornherein erbracht werden.
- »Die Lieferung weiterentwickelter Versionen fällt nicht unter diesen Vertrag.« Wahrscheinlich sollen diese auf Anforderung des Kunden unter dem bestehenden Vertragsverhältnis geliefert und gesondert vergütet werden; vielleicht sollen sie gesondert beauftragt werden.

»Verzug« heißt, dass jemand den Termin für eine Leistung in einer Weise nicht eingehalten hat, für die er verantwortlich ist (rechtlich: die er zu vertreten hat). **»Verzögerung«** ist das Wort für eine Verspätung, bei der offen bleibt, wer sie zu vertreten ist.

Zahlungserinnerung ist eine (freundliche) geschäftliche Erklärung, aber keine, die Rechtsfolgen auslösen soll, ist also keine Mahnung, schafft also noch nicht Zahlungsverzug des Kunden (dieser kommt aber nach 30 Tagen automatisch in Zahlungsverzug *[Kapitel 3.3.1 (2)]*).

(2.3)   Problematischer Sprachgebrauch der Nichtjuristen

Wenn ein Nichtjurist das, was er ausdrücken will, klar ausdrückt, wird der neutrale Jurist das sachgerecht in die Sprache des Rechts übertragen *[siehe IT-PM, Kapitel 8.3.1 unter »Formulieren Sie das, was Sie formulieren wollen, ...]*. Ärger und Schwierigkeiten drohen vom gegnerischen Juristen und vom Gegner selber, wenn diese den Text im eigenen Interesse uminterpretieren wollen. Das soll Sie nicht davon abhalten, Ihren Text sauber in Ihrer Sprache zu formulieren. – Sie sollten den eigenen Juristen trotzdem einschalten, wenn es um die Beurteilung von Risiken geht (auch wenn der Nichtjurist diese u.U. selber erkennt).

(2.4)   Schwierigkeiten, eine Lebenssituation rechtlich zu analysieren

Es kann für den Nichtjuristen schwierig sein, die operative Organisation von Leistungsbeziehungen von den rechtlichen zu unterscheiden.

Beispiel

Jemand ist in den Vertrieb eines Standardprogramms in der Weise eingeschaltet, dass er das Programm an den Kunden ausliefert. Er kann das rechtlich gesehen als selbstständiger Händler tun, der einen Vertriebsvertrag mit dem Auftragnehmer hat und einen Überlassungsvertrag mit dem Kunden geschlossen hat. Er kann aber auch als Handelsvertreter eingeschaltet sein, der den Vertrag zwischen dem Softwareanbieter und dem Kunden vermittelt hat.

Wenn zwei Lieferanten tätig geworden sind, muss der Jurist oft lange nachfragen, um herauszufinden, ob sie als gleichrangige Auftragnehmer tätig geworden sind oder einer als Hauptauftragnehmer und der andere als Unterauftragnehmer *[Kapitel 3.2]*. Ich habe lange Zeit meinen Gesprächspartnern die Frage gestellt, was sie zu tun hätten. Jetzt frage ich, was sie vertraglich zu leisten verpflichtet seien.

Ein gewisser juristischer Formalismus ist unvermeidbar: So ist eine Tochtergesellschaft des Kunden ein Dritter, eine Zweigniederlassung nicht. Wenn ein für den Kunden erstelltes Programm nicht an Dritte weitergegeben werden darf, scheiden Tochtergesellschaften als Empfänger nach dem Buchstaben des Vertrags aus.

Nichtjuristen erklären oft, dass rechtlich etwas nicht sein könne, weil es in der Praxis nicht durchsetzbar sei. Für Juristen kann nur das nicht sein, was aus Rechtsgründen ausgeschlossen ist. Das sind nur unmögliche Leistungen, nicht aber schon solche, die in der Praxis nicht durchsetzbar sind. Jeder kann eine Pflicht übernehmen, auch wenn er sie nicht erfüllen kann – wohl aber ein anderer, beispielsweise bei Mängeln in Programmen der Vorlieferant, der das Quellprogramm hat *[Kapitel 3.1]*.

(3)   Subjektive Hindernisse, mit dem Recht richtig umzugehen

Viele Rechtsgenossen stoßen sich daran, dass das Recht so wenig mit Moral und mit Anstand zu tun habe *[vgl. Anhang A.1]*. Ihnen entscheiden die Richter zu sehr nach formalen Regeln, nach der Beweislast und der formalen Beweiserbringung (der Richter würde die typische Lebenssituation zu wenig einbeziehen). Ein gewisser Formalismus ist nötig, damit Menschen in Streitfällen miteinander umgehen können. Jeder möge sich selbst beobachten: Bei Auseinandersetzungen im täglichen Leben beruft sich jeder ebenso auf formale Positionen, wie ein Jurist das bei rechtlichen Auseinandersetzungen tut.

Viele erwarten bei Schwierigkeiten, dass sie entsprechend ihrem Handeln auf höherer Ebene geschützt werden, und werden enttäuscht, wenn das nicht der Fall ist. Dabei hat man schon als Kind beim Spielen gelernt, dass man sich an die Spielregeln halten muss.[43] Konsequenz: Man wendet sich ab und will gar nicht mehr das Vertragsrecht verstehen, sondern alles auf der geschäftlichen Ebene abhandeln.

Gegen dieses Unbehagen kann jeder im eigenen Bereich etwas unternehmen, nämlich die Spielregeln des Rechts beachten und Beweismittel schaffen *[siehe IT-PM, Kapitel 3.4.3]*. Dem stehen einige Hindernisse entgegen.

Erst einmal müssen – wie bei jedem Sachgebiet – die Spielregeln, also die Grundzüge des Vertragsrechts, gelernt werden. Ich werde nach fertigen Mustern für Allgemeine Geschäftsbedingungen und für Verträge gefragt, kaum aber nach Ermitteln der Anforderungen an diese oder nach Schulung in den gelieferten Dokumenten: Nein danke, nicht nötig! – Alles, was von Auftragnehmern den Kunden ihrer Standardsoftware empfohlen wird, sehen sie für sich als Verwender von Standard-Vertragsbedingungen als nicht erforderlichen Aufwand an. Beim Sachgebiet Vertragsrecht besteht eine besondere Abneigung gegen diesen Aufwand: Man fühlt sich unsicher und hilflos und hat wenig Hoffnung, mit einigem Einsatz wie bei anderen Sachgebieten auf das gewünschte Do-it-yourself-Niveau zu kommen.

Weiterhin ist es aufwendig, einen Vertrag konsistent und klar zu formulieren *[zu den Maßnahmen siehe IT-PM, Kapitel 8]* und sodann das Projekt auf der Grundlage des Vertrags durchzuführen *[siehe IT-PM, Kapitel 3]*. Dass sich der Aufwand vielfach auszahlt, verdrängt man.

Viele Schwierigkeiten mit Verträgen, die der Praktiker hat, kommen daher, dass er nicht ordentlich genug in seinem eigenen Aufgabenbereich, nämlich der Projektdefinition (= Vertragsgestaltung) und der Projektdurchführung, arbeitet.

---

43. Wenn man von ihnen zugunsten des Gegners abweicht, kann man sich nicht darauf berufen. Man kann oder muss sogar dafür bestraft werden. Wer z.B. beim Mensch-ärgere-Dich-nicht-Spiel den Gegner nicht schlägt, obwohl er die Möglichkeit dazu hat, wird bestraft: Sein Stein, der das Schlagen unterlassen hat, wird hinausgestellt. Die Rechtsordnung folgt der günstigen Variante: Man wird nicht automatisch bestraft. Aber man kann vom Gegner bestraft werden. Gegen diese Schwierigkeit hilft also nur Arbeit (die Grundsätze verstehen, anerkennen und befolgen).

Der größte Teil der Empfehlungen eines Juristen ist bereits in den Regeln des Projektmanagements enthalten *[siehe IT-PM, Kapitel 3.3.1]*. Und wenn ein Auftragnehmer Qualitätssicherung nach DIN EN ISO 9001 betreibt, gehen seine Regeln sogar über das hinaus, was ein Jurist überhaupt empfehlen möchte.

(4)   Juristische Auseinandersetzungen

Kommt es zu einer Auseinandersetzung, an der Juristen beteiligt werden, entsteht vielfach das Gefühl des Versagens. Man war nicht imstande, eine Lösung auf der von einem selber beherrschten Ebene zu schaffen. Man wird mit seinen Fehlern konfrontiert, seien es solche in der Projektabwicklung oder solche auf der Ebene des Vertrags (schlechte Formulierung; kein Nachführen des Vertrags bei Leistungsänderungen; kein Schaffen von Beweismitteln).

Und dann ist man den Juristen ausgeliefert. Man kann ihnen die Realität anscheinend nicht vermitteln. Sie entscheiden anscheinend nach Schemata, in die die Realität hineingepresst wird.

B.2   Schwierigkeiten, mit den Juristen umzugehen

Schwierigkeiten mit dem Recht hat man besonders, wenn man ein Problem hat. Verständlicherweise fühlt man sich gegenüber jenem, der bei der Lösung dieses Problems helfen soll, nicht wohl.

(1)   Wie erscheint der Jurist?

Das Ansehen oder Prestige der Rechtsanwälte in der Bevölkerung ist immer noch hoch, wie Umfragen ergeben.[44] Die Rechtsanwälte liegen noch auf Rang fünf (nach den Ärzten, Pfarrern, Hochschulprofessoren und Unternehmern). Es steht aber auch fest, dass sie – trotz ihres Ansehens – unbeliebt sind.[45] Bei der Vertrauenswürdigkeit sind sie für Verbraucher nur gutes Mittelmaß.[46]

---

44. Allensbacher Berichte 2003, Nr. 7.
    Wolfgang Hartung, Die Anwaltschaft im wirtschaftlichen Abseits, Anwaltsblatt 2002, S. 268 ff., 271 führt das abnehmende Ansehen darauf zurück, dass insbesondere die Rechtsanwälte sich heute weniger als Organ der Rechtspflege (Verhältnis der Über-/Unterordnung zum Mandanten) und mehr als Dienstleister verstehen und verhalten würden.

45. Johann Braun, Über die Unbeliebtheit des Juristen, JuS (Juristische Schulung) 1996, 287 ff. leitet seinen Beitrag mit der Frage ein: »Warum sind Juristen bei Nichtjuristen so unbeliebt?« und zitiert mehrere Bücher mit entsprechendem Titel. Nach seiner Analyse würden die Ursachen dafür kaum bei den Juristen liegen, sondern eher bei den Nichtjuristen (»Besserwisser«). Und wie wird der Jurist am besten damit fertig? Antwort (S. 290): Die Erfüllung der Pflicht, Not abzuwenden, schaffe ein Gefühl der Selbstzufriedenheit.

46. www.readersdigest.de, Die größte Verbraucherstudie Europas, 18.04.2005: In Deutschland immerhin noch zu 57 % als sehr hoch bzw. ziemlich hoch vertrauenswürdig eingestuft, europaweit nur zu 45 %.

IT-Fachleute erklären häufig, dass Juristen anders denken würden, insbesondere nicht problemorientiert, sondern statisch. Juristen können durchaus zielgerichtet denken und handeln, wenn sie Probleme lösen dürfen (vierte Ebene gemäß Einleitung). In diesem Sinne sprechen IT-Fachleute den Juristen aber kaum an. Vielmehr soll er die Rechtslage klären (zweite Ebene):

Bei der Vertragsvorbereitung hat der Praktiker nur ein paar Fragen. Es kann ihn nerven, was Juristen alles fordern, sei es inhaltlich, sei es formal, um eigentlich wasserdichte Regelungen noch wasserdichter zu machen: Wenn es zum Streit komme, würde der Gegner (sein Anwalt) alles bestreiten, was dieser bestreiten könne, ohne schamrot zu werden.

(2)   Der eigene Jurist

Der eigene Jurist, der einem helfen soll, scheint oft das Problem nicht zu verstehen. Selbstverständlich gibt es Juristen, die in ihrem Fach schlecht sind, und auch solche, die sich nicht ausreichend auf ihnen fremde Sachverhalte einstellen können. Grundsätzlich ist es aber eine Stärke von Juristen, sich in neue Sachverhalte einzuarbeiten. Die Gefahr liegt eher darin, dass viele Juristen dazu neigen, mehr Sachkenntnis vorzuspiegeln, als sie haben. Sie tun das, indem sie anscheinend souverän mit den Begriffen und den funktionalen Zusammenhängen, die ihnen mitgeteilt worden sind, argumentieren.[47] Man braucht nur zu sehen, mit welchem Mut Juristen Aufsätze oder sogar Bücher über IT-Rechtsfragen schreiben, aus denen fachliches Halbwissen entgegenspringt.[48]

IT-Fachleute sollen sich also fragen, ob Kommunikationsprobleme nicht von ihnen mitverursacht werden. Wie sehr werfen sich die IT-Fachleute schon untereinander vor, ihre Fachsprache als Herrschaftsinstrument einzusetzen! Vor Gericht gelten Ärzte und IT-Fachleute als diejenigen (Zeugen), die sich am wenigsten darum bemühen, sich verständlich auszudrücken.

Es soll aber nicht bagatellisiert werden, dass die Juristen ihrerseits auch oft Herrschaftsverhalten an den Tag legen. Sie gefallen sich häufig in Konstruktionen und in spielerischen Formulierungen. Es kommt hinzu, dass Juristen die Lösung

---

47. Braun (Fn 44) S. 288: »Die Erfolgsrate von beiden Parteien zusammen [vor Gericht] entspricht exakt dem Zufall.« – Sie entspricht 1.
     Graf von Westphalen u.a., Der Jahr 2000 Fehler, Köln 1999 RZ 405: befasst sich damit, ob »die Kaufsache für das Jahr 2000 kompatibel« sein müsse.
48. Beispielsweise berichteten Juristen schon vor dem Jahr 2000 Erstaunliches:
     ▪ Helmut Haberstumpf, Die Zulässigkeit des Reverse Engineering, Computer und Recht 1991, S. 129 behauptete, dass »Rückübersetzen ... durch Dekompilierung (in eine höhere Programmiersprache)« erfolge. – Dekompilieren schafft nur eine Art Assemblerquellcode. Dieser ist nur beschränkt nützlich.
     ▪ Andreas Raubenheimer, Softwareschutz nach den Vorschriften des UWG, Computer und Recht 1994, S. 264 unterschied zwischen »Disassemblierung = Übersetzung in eine Assemblersprache« und »Dekompilierung = Übersetzung in eine höhere Programmiersprache« (S. 266).
     ▪ Andreas Pres hat diese Aussage in seine Dissertation »Gestaltungsformen urheberrechtlicher Softwarenutzungsverträge« (Köln 1994) S. 135 übernommen.

des Falls möglichst in rein juristischen Fragestellungen suchen. Das kann schon deswegen berechtigt sein, weil (= wenn) die Argumentationskette der Gegenseite dort am einfachsten aufgebrochen werden kann. Außerdem fühlt sich der Jurist bei solchen Fragestellungen sicherer. IT-Fachleute fühlen sich verständlicherweise aber erst einmal verunsichert. Viele mögen auch nicht Lösungen, die am eigentlichen Problem vorbeigehen, insbesondere dann nicht, wenn sie mit dem anderen Vertragspartner weiterhin zusammenarbeiten wollen bzw. müssen.

Zur Förderung der effektiven Zusammenarbeit mit Juristen sei noch eines gesagt: Viele Menschen reden den Sachverhalt schön, sagen ihrem Juristen sogar die Unwahrheit (insbesondere durch Weglassen wesentlicher Tatsachen). Von der Zielsetzung her ist es effektiver, zuerst die eigenen Fehler aufzuzählen – wobei ein Mitarbeiter das mit seiner Stellung im Unternehmen abwägen muss.

(3)   Der gegnerische Jurist

Zum Rechtsberater des Kunden bei Vertragsverhandlungen siehe IT-PM, Kapitel 2.4.5.

> Im Auslegen seid frisch und munter,
> legt ihr's nicht aus so legt es unter.
>
> *Goethe* (Mephisto)
>
> Nie hat ein Dichter die Natur so frei ausgelegt,
> wie ein Jurist die Wirklichkeit.
>
> *Jean Giraudoux* (Der Trojanische Krieg findet nicht statt)

Der gegnerische Jurist hat meist die Aufgabe, die Rechtsposition, die man zur Begründung seines Interessenstandpunkts aufgebaut hat, auf Teufel komm raus zu bestreiten. Also bestreitet er – ganz legal[49] – Tatsachen aus der Sicht, dass die Gegenseite bei einem Gerichtsprozess Schwierigkeiten hätte, diese zu beweisen. Der andere solle doch besser keinen Rechtsstreit riskieren. Den IT-Fachmann ärgert dieses Bestreiten. – Der gegnerische Jurist verdreht einem die Worte im Munde; er übertreibt die Sünden der Gegenseite und verharmlost die der eigenen Seite (wie es auch der eigene Jurist gegenüber der anderen Seite tut).

Bei Verhandlungen (über Streitpunkte, manchmal auch über die Vertragsgestaltung) hat jeder der beiden Juristen oft die Aufgabe des Minenhundes: Er wird erst einmal vorgeschickt, um die Position der Gegenseite auszuloten. Wenn der gegnerische Verhandlungsführer hochgeht, weiß der eigene, dass sein Jurist zu

---

49. Bundesverfassungsgericht, Beschluss vom 15.07.2003 (1 BvR 801/03): »Eine regelmäßige Kontrolle der vom Mandanten mitgeteilten Tatsachen kann berufsrechtlich nicht verlangt werden. Eine solche Verpflichtung würde das Vertrauensverhältnis zwischen Anwalt und Mandant zerstören.«

weit gegangen ist, und kann abschätzen, wie weit er gehen kann, wenn er vermittelnd eingreift.

Die Auseinandersetzungen zwischen Juristen können sich auch verselbstständigen. Jeder von ihnen kann einen rechtlich gut begründeten Standpunkt haben, einmal weil man sowieso unterschiedlicher rechtlicher Meinung sein kann, sodann weil man die Tatsachen unterschiedlich sehen kann. Noch schlimmer ist es, wenn einer der Juristen einen schwachen Standpunkt hat. Er blockiert den Dialog, indem er immer wieder dasselbe sagt (man kann das aber auch dann tun, wenn man Recht hat!). – IT-Fachleute sollen aber nicht glauben, dass Rechtsanwälte am Prozessieren vor Gericht interessiert sind. Schon das finanzielle Argument sollte überzeugen: Der Ertrag pro Zeiteinheit ist für den Rechtsanwalt günstiger, wenn sich die Parteien vergleichen (es gibt als Belohnung eine hohe zusätzliche Vergleichsgebühr!), als wenn sie vor Gericht ziehen. Nur bei einer schlechten Auslastung seiner Arbeitskraft lohnt sich ein Prozess für einen Rechtsanwalt.

Dafür spricht auch die Statistik: Die Zahl der Rechtsanwälte hat in den letzten Jahrzehnten sehr stark zugenommen; die Zahl der Gerichtsprozesse hat sich nur leicht erhöht.

(4)   Der Richter

Es besteht ein gewisses Vorurteil gegenüber der Qualität von Richtern. Dieses scheint vor allem von deren schlechter Presse zu kommen: Diese veröffentlicht weitgehend nur Fehlurteile oder was die Presse als solche ansieht (und entsprechend darstellt).

Kommen IT-Fachleute mit Richtern in Kontakt, bemängeln sie erst einmal deren Unkenntnis, und zwar sowohl der IT-Technik als auch des Fachgebiets,[50] in dem die Informationsverarbeitung eingesetzt worden ist.[51] Richter müssen sich an einem Verhandlungstag mit so vielen Sachgebieten auseinandersetzen, dass sie diese auch nicht ansatzweise beherrschen können. Deswegen wird die Spezialisierung der Richter gefordert. Aber die lohnt nur, wenn genügend Fälle zusammenkommen. Das ist in IT-Sachen wenn überhaupt dann nur bei größeren Landgerichten der Fall.

Dann möge der Richter sich, so die IT-Fachleute, doch wenigstens um Verständnis für den Fall bemühen! Dazu sollten die Parteien den Fall doch erst einmal verständlich vortragen. Ich muss aber einräumen, dass das nicht auszureichen braucht. Wenn ich bei einem (mir unbekannten) Gericht verhandeln muss,

---

50. Das ist viel nachteiliger als mangelnde Kenntnis der Technik. Denn wenn es darauf ankommt, geht es um die geschuldete Leistung (Sollbeschaffenheit), und damit muss sich der Richter selber beschäftigen. Wenn der Kunde Ausfälle geltend macht, kann der Richter sachgerecht handeln, nämlich einen Sachverständigen zur »Entscheidung« des Problems einschalten.

51. Beispiele dafür sind, dass in Urteilen häufig »Faktorierung« statt »Fakturierung« (diktiert und) geschrieben (und nicht korrigiert) wird; »Standart-Software« ist bei Gerichten weit verbreitet.

gehe ich möglichst eine halbe Stunde vorher in den Gerichtssaal, um den Richter etwas kennenzulernen. Ich bin oft erstaunt, wie sachkundig und rechtlich überzeugend der Richter die Verhandlung führt. Kommt dann mein IT-Fall an die Reihe, gehen die Klappen zu.

Statt sich in den Fall einzuarbeiten, dränge der Richter auf einen Vergleich, lautet die nächste Beobachtung. Man vergegenwärtige sich die Situation: Jede Partei will gewinnen – das geht nicht. Außerdem liegt die Wahrheit oft in der Mitte. Ein Urteil wird dem u.U. nicht gerecht, insbesondere wenn es einseitig sein muss *[vgl. Anhang B.1 (2.2) über die Ja/Nein-Entscheidung beim Rücktritt]*. Ein Vergleich dient dem Rechtsfrieden und verringert den Berg unerledigter Akten.

Wenn es zu einem Urteil kommt, wundert sich der Verlierer oft, wie einseitig das Urteil zugunsten des Siegers ist. Richter wollen souverän erscheinen; außerdem wollen sie dem Verlierer klarmachen, dass er nur unnötig Geld ausgeben würde, wenn er in die nächste Instanz gehen würde. Deswegen werden Entscheidungen häufig einseitig abgefasst, auch wenn der Richter lange abgewogen hat, wie er entscheiden soll.

C Abkürzungsverzeichnis

AGBG	Allgemeines Bürgerliches Gesetzbuch (Österreich)
Abs.	Absatz
AG	Amtsgericht
AGB	Allgemeine Geschäftsbedingungen
AÜG	Arbeitnehmerüberlassungsgesetz
BGB	Bürgerliches Gesetzbuch
BGH	Bundesgerichtshof
ECR	(Zahrnt) Entscheidungen zum Computerrecht (Urteilssammlung)
EVB-IT	Ergänzende Vertragsbedingungen (der öffentlichen Hand) für IT-Leistungen
GU	Generalunternehmer
GWB	Gesetz gegen Wettbewerbsbeschränkungen
HGB	Handelsgesetzbuch
IT-PM	(Zahrnt) IT-Projektverträge: Richtiges Vorgehen bei Verträgen über IT-Leistungen (ab Herbst 2008: IT-Projektverträge: Erfolgreiches Management)
i.V.m.	in Verbindung mit
PC	Personal Computer
PM	Projektmanagement
PPS	Produktionsplanungs- und Steuerungssysteme/-software
Rz	Randnummer/-ziffer

SW	Software
TDG	Teledienstgesetz
UrhG	Urheberrechtsgesetz
UWG	Gesetz gegen den unlauteren Wettbewerb
www.Zahrnt.de	Ergänzende Texte zu diesem Buch auf der Webseite des Autors unter »*Ergänzende Texte zu den Büchern*«
ZPO	Zivilprozessordnung

D Literaturhinweise

D.1 Bücher zum Recht

Engisch, Karl   Einführung in das juristische Denken
   Verlag W. Kohlhammer 1997, 9. Auflage

www.Zahrnt.de   steht für zusätzliche Texte zu diesem Buch gemäß dessen Gliederung
   auf der Webseite des Autors unter »*Ergänzende Texte zu den Büchern*«.

Zahrnt, Christoph   Richtiges Vorgehen bei Verträgen über IT-Leistungen
   dpunkt.verlag, 2. Auflage 2005

Zahrnt, Christoph   IT-Projektverträge: Erfolgreiches Management
   dpunkt.verlag (erscheint Herbst 2008)

*Hinweise auf weitere Literatur finden Sie in www.zahrnt.de unter »Ergänzende Texte zu
den Büchern ›IT-Projektverträge: Erfolgreiches Management‹« in Anlage D.*

D.2 Gesetzestexte

Beck'sche Textausgabe **BGB. Bürgerliches Gesetzbuch,** Verlag C.H. Beck (gebunden) oder

BGB. Bürgerliches Gesetzbuch, Beck-Texte im dtv Nr. 5001

Beck'sche Textausgabe **Handelsgesetzbuch,** Verlag C.H. Beck (gebunden) oder

Handelsgesetzbuch, Beck-Texte im dtv Nr. 5002

Urheber- und Verlagsrecht, Beck-Texte im dtv Nr. 5538

Stichwortverzeichnis